London

Annette Kossow

Gratis-Download: Updates & aktuelle Extratipps der Autorin

Unsere Autoren recherchieren auch nach Redaktionsschluss für Sie weiter. Auf unserer Homepage finden Sie Updates und persönliche Zusatztipps zu diesem Reiseführer.

Zum Ausdrucken und Mitnehmen oder als kostenloser Download für Smartphone, Tablet und E-Reader.
Besuchen Sie uns jetzt!
www.dumontreise.de/london

short.travel/wpwpn

DUMONT
Reise-Taschenbuch

Die Essays stammen von der Journalistin Ingrid Nowel. Im DuMont Reiseverlag erschienen von ihr u. a. der Kunst Reiseführer »London« und das Reise-Handbuch »Südengland«.

Unterwegs in London

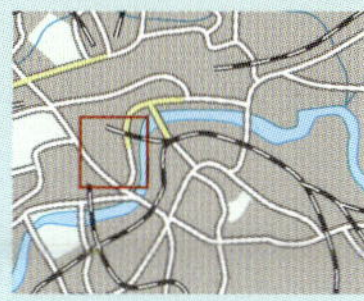

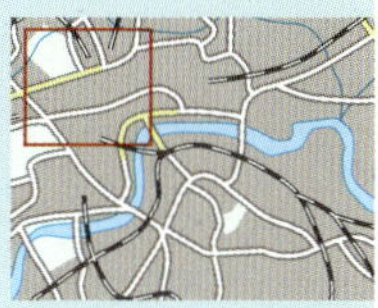

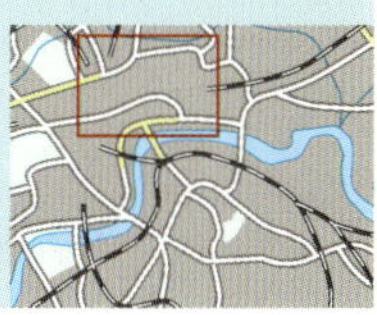

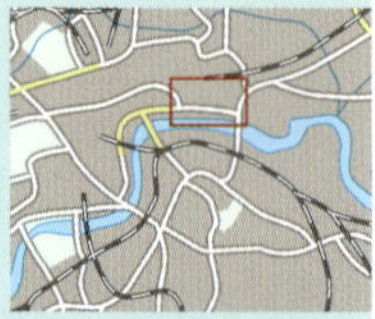

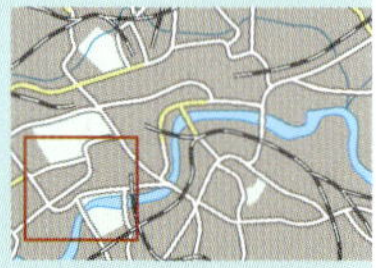

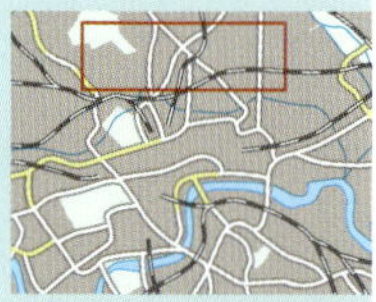

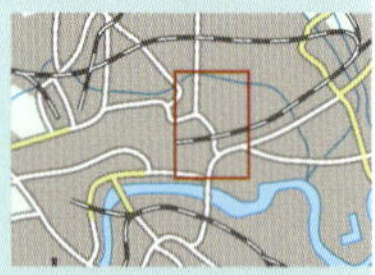

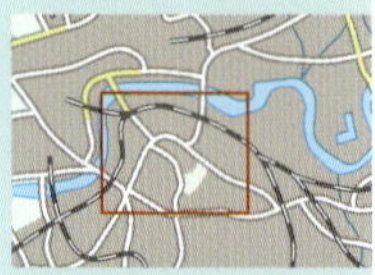

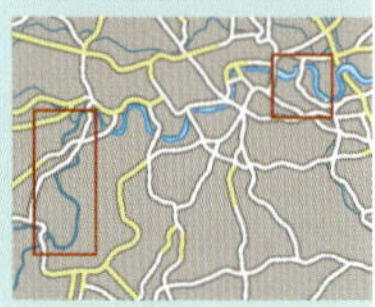

Auf Entdeckungstour

Karten und Pläne

s. hintere Umschlagklappe

▶ ■ ■ ■ ■ ■
Diese Symbole im Buch verweisen auf die Extra-Reisekarte London

Das Klima im Blick

atmosfair

Reisen bereichert und verbindet Menschen und Kulturen. Wer reist, erzeugt auch CO_2. Der Flugverkehr trägt mit einem Anteil von bis zu 10 % zur globalen Erwärmung bei. Wer das Klima schützen will, sollte sich für eine schonendere Reiseform (z. B. die Bahn) entscheiden – oder die Projekte von *atmosfair* unterstützen. *Atmosfair* ist eine gemeinnützige Klimaschutzorganisation. Die Idee: Flugpassagiere spenden einen kilometerabhängigen Beitrag für die von ihnen verursachten Emissionen und finanzieren damit Projekte in Entwicklungsländern, die dort den Ausstoß von Klimagasen verringern helfen. Dazu berechnet man mit dem Emissionsrechner auf www.atmosfair.de, wie viel CO_2 der Flug produziert und was es kostet, eine vergleichbare Menge Klimagase einzusparen (z. B. Berlin – London – Berlin 13 €). *Atmosfair* garantiert die sorgfältige Verwendung Ihres Beitrags. Klar – auch der DuMont Reiseverlag fliegt mit *atmosfair!*

Liebe Leserin, lieber Leser,

obwohl ich London seit mehr als zwanzig Jahren kenne und als meine zweite Heimat betrachte, hat die Stadt für mich nichts von ihrer Faszination verloren. Nach wie vor genieße ich es, wenn ich das Südufer der Themse entlang spaziere oder durchs Westend bummle. Neugierig bin ich aber immer wieder auch auf unbekanntere Gegenden, zum Beispiel die Stadtviertel Hoxton oder Dalston, die noch nicht so herausgeputzt sind und einen ganz eigenen Charme und eine sehr lebendige Kulturszene besitzen.

Selbst für Einheimische ist es spannend zu beobachten, wie sich London laufend erneuert. Das zeigt sich natürlich besonders deutlich am Stadtbild. Wer London heute besucht, kann neben den weltbekannten Wahrzeichen, wie Big Ben, Tower Bridge, den roten Doppeldeckerbussen und den Wachgardisten mit ihren Bärenfellmützen, auch neue bestaunen, zum Beispiel die neuen Wolkenkratzer in der City und The Shard bei der London Bridge, mit über 300 Metern eines der höchsten Gebäude Europas.

Für viele ist London die tollste Stadt der Welt – jährlich zieht es rund 17 Mio. Besucher in die britische Metropole und auch die Einwohnerzahl steigt stetig. Was begeistert uns so an dieser Stadt? Vielleicht sind es die immensen Gegensätze: Einerseits ist London eine Weltstadt, andererseits dörflich mit festen Strukturen. Vielleicht ist es auch das weitgehend reibungslos verlaufende multikulturelle Leben: London ist eine der ethnisch vielfältigsten Städte der Welt – immerhin 300 Sprachen werden hier gesprochen.

London ist eine Stadt, die sich ständig verändert und doch tief in Traditionen verankert ist. So existieren Altes und Neues friedlich nebeneinander. London ist anregend und aufregend – eine Stadt, die sicher auch für Sie nie langweilig wird.

Ich wünsche Ihnen eine erlebnisreiche Zeit in der Themsemetropole und bin gespannt auf Ihre Rückmeldung.

Ihre

Die Houses of Parliament – offiziell Palace of Westminster genannt

Leser fragen, Autoren antworten

London persönlich – meine Tipps

London zum ersten Kennenlernen

Wer zum ersten Mal in London ist und nur zwei Tage Zeit hat, möchte bestimmt nicht auf das Postkarten-London verzichten: **Buckingham Palace, St James's Park, Westminster Abbey, Big Ben** und **Houses of Parliament** sowie **Trafalgar Square** und **Covent Garden.** All diese Sehenswürdigkeiten finden Sie in Westminster und im Westend. Zur ›Erholung‹ geht es dann ans Südufer der Themse. Genießen Sie einen Spaziergang mit Blick auf die Stadt: Entlang der Strecke gibt es zahlreiche Sehenswürdigkeiten, wie z. B. das berühmte **London Eye,** die **Tate Modern,** das **Globe Theatre** und den 309-m-Bau **The Shard.** Hier ist immer etwas los, insbesondere rund um das **South Bank Centre.**

Bleiben Sie länger oder kennen Sie London schon?

Dann könnten Sie in der **City of London** neben bekannten Sehenswürdigkeiten wie **Tower of London, Tower Bridge** und **St Paul's Cathedral** wunderschöne Stadtkirchen besichtigen, z. B. Christopher Wrens **St Bride's Church,** und im ausgezeichneten **Museum of London** in die Stadtgeschichte eintauchen. Oder unternehmen Sie einen Ausflug mit einem Pendlerboot von Thames Clippers zur **Isle of Dogs,**

London zum Kennenlernen

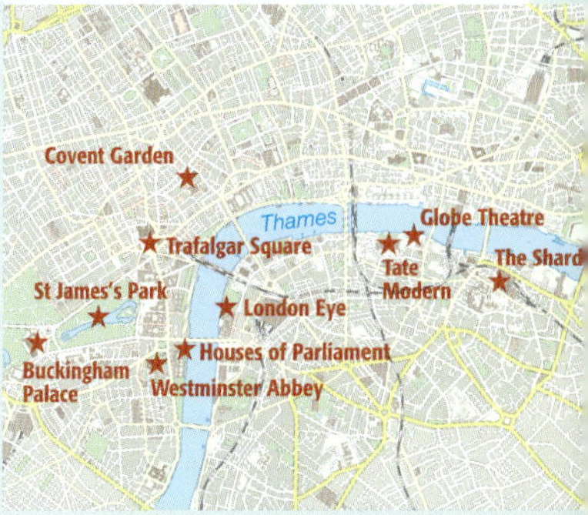

Besonders besuchenswerte Museen

wo es ultramoderne Architektur zu sehen gibt und ein ausgezeichnetes Museum zur Geschichte der **Docklands.**

Wo wohnt man nett?

In **Bloomsbury** oder **Kensington** finden Sie vor allem Hotels der mittleren bis gehobenen Preisklasse. In beiden Stadtteilen wohnen Sie angenehm ruhig und können den Tag gleich mit einem Besuch des British Museum bzw. eines der großen Wissenschaftsmuseen beginnen. Preiswerter ist es jenseits der Themse, z. B. in **Southwark** oder **Lambeth.** Von dort ist der Anfahrtsweg ins Zentrum zwar länger, Sie haben aber den Vorteil, mehr vom untouristischen London mitzubekommen. Zieht es Sie in ein multikulturelles, szeniges Viertel? Dann kommen z. B. **Farringdon** oder **Hoxton** in Londons Nordosten in Frage.

Wohin als Erstes in London?

Zunächst einmal sicherlich mitten ins Zentrum, also ab zum **Trafalgar Square.** Von dort aus können Sie sich treiben lassen. Die überdachten Märkte von **Covent Garden** mit hübschen Ständen, kleinen Läden, talentierten Straßenkünstlern und super Atmosphäre sind nur wenige Gehminuten entfernt. Oder **Soho** – das bunte, quirlige Viertel, in dem sich das Leben vor allem auf der Straße oder in kleinen Cafés abspielt. Egal, wo Sie zuerst hingehen, hier sind Sie am Herzschlag der Stadt. Wenn nach ein paar Stunden die Füße wehtun, hilft ›a nice cup of tea‹, ganz stilvoll britisch bei **Fortnum & Mason** (s. S. 46) oder schön ruhig im Café der **Brasserie Zedel** (s. S. 38) gleich um die Ecke vom Piccadilly Circus. Und in und rund um die **Old Compton Street** in Soho und in Covent Garden reihen sich die Cafés fast aneinander.

Welche Museen sind ein Muss?

London hat die besten Museen der Welt und alle sind kostenlos! **British Museum, National Gallery, Victoria & Albert Museum** und die beiden großen Wissenschaftsmuseen, **Natural History Museum** und **Science Museum,** sind absolute Besuchermagneten, ebenso **Tate Modern** und **Tate Britain** mit der weltweit größten Sammlung britischer Kunst. Wenn Ihnen diese Museen zu voll oder zu groß sind – die

National Gallery am Trafalgar Square

kleineren bieten ebenso viel Genuss. Die **Courtauld Gallery** beispielsweise ist für mich ein absolutes Highlight. Von Renaissance bis Moderne ist alles vorhanden, einschließlich einer hervorragenden Sammlung an Impressionisten. Fast nie ist es hier voll und in den luftigen Räumen kann man die Kunst wahrlich genießen. Auch die **Whitechapel Gallery** in Aldgate ist etwas Besonderes. Hier wird auf herrlich erfrischende Art zeitgenössische Kunst gezeigt. In der eleganten **Wallace Collection** in Marylebone unternimmt man dagegen eine Reise in die Zeit des Rokoko.

Einkaufsbummel, aber wo?

Shop till you drop: Shopping ist für viele der Hauptgrund, London zu besuchen. Weltweit berühmt ist natürlich **Harrods,** insbesondere die Lebensmittelabteilung im Erdgeschoss. **Fortnum & Mason, Selfridges** oder **Liberty's** – alle drei sind alteingesessene Einkaufsparadiese mit hochwertigem Angebot. Bei den noblen Läden in **Mayfair,** z. B. rund um **Bond Street,** geht es eher ums Schauen als ums Kaufen. Die **Oxford Street** hingegen mit ihren zahlreichen Ladenketten, wie Marks & Spencer und John Lewis, kennt wohl jeder – für Shopoholics ist sie ein wahres Mekka. Auch die Namen der Londoner Märkte und Flohmärkte kennt man aus dem Englischbuch: Auf dem **Camden Market** oder dem **Portobello Road Market** in Notting Hill findet man bestimmt ein tolles Souvenir. Schön einkaufen gehen kann man in der **King's Road**: Es gibt viele kleine Geschäfte, wie John Sandoes winzigen Buchladen (s. S. 227). Das seriöse Kaufhaus **Peter Jones** direkt am Sloane Square bildet den Auftakt. Auch **Marylebone High Street** und **Marylebone Lane** sind nette Ecken für einen Einkaufsbummel. Super cool hingegen ist es im Eastend, z.B. in **Shoreditch.**

Harrods' Lebensmittelabteilung

Wo kann man entspannen?

Haben Sie genug von Menschenmassen und Verkehrslärm? Einzigartig an London sind die vielen Parks und Grünflachen, Oasen der Ruhe. Die Stadtparks, wie z. B. **St James's Park,** sind wunderschön und man kann sogar Liegestühle ausleihen. Oder besuchen Sie einmal einen der herrlichen Parks außerhalb des Zentrums. Im **Greenwich Park** im Osten, in den **Royal Botanical Gardens** in Kew im Westen oder in **Hampstead Heath** im Norden kann man sich wunderbar von der Stadtbesichtigung erholen. Dane-

Einkaufen in London

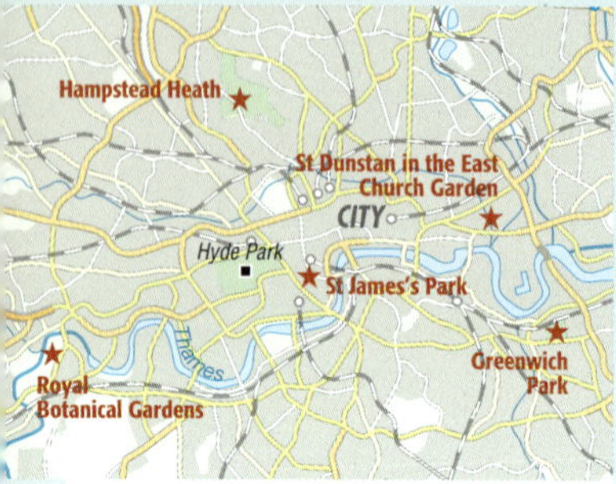

Parks in London

ben hat London aber auch zahlreiche kleinere Grünflachen zu bieten, die manchmal selbst Einheimischen kaum bekannt sind, wie z. B. den tollen **Kirchhof von St Dunstan in the East.**

Wohin am Abend?

Machen Sie einen Bummel durchs **Westend** – mit seinen Opernhäusern, Theatern, Kinos, Nachtclubs und Musikbars das Ausgehviertel schlechthin. Wie sich die Menschenmassen gegen Mitternacht am **Leicester Square** Richtung U-Bahn schieben, muss man einmal gesehen haben. Auch in **Spitalsfield** und **Shoreditch** brummt der Bär – in einigen Bars, z. B. der Vibe Bar in der **Brick Lane,** kann man bei schönem Wetter draußen sitzen. Und am **Rivington Place** sind Sie mitten im Szene-Viertel angekommen.

Wer kulturellen Genuss sucht, kann aus einem gigantischen Angebot auswählen. Weltberühmt ist das **Royal Opera House** in Covent Garden, wo neben Opern auch Ballettstücke zur Aufführung kommen. Während hier Abendgarderobe angesagt ist, kann man zu den Darbietungen in der **English National Opera** problemlos auch in Jeans erscheinen. Gute Englischkenntnisse sind für den Besuch des **National Theatre** Voraussetzung, das sich durch hochrangige Inszenierungen und eine tolle Atmosphäre auszeichnet. Schulqualen in Sachen Shakespeare lassen sich im originalgetreu rekonstruierten **Globe Theatre** vergessen. Mit oder ohne Englischkenntnisse – **Musicals** sind eine gute Option. Die Publikumsknüller der großen Häuser, wie **Prince of Wales** oder **Palladium,** laufen oft jahrelang. Eine zuverlässige Anlaufstelle für Konzerte ist das **Southbank Centre.**

Wie komme ich mit der U-Bahn zurecht?

Am besten besorgen Sie sich eine *Oyster Card* (sie lässt sich schon von zu Hause aus im Internet kaufen) oder vor Ort eine *Daily Travel Card* (Tageskarte) und haben Sie diese immer griffbereit, damit Sie beim Betreten und Verlassen des U-Bahnhofs die Ticketschranke passieren können. Das U-Bahn-System ist recht einfach: Die Orientierung folgt den Himmelsrichtungen. ›Northbound‹ bedeutet Richtung Norden, ›Southbound‹ Richtung Süden usw. Eine für London typische Regelung für das Benutzen der Rolltreppen ist: ›Stand right, walk left‹ (rechts stehen, links gehen). Ein weiteres ungeschriebenes Gesetz ist, dass man sich in der U-Bahn anschweigt – nur Touristen reden.

Sightseeing – off the beaten Track

Eine fantastische Art, die Stadt kennenzulernen, ist mit dem Doppeldeckerbus. Folgen Sie doch einfach mal meinem Tipp (s. S. 253) und fahren Sie mit dem 149er von London Bridge in den Norden der Stadt – die Vielfalt an Eindrücken ist grandios: vom gläsernen Büroturm über das mittelalterliche Armenhaus bis zum bunt angestrichenen Künstlercafé und ein Völkergemisch mit Ursprüngen in allen Teilen der Welt. Ganz andere Impressionen bietet ein Ausflug in den noblen Stadtteil **Chelsea** oder ins dörfliche **Hampstead** mit wunderschönen Villen.

London wächst immer wieder über sich hinaus: The Shard im neuen Bridge Quarter

Was ist neu in London?

Ein Mega-Projekt, sogar Europas größtes Bauvorhaben, ist **Crossrail.** Die neuen Hochfrequenzzüge sollen ab 2018 Berkshire und Buckhinghamshire mit Essex und Südostlondon verbinden – und zwar mitten durch die Stadt –, um den völlig überlasteten Pendlerverkehr zu verbessern. 42 km Tunnel müssen dafür angelegt werden! Ein weiteres aktuelles Thema ist der **Flughafen(aus-)bau:** Ob Heathrow eine neue Landebahn erhält oder, wie Bürgermeister Boris Johnston es sich wünscht, ein neuer Flughafen in der Themsemündung gebaut wird, ist noch offen.

In den letzten Jahren hat sich Londons Skyline enorm verändert. Gönnen Sie sich eine Fahrt in luftige Höhen, z. B. auf den 87 Stockwerke hohen Glasbau **The Shard** (die ›Scherbe‹) (s. S. 269) – aus der Vogelperspektive sieht man am besten, wo sich gerade wieder etwas tut. Großartige Neuigkeit ist die Baugenehmigung für die neue **Garden Bridge** über die Themse, die 2018 fertig sein soll.

Und noch ein persönlicher Tipp

Für mich persönlich gehört nach einem langen Tag in der Stadt ein Besuch im Pub einfach dazu. Hier kann man zur Ruhe kommen – besonders wichtig, in einer Stadt, in der man schnell Reizüberflutung erlebt. Im Pub geht es nicht (nur) ums Trinken, sondern ums Sich-Wohlfühlen; nicht umsonst gilt das *public house* als verlängertes Wohnzimmer. Es gibt tolle Pubs, z. B. **The Harp** (s. S. 166) gegenüber vom Bahnhof Charing Cross oder die gemütliche **Jerusalem Tavern** in Farringdon (s. S. 42).

NOCH FRAGEN?

Die können Sie gern per E-Mail stellen, wenn Sie die von Ihnen gesuchten Infos im Buch nicht finden:

kossow@dumontreise.de

info@dumontreise.de

Auch über eine Lesermail von Ihnen nach der Reise mit Hinweisen, was Ihnen gefallen hat oder welche Korrekturen Sie anbringen möchten, würden wir uns freuen.

St James's Park – entspannen im schönsten Stadtpark Londons, S. 133

The Harp – netter und unkomplizierter Pub in der Innenstadt, S. 166

Lieblingsorte!

Victoria and Albert Museum – grandioses Kunstgewerbe-Museum, S. 218

Hampstead Heath – bezaubernde Parklandschaft im Norden Londons, S. 233

Great Court – der glasüberdachte Innenhof des British Museum, S. 172

Blick von der Hungerford Bridge auf die Londoner City, S. 188

Die Reiseführer von DuMont werden von Autorinnen und Autoren geschrieben, die ihr Buch ständig aktualisieren und daher immer wieder dieselben Orte besuchen, gleichzeitig aber beständig nach Neuem Ausschau halten. Irgendwann entdeckt dabei jede Autorin und jeder Autor seine ganz persönlichen Lieblingsorte. Plätze mit einem besonderen Flair, Orte, die einem den Blick für neue Trends oder vergangene Zeiten öffnen oder einfach nur eine entspannte Atmosphäre bieten – eben Wohlfühlorte, an die man immer wieder zurückkehren möchte.

Columbia Flower Market – Spaziergang durch eine bunte Blumenoase, S. 247

Rast am Fluss – Dachgartencafé der Queen Elizabeth Hall, S. 263

Schnellüberblick

Westend und Marylebone
Im Westend erleben Besucher eine Mischung aus Konsum und Kultur: Interessante Museen finden sich hier ebenso wie Unterhaltungskomplexe, Touristenläden und die längste Einkaufsstraße Londons, Oxford Street. Hier sind dem Shoppingvergnügen keine Grenzen gesetzt. Die ›Eros-Statue‹ am Piccadilly Circus gehört zu Londons Wahrzeichen. Im Regent's Park im angrenzenden Viertel Marylebone kann man sich erholen. S. 140

Westminster, St James's und Mayfair
Mit Buckingham Palace, Big Ben, Trafalgar Square und der Westminster Abbey sind hier die meistbesuchten Sehenswürdigkeiten der Stadt versammelt. S. 112

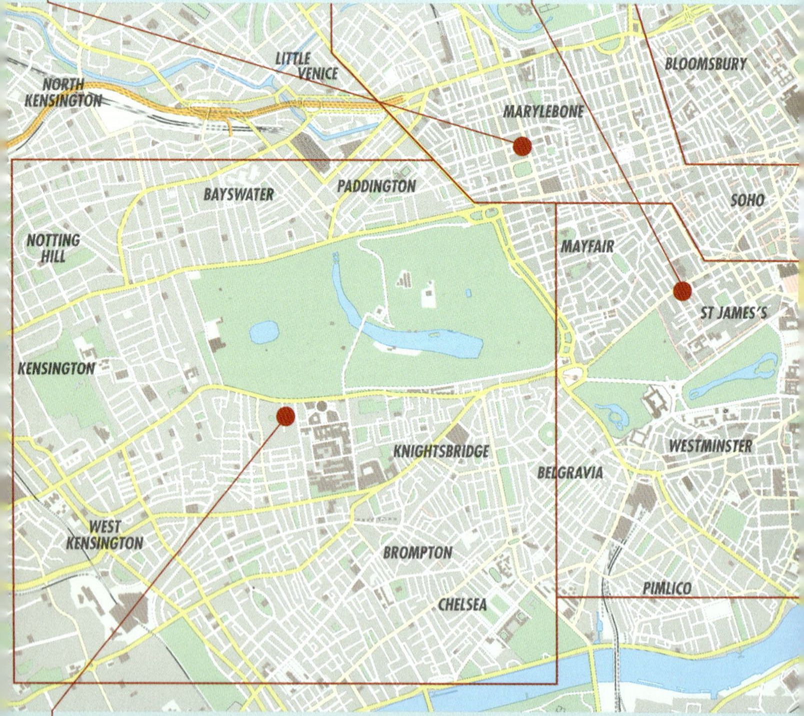

Im Westen
Nach Knightsbridge geht man wegen Harrods und Harvey Nichols, in South Kensington wird nicht eingekauft, sondern bestaunt – vor allem die herrlichen Kunstgewerbesammlungen des Victoria & Albert, aber auch die Sammlungen anderer Museen. Kaufen und staunen kann man in Notting Hill beim Antiquitätenmarkt Portobello Road. Weite Teile Westlondons sind vornehme Wohngegenden. Eine riesige grüne Oase bilden Kensington Gardens und der Hyde Park, Londons größter Park. S. 204

Bloomsbury, Holborn und Clerkenwell
In Bloomsbury sind das gigantische British Museum sowie eine Reihe anderer spannender Museen zu Hause, während Clerkenwell den Ruf eines Künstlerviertels genießt. S. 168

City of London
Auch wenn die Geschäftigkeit der Bankenwelt in der City of London das Tempo bestimmt: Nehmen Sie sich Zeit für zwei Top-Sehenswürdigkeiten: St Paul's Cathedral und den Tower of London! S. 186

Nordlondon
In den Stadtteilen in Nordlondon – u. a. Hampstead, Highgate, Camden, Kentish Town, Islington und Walthamstow – werden die großen sozialen Unterschiede, die in London herrschen, besonders deutlich. S. 228

Südlich der Themse
Zwischen Lambeth Bridge und Tower Bridge gibt es viele Sehenswürdigkeiten, u. a. das London Aquarium, das Southbank Centre mit seinem vielfältigen Kulturangebot und das Globe Theatre, die originalgetreue Rekonstruktion eines Theaters aus Shakespeares Zeiten. Der Queen's Silver Jubilee Walkway lädt zu jeder Jahreszeit zu einem Spaziergang ein. Wer einen Überblick über die Stadt gewinnen will, hat die Wahl zwischen dem Riesenrad London Eye oder der Aussichtsplattform des neuen ›Shard‹. S. 256

Reiseinfos, Adressen, Websites

Der berühmte Portobello Road Market: Antiquitäten und Kuriositäten en masse

NO PARKING
EXCEPT FOR No.84
PRIVATE ROAD

Informationsquellen

Infos im Internet

www.visitbritain.com
Offizielle Seite der **British Tourist Authority (BTA)**; deutschsprachige Version: www.visitbritain.de. Hier finden Sie alles Wissenswerte über das Reisen in Großbritannien, u. a. Angaben zu Reiseveranstaltern, die auf Großbritannien spezialisiert sind, sowie Tourenvorschläge und Onlinebuchungen von Hotels bzw. B & B. Im Online-Shop bekommt man ›Fast Track‹-Eintrittskarten für die beliebtesten Sehenswürdigkeiten (z. B. Madame Tussaud's), Musical-Tickets sowie Oyster Cards (s. S. 25).

www.visitlondon.com
Die offizielle Londoner Website ist sehr übersichtlich gestaltet. Sie bietet nicht nur Veranstaltungstipps, Übernachtungsangebote, Restaurantrezensionen und Hinweise für das Reisen mit Kindern, sondern auch die Möglichkeit, Tickets für Shows oder Sehenswürdigkeiten zu erwerben. Außerdem Wettervorhersage und Verkehrshinweise.

www.londontown.com
Die Internetseite eines privaten Unternehmens, das auf die Vermarktung von touristischen Angeboten in London spezialisiert ist, bietet alles, was ein Ortsfremder braucht. Sehr gute Angaben zu Hotels (Online-Buchung mit Rabatt möglich), Theater- und Veranstaltungstickets sowie ein detaillierter Jahreskalender mit Veranstaltungen aller Art.

www.standard.co.uk
Die Website des »Evening Standard« enthält Tagesnachrichten sowie detaillierte Veranstaltungshinweise, Restaurantkritiken und Besprechungen der neuesten Filme, Theaterstücke, Konzerte, Ausstellungen usw.

Fremdenverkehrsämter

Die **British Tourist Authority (BTA)** unterhält in Deutschland, Österreich und der Schweiz keine Büros mehr zur Beantwortung telefonischer oder schriftlicher Anfragen. Alle Informationen sind über die Website www.visitbritain.com einzuholen.

Infostellen und Serviceeinrichtungen in London

City of London Information Centre
St Paul's Churchyard,
Tel. 020 73 32 14 56
www.visitlondon.com
Mo–Sa 9.30–17.30, So 10–16 Uhr

Greenwich Tourist Information Centre
Pepys House, 2 Cutty Sark Gardens
Tel. 08 70 608 20 00
www.visitgreenwich.org.uk
DLR: Cutty Sark, tgl. 10–17 Uhr

Travel Information Centre
Über die Stadt verteilt gibt es mehrere Travel Information Centres, in denen man Stadtpläne und Auskunft über öffentliche Verkehrsmittel erhalten kann. Wichtige Standorte sind z. B:
Heathrow Airport
Terminal 1, 2 und 3, U-Bahn-Station, Mo–Sa 7.15–20, So 8.15–20 Uhr.
Liverpool Street Station
U-Bahn-Station, Sa–Do 8.15–19.15, Fr 8.15–20.15 Uhr.
Victoria Station
Gegenüber von Gleis 8, Mo–Sa 7.15–21.15, So 8.15–19 Uhr.

Lesetipps

Monica Ali: Brick Lane, München 2005. Ali beschreibt das Leben bengalischer Frauen im East End der 1980er-Jahre.

Joseph Conrad: Der Geheimagent, München 1994. Der Klassiker, Conrads einziger Kriminalroman (1907), zeigt die Abgründe menschlichen Verhaltens und spielt u. a. in Soho.

Charles Dickens: Die Romane »Oliver Twist« und »Little Dorrit« geben ein realistisches Bild von den Zuständen zu Zeiten des viktorianischen London.

James Hamilton: Turner a life, London 1998. Gute Beschreibung des Werks William Turners, insbesondere der soziale und politische Hintergrund ist detailliert herausgearbeitet.

Heinrich Heine: Englische Fragmente, Hamburg 2012. Entstanden zwischen 1826 und 1831, zeigen die ›Reisebilder‹ Heines zweischneidige Einstellung zu London.

Rachel Howard und Bill Nash: Secret London. An Unusual Guide, Versailles 2011. Ob Hundefriedhof im Hyde Park oder Großbritanniens kleinste Polizeistation – der unterhaltsame Stadtführer verrät viele Geheimnisse.

Hanif Kureishi: Der Buddha aus der Vorstadt, Reinbek 2005. Humorvoll wird das Leben eines Heranwachsenden zwischen zwei Kulturen in London dargestellt.

Doris Lessing: Der Preis der Wahrheit, Hamburg 1991. Sammlung von Kurzgeschichten mit exakten Beobachtungen des Londoner Lebens.

Peter Matthews: London's Statues and Monuments, Oxford 2012. Ein faszinierender und lehrreicher illustrierter Stadtführer zu Denkmälern und Monumenten.

Anna Regeniter: Ein Jahr in London. Reise in den Alltag, Freiburg 2007. Ein Jahr in London? Sehr unterhaltsam berichtet Anna Regeniter von ihren Alltagserfahrungen in der »coolsten Stadt Europas«.

Sukhdev Sandhu: London calling. How Black and Asian Writers Imagined a City, London 2004. London durch die Augen von dunkelhäutigen Autoren, vom 18. Jh. bis heute.

Arnold Schwartzman: London Art Deco, Bath 2010. Für Architekturfans genau das Richtige. Ein handlicher, schön bebilderter Führer zu Kinos, Theatern, Hotels und U-Bahn-Stationen der 1920er- und 1930er-Jahre.

Zadie Smith: Zähne zeigen, Köln 2010. Die umfangreiche, detailreiche Familiensaga spielt mit viel Lokalkolorit in Nordlondon, das Erstlingswerk der damals 24-jährigen Autorin.

Barbara Vine: King Solomon's Carpet, London 2009 (König Salomons Teppich, München 1994). Ruth Rendell schrieb diesen spannenden Roman über die Londoner U-Bahn und deren Benutzer unter ihrem Pseudonym Barbara Vine.

A. N. Wilson: London – A Short History, London 2005: Sehr gut lesbare Geschichte der Stadt von den Anfängen bis heute.

Virginia Woolf: London. Bilder einer großen Stadt, Berlin 2006. Dünner Band mit sechs Betrachtungen des Londoner Lebens.

Weitere Lesetipps finden Sie im Essay »Die englische Metropole im Spiegel der Literatur«, s. S. 102.

»London« von Peter Ackroyd

Dieses Werk ist eine Liebeserklärung an die englische Metropole und das London-Buch schlechthin. Der Autor Peter Ackroyd stellt seine Stadt als lebendigen Organismus dar und zieht immer wieder Vergleiche zwischen Vergangenheit und Gegenwart (Peter Ackroyd: London – Die Biographie, München 2006).

Wetter und Reisezeit

London im Frühling

Im Frühling wechseln sich Sonne und Regen ab und häufig ist es mit 8–10 °C noch recht kalt. Vom heimischen Frühlingswetter oft schon verwöhnte Kontinentaleuropäer sollten daher auf jeden Fall warme Kleidung einpacken. Doch es gibt auch Tage, die so mild sind, dass man bereits ohne Jacke draußen sitzen kann; viele Engländer holen sich dann ihren ersten Sonnenbrand.

Was ist los?

Letzter Sa im März oder 1. oder 2. Sa im April: The Boat Race. Seit 1829 treten die Ruderklubs der Universitäten Oxford und Cambridge gegeneinander an. Das Ufer entlang der 6,8 km langen Strecke auf der Themse säumen eine Viertelmillion Zuschauer.
April: London Marathon
21. April: Queen's Birthday
Mai: Chelsea Flower Show

Klimadaten London

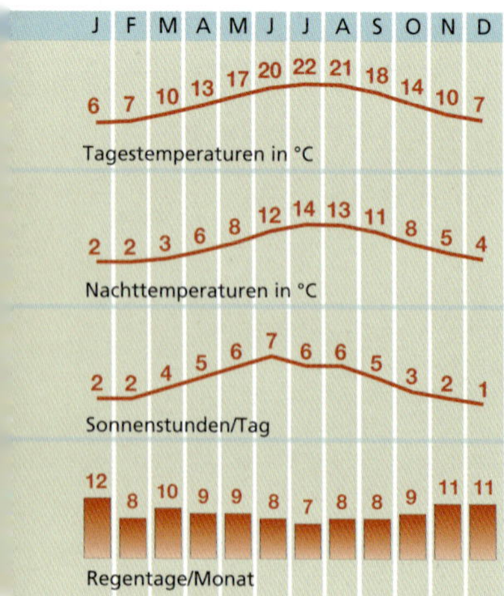

Anfang Juni–Ende August: Royal Academy Summer Exhibition. Werke zeitgenössischer britischer Künstler.
Juni–August: Rund um das National Theatre wird über die Sommermonate immer etwas Besonderes geboten. Kleinkunst, Musik, Ausstellungen, ein Strand an der Themse etc.
Juni: Trooping the Colour. Offizielle Geburtstagsfeier der Königin.
Juni/Juli: City of London Festival; Pride Parade (Umzug der Schwulen und Lesben).

… im Sommer

Die Durchschnittstemperaturen für Juli und August betragen 21 °C, können aber auch schon mal die 30-Grad-Marke überschreiten. Während der Schulferien im Sommer sowie an den *bank holidays* im Mai und im August platzt die Stadt aus allen Nähten. Manche Sehenswürdigkeiten (u. a. Madame Tussaud's, London Dungeon) sollte man dann besser meiden.

Was ist los?

Juli: Greenwich & Docklands International Festival (Tanz-, Musik- und Theaterveranstaltungen).
Mitte/Ende Juli–Anfang September: The Proms. Allabendliche Konzerte in der Royal Albert Hall.
Ende August: Notting Hill Carnival

… im Herbst

London im Herbst kann wunderbar sein. Die Bäume leuchten in bunten Farben, und im Oktober ist es oft noch richtig warm. Für das Sightseeing kleidet man sich angesichts des wechselhaften Wetters am besten im Zwiebellook: T-Shirt, Strick- oder Fleecejacke, windfeste Jacke, Hose und bequeme Schuhe.

Was ist los?

September: Great River Race (Drachenschiffe, Wikingerlangschiffe und Barkassen auf der Themse); Thames Festival (Jahrmarkt zwischen Westminster und Tower Bridge); London Open House (rund 500 sonst nicht zugängliche Gebäude können besichtigt werden); London Fashion Week.

Oktober/November: Dance Umbrella (Tanzvorführungen britischer und internationaler Truppen); London Film Festival.

... im Winter

Die Winter sind in der Regel relativ mild und feucht, Schnee fällt äußerst selten. Falls dies doch einmal vorkommt, bricht allerdings das öffentliche Verkehrswesen fast zusammen. Im November und Dezember wird es an manchen Tagen erst gar nicht richtig hell, und so verwundert es nicht, dass unzählige Krimiautoren ihre Schauplätze in das dann düstere London verlegten. Der in den Krimis beschriebene undurchdringliche *fog*, der durch die Ausdünstungen der Kohleheizungen entstand, ist heute kein Thema mehr.

Was ist los?

November: Lord Mayor Show. Fest des Bürgermeisters.

5. November: Guy Fawkes Night. Feuerwerke im Gedenken an den fehlgeschlagenen Gun-Powder-Komplott.

Dezember: Lighting of the Christmas Trees & Lights. Festliche Beleuchtung in Oxford, Regent und Bond Street.

1. Januar: London Parade: Umzug mit Musikern, Straßenkünstlern und bunt geschmückten Umzugswagen.

Januar/Februar: Chinese New Year (in Chinatown)

Gut zu wissen

London Pass: Der Pass bietet freien Eintritt zu ca. 60 Attraktionen – ohne Schlangestehen! Preis inkl. Travel Card (s. S. 25) für den öffentlichen Nahverkehr: 1 Tag 65 £, 2 Tage 89 £, 3 Tage 104,50 £, 6 Tage 147,40 £ (erhältlich in Touristeninformationen, einigen Museen sowie unter www.londonpass.com).

Veranstaltungen: Die Websites www.visitlondon.com und www.standard.co.uk bieten Infos über aktuelle Events. Das wöchentlich erscheinende Magazin »Time Out« informiert umfassend über Museen, Ausstellungen, Theater, Filme, Konzerte, Ballett, Clubs, Gigs und neue Restaurants.

Ganzjährig Hauptsaison: London gehört zu den Reisezielen, die das ganze Jahr über Saison haben, die Einteilung in eine teure und überfüllte Haupt- und eine preiswert-ruhige Nebensaison gibt es hier nicht. Teuer ist die britische Metropole leider zu jeder Jahreszeit.

Londoner Wetter: Obwohl das sprichwörtlich schlechte Wetter in England doch nicht ganz so schlecht ist wie sein Ruf, zeigt es sich sehr wechselhaft und vor allem unvorhersehbar. Halten Sie es wie die Briten und machen das Beste daraus! Wettervorhersagen für all diejenigen, die eine Tendenz wissen wollen: www.bbc.co.uk/weather.

Abend-Dress: In den meisten vornehmen Restaurants sind Jackett und Schlips für den Herrn selbstverständlich. Jeans und Turnschuhe sind auch in den meisten Clubs des Westend unerwünscht. Für die Engländerinnen bedeutet *clubbing* selbst bei winterlichen Temperaturen Minirock, Minitop und Stöckelsandälchen.

Anreise und Verkehrsmittel

Einreisebestimmungen

Für die Einreise aus Deutschland, Österreich und der Schweiz ist ein Reisepass oder Personalausweis erforderlich. Auch Kinder benötigen unabhängig vom Alter ein eigenes Reisedokument. Haustiere brauchen nicht in Quarantäne, dennoch sollte man sich mind. 6 Monate vor der Reise beim Tierarzt nach den nötigen Impfungen erkundigen.

Zoll

Innerhalb des europäischen Binnenmarktes gelten für die Mitnahme als Richtwerte für Reisende über 17 Jahren: 3200 Zigaretten oder 400 Zigarillos oder 200 Zigarren oder 3 kg Tabak, 90 l Wein und 110 l Bier plus 10 l Schnaps oder Likör (ab 22 % Alkohol) oder 20 l Branntwein (unter 22 % Alkohol).

Anreise

... mit dem Flugzeug

In London gibt es fünf Flughäfen: Heathrow, Gatwick, Stansted, Luton und London City. Direktflüge werden von fast allen europäischen Städten angeboten (Flugzeiten: von Hamburg, Düsseldorf, Frankfurt, Zürich ca. 1 Std., von Berlin, München, Wien jeweils 2 Std.). Aktuelle Sonderangebote für Flüge nach London gibt es im Internet oder in den Reisebeilagen der Zeitungen. Frühzeitig buchen ist immer gut, um günstigere Tarife zu bekommen.

Ryanair, aber auch Air Berlin, Easy Jet und Germanwings locken mit teilweise preiswerten Tickets. Bedenken Sie aber, dass zur Anreise zum Flughafen im Heimatland auch noch die Fahrt vom Londoner Flughafen in die Innenstadt hinzukommt (z. B. von Stansted nach London Liverpool Street Standardticket hin und zurück 32,80 £). Außerdem haben Billigflieger oft sehr frühe oder späte Flugzeiten. Wenn Sie beispielsweise um 7 Uhr ab Stansted fliegen, müssen Sie um 5 Uhr mit dem Stansted Express von Liverpool Street losfahren, mit dem Bus von Victoria oder Liverpool Street bereits um 4 Uhr.

Heathrow (LHR)
24 km westl. der Innenstadt,
Tel. 084 43 35 18 01,
www.heathrowairport.com
Gute Verbindungen per U-Bahn, Heathrow Express oder Bus in die Stadt.
U-Bahn (Piccadilly Line): Fahrzeit ca. 45 Min. Falls Sie in London am selben Tag noch weitere öffentliche Verkehrsmittel benutzen möchten, können Sie nach 9.30 Uhr eine normale Travel Card für Zone 1–6 (s. S. 25) kaufen. Achtung: Am So fährt die U-Bahn erst ab ca. 6.30 Uhr! Unbedingt erkundigen, falls ein Morgenflug erreicht werden muss.
Heathrow Express (Bahn): Mo–Sa ca. 5–23.45 Uhr von allen Terminals, alle 15–30 Min. nach London-Paddington, Fahrtzeit 15–20 Min., hin und zurück 35 £, www.heathrowexpress.com.
Bus: Fahrtdauer je nach Verkehr ca. 40–80 Min. bis London Victoria, Abfahrt Central Bus Station. Mit dem Bus in die Innenstadt zu fahren, ist eher unüblich. Ist Ihre Unterkunft im Südwesten von London, kommt aber der X26 in Frage.
Taxi: in die Innenstadt ca. 50–70 £.

Gatwick (LGW)
43 km südl. der Innenstadt, Tel. 084 48 92 03 22, www.gatwickairport.com
Angenehmer als Heathrow. Gute Zuganbindung rund um die Uhr.
Gatwick Express: tagsüber alle 15 Min., nachts stdl. nach Victoria, Fahrtzeit

30 Min., hin und zurück 34,90 £, www.gatwickexpress.com. Gute Zuganbindung fast rund um die Uhr. Ab Gatwick 04.35, 05.20, dann alle 15 Min. Letzte Züge 00.50, 01.30.

Andere, fast ebenso schnelle, aber günstigere Bahnverbindungen mit Halt in East Croydon: tgl. alle 15 Min., nachts 1–2x/Std. nach Victoria oder London Bridge. Fahrtzeit ca. 30–40 Min. Hin u. zurück Victoria ca. 30, London Bridge ca. 20 £. Achtung: Wegen Bauarbeiten bis 2018 halten Thameslink Züge nicht in London Bridge.

Easybus: rund um die Uhr alle 15–30 Min. von/nach London Waterloo, Victoria (via Streatham and Stockwell) u. Earl's Court/West Brompton, Fahrtzeit 60 Min., online ab 2 £, www.easybus.co.uk.

Taxi: in die Innenstadt mind. 95 £.

Stansted (STN)

50 km nördl. der Innenstadt, Tel. 084 43 35 18 03, www.stanstedairport.com

Von hier fliegt z. B. Ryanair. Sehr hektisch, immer voll.

Stansted Express: Fahrzeit 47 Min., einfache Fahrt 19 £, versch. Ermäßigungen für Frühbucher u. Kleingruppen. Von Stansted bis 00.30 Uhr, von Liverpool Street Mo–Sa ab 03.40, So 04.10 Uhr. Informieren Sie sich vorsichtshalber über aktuelle Fahrplanänderungen. Achten Sie darauf, dass Sie den Express und keinen Bummelzug erwischen. Alle Züge (außer Frühzüge) halten in Tottenham Hale (Anschluss an **Victoria Line**).

Bus: Flughafenbus **A6** tagsüber alle 15 Min., nachts halbstdl. von/nach Victoria Coach Station, Fahrtzeit ca. 90 Min., Standardpreis einfache Fahrt 12 £, Frühbucher online billiger. **A8** fährt in 65 Min. nach Liverpool Street und **A9** in 50 Min. nach Stratford.

Easybus: Mo–So rund um die Uhr alle 15 Min. von/nach Baker Street (75 Min.) sowie von/nach Old Street Station (60 Min.), online ab 2 £, www.easybus.co.uk.

Taxi: in die Innenstadt mind. 100 £.

London City Airport (LCY)

15 km östl. der Innenstadt, Tel. 020 76 46 00 88, www.londoncityairport.com

Erfreulich übersichtlich und ruhig.

DLR: Alle 8–15 Min. geht es in ca. 8 Min. bis U-Bahn-Station Canning Town (Anschluss: **Jubilee Line**) oder mit der DLR direkt zur U-Bahn-Station Bank (City).

Taxi: nach Liverpool Station je nach Verkehrsaufkommen rund 25 £.

London Luton (LTN)

51 km nördl. der Innenstadt, Tel. 015 82 40 51 00, www.london-luton.co.uk

Zug: alle 15 Min. von/nach St Pancras International, Fahrtzeit: ca. 25 Min., hin und zurück ca. 25 £. Von Luton Airport Parkway Shuttle-Bus zum Flughafen (8 Min., einfache Fahrt 1,60 £).

Easybus: rund um die Uhr alle 15–30 Min. von/nach Victoria Coach Station und Liverpool Street, Fahrtdauer ca. 60 Min.), man sollte frühzeitig und online buchen, einfache Fahrt ab 2 £.

Taxi: in die Innenstadt mind. 80 £.

... mit Bahn oder Bus

Mit Bahn oder Bus geht es aus zahlreichen deutschen Städten zunächst nach Brüssel oder Paris. Dort gibt es Anschluss an den **Eurostar,** der in wenigen Stunden St Pancras International in London erreicht (von Paris 2 Std. 15 Min., von Brüssel 1 Std. 50 Min.), Eurostar: www.eurostar.co.uk.

Die **Eurolines-Busse** (www.eurolines.co.uk) fahren tgl. oder mind. 3- bis 4-mal pro Woche von zahlreichen Städten in Deutschland, Österreich und der Schweiz. Sie kommen in der London Victoria Coach Station an.

... mit dem Auto

Für Autofahrer ist der **Autoreisezug Le Shuttle** interessant (www.eurotunnel.com, ab 23 £ pro Auto), der Autos, Busse und Motorräder samt Passagieren durch den Kanaltunnel zwischen Calais und Folkestone befördert (Fahrtdauer rund 40 Minuten). Die Züge fahren Tag und Nacht im Abstand von 15 Minuten. Von Calais und Folkestone geht es auf der Autobahn M 20 nach London.

Eine Alternative sind die **Autofähren** zwischen England und Frankreich (Calais– oder Dunkerque–Dover) und den Niederlanden (Hoek van Holland–Harwich).

P & O Ferries: www.po-ferries-uk.co.uk
Stena Line: www.stenaline.co.uk
DFDS Seaways: www.norfolkline.com

Verkehrsmittel in London

London Underground (tube)

Die Linien der Londoner *tube* sind auf den Plänen durch eigene Farben gekennzeichnet. Es gibt über 270 Stationen, doch die Orientierung fällt nicht schwer. Die Züge sind besonders morgens und zur Feierabendzeit sehr voll. Nicht selten bleiben die Züge für einige Minuten im Tunnel stecken. Dennoch ist die U-Bahn für längere Fahrten die beste Alternative. U-Bahnen fahren Mo–Sa ab ca. 6, So ab ca. 7.30 Uhr, der letzte Zug zwischen 23.30 und 0.30 Uhr, je nach Linie/Station. Ab September 2015 fährt die U-Bahn auf fünf Linien (Victoria, Central, Piccadilly, Northern und Jubilee) Fr und Sa die ganze Nacht durch (www.tfl.gov.uk).

Im Vergleich zu anderen Weltstädten ist die Londoner U-Bahn recht teuer. Die einfache Fahrt im Stadtgebiet kostet 4,80 £. Wenn man mehr als eine Fahrt machen möchte, lohnt sich die Anschaffung einer Travel oder Oyster Card (s. S. 25). Die zu **London Overground** (OVG; Infos: www.tfl.gov.uk) gehörende Strecke zwischen West Croydon und Dalston bietet eine nützliche Nord-Süd-Verbindung.

Achtung: Der Bahnhof London Bridge wird bis 2018 durch Bauarbeiten stark beeinträchtigt.

Bus

Das Bussystem ist vielfältig und funktioniert erstaunlich gut. Es gibt 5500 Busse in London, die von rund 3,5 Mio. Menschen täglich benutzt werden. An weniger belebten Haltestellen muss man den Arm ausstrecken, um dem Fahrer zu signalisieren, dass man einsteigen möchte. Für kürzere Fahrten sind Busse angenehmer als U-Bahnen, weil man gleichzeitig Sightseeing machen kann; auf längeren Strecken sind sie durch das hohe Verkehrsaufkommen in London nicht unbedingt empfehlenswert. Und: Abgesehen vom Innenstadtverkehr sind Busse meist verspätet. Dies trifft insbesondere auf **Nachtbusse** zu. Die mit einem ›N‹ gekennzeichneten Busse fahren von 24 bis ca. 7 Uhr. Die beste Chance, einen Nachtbus zu erwischen, hat man am Trafalgar Square.

Fahrkarten für den Bus gibt es nur noch bargeldlos, entweder mit Kreditkarte oder Oyster- oder Travelcard. Kinder unter zehn Jahren fahren frei.

Docklands Light Railway (DLR)

Die Docklands Light Railway (DLR) ist eine oberirdisch angelegte, fahrerlose Bahn, die von Tower Gateway und von Bank nach Lewisham oder nach Stratford fährt (Mo–Fr 5.30–0.30, Sa 6–0.30, So 7.30–23.30 Uhr). Viele Urlauber fahren mit der DLR nach Canary Wharf oder nach Greenwich.

Wasserbus

Wasserbusse sind mehr Pendler- als Ausflugsboot, billig und schnell. Regelmäßige Abfahrten vom Savoy Pier (Embankment) nach Masthouse Terrace (Isle of Dogs) via Canary Wharf (www.thamesclippers.com).

Taxi

Die *black cabs* gehören zu London wie der Tower – und eine Fahrt mit ihnen ist eine Attraktion. Die Wagen – es gibt sie inzwischen übrigens in jeder Farbe – stehen an Taxiständen, können aber auch auf der Straße angehalten werden. Gelbes Licht bedeutet, dass das Taxi frei ist. Alle Taxis sind mit einem Taxameter ausgestattet. Der Fahrpreis richtet sich nach der Fahrtzeit: Tarif 1 für 6–13 Min. innerhalb 1 Meile 5,60–8,80 £, abends und am Wochenende teurer (www.tfl.gov.uk/taxifares). *Black cabs* sind so geräumig, dass man sogar einen Kinderwagen hineinstellen kann.

Minicab

Minicabs sind günstiger als normale Taxis. Man bestellt sie persönlich oder telefonisch in einer Zentrale. Auf keinen Fall in unlizenzierte Minicabs einsteigen, die vor allem nachts unterwegs sind oder vor den Clubs stehen. Londonweit operiert das seriöse Unternehmen Addison Lee (Tel. 020 73 91 88 88, www.addisonlee.com).

Fahrrad

In der Innenstadt wurde auf Initiative von Bürgermeister Boris Johnson ein **Fahrrad-Leihsystem** (Barclays Cycle Hire, auch **Boris Bikes** genannt) mit über 400 Stationen eingerichtet (ab 14 J. Grundgebühr 2 £/Tag (jedoch erst ab 18 J. zu mieten.), bis 30 Min. frei, dann für jede weitere 30 Min. jeweils weitere 2 £). Keine Buchung oder Mitgliedschaft erforderlich, wohl aber eine Kreditkarte (www.tfl.gov.uk). Zone 1–4 kostet z.B. 12 Pfund, Zone 1–6 kostet peak time 17, off-peak 12 £.

Verkehrsnetz und Fahrscheine

Netzpläne und Tarifinfos: Das Londoner Verkehrsnetz ist in sechs konzentrische Zonen eingeteilt, mit Zone 1 im Zentrum. Netzpläne mit der Zoneneinteilung finden Sie an jedem Bahnhof und U-Bahnhof. Es gibt verschiedene Tickets mit sich häufig ändernden Tarifen. Infos: www.tfl.gov.uk/fares.

Travel Card: Wollen Sie mehr als zwei Fahrten an einem Tag machen, lohnt sich der Kauf einer Travel Card (Tageskarte). Sie gilt in allen Verkehrsmitteln und für verbilligte Themsefahrten, aber nicht im Gatwick, Heathrow oder Stansted Express. Der Preis richtet sich nach den Zonen und ob man ›peak‹ (Mo–Fr vor 9.30 Uhr) oder ›off peak‹ fahren möchte. Preise: Zone 1–4 kostet z.B. 12 Pfund, Zone 1–6 kostet ›peak time‹ 17, ›off-peak‹ 12 £. Zone 1–6 16,40 £/8,90 £. Für eine Wochen- oder Monatskarte benötigen Sie ein Passfoto und müssen ein Formblatt ausfüllen.

Oyster Card: Die sog. Oyster Card ist Londons elektronische Fahrkarte. Sie kann mit Tages- und Saisonkarten- oder Prepaid-Guthaben aufgeladen werden und gilt in Bussen, DLR, U-Bahnen, in der Straßenbahn und in National-Rail-Vorortzügen der Zonen 1–9, jedoch nicht in den Flughafentransferzügen. Beim Ein- und Aussteigen muss man die Plastikkarte über ein gelbes Lesegerät ziehen. Mit Oyster Cards spart man etwa 50 % gegenüber dem regulären Tarif. Egal wie oft Sie am Tag fahren: 6,40 £ ist die Obergrenze mit einer Oyster Card. Sie sind auch vor der Abfahrt von zu Hause aus bei www.visitbritain.com bestellbar sowie auf manchen Flügen erhältlich. Die Aktivierungs- und Pfandgebühr liegt bei 3 £.

Fahrradrikscha
Die *pedicabs* (auch *cycle taxis)* für 2–3 Personen sind eher Touristenattraktion denn Verkehrsmittel. Sie parken an markierten Stellen, z. B. in der Old Compton Street, bei Covent Garden und am Leicester Square.

Auto
Verkehrsregeln: In Großbritannien gilt Linksverkehr. Die Höchstgeschwindigkeit beträgt 30 Meilen (48 km/h) in bebautem Gebiet, 60 Meilen (97 km/h) außerhalb geschlossener Ortschaften auf zweispurigen Straßen, 70 Meilen (113 km/h) auf vierspurigen Straßen und Autobahnen. Auf Busspuren dürfen nur Busse fahren. Alkohol am Steuer wird strengstens bestraft; es besteht Anschnallpflicht. Die durchschnittliche Geschwindigkeit in der Londoner Innenstadt beträgt 15 km/h und der Verkehr ist sehr nervenaufreibend.
Congestion Charge: In der Innenstadt muss eine Congestion Charge (Maut) entrichtet werden, d. h. man kauft vor der Fahrt einen Sticker (10,50 £/Tag) und klebt ihn sichtbar an die Autoscheibe (www.tfl.gov.uk). Parkplätze sind rar und teuer; NCP betreibt mehrere Parkhäuser in der Innenstadt (www.ncp.co.uk, 24 Std. geöffnet).
Mietwagen: Alle internationalen Verleiher sind in London vertreten; durchschnittlich kostet ein Kleinwagen 30 £/Tag. Günstiger und stressfreier ist es, öffentliche Verkehrsmittel zu benutzen und zur Not ein Taxi zu nehmen.

Stadtrundfahrten und Stadtspaziergänge

Sightseeing-Busse
Die meisten doppelstöckigen Sightseeingbusse haben ein offenes Deck und fahren die wichtigsten Sehenswürdigkeiten an. Man kann jederzeit ein- und aussteigen, die Tickets sind i. d. R. 24 Stunden gültig. Man erhält sie im Bus, im Hotel, in der Touristeninformation oder online: Big Bus Company, www.

Aus London nicht wegzudenken: die roten Doppeldeckerbusse und die black cabs

bigbustours.com, oder Original London Sightseeing Tour, www.theoriginaltour.com. Sie kosten 22–28 £, für Kinder 11–13 £, für Familien 56–86 £ je nach Termin u. Angebot, online ist es günstiger (s. a. Tipp S. 253. Haltestellen gibt es in der ganzen Innenstadt, die Busse kommen alle 15/30 Min. vorbei.

Black Taxi Tours of London
Bei einer zweistündigen Fahrt im schwarzen Taxi (für bis zu 5 Personen ab 150 £) kann man individuelle Besichtigungswünsche äußern (Tel. 020 79 35 93 63, www.blacktaxitours.co.uk).

Bootsfahrten und Kanaltouren

Bootstouren auf der Themse sind eine schöne Möglichkeit, einen Eindruck von der Stadt zu bekommen und sich etwas vom Verkehrslärm zu erholen. Es gibt zahlreiche Anbieter mit regelmäßigen Abfahrten von Westminster, Charing Cross/Embankment, Festival Pier, London Bridge Pier, Tower Pier, Greenwich und Richmond. Die Preise richten sich nach Länge und Art der Tour. Manche Veranstalter bieten auch Tageskarten (River Pass) an, mit denen man den ganzen Tag fahren kann.

Im Sommer gibt es zusätzlich Bootstouren von Westminster flussaufwärts nach **Kew Gardens, Richmond** und nach **Hampton Court** (Westminster Passenger Service Association, Tel. 020 79 30 20 62, www.wpsa.co.uk, von Westminster nach Hampton Court z. B. 15 £). Empfehlenswert sind die **Pendlerboote** von Thames Clippers (www.thames clippers.com), einfache Fahrt 6,80 £, mit Travelcard 4,50 £. Tägliche, regelmäßige Abfahrten von Putney nach Woolwich mit Halt bei London Eye, Embankment, Blackfriars, London Bridge, Canary Wharf und Greenwich. Die gleiche Gesellschaft betreibt auch den **›Tate Britain to Tate Modern‹-Service** (alle 40 Min., www.tate.org.uk/visit/tate-boat) mit Halt am London Eye sowie den **River Boat Express** zur O2-Arena.

Die London Waterbus Company (Tel. 020 74 82 26 60, www.londonwa terbus.com) und Jason's Trip (Tel. 020 72 86 35 28, www.jasons.co.uk) bieten **Touren auf dem Regent's Canal** zwischen Little Venice (U: Warwick Ave.) und London Zoo (30 Min.) oder Camden Lock (50 Min.) an (s. auch Entdeckungstour S. 236).

Stadtführungen

Es gibt mehrere Veranstalter, die geführte Spaziergänge anbieten. Sie dauern in der Regel 1,5–2 Stunden und kosten ca. 8 £. Die Themenauswahl ist riesig, z. B.: Shakespeare's, Dickens', Oscar Wilde's London, das London der Beatles, einzelne Stadtteile, Die Geheimnisse von Westminster Abbey, Ghosts Tours, Murder Tours, Victorian London, versteckte Dörfer, Pub Walks, East End, Jack-the-Ripper-Tours und natürlich Harry-Potter-Tours (diese allerdings per Taxi). Nachfolgend einige Anbieter:

The Original London Walks: Tel. 020 76 24 39 78, www.walks.com. Etablierter Veranstalter, Buchung nicht nötig. Dauer ca. 2 Std., alle Touren kosten 9 £ (ermäßigt 7 £, Kinder unter 15 J. frei).

Big Smoke Walks: Tel. 07 86 76 72 96, www.bigsmokewalks.com. Sachkundig und unterhaltsam führt Karen zu verschiedenen Themen durch die City of London, auch maßgeschneiderte Führungen nach Vereinbarung.

London Art Tours: Tel. 077 36 01 52 66, www.londonarttours.co.uk. Unvergessliche Führungen durch die reiche Kunstwelt Londons. Ob Highlights in den großen Museen, Architekturspaziergänge oder off-the-beaten-track, Alan bietet langjährige Erfahrung und großen Sachverstand.

Übernachten

Preiswert(er) übernachten

London ist teuer, das gilt leider auch für die Unterkünfte: Im Durchschnitt kostet ein Doppelzimmer etwa 120 £. Alle Londoner Hotels sind in der Regel gut belegt, egal in welcher Preiskategorie und zu welcher Jahreszeit.

In den oberen Preiskategorien ab etwa 150 £ pro Doppelzimmer ist die Auswahl riesig, schwieriger wird es, wenn man gut und günstig übernachten möchte. Die meisten Hotels bieten auf ihren Websites für Wochenenden oder in bestimmten Monaten Preisnachlässe an. Vergleichbar mit der Preisgestaltung der Billigflieger bieten mittlerweile auch viele Hotels unterschiedliche Tarife an: Die Preise richten sich nach Auslastung und Zeitpunkt der Buchung.

Auch **Travel Inn** (www.travelinn-hotels.com) und **Travel Lodge** (www.travelodge.co.uk) haben zahlreiche Hotels über ganz London verteilt. Sie sind nicht gerade schön, aber praktisch und sauber. Kombi-Angebote der Reisebüros (Flug und B & B) lohnen sich unter Umständen ebenfalls.

Eine vergleichsweise günstige Alternative sind B & B, Apartments oder die Unterkunft in einer Londoner Familie (Kontaktadressen siehe Tipp). Während der Sommermonate bieten Universitäten zudem preiswerte Zimmer in Studentenwohnheimen (s. S. 33).

Zimmersuche über das Internet

www.LateRooms.com:Hotels aller Arten und Preisklassen. Auch kurzfristige Sonderangebote.

www.astons-apartments.com: Apartments in Kensington.

www.londonbb.com: Agentur für Bed-and-Breakfast-Unterkünfte.

www.bed-breakfast.de: Die deutsche Agentur bietet persönlich ausgewählte Unterkünfte auch für längere Aufenthalte.

www.hrs.de: Website des Hotel Reservierungs Service, klar strukturiert, oft Angebote.

Edel und teuer

Der Inbegriff von Luxus – **Ritz:** ■ M 9, 150 Piccadilly, Tel. 020 74 93 81 81, www.theritzlondon.com, U: Piccadilly, DZ ab 345 £. Das legendäre Ritz mit seiner hervorragenden Lage im Westend hat ein einmaliges Ambiente. Fünf prächtige Empfangsräume stehen den Gästen zur Verfügung; besonders beeindruckend ist die Long Gallery mit ihren Rokokospiegeln und Marmorsäulen. Trotz des ›Alte-Welt-Charmes‹ haben alle 136 Zimmer und 14 Suiten moderne Annehmlichkeiten, wie kabelloser Internetanschluss und Fitnessräume. Herrlich ist der Afternoon Tea im Palm Court, allerdings sollte man vorher reservieren.

Ungezwungenes Ambiente – **One Aldwych:** ■ Karte 2, P 8, 1 Aldwych, Tel. 020 73 00 10 00, www.onealdwych.com, U: Embankment, DZ ab 274 £. Erstaunlich ungezwungenes Ambiente für eines der Top-Hotels Londons. Großzügig gestaltete Lobby, viel moderne Kunst. 105 Zimmer, mit Blick über die Waterloo Bridge. Ideale Lage für das Westend. Sorgfältig gestaltete, dezent elegante Empfangsräume und Zimmer, wo die Gäste täglich mit frischem Obst und Blumen überrascht werden. Besonders beliebt ist die Lobby Bar des Hotels.

Moderne Kunst prägt den Charakter des Luxushotels One Aldwych

Charme des 18. Jh. – **Hazlitt's:** ■ Karte 2, N 7, 6 Frith Street, Tel. 020 74 34 17 71, www.hazlittshotel.com, U: Tottenham Court Road, DZ ab 267 £. Drei alte Stadthäuser mitten in Soho wurden zu einem besonders stil- und charaktervollen Hotel umgebaut. Benannt ist es nach William Hazlitt, einem Gelehrten des 18. Jh., der hier lebte. Sehr persönlich geführt, privat, diskret, ruhig und behaglich, kommen viele Stammgäste hierher. Alle 23 Zimmer sind mit Antiquitäten des 18. Jh. eingerichtet, individuell gestaltet und nach Schriftstellern benannt. Restaurant oder Bar gibt es nicht, das Frühstück wird aufs Zimmer geliefert.

Herrlich behaglich – **The Rookery:** ■ R 6, Peter's Lane, Cowcross Street, Tel. 020 73 36 09 31, www.rookeryhotel.com, U: Farringdon, DZ ab 198 £. In einer kleinen Gasse zwischen St John's Lane und Cowcross Street versteckt sich dieses schöne, mit Antiquitäten eingerichtete Stadthaushotel im beliebten Smithfield-Viertel. Die behagliche Atmosphäre und der liebenswürdige Service machen das Hotel zu einer Oase der Ruhe. Es gibt 33 großzügige Zimmer und *Rook's Nest,* eine Suite auf zwei Ebenen mit Blick auf St Paul's.

Komfortabel und stilvoll

Im Museumsviertel – **The Gore:** ■ Karte 3, H 10, 190 Queen's Gate, Tel. 020 75 84 66 01, www.gorehotel.com, U: Gloucester Road, DZ ab 210 £. Das stattliche viktorianische Stadthaus beherbergt ein herrlich komfortables Hotel mit 50 mit Antiquitäten ausgestatteten Zimmern und liegt in Gehentfernung zu den großen Museen und zur Royal Albert Hall. Der Flur und Eingangsbereich sind dicht an dicht mit Gemälden bestückt.

Hier wohnen auch Stars – **Portobello Hotel:** ■ Karte 3, E 8, 22 Stanley Gardens, Tel. 020 77 27 27 77, www.

portobello-hotel.co.uk, U: Notting Hill Gate, DZ ab 195 £. Diskret und exklusiv, ist das leicht exzentrische Hotel seit Jahrzehnten Absteigeort für Schauspieler und Rockstars. Es gibt 14 individuell eingerichtete Zimmer mit enormen Betten und frei stehenden Badewannen. Behagliche Lounge, Bar und 24-Stunden-Service.

Im Szeneviertel – **Hoxton Hotel:** ■ T 5, 81 Great Eastern Street, Tel. 020 75 50 10 00, www.thehoxton.com, U: Old Street, DZ 79–199 £ (wie bei Billigfliegern gehen die Preise hoch gemäß der Buchungszahlen). 210 Betten, modern, sauber, minimalistisch und sehr hip. Am Morgen hängt ein kleiner Frühstücksbeutel an der Tür. Ideal für Nachteulen in Shoreditch. Die Zimmer im 5. und 6. Stock nach hinten raus bieten schöne Ausblicke auf die Stadt. Neu: Auch in Holborn gibt es jetzt ein Hoxton mit dem Motto »sleep, work, eat and play«: 199–206 High Holborn, Tel. 020 76 61 30 00, U: Holborn.

Familienfreundlich – **Lime Tree Hotel:** ■ L 11, 135–137 Ebury Street, Tel. 020 77 30 81 91, www.limetreehotel.co.uk, U: Victoria, DZ ab 175 £. Gepflegtes, sauberes und freundliches Familienhotel mit 25 Zimmern (alle ›en suite‹ und mit TV). Heller Frühstücksraum und kleiner Rosengarten. 10 Min. zu Fuß zur Victoria Station.

Lieber peppig statt edel? In London gibt es für jeden Geschmack das passende Hotel

Hell und klar – **22 York Street:** ■ K 6, 22 York Street, Tel. 020 72 24 29 90, www.22yorkstreet.co.uk, U: Baker Street, DZ ab 150 £. Mit schlichter Eleganz eingerichtetes, ungezwungenes B & B mitten in Marylebone. Alle 10 Zimmer ›en suite‹.

Familienbetrieb – **Harlingford Hotel:** ■ O 5, 61–63 Cartwright Gardens, Tel. 020 73 87 15 51, www.harlingfordhotel.com, U: Russell Square, King's Cross, DZ ab 120 £, 5-Bett-Zimmer 145 £. Umfassend renoviertes und modern gestyltes Haus (allerdings ohne Lift!) mit 43 Zimmern an einem hübschen georgianischen Straßenzug gelegen, an dem sich ein Hotel ans andere reiht. Netter Aufenthaltsraum, die Benutzung des Tennisplatzes ist möglich.

Super Lage – **New Linden Hotel:** ■ Karte 3, F 8, 58–60 Leinster Square, Tel. 020 72 21 43 21, www.newlinden.co.uk, U: Bayswater, Zimmerpreise je nach Auslastung, Frühbucher ab 80 £. Geschmackvoll restauriertes Stadthaushotel, sehr günstig zwischen Notting Hill, Kensington Gardens und dem Westend gelegen. 51 freundlich-funktionale Doppelzimmer und ein Familienzimmer. Alle haben Holzfußboden, Marmorbadezimmer und Flat-screen-TV.

Beliebt bei Akademikern – **Hampstead Village Guesthouse:** ■ außerhalb L 2, 2 Kemplay Road, Tel. 020 74 35 86 79, www.hampsteadguesthouse.com, U: Hampstead, DZ 105–129 £, EZ 70–100 £, Studio für 1–5 Pers. 125–200 £ (Frühstück 10 £). Ruhig gelegenes und liebevoll eingerichtetes B & B in einem großen Familienhaus im Norden der Stadt. Inmitten von Büchern, Bildern und alten Möbeln fühlt man sich wohl.

Einfach und günstig

Funktional – **Premier Inn London County Hall:** ■ P 9, London County Hall, Belvedere Road, Tel. 087 15 27 86 48, www.premierinn.com, U: Waterloo, Zimmer ab 80 £, oft Spezialangebote. Breakfast 8,75 £, Kinder unter 16 Jahren essen kostenlos. Auf fünf Stockwerke mit langen Korridoren verteilte, saubere und funktionale Zimmer, einige mit Ausblick auf London Eye.

Zweckmäßig – **Mad Hatter Hotel:** ■ Q 9, 3–7 Stamford Street, Tel. 020 74 01 92 22, www.madhatterhotel.

com, U: Southwark, Waterloo, Zimmerpreise je nach Auslastung, online Angebote ab 60 £. Die 30 Zimmer sind zweckmäßig ausgestattet und im Erdgeschoss kann man sich nach einem anstrengenden Besichtigungstag im Fuller's Ale & Pie House unkompliziert stärken. Stanford Street liegt fußläufig zur Tate Modern und zum Westend.

Gut gelegen – **Best Western Victoria Palace:** ■ M 12, 60 Warwick Way, Tel. 020 78 21 71 13, www.bestwesternvictoriapalace.co.uk, U: Victoria, 50 Zimmer, DZ ab 60–230 £ je nach Ausbuchung. Das freundliche und saubere Haus bietet eine verkehrsgünstige Unterkunft – nur 5 Min. von der Victoria Station entfernt.

Etabliert – **London Vicarage Hotel:** ■ Karte 3, F9, 10 Vicarage Gate, Kensington, Tel. 020 72 29 40 30, www. londonvicaragehotel.com, 17 individuell gestaltete Zimmer (EZ/DZ, 3- u. 4-Bett), DZ ab 110 £. Im Familienbetrieb geführtes, ruhig gelegenes Hotel, viele Stammgäste. Ideal fürs Shopping in Kensington und für Museumsbesuche.

Solide – **Avoca House Hotel:** ■ außerhalb H 2, 46 Belsize Park, Tel. 020 77 22 77 77, www.avocahousehotel.co.uk, U: Swiss Cottage, EZ 55 £, DZ 75 £, 3-Bett-Zimmer 90 £. Ruhig in Nordlondon gelegenes, als Familienbetrieb geführtes B & B mit zehn Zimmern. Schlicht, aber korrekt.

Nahe Victoria Station – **Luna Simone Hotel:** ■ M/N 12, 47–49 Belgrave Road, Tel. 020 78 34 58 97, www. lunasimonehotel.com, U: Victoria, DZ 100–150 £ inkl. Frühstück. Schlichtes, aber freundliches Hotel, das im Familienbetrieb geführt wird. 35 helle und saubere Zimmer, die meisten ›en suite‹. Auch 3- und 4-Bett Zimmer. Etwa 10 Minuten von der Victoria Station entfernt.

Fußläufig zum British Museum – **Celtic Hotel:** ■ O 6, 61–63 Guilford Street, Tel. 020 78 37 67 37, www.stmargaretshotel.co.uk, U: Russell Square, 30 Zimmer, DZ ab 82 £ (inkl. großzügigem Frühstück). Nahe Russell Square gelegenes, schlichtes, aber sehr freundliches und korrekt geführtes Hotel im Familienbetrieb. Es gibt auch 3- und 4-Bett-Zimmer.

Trendy – **citizen M:** ■ R 9, 20 Lavington Street, Tel. 020 35 19 16 80, www. citizenm.com, U: London Bridge oder Southwark, DZ ab 100 £, je nach Ausbuchung. 192 Zimmer, stylisch und sehr zentral. Die Boutiquehotelkette ist so minimalistisch, dass die Gäste sich sogar selbst einchecken.

Jugendhotels und Jugendherbergen

Wer in einer der Londoner **Jugendherbergen** übernachten möchte, kann entweder eine Mitgliedschaft in der YHA (www.yha.org.uk) erwerben oder als Nicht-Mitglied einen Aufpreis von 3 £ zahlen. Es gibt Jugendherbergen **nahe Oxford Street** (14 Noel Street und 104 Bolsover Street, beide U: Oxford Circus), in **St Pancras** (79–81 Euston Road, U: King's Cross, St Pancras, ideal für die British Library), in der **City of London** (36 Carter Lane, U: St Paul's, EZ/DZ), in **Earl's Court** (38 Bolton Gardens, DZ, U: Earl's Court) und außerhalb in **Rotherhithe** (20 Salter Road, U: Rotherhithe).

Alle Altersstufen willkommen – **German YMCA:** ■ Karte 3, H 8, Lancaster

Hall Hotel YMCA, 35 Craven Terrace, Tel. 020 77 23 92 76, www.lancaster-hall-hotel.co.uk, U: Lancaster Gate, EZ 75 £, DZ 95 £, im Youth Wing DZ ab 54 £, Preise inkl. Frühstück. Das YMCA liegt günstig für Museums- und Westend-Besuche und ist auch für ältere Gäste geeignet.

Voller Charakter – **Palmers Lodge Swiss Cottage:** ■ außerhalb H 2, 40 College Crescent, Tel. 020 74 83 84 70, http://palmerslodges.com, U: Swiss Cottage, 300 Betten in DZ und Mehrbettzimmern mit 5–28 (!) Betten, auch *mixed dorms* für Reisende über 18 J., Preise je nach Ausbuchung, Frühbucher ab 16 £. Liebevoll renoviertes, denkmalgeschütztes viktorianisches Haus mit viel Charakter. Es gibt mehrere Aufenthaltsräume und eine Gemeinschaftsküche. Zweigstelle: Hillspring, 233 Willesden Lane, Tel. 020 70 99 24 35.

Beliebt – **Clink 261:** ■ P 4, 261–5 Gray Inn's Road, Tel. 020 77 13 77 89, www.clinkhostels.com, U: King's Cross, B & B im Schlafsaal ab 13 £. Saubere, helle Zimmer mit insgesamt 171 Betten, auch DZ. In der Lobby stehen gemütliche Sofas. Es gibt einen Fernsehraum mit allabendlichen Filmvorführungen und eine Küche für Selbstversorger. Ruhiger als im Clink 78, s. u.

Herberge in ehemaligem Gericht – **Clink 78:** ■ P 4, 78 King's Cross Road, Tel. 020 71 83 94 00, www.clinkhostels.com, U: King's Cross, Zellen ab 50 £, DZ ab 40 £, 4–16-Bett-Zimmer ab 12 £. Sauberes Hostel mit nettem Personal. Das 300 Jahre alte Gerichtshaus, teils denkmalgeschützt, bietet heute Unterkunft für bis zu 500 Backpackers.

Mehrere Zweigstellen – **St Christopher's Village:** ■ S 9, 161–165 Borough High Street, Tel. 020 86 00 75 00, www.st-christophers.co.uk, U: Borough, London Bridge, Bett im Mehrbettzimmer ab 12 £, auch DZ. Schlichte, freundliche, saubere Hostelkette. Zweigstellen: 121 und 59–61 Borough High Street (nur für Frauen) sowie in Shepherd's Bush, Camden, Hammersmith, Greenwich sowie Apartments in Covent Garden.

Englisch oder kontinental?
Das traditionelle englische Frühstück, bestehend aus *bacon, eggs, baked beans, black pudding* und anderen kalorienreichen Zutaten, wird heute nur noch von 1 % der Briten gegessen. Die meisten Hotels bieten beide Frühstücksvarianten an, probieren sollte man das warme Frühstück aber auf jeden Fall.

Universitätsunterkünfte

Während der Semesterferien (Juni–Sept.), z. T. auch über Ostern, vermieten die meisten Londoner Universitäten Zimmer in Studentenwohnheimen. Sie liegen meist zentral und sind preiswert. Unterkunft bieten u. a. das **Imperial College** (www3.imperial.ac.uk/summeraccommodation) sowie die **London School of Economics and Political Science.** Zwei empfehlenswerte Adressen der LSE (www.lsevacations.co.uk) – EZ ab 45 £, 2-Bett-Zimmer ab 72 £, 3-Bett-Zimmer ab 85 £:

Hall of Residence – **LSE, Passfield Hall:** ■ N 5, 1–7 Endsleigh Place, Tel. 020 71 07 59 25, U: Euston. Zentral, aber ruhig.

Wohnheim – **LSE, Bankside House:** ■ R 9, 24 Sumner Street, South Bank, Tel. 020 71 07 57 50, U: London Bridge. Ideale Lage.

Essen und Trinken

Wie Sie das richtige Restaurant finden ...

Mit diesem Buch

Auf den folgenden Seiten finden Sie eine Auswahl der Restaurants, die zu den beliebtesten der Stadt zählen, traditionelle englische Kochkunst bieten oder die gerade angesagt und in aller Munde sind. Dazu kommen Lokale mit Speisen aus aller Welt, alteingesessene Cafés, wobei man in den meisten auch eine warme Mahlzeit bekommt, etablierte Restaurants für Vegetarier und Veganer sowie die schönsten Pubs und hervorragende Gastro-Pubs. Es handelt sich dabei um Adressen, für die sich der mitunter etwas längere Weg kreuz und quer durch die Stadt lohnt.

Weitere Adressen, darunter auch gute und günstige Stadtteilrestaurants, finden Sie bei der Beschreibung der einzelnen Viertel (s. u., »Gastronomie in den Londoner Stadtteilen«).

Hier können Sie sich selbst umsehen ...

Sie haben großen Hunger und möchten sich spontan für ein Lokal entscheiden? In **Soho** reiht sich ein Lokal an das nächste: ein Sternekochhotel, ein traditionelles Café oder Pub-Lunch – verhungern werden Sie hier nicht. Außerdem ist **Chinatown** nur wenige Schritte entfernt. Oder fahren Sie ins **East End:** Die Brick Lane besteht fast nur aus indischen und bengalesischen Restaurants. Obwohl die Qualität nicht besser als in anderen Stadtteilen Londons ist, überwältigt die Fülle der Angebote.

In Stadtmagazinen

Hilfreich bei der Suche nach dem richtigen Lokal sind die Restaurantkritiken im **Evening Standard.**

Gastronomie in den Londoner Stadtteilen

Westminster, St James's und Mayfair
- Stadtviertelkarte S. 116 und S. 130
- Restaurantbeschreibung S. 138

Westend und Marylebone
- Stadtviertelkarte S. 145, 148, 156
- Restaurantbeschreibung S. 162

Bloomsbury, Holborn und Clerkenwell
- Stadtviertelkarte S. 175
- Restaurantbeschreibung S. 184

City of London
- Stadtviertelkarte S. 193
- Restaurantbeschreibung S. 203

Im Westen
- Stadtviertelkarte S. 207 und S. 212
- Restaurantbeschreibung S. 225

Nordlondon
- Stadtviertelkarte S. 231 und S. 240
- Restaurantbeschreibung S. 240

Ostlondon
- Stadtviertelkarte S. 245
- Restaurantbeschreibung S. 252

Südlich der Themse
- Stadtviertelkarte S. 260
- Restaurantbeschreibung S. 272

Gut zubereitet, schmeckt auch der schlichte Klassiker Fish & Chips wunderbar

Die Gastronomie der Stadt

Von der Sterneküche bis zu Bodenständigem

Auswahl und Qualität der Londoner Restaurants sind besser denn je. Was man früher unter **englischer Küche** verstand – Fish & Chips, Steak & Kidney Pie, Sausage & Mash –, kann man natürlich vielerorts bestellen. Heute jedoch ist London eine der kulinarischen Hauptstädte, fast täglich werden neue Restaurants eröffnet. Die multikulturelle Gesellschaft, die das Leben der britischen Hauptstadt bestimmt, spiegelt sich in den Küchen der Restaurants wider. So findet man hier Lokale aus der ganzen Welt. Die **indische Küche** ist ein besonderer Fall, denn Currys gelten schon fast als Nationalspeise, und indische Restaurants gibt es in jedem Stadtteil. Daneben locken **Nationalitätenküchen** jeder Art: von afrikanisch bis zypriotisch.

Als Trendsetter gelten die **Modern British** oder sogenannten **Fusion-Restaurants,** die einen Mix aus weltweiten Spezialitäten bieten. Diese Restaurants bieten nicht nur kulinarische Spitzenqualität, sondern zeichnen sich auch durch Stil und Ambiente aus. Ein halbes Dutzend Starköche (s. a. S. 109) sowie die bis ins kleinste Detail durchgestylten Restaurants und schicken Bars setzen die gastronomischen Standards in der Hauptstadt. Ein nicht mehr ganz neuer Trend sind **Gastro-Pubs** (s. S. 36).

In England wird abends warm gegessen. **Mittags** sieht man in den Lokalen hauptsächlich Geschäftsleute und Urlauber. Die Londoner selbst ernähren sich tagsüber vielfach von Kartoffelchips *(crisps)* oder Sandwiches. Sandwichbars gibt es an jeder Ecke, entweder in Form von Ladenketten (z. B. Pret a Manger), die fertige Sandwiches anbieten, oder in Form von kleinen Läden, wo man sich den Belag der Brote selbst auswählt.

Der Pub: eine britische Institution

Pubs – der Begriff bedeutet *public place* – kamen verstärkt in viktorianischer Zeit auf, hatten meist Milchglasscheiben in den Fenstern, damit man von außen nicht gesehen werden konnte, Kacheln, viel Holz und hohe Decken. In London gibt es noch etliche dieser Lokale mit original erhaltener Inneneinrichtung (siehe Mein Tipp S. 184 und s. S. 211). Pubs sind nicht mit gewöhnlichen Kneipen zu vergleichen, obwohl die Hauptanliegen natürlich auch hier die Geselligkeit und der Genuss von Alkohol sind. Menschen aller sozialen Schichten und (fast) aller Altersgruppen kommen hier zusammen. Es wird geredet, gelacht, gestritten, Darts gespielt, Zeitung gelesen, hier lernt man seine erste Liebe kennen oder ertränkt den Liebeskummer.

Neben traditionellen, ruhigen Pubs, in denen überwiegend Stammpublikum verkehrt, gibt es viktorianische oder modern gestylte, mit oder ohne Fernseher, vielleicht mit wöchentlichen *Quiznites* oder gelegentlicher Livemusik, mit oder ohne *Bar Food,* wobei es auch da immense Unterschiede gibt: vom bescheidenen Sandwich über das klassische *Sunday Roast* bis hin zum Gastro-Pub auf Sterneniveau. Und was wird getrunken? Bier, Bier und nochmals Bier, für die Damen vielleicht Gin & Tonic, oder darf es ein Baileys oder ein Gläschen Wein sein?

Hinweise zum Pub-Besuch
Die meisten Pubs öffnen um 11/12 Uhr und schließen um 23.30/24 Uhr, So auch früher. 30 Minuten vorher wird ›Last order‹ angekündigt. Im Pub holt man sich sein Getränk am Tresen und bezahlt sofort; einen Tischservice gibt es, außer in Gastro-Pubs, nicht.

Spitzengastronomie

Klassisch-modern – **Bibendum:** ■ Karte 3, J 11, Michelin House, 81 Fulham Road, Tel. 020 75 81 58 17, www.bibendum.co.uk, U: South Kensington, Mo–Fr 12–14.30, 19–23, Sa/So 12.30–15, 19–23 Uhr (So bis 22.30), Hauptgerichte 18–38 £, 3-Gänge-Dinner 36 £. Perfekt gestylter Speiseraum mit klassisch-kreativ abgewandelter europäischer Küche, nur frische Zutaten, üppige Weinkarte. Das Restaurant ist im Michelin Building untergebracht, das 1905–11 im Jugendstil für den französischen Reifenhersteller gebaut wurde.

Weitere **Restaurants berühmter Sterneköche** siehe S. 109.

Klassisch traditionell

Hauptsache Fleisch – **Hawksmore Seven Dials:** ■ O 7, 11 Langley Street, Tel. 020 74 20 93 90, http://thehawksmoor.com, U: Covent Garden, Mo–Sa 12–15, So 12–21.30, Mo–Do 17–22.30, Fr, Sa 17–23 Uhr, Hauptgerichte 15–30 £ (2-Gänge-Menü Mo–Sa 12–5 sowie vor oder nach dem Theaterbesuch 24 £). Hervorragende Fleischgerichte in einem ehemaligen Lagerhaus, drei weitere Zweigstellen in der Stadt.

Traditionslokal – **J Sheekey:** ■ Karte 2, O 8, 28–34 St Martin's Court, Tel. 020 72 40 25 65, www.j-sheekey.co.uk, U: Leicester Square, Mo–Sa 12–15, 17–24, Sa/So 12–15.30, 17.30–24 Uhr, So bis 23 Uhr, Sa/So 3-Gänge-Lunch 26,50 £. Altes Restaurant im Westend, das ideal vor und nach dem Theaterbesuch ist. Viele kleine Räume sorgen für private Atmosphäre. Spezialitäten: Fisch und Meeresfrüchte aus nachhaltigen Quellen.

Hervorragende Wildgerichte – **Rules:** ■ Karte 2, O 8, 35 Maiden Lane, Tel. 020 78 36 53 14, www.rules.co.uk, U: Covent Garden, Charing Cross, Mo–Sa 12–23.45, So 12–22.45 Uhr, Hauptgerichte 19–37 £. Bereits 1798 gegründet und eine wahre Institution, berühmt für seine Wildgerichte, auch guter Fisch und traditionelle Käsesorten. Behaglich rot beplüscht.

Aus Liebe zum Kochen – **Sally Clarke:** ■ Karte 3, F 9, 122–124 Kensington Church Street, Tel. 020 72 21 92 25, www.sallyclarke.com, Frühstück Mo–Sa 8–11, Lunch Mo–Fr 12.30–14 u. Sa 12–14, Dinner Mo–Sa 18.30–22 Uhr. Fast eine Institution in Kensington. Köchin Sally Clarke verwendet nur die besten, frischesten Zutaten und bietet ein festes 2- bis 3-Gänge-Menü.

Ein Klassiker – **Wilton's Restaurant & Oyster Bar:** ■ M 9, 55 Jermyn Street, Tel. 020 76 29 99 55, www.wiltons.co.uk, Mo–Fr 12–14.30, 17.30–22.30 Uhr. 1742 (!) gegründetes Lokal, das nach wie vor britische Küche vom Feinsten bietet: Wild, passend zur Jahreszeit, Rind von den besten Farmen des Landes. Traumhaft der *Granny Smith apple and gooseberry crumble* zum Dessert.

Szenegastronomie

Berühmt – **Fifteen:** ■ S 4, 15 Westland Place, Tel. 020 33 75 15 15, www.fifteen.net, U: Old Street, Lunch 2 Gänge 19 £; Restaurant tgl. 12–15, Mo–Sa 18–23, So 18–22 Uhr. Jamie Olivers berühmtes Restaurant ist nach über zehn Jahren ungebrochen beliebt. Unbedingt reservieren!

Was bedeutet BYO?

Die Abkürzung bedeutet ›Bring Your Own‹, d. h., das Restaurant hat keine Schanklizenz, aber Gäste dürfen ihren eigenen Alkohol mitbringen. Meist wird eine kleine Korkengebühr erhoben – immerhin stellt das Restaurant ja den Flaschenöffner und die Gläser zur Verfügung. Manche Lokale haben Abkommen mit dem nächsten lizenzierten Corner Shop (›off licence‹), sodass man dort unter Vorlage eines Restaurantgutscheins einen Preisnachlass bekommt.

Frische Küche – **Gail's Kitchen:** ■ N 6, 11–13 Bayley Street, Tel. 020 73 23 96 94, www.gailskitchen.co.uk, Mo–Fr 12–15, Mo–Sa 17.30–22, Sa/So 10–15 Uhr. Nur mit frischen Zutaten liebevoll zubereitete, gesunde Köstlichkeiten in unkompliziertem Ambiente. Appetit auf frisches Brot? Gail's Artisan Bakery ist eine hochwertige (entsprechend teure) Bäckerei mit zahlreichen Zweigstellen in London.

Maurische Küche – **Moro** ■ Q 5, 34–36 Exmouth Market, Tel. 020 78 33 83 36, www.moro.co.uk, U: Farringdon, Mo–Sa 12–14.30, 18–22.30, So 12.30–14.45 Uhr (Tapas gibt es den ganzen Tag), Hauptgerichte 18–20 £. Beliebtes Restaurant mit hervorragender Küche mit ägyptischem, libanesischem und portugiesischem Einfluss. Auch leckere Tapas sowie iberische Weine.

Stylish – **Oxo Tower Restaurant Bar & Brasserie:** ■ Q 8, Barge House Street, 8. Etage, Tel. 020 78 03 38 88, www.harveynichols.com, U: Blackfriars, Waterloo, Mo–Sa 12–15, 18–23, Sa ab 17.30, So 12–15.30, 18.30–22.30 Uhr, teuer. Hell und großzügig angelegtes

Restaurant mit schöner Aussicht auf St Paul's und die Houses of Parliament. Internationale Küche vom Feinsten, mit toller Sommerterrasse. In der Brasserie mit diskreter, jazziger Livemusik ist es preiswerter. Große Auswahl an vegetarischen und veganen Speisen. 3-Gänge-Menü hier 29,50 £.

Englische Küche – **St John:** ■ R 5, 26 St John Street, Tel. 020 72 51 08 48, www.stjohnrestaurant.co.uk, U: Farringdon, Bar Mo–Fr 11–23, Sa 18–23, So 12–17, Restaurant Mo–Fr 12–3, So 13–15, Mo–Sa 18–23 Uhr, Hauptgerichte 14–25 £. In einer alten Räucherei eingerichtetes Restaurant mit Bar und Bäckerei. Traditionelle englische Küche mit viel Fleisch, aber auch Fisch und klassischen Nachspeisen.

Aus aller Welt

Riesig, aber stilvoll – **Brasserie Zedel:** ■ Karte 2, N 8, 20 Sherwood Street, www.brasseriezedel.com, Mo–Sa 11.30–24, So 11.30–23 Uhr, 2-Gänge-Menü 8,75, Tagesgericht 13,50 £, U: Piccadilly Circus. Lebhafte Brasserie mit traditioneller französischer Küche im ehemaligen Regent Palace Hotel. Das dazugehörige Café ist ideal für eine Verschnaufpause in der Innenstadt.

Arabische Kochkunst – **Nopi:** ■ Karte 2, M 8, 21–22 Warwick Street, Tel. 020 74 94 95 84, www.nopi-restaurant.com, Mo–Fr 8–22.30, Sa 10–22.30, So 10–16 Uhr. Hervorragende mediterrane arabische Küche von dem Team hinter Yotam Ottolenghi, dem berühmten israelischen Koch. Ideal vor dem Theaterbesuch. Zweigstellen gibt es in Islington, Belgravia und Notting Hill.

Polnisch – **Patio:** ■ Karte 3, außerhalb D 9, 5 Goldhawk Road, Tel. 020 87 43 51 94, www.patiolondon.com, U: Shepherd's Bush, Mo–Fr 12–15, 18–23, Sa/So 18–23.30 Uhr. Am Shepherd's Green, gegenüber vom Bush Theatre gelegen. Für Liebhaber bodenständiger, hausgemachter polnischer Küche und freundlicher, entspannter Atmosphäre genau das Richtige. Empfehlenswert: das 3-Gänge-Menü für 16,50 £ inkl. eines Wodkas.

Auch in puncto Ambiente zeigt sich die Londoner Restaurantszene abwechslungsreich

Hier kann der Abend beginnen – **Pizza East:** ■ U 5, 56 Shoreditch High Street, Tel. 020 77 29 18 88, www.pizzaeast shoreditch.com, Mo–Mi 12–24, Do 12–1, Fr 12–2, Sa 10–2, So 10–24 Uhr. Untergebracht in einem alten Lagerhaus in Shoreditch, gibt es hier nicht nur Pizza, sondern eine interessante Auswahl an italienisch-amerikanischen Gerichten. Immer voll, immer etwas los und gute Stimmung. Zweigstellen in Kentish Town und Portobello Road.

Sardische Küche – **Sardo:** ■ M 6, 45 Grafton Way, Tel. 020 73 87 25 21, www.sardo-restaurant.com, U: Warren Street, Mo–Fr 12–15, 18–23, Sa 18–23 Uhr, Bank Hol. geschl., Hauptgerichte 12–20 £. Sardisches Spezialitätenrestaurant im rustikalen Tavernenstil mit Holzfußboden und dunkelroten Tischdecken. Die Speisen werden ausschließlich aus frischen Zutaten zubereitet – mit vielen Kräutern und viel Olivenöl. 30 verschiedene sardische Weine auf der Karte. Lecker, lecker.

Anatolisch – **Tas:** ■ Q 9, 33 The Cut, Tel. 020 79 28 21 11, www.tasrestaurants.co.uk, U: Waterloo, Mo–Sa 12–23.30, So 12–22.30 Uhr, 2-Gänge-Menü ab 9,95 £. Beliebtes anatolisches Restaurant. Viel Fleisch (Lamm), aber auch vegetarische Gerichte, vernünftige Portionen, umfangreiche Weinkarte. Zweigstellen: u. a. Borough High Street, Farringdon Road, New Globe Walk, Bloomsbury.

Indisch vom Feinsten – **The Cinnamon Club:** ■ O 10, The Old Westminster Library, 30–32 Great Smith Street, Tel. 020 72 22 25 55, www.cinnamonclub.com, Mo–Fr 7.30–22.30, Sa 12–22.30 Uhr. The Cinnamon gilt als eines der besten indischen Restaurants in der ganzen Stadt. Etwas steriles Ambiente, aber hervorragende Küche. 4-Gänge-Menü etwa 50 £. Zweigstellen: Cinnamon Soho in Kingly St. und Cinnamon Kitchen am Devonshire Square (nahe Liverpool Street).

Vegetarische Küche

London bietet eine gute Auswahl an vegetarischen und veganen Restaurants, die sich nicht nur durch die Qualität ihrer Gerichte auszeichnen, sondern auch durch ein angenehmes Ambiente. Eine Alternative: indische Restaurants.

Auch Take-away – **Food for Thought:** ■ Karte 2, O 7, 31 Neal Street, Tel. 020 78 36 90 72, http://foodforthought-london.co.uk, U: Covent Garden, Mo–Sa 12–20, So 12–17 Uhr, Hauptgerichte 5–8 £. Etabliertes vegetarisches Lokal. Netter Service, zuverlässige Qualität und günstige Preise rechtfertigen die langen Schlangen zur Mittagszeit. Etwas eng, aber gemütlich.

Preiswert vegetarisch – **Mildred's:** ■ Karte 2, N 7, 45 Lexington Street, Tel. 020 74 94 16 34, www.mildreds.co.uk, U: Oxford Circus, Piccadilly Circus, Mo–Sa 12–23 Uhr, Hauptgerichte 8–10,50 £. Beliebtes und stets gut besuchtes vegetarisches Restaurant. Gute Portionen, freundliche Bedienung und leckere, auch vegane Gerichte.

Nicht nur für Vegetarier – **The Gate:** ■ Q 4, 370 St John Street, Tel. 020 72 78 54 83, www.thegaterestaurants.com, U: Angel, tgl. 12–15, 17–22.30 Uhr, Weekend Brunch 10–15 Uhr, Hauptgerichte um 14 £. The Gate gilt als eines der besten vegetarischen Restaurants Londons. Freundlich, hell, hervorragende Küche. Das ursprüngliche Gate befindet sich in Hammersmith, 51 Queen Caroline Street, Tel. 020 87 48 69 32.

Cafés

Altmodisch – **Alpino's:** ■ Q 4, 97 Chapel Market, Tel. 020 78 37 83 30, U: Angel, Mo–Fr 7–16, Sa 7–14 Uhr, Gerichte um 5 £. Das aus den 1950er-Jahren stammende, sehr beliebte Café ist voller Charakter und bildet einen Gegensatz zu den üblichen Café-Ketten in der Gegend. Viele Stammkunden kehren hier ein.

Eine Institution – **E Pellicci:** ■ V 5, 332 Bethnal Green Road, Tel. 020 77 39 48 73, U: Bethnal Green, Mo–Sa 7–16 Uhr, Gerichte 6,50–8 £. Das sehr beliebte Café gehört der Pellicci-Familie seit über 100 Jahren und ist ein fester Bestandteil des Londoner East End. Die wunderschöne Art-déco-Einrichtung steht unter Denkmalschutz.

Café unter deutscher Leitung – **Konditor & Cook:** ■ S 9, Stoney Street, Tel. 020 76 33 33 33, www.konditorand cook.com, U: London Bridge, Mo–Fr 7.30–18, Sa 8.30–17 Uhr. Beliebtes Café unter deutscher Leitung. Es gibt köstliche Kuchen, Pies, Gebäck, aber auch Sauerteigbrote. Zweigstellen: u. a. Waterloo (22 Cornwall Road), The Gherkin (30 St Mary Axe), Chancery Lane (46 Grays Inn Road), Spitalsfield Market sowie die Cake School in 63 Stamford Road.

Ungarische Köstlichkeiten – **Louis Patisserie:** ■ außerhalb L 2, 32 Heath Street, Tel. 020 74 35 99 08, U: Hampstead, tgl. 9–18 Uhr. Eine reizende, altmodische ungarische Konditorei. Die Köstlichkeiten sind im Schaufenster ausgestellt.

Nostalgisch – **Maison Bertaux:** ■ Karte 2, N 7, 28 Greek Street, Tel. 020 74 37 60 07, www.maisonbertaux.com, U: Leicester Square, Mo–Sa 8.30–23, So bis 19 Uhr. 1871 eröffnetes, winziges Café mitten in Soho und von dort nicht wegzudenken. Nett für den Morgenkaffee, und bei warmem Wetter werden drei Tischchen nach draußen vor die Tür gestellt.

Kaffeespezialitäten – **Monmouth Coffee Company:** ■ Karte 2, O 7, 27 Monmouth Street, Tel. 020 72 32 30 10, www.monmouthcoffee.co.uk, U: Covent Garden, Mo–Sa 8–18.30 Uhr. Im vorderen Teil stößt man auf einen altmodischen Kaufladen mit Holzdielen, wo es Kaffeespezialitäten aus aller Welt gibt, im hinteren Teil laden Tische zum Zeitunglesen und Kaffeetrinken ein. Es gibt Kleinigkeiten zum Essen. Zweigstelle im Borough Market sowie in Bermondsey (nur Sa 9–13.30 Uhr).

Zum Afternoon Tea ins Hotel

In einem der teuren Hotels den berühmten Afternoon Tea einzunehmen, ist eine wundervoll stilvolle Art, ein paar entspannte Nachmittagsstunden zu verbringen. Zum Tee gibt es kleine Sandwiches oder *scones* mit Marmelade und Butter. Klassischen Afternoon Tea gibt es z. B. im **Dorchester** am Hyde Park, im **Ritz** in Piccadilly. Eine Krawatte für den Herrn gehört allerdings dazu, wenn man für rund 40 £ Tee trinken geht. Reservierung empfohlen!

Pubs

Gepflegt – **Albion:** ■ Q 2, 10 Thornhill Road, Tel. 020 76 07 74 50, www.the-albion.co.uk, U: Angel. Sehr netter, ruhiger und gepflegter Pub. Im Sommer auch draußen, beliebt bei Familien mit Kindern. Mehrfach ausgezeichnet für leckeres Pub Food (Küche Mo–Fr 12–15, 18–22, Sa 12–16, 18–22, So 12–21 Uhr).

Fantastische Einrichtung – **Black Friar:** ■ R 8, 174 Queen Victoria Street, Tel. 020 72 36 54 74, U: Blackfriars, Mo–Sa 10–23, So 12–22.30 Uhr. Alter, überaus beliebter, kleiner Pub mit grandioser Innenausstattung (1904), die an einen Kirchenraum erinnert: Marmor, Mosaiken und Fresken mit vielen lachenden Mönchen … Küche tgl. 10–22 Uhr, am Feierabend wird's voll.

Bodenständig – **Charles Lamb:** ■ R 4, 16 Elia Street, Tel. 020 78 37 50 40, www.thecharleslambpub.com, U: Angel, Di–Sa ab 10, So u. Mo ab 12 Mo

u. Di bis 22, Mi u. Do bis 23.30, Fr u. Sa bis 24, So bis 21.30 Uhr, Sunday Roast 14 £. Gemütlicher Gastro-Pub mit vielen Stammkunden und solider Küche (Hauptgericht um 12 £).

Museumsreif – **Jerusalem Tavern:** ■ R 6, 55 Britton Street, Tel. 020 74 90 42 81, www.stpetersbrewery.co.uk, U: Farringdon, Mo–Fr 11–23, Küche 12–15 Uhr, Sa/So geschl. Alte Taverne mit viel Holz, Ecken, Alkoven. Verschiedene Biere der St Peter's Brewery, auch organische und Fruchtbiere. Stets gut besucht, bei warmem Wetter auch draußen.

Für Fußballfans – **Pride of Spitalfields:** ■ U 6, 3 Heneage Street (von Brick Lane ab), Tel. 020 72 47 89 33, U: Aldgate. Traditioneller, lebhafter East-End-Pub mit gemischtem Publikum. Biere aus der Fullers-Brauerei. Große TV-Leinwand für Fußballübertragungen.

Biere der Brauerei Harvey – **Royal Oak:** ■ S 10, 44 Tabard Street/Ecke Nebraska Street, Tel. 020 73 57 71 73, U: Borough. Solider Pub mit guter Auswahl an Bieren aus der alten Harvey Brauerei. Traditionelle Gerichte (z. B. *game pie* oder *rabbit casserole*) und nette Atmosphäre.

1546 gegründet – **Ye Olde Mitre:** ■ Q 6, 1 Ely Court, Ely Place, Tel. 020 74 05 47 51, www.yeoldemitreholburn.co.uk, U: Chancery Lane, Mo–Fr 11–23 Uhr, Sa/So geschl., Küche 11.30–21.30 Uhr. Ein uralter Pub voller Charakter, winzig und urig und nur durch eine enge Gasse zu erreichen. Gutes Ale.

In jedem Stadtviertel laden urige Pubs zu einer Pause ein

Einkaufen

Shopping-Paradies London

Shopping ist für viele der Hauptgrund, London zu besuchen, und viele Geschäfte und Märkte sind richtige Touristenattraktionen. Schnäppchen wird man allerdings nur selten ergattern können, London ist und bleibt teuer.

Einkaufsparadiese für nahezu jeden Wunsch bieten Londons berühmte **Kaufhäuser:** Legendär ist die fantastische *food hall* im Erdgeschoss von Harrods. Auch im altmodischen Fortnum & Mason befindet sich im Erdgeschoss die Lebensmittelabteilung. ›Teuer, aber hochwertig‹ ist die Maxime dieses Kaufhauses. Das 1885 gegründete Liberty's mit seinem schönen Art-Nouveau-Ambiente ist bei Einheimischen und Touristen gleichermaßen beliebt. In der Geschenkabteilung findet man sicherlich ein hübsches **Souvenir** im typischen Liberty-Druck.

Liebhaber von **Kunst und Antiquitäten** werden in London bestimmt fündig. Die noblen Galerien in Mayfair, vor allem in Cork, Bond und New Bond Street, verkaufen Werke bekannter Künstler. Im East End gibt es zahlreiche Galerien und Künstlerstudios mit unkonventioneller moderner Kunst. Antiquitätenhändler befinden sich in der New King's Road in Chelsea und in der Kensington Church Street.

Wer **Bücher** sucht, wird sicherlich in der Charing Cross Road oder davon abzweigend im Cecil Court fündig. Es gibt einige Secondhand-Läden sowie die großen Buchhandlungen Foyles und Blackwells.

Designermode findet man in den großen Kaufhäusern sowie in Boutiquen in Chelsea und South Kensington. In Mayfair sind in Old und New Bond Street sowie den Nebenstraßen alle Designer von Rang und Namen vertreten. In den Boutiquen im East End finden Sie den letzten Schrei. Interessant sind Spitalfields Market und Shoreditch: Hier kommen auch Fans von **Secondhand- und Retro-Mode** – in dieser Hinsicht ist London überhaupt ganz groß – auf ihre Kosten. Ganz cool: die *pop-up stores* in Shoreditch.

Europas angeblich größtes Shopping Centre, **Westfield** in Stratford, direkt beim ehemaligen Olympia Park (■ außerhalb Z 2, U: Stratford), www.westfield.com/stratfordcity, wurde im Jahr 2011 eröffnet und umfasst 175 000 m² Einkaufsfläche – von High-Street-Ladenketten bis zu Luxusboutiquen. Das Westfield in White City, West London, ist nicht ganz so groß.

Viele Geschäfte öffnen am So um 11.30 Uhr zum ›browsing‹, der Verkauf beginnt allerdings erst um 12 Uhr.

Antiquitäten

Breites Angebot – **Alfie's Antiques Market:** ■ J 6, 13–25 Church Street, www.alfiesantiques.com, U: Edgware Road, Marylebone, Di–Sa 10–18 Uhr. An ca. 100 Ständen findet man Möbel, Kunsthandwerk, Haushaltswaren, Textilien, Drucke, Keramik, Glas, Militaria, Silber und Schmuck.

Sammlerstücke – **Camden Passage Antiques Market:** ■ Q 3, Camden Passage (zwischen Duncan und St Peter's Street), www.camdenpassageislington.co.uk, U: Angel, Mi 7–14, Sa 8–16 Uhr. Antiquitäten und Sammlerstücke.

Großer Antiquitätenmarkt – **Gray's Antiques Market & Grays in the Mews:** ■ L 7/8, Davies Street & Davies Mews, www.graysantiques.com, U: Bond

Street, Mo–Fr 10–18, Sa 11–17 Uhr. Rund 200 Verkaufsstände: Schmuck, Uhren, Münzen, Silber.

Erlesene Silberwaren – **London Silver Vaults:** ■ Q 6/7, s. Mein Tipp S. 179.

Bücher und CDs

Rund ums Kochen – **Books for Cooks:** ■ Karte 3, D 7, 4 Blenheim Crescent, www.booksforcooks.com, U: Ladbroke Grove, Notting Hill Gate, Di–Sa 10–18 Uhr, Mo u. letzte drei Aug.-Wochen sowie zehn Tage über Weihnachten geschl. Kochbücher und Bücher über Essen. Im oberen Stockwerk finden Kochkurse statt. Unten bietet ein winziges Café jeden Tag unterschiedliche Gerichte an.

Reiseliteratur – **Daunt Books:** ■ L 6, 83–83 Marylebone High Street, www.dauntbooks.co.uk, U: Baker Street, Mo–Sa 9–19.30, So 11–18 Uhr. Das wunderbare Buchgeschäft ist vor allem für Reiseliteratur und Reiseführer (auch Secondhand) bekannt. Sachkundige Beratung und herrlich entspannte Atmosphäre.

Londoner Institution – **Foyles:** ■ Karte 2, N 7, 113–119 Charing Cross Road, www.foyles.co.uk, U: Tottenham Court Road, Mo–Sa 9.30–21, So 11.30–18 Uhr. Einst die größte Buchhandlung der Welt, ist Foyles auch heute noch eine gute Quelle, um vergriffene Bücher zu finden. **Ray's Jazz Shop** gilt als einer der besten Jazz Shops Londons und **Grant & Cutler** bietet ausländische Literatur von Afrikaans bis Zulu ...

Klassische Musik – **Harold Moores:** ■ Karte 2, N 7, 2 Great Marlborough Street, www.hmrecords.co.uk, U: Oxford Circus, Mo–Sa 10–18.30 Uhr. Kleiner, feiner Laden für Klassik-Fans.

Eine riesige Auswahl – **HMV:** ■ L 7, 363 Oxford Street, http://hmv.com, Mo–Sa 8–21, Sa ab 8.30, So 12–18 Uhr. Das riesige Musikgeschäft ist wieder an seinem ursprünglichen Stammplatz. Alle Musikrichtungen.

Bücher und Drucke – **Riverside Walk Market:** ■ Karte 2, P 8, U: Waterloo, Embankment, i. d. R. Sa/So 10–17 Uhr Uhr, abweichende Verkaufszeiten einzelner Stände. Unter der Waterloo Bridge zahlreiche Buchstände mit antiquarischen Büchern, Drucken, Landkarten und Postkarten.

Musikalische Raritäten – **Rough Trade East:** ■ U 6, 91 Brick Lane, Old Truman Brewery, www.roughtrade.com, U: Liverpool Street, Mo–Do 8–21, Fr 8–20, Sa 10–20, So 11–19 Uhr. Bekannte Anlaufstelle für Raritäten, aber auch für Neuerscheinungen. Regelmäßig Gigs auf der hauseigenen Bühne. Zweigstelle in Talbot Road.

Delikatessen

Typisch britisch – **A. Gold:** ■ U 6, 42 Brushfield Street, www.agoldshop.com, U: Liverpool Street, Mo–Fr 10–16, Sa/So 11–17 Uhr. Hier bekommt man traditionelle englische Spezialitäten, z. B. Marmelade und Chutneys, aber auch Bier. Spezialität des Hauses: täglich frisch zubereitete Sandwiches, z. B. mit Roast Beef und Yorkshire Pudding ...

Käse & Co. – **Neal's Yard Dairy:** ■ Karte 2, O 7, 17 Shorts Gardens, www.nealsyarddairy.co.uk, U: Covent Garden, Mo–Sa 10–19 Uhr. Köstliche Farmhaus-Käsesorten aus 70 verschiedenen Käsereien mit fachkundiger Beratung. Zweigstelle im Borough Market, Mo–Sa 9–18 Uhr sowie Dockley Road Bermondsey, Sa 9–14 Uhr.

Hoflieferant – **Paxton & Whitfield:** ■ Karte 2, N 8, 93 Jermyn Street, U: Green Park, Piccadilly, www.paxtonandwhitfield.co.uk, Mo–Sa 9.30–18, So 11–17 Uhr. Ältestes Käsegeschäft der Stadt (seit 1797). Britische und ausländische Käse, Portwein, Schinken, Pasteten sowie eine reiche Auswahl an Pickles und Chutneys.

Wahrhaft paradiesisch sind die großen Lebensmittelabteilungen der berühmten Kaufhäuser **Fortnum & Mason, Harrods, Harvey Nichols** und **Selfridges** (s. S. 46).

Flohmärkte und Märkte

Kuriositäten und Antiquitäten – **Bermondsey Market:** ■ T 10, Bermondsey Square, U: Borough, Bermondsey, Fr 6–13 Uhr. Kuriositäten, Krimskrams, Schmuck, Porzellan, Silber, Möbel – am besten so früh wie möglich kommen.

Bunt – **Brick Lane:** ■ U 6, Cheshire Street, Slater Street, U: Liverpool Street. Straßenmarkt (So 8–13 Uhr) mit Kleidung und Secondhand-Waren sowie Obst und Gemüse. In der Old Truman Brewery (Brick Lane) findet So (10–17 Uhr) der **upMarket** (www.sundayupmarket.co.uk) statt: ca. 140 Stände, u. a. Mode, Kunsthandwerk, Musik, Kulinarisches.

Exotisch – **Brixton Market:** ■ außerhalb Q 14, Reliance Arcade, Pope's Road, Market Row, Electric Lane, Electric Avenue, U: Brixton, Läden tgl. 8–19, Stände Mo–Sa 8–18, Mi 8–15 Uhr. Bunter afrikanisch-karibischer Markt, wo es exotisches Obst und Gemüse, Fleisch, Fisch, Kräuter und Gewürze und allen möglichen Krimskrams gibt. Fr Kulinarisches, Kunsthandwerk, Kleidung, So 10–14 Uhr Farmer's Market.

Bei jungen Leuten beliebt – **Camden Market:** ■ L 2, Camden Lock Place, www.camdenlock.net, U: Camden Town (kein Zugang So 13–17.30 Uhr)/ Chalk Farm, tgl. ca. 10–18 Uhr. Der Camden Market unterteilt sich in sechs Freiluft- und überdachte Märkte mit unterschiedlichem Angebot. Kunsthandwerk, Schmuck, Secondhand-Kleidung, Möbel, Keramik, Antiquitäten, Krimskrams – alles, was das (vor allem junge) Shoppingherz begehrt. Über 1000 Shops – immer voll!

Enorme Auswahl – **Petticoat Lane:** ■ U 7. Der Markt umfasst auch umliegende Straßen, wie Middlesex und Wentworth Street. U: Liverpool Street, Aldgate, Aldgate East, Mo–Fr 8–18, Whitechapel Road auch Sa, Haupttag So 9–14 Uhr. Institution in Ostlondon mit über 1000 Ständen: Schuhe, Kleidung, asiatische Textilien, arabische Teppiche, indischer Schmuck u. a. m.

Riesiger Freiluftmarkt – **Portobello Road Market:** ■ Karte 3, D 7, U: Notting Hill Gate, Ladbroke Grove, www.portobelloroad.co.uk, Mo–Mi 9–18 Uhr Obst u. Gemüse, Do 9–13 Uhr bunter Markt, Fr u. Sa 9–19 Mode, bunter Markt, Sa Haupttag! Antiquitäten (Verkauf beginnt vereinzelt schon vor 9 Uhr) und *bric-a-brac* (Krimskrams). Weiter nördlich günstigere Waren, Kleidung, Schuhe, CDs. In der Portobello Green Arcade Designerkleidung und Schmuck.

Viktorianische Halle – **Spitalfields Market:** ■ U 6, Brushfield Street, U: Liverpool Street, So–Do 10–17 (So u. Do ab 9), Fr 10–16, Sa 11–17 Uhr. Riesiges Angebot an Mode, Kuriosem, Kunsthandwerk u. v. m. Mo–Mi Mode, Geschenke usw. Do Antikmarkt, Fr Mode und Kunst, So (Haupttag, immer voll), Shops, Stände, Kulinarisches.

Bei Harrods, dem berühmtesten Kaufhaus der Welt, kann man (fast) alles kaufen, was das Herz begehrt

Geschenke

Parfümist – **D. R. Harris:** ■ M 9, 29 St James's Street, www.drharris.co.uk, U: Green Park, Mo–Fr 8.30–18, Sa 9.30–17 Uhr. Alteingesessener Drogist und Parfümist (seit 1790). Hier gibt es Schnurrbartwachs, Rasur-Geschenksets und alles, was Mann so braucht. Zweigstelle in Piccadilly.

Lustige Geschenkideen – **Luna & Curious:** ■ U 5, 24 Calvert Avenue, www.lunaandcurious.com, U: Shoreditch High Street, tgl. 11–18, So bis 17 Uhr. Uhr. Ungewöhnliche Kollektion junger Designer und Künstler: von der typisch englischen Teetasse bis hin zum Cocktailkleid.

Kaufhäuser

Alteingesessen – **Fortnum & Mason:** ■ Karte 2, M 8, 181 Piccadilly, www.fortnumandmason.com, U: Piccadilly Circus, Mo–Sa 10–20, So 11.30–18 Uhr. Qualität und Service vom Feinsten. Altmodische Lebensmittelabteilung (über 50 Marmeladensorten, riesige Teeauswahl), Parfümerie, Porzellan, Mode und Kinderabteilung. Stilvoller Afternoon Tea im 2012 von der Queen persönlich eröffneten Diamond Jubilee Tea Salon.

Weltbekannt – **Harrods:** ■ J/K 10, 87–135 Brompton Street, www.harrods.com, U: Knightsbridge, Mo–Sa (und Bank Holidays) 10–20, So 12–18 Uhr. Gigantisches, weltbekanntes Kaufhaus –

und Touristenattraktion. Allein die Lebensmittelabteilung lohnt den Besuch.

Exklusiv – **Harvey Nichols:** ■ K 10, 109–125 Knightsbridge, www.harveynichols.com, U: Knightsbridge, Mo–Sa 10–20, So 12–18 Uhr. Designerkleidung für Sie und Ihn. Im Erdgeschoss Accessoires, exklusive Kosmetik- und Schmuckabteilung. Die 5. Etage ist ein einziges Schlemmerparadies.

Art Nouveau – **Liberty's:** ■ Karte 2, M 7, s. Tipp S. 162.

Kaufhaus-Imperium – **Selfridges:** ■ L 7, 400 Oxford Street, www.selfridges.com, U: Bond Street, Mo–Sa 9.30–20, Do 9.30–21, So 11.30–18.15 Uhr. Größte Schuhabteilung der Welt. Beste Auswahl an Handtaschen in London. Mode von ›street to formal‹. Spektakuläre Gourmet- und exzellente Glasabteilung.

Mode und Lederwaren

Vintage – **Beyond Retro:** ■ V 5, 110–112 Cheshire Street, www.beyondretro.com, U: Shoreditch High Street, Mo–Sa 10–19, Do 10–20, So 11.30–18 Uhr. Riesige Auswahl an Vintage-Kleidung. Zweigstellen in Dalston und Soho.

Designermode – **Browns:** ■ L 7, 23–27 South Molton Street, www.brownsfashion.com, U: Bond Street, Mo–Mi, Fr, Sa 10–18.30, Do 10–19 Uhr. Etliche Designerläden in fünf miteinander verbundenen Geschäften, u. a. Dries van Noten und Balenciaga, aber auch neuere Labels.

Britisches Modedesign – **Margaret Howell:** ■ L 7, 34 Wigmore Street, Tel. 020 70 09 90 09, www.margarethowell.co.uk, Mo–Sa 10–18, Do bis 19, So 12–17 Uhr. Nach ihrem Kunststudium am Goldsmiths College begann Margaret Howell ihre Laufbahn als freischaffende Modedesignerin. Zeitlosigkeit und Qualität kennzeichnen ihre Mode.

Klassisch-modern – **Paul Smith:** ■ Karte 3, D/E 8, Westbourne House, 120–122 Kensington Park Road, www.paulsmith.co.uk, U: Notting Hill Gate, Mo–Fr 10–18, Sa 10–18.30, So 12–17 Uhr. Top-end-Designer, klassische und moderne Kleidung. Verschiedene Zweigstellen in Covent Garden (Floral Street), Chelsea, Marylebone und Mayfair.

Trendy – **Topshop:** ■ M 7, 214 Oxford Street, www.topshop.com, U: Oxford Circus, Mo–Fr 9.30–20, Do 9–22, Sa 9–21, So 12–18 Uhr. Gigantisches Flagship der bekannten Ladenkette. Riesige Auswahl an junger Mode, auch einige Designer-Labels. 10 % Ermäßigung für Schüler/Studenten.

Provokative Mode – **Vivienne Westwood:** ■ Karte 2, M 8, 44 Conduit Street, www.viviennewestwood.com, U: Bond Street, Mo–Sa 10–18, Do bis 19, So 10–17 Uhr. Weltbekannte Designerin der Punk-Generation mit innovativen, provokativen Kreationen.

Schmuck

Edles Geschmeide – **Garrard:** ■ Karte 2, M 8, 24 Albemarle Street, www.garrard.com, U: Bond Street, Mo–Fr 10–18, Sa 10–17 Uhr. Diamanten gefällig? Dann sind Sie bei dem 1735 gegründeten Unternehmen richtig.

Schmuck – **Kabiri:** ■ L 6, 37 Marylebone High Street, www.kabiri.co.uk, U: Baker Street, Mo–Sa 10–18.30, So 12–17 Uhr. Mehr als 100 Schmuckdesigner, (noch) unbekannte sowie etablierte Künstler. Zweigstelle in King's Road, Chelsea.

Ausgehen, Abends und Nachts

Bars und Szenetreffs

Eine Institution in Soho – **Bar Italia:** ■ Karte 2, N 7, 22 Frith Street, Tel. 020 74 37 45 20, www.baritaliasoho.co.uk, U: Leicester Square, 7–5 Uhr morgens. Hier ist rund um die Uhr etwas los. Große Schinken und Knoblauchzöpfe hängen hier von der Decke, ein italienischer Radiosender plärrt. Direkt nebenan bietet das Restaurant Little Italy (www.littleitalysoho.co.uk) italienische Spezialitäten (Lunch-Menü 2 Gänge 16,50 £).

Beeindruckend – **Booking Office Restaurant and Bar:** ■ O 4, im St. Pancras Renaissance Hotel (s. S. 177), Tel. 020 78 41 35 40, www.bookingofficerestaurant.com, U: King's Cross, St Pancras, Bar tgl. 6.30–3 Uhr morgens. Küche 6.30–24 Uhr. In der Bar des imposanten ehemaligen Grand Hotel mangelt es an nichts.

Super Lage fürs Westend – **Lobby Bar at One Aldwych:** ■ Karte 2, P 8, s. S. 28, Tel. 020 73 00 10 00, www.onealdwych.com, U: Embankment, Mo–Fr 8–24, Sa 9–24, So 9–22.30 Uhr. Zu Recht hochgelobt: insbesondere die beeindruckende Auswahl raffinierter Cocktails. Auch am Nachmittag kann man sich hier herrlich bei Kaffee oder Tee von den Strapazen der Stadt erholen – eine Tasse Kaffee kostet allerdings 5 £.

Traditionelle Cocktails – **Lonsdale:** ■ Karte 3, E 7, 44–48 Lonsdale Road, Tel. 020 77 27 40 80, www.thelonsdale.co.uk, U: Notting Hill Gate, Di–Do 18–24, Fr/Sa 18–1 Uhr, Cocktails um 9 £. Mit viel Liebe und Sachverstand hat sich die Bar der Wiederbelebung traditioneller Cocktails verschrieben. Im Restaurant kann man sich vor oder nach dem Cocktail stärken. Menü um 30 £.

Auf einem ehemaligen Brauereigelände – **Vibe Bar:** ■ U 6, The Old Truman Brewery, 91–95 Brick Lane, Tel. 020 72 47 34 79, www.vibe-bar.co.uk, U: Old Street, Aldgate East, Shoreditch, So–Do 11–23, Fr, Sa 11–1 Uhr, Eintritt je nach Programm. Ein beliebter Treffpunkt. Hier ist immer etwas los, ob Club, Livemusik oder Tango-Unterricht. Im Hof Bänke für warme Nächte.

Riesige Auswahl – **Vinoteca:** ■ R 6, 7 St John Street, Tel. 020 72 53 87 86, U: Farringdon, Mo–Sa 12–23 Uhr. Stets gut besuchte Weinbar (und Weinhandlung) mit Hunderten Weinen zur

Wohin am Abend?

Das klassische Ausgehviertel für die Nacht ist das **Westend** mit seinen unzähligen Theatern, Kinos, Kneipen und Clubs. Freitag- und Samstagnacht kommt der Verkehr nach Schließung der Pubs praktisch zum Erliegen und die U-Bahnen sind brechend voll. Rund um Trafalgar Square hat man die beste Chance, einen Nachtbus, in welche Richtung auch immer, zu ergattern.

Ostlondon ist das Herz der Clubszene. Vor allem in **Hoxton** und **Shoreditch** gibt es zahlreiche angesagte Musikclubs und DJ-Bars; bis in die frühen Morgenstunden ist hier was los.

In **Islington** entlang der Upper Street reiht sich ein Restaurant bzw. Pub an das andere. Auch in **Camden** ›tanzt der Bär‹, insbesondere für jüngere Leute.

Auswahl. Auch gut essen kann man hier: Reservierung nur zum Lunch möglich. Zweigstellen in Marylebone, Soho, Chiswick und King's Cross.

Clubs und DJ-Bars

Immer etwas los – **93 Feet East Club:** ■ U 6, 150 Brick Lane, Tel. 020 72 47 32 93, www.93feeteast.co.uk, U: Old Street, Aldgate East, Do 17–23, Fr u. Sa 17–1, So 14–22.30 Uhr. Bar, Club und Livemusik, Innenhof und Terrasse. Hier ist einiges los!

Superclub – **Fabric:** ■ R 6, 77A Charterhouse Street, Tel. 020 77 70 60 06, www.fabriclondon.com, U: Farringdon, Fr–So 23 Uhr bis frühmorgens, Eintritt um 20 £. Vermutlich Londons beliebtester Superclub mit *bodysonic dancefloor,* einem vibrierenden Boden. Verschiedene Musikrichtungen: Hip-Hop, House, Techno etc. Immer lange Schlangen.

Vielfältige Events – **Notting Hill Arts Club:** ■ Karte 3, F 8, 21 Notting Hill Gate, Tel. 020 74 60 44 59, www.nottinghillartsclub.com, U: Notting Hill Gate, i.d.R. ab 18 Uhr, Eintritt variabel je nach Programm. Lang etablierter Bar-Club mit vielen verschiedenen Events und sehr gemischtem Publikum, DJ-Mix aus Funky-House, oft auch Livebands. Versteht sich als »pioneering music and arts venue« ...

Happening Place – **Queen of Hoxton:** ■ T 6, 1 Curtain Road, Tel. 020 74 22 09 58, www.queenofhoxton.com, U: Liverpool Street, Mo–Mi 16–12, Do–Sa 16–2 Uhr. Bar oder Club – auf jeden Fall hip. Über zwei Stockwerke verteilt gibt es DJ-Musik, Kunstausstellungen, manchmal verrückte Filme, manchmal Theater. Das Beste ist die große Dachterrasse, selbst im Winter! Cool.

Livemusik

Legendär – **100 Club:** ■ Karte 2, N 7, 100 Oxford Street, Tel. 020 76 36 09 33, www.the100club.co.uk, U: Oxford Circus, i. d. R. ab 19.30 Uhr, Eintritt je nach Band, 10–20 £. Bereits in den 1940er-Jahren gegründeter mittelgroßer (Jazz-)Club. Bands wie die Sex Pistols, die Kinks und die Rolling Stones haben hier gespielt. Heute gemischtes Programm: traditioneller Jazz, Blues, Rock Rhythm, Jive, Swing und Indie.

Modern Jazz – **606 Club:** ■ außerhalb H 14, 90 Lots Road, Tel. 020 73 52 59 53, www.606club.com, U: Earl's Court, dann Bus C1 (auf dem Rückweg lieber Taxi bestellen), A-la-carte-Menü ab 19 oder 20 Uhr. Seit über 30 Jahren existierender, sehr netter Jazzclub mit freundlicher Atmosphäre. Leicht ›aufgehübscht‹, Eintritt 10–12 £. Auftritte: Mo, Do–Sa eine Band, manchmal auch So mittags (nicht im Sommer), Di, Mi u. So abends zwei Bands. Meist Modern Jazz.

Für Musikfanatiker – **The Borderline:** ■ Karte 2, N 7, Orange Yard (von Manette Street ab), Tel. 020 77 34 55 47, www.theborderlinelondon.com, U: Tottenham Court Road, Eintritt je nach Programm. Etablierte Location im Keller, wo schon Stars wie REM, PJ Harvey, Debbie Harry und Counting Crows gespielt haben. Sehr gemischtes Publikum, aber überwiegend Musikfanatiker oder Talentspotter. Entspannte Atmosphäre. Club Nights: Mi (Rock), Fr und Sa (Indie).

Rock, Pop und World Music – **O2 Brixton Academy:** ■ außerhalb Q 14, 211 Stockwell Road, Tel. 020 77 71 30 00, www.o2academybrixton.co.uk, U: Brixton. Das ehemalige Theater fasst 4000 Personen und ist ein Forum für

Rock, Pop und World Music. Immer fantastische Stimmung, und durch den ansteigenden Boden hat man von überall eine gute Sicht.

Gute Stimmung – **Charlie Wright's International Bar:** ■ T 4/5, 45 Pitfield Street, Tel. 020 74 90 83 45, www.charliewrights.com, U: Old Street, i.d.R. Fr 21–3 Uhr 10 £, Sa 18–4 Uhr, So u. Mi ab 20 Uhr 5 £, Mo 20.30–24, Di 20–24 Uhr. Sa, Mo, Di freier Eintritt. Hauptsächlich Jazz, aber auch Funk und Soul Clubs. Mit Thai-Restaurant.

Rock, Folk etc. – **Forum:** ■ außerhalb M 2, 9–17 Highgate Road, Tel. 020 74 28 40 80, www.theforumlondon.com, U: Kentish Town. Mittelgroßer Club für Newcomer und alte Hasen. Alle Musikrichtungen sind vertreten, egal ob Rock, Folk oder World Music.

Bodenständig – **Hope & Anchor:** ■ R 2, 207 Upper Street, Tel. 020 73 54 13 12, U: Highbury & Islington, Einlass ab 20 Uhr. Eine Institution und völlig bodenständig. Mehrere Ebenen versprechen Entertainment: Im Obergeschoss residiert das experimentelle Hope Theatre. Im Erdgeschoss gibt es einen normalen Pub (sogar mit drei Flipperautomaten) und unten ein Forum für Livemusik. Hier spielen unbekannte Bands, aber auch einige ›Große‹ entdeckt man an der Wall of Fame: Kilburn and the Highroads, Tim Hardin und McGuinness Flint.

Nahezu rund um die Uhr geöffnet: Booking Office Bar im St. Pancras Renaissance Hotel

Spektakulär – **O2 Arena:** ■ außerhalb Z 9, Peninsula Square, Tel. 020 84 63 20 00, www.theO2.co.uk, Anfahrt: U-Bahn, DLR oder Bus, stilvoller mit dem Riverboot oder mit der Seilbahn. Tgl. 9 Uhr bis spät. In dem 20 000 Personen fassenden Mega-Venue spielen Altmeister wie The Who, Rod Stewart oder Bonnie Tyler!

Jazz – **Pizza Express Jazz Club:** ■ Karte 2, N 7, 10 Dean Street, Tel. 084 56 02 70 17, www.pizzaexpresslive.co.uk, U: Tottenham Court Road. Gilt als einer der besten Veranstaltungsorte für modernen Jazz. Am besten während des London Jazz Festivals im November. Mo–Sa 11.30–24, So 11.30–23.30 Uhr.

Weltberühmt – **Ronnie Scott's:** ■ Karte 2, N 7, 47 Frith Street, Tel. 020 74 39 07 47, www.ronniescotts.co.uk, U: Leicester Square, Tottenham Court Road, 18 bis (i. d. R.) 3 Uhr, Mo–Do eine Hauptgruppe, Fr–Sa in zwei Durchgängen 18–21.30 Uhr, dann 22.15–0.15 Uhr. Für Nachteulen gibt es die Late-Late Shows, Tickets je nach Programm ab 20 £. Lang etablierter Jazzclub mit viel Atmosphäre. Geschickt nach oben gestaffelte Sitzreihen (jeweils fünf Plätze) mit kleinen Tischen. In **Ronnie's Bar** gibt es jeden Abend Livejazz, -funk Dj-Musik u. a. Eintritt 7/10 £, vor 19 Uhr i. d. R. frei.

Wiederauferstanden – **Roundhouse:** ■ nördlich L 2, Chalk Farm Road, Tel. 084 44 82 80 08, www.roundhouse.org.uk. Das legendäre Rockvenue (das Gebäude entstand in viktorianischer Zeit als Eisenbahnwerkstatt!) ist zu neuem Leben erwacht: mit Avantgarde-Theater, aber auch zeitgenössischer klassischer Musik, Zirkus und Tanz.

Etabliert – **Shepherd's Bush Empire:** ■ Karte 3, außerhalb D 9, Shepherd's Bush Green, Tel. 084 44 77 20 00, www.02shepherdsbushempire.co.uk, U: Shepherd's Bush. Das rot beplüschte Empire bietet seinen 2000 Zuschauern ein völlig gemischtes Programm. Am besten sitzt man in Level 1.

Schwul und lesbisch

Blues – **Ain't Nothin But:** ■ Karte 2, M 8, 20 Kingly Road, Tel. 020 72 87 05 14, www.aintnothinbut.co.uk, U: Oxford Circus, So 15–24, Mo–Do 17–1, Fr 17–2.30, Sa 15–2.30 Uhr (Eintritt Fr–Sa nach 20.30 Uhr). Etablierte Blues-Bar, immer zuverlässige Anlaufstelle für gute Musik und Stimmung.

Etablierter Schwulen-Club – **Heaven:** ■ Karte 2, O 8, Under the Arches, Villiers Street, Tel. 084 48 47 23 51, www.heaven-live.co.uk, U: Embankment, Charing Cross, Mo, Do–Sa ab 22.30 Uhr, Eintritt variabel. Etablierter Gay Club und Livemusik-Venue.

Theater, Oper und Ballett

Interessante Stücke – **Almeida Theatre:** ■ R 2, Almeida Street, Tel. 020 73 59 44 04, www.almeida.co.uk, U: Angel. Herausragende Theaterproduktionen, auch Uraufführungen.

Musik, Theater, Tanz – **Barbican:** ■ S 6, Silk Street, Tel. 020 76 38 88 91, www.barbican.org.uk, U: Barbican. Großer Komplex mit Konzerthalle, Kino und zwei Theaterbühnen, wichtig vor allem für modernen Tanz. Beliebt sind die Barbican International Theatre Events (BITE): Musik, Tanz, internationale Gastspiele. Auf dem gleichen Gelände befindet sich auch die Barbican Art Gallery.

Junge Dramatiker – **Bush Theatre:** ■ Karte 3, außerhalb D 9, Shepherd's Bush Green, Tel. 020 87 43 50 50, www.

bushtheatre.co.uk, U: Shepherd's Bush. Durchweg lohnenswerte Aufführungen von Werken junger, oft (noch) unbekannter Dramatiker.

Eins der Besten – **Donmar Warehouse:** ■ O 7, Earlham Street, Tel. 084 48 71 76 24, www.donmarewarehouse.com, U: Covent Garden. Eins der besten kleinen Theater im Westend. Intelligente Produktionen, klassisches Repertoire und Erstaufführungen. Oft ausgebucht, aber Mo um 10 Uhr sind Karten für 10 £ erhältlich.

Klassisches Opernrepertoire – **English National Opera:** ■ O 8, London Coliseum, St Martin's Lane, Tel. 020 78 45 93 00, www.eno.org, U: Leicester Square. Moderne und ›volksnahe‹ Aufführungen.

Drei Bühnen – **National Theatre:** ■ P 9, im South Bank Centre (s. u.), Tel. 020 74 52 30 00, www.nationaltheatre.org.uk, U: Waterloo. Klassisches und Modernes auf drei Bühnen.

Nicht nur Shakespeare – **Old Vic:** ■ Q 9/10, Waterloo Road, Tel. 084 48 71 76 28, www.oldvictheatre.com, U: Waterloo. Das 200 Jahre alte Theater zeigt viel Shakespeare, aber auch moderne Stücke.

Freilufttheater – **Opera Holland Park:** ■ Karte 3, E 10, Holland Park, Tel. 030 09 99 10 00, www.operahollandpark.com, U: Holland Park. Neunwöchiges Sommer-Freilufttheater mit Konzerten, Oper und Ballett.

Ballett – **Peacock:** ■ P 7, Portugal Street, Tel. 084 44 12 43 00, www.sadlerswells.com, U: Holborn. Kleines Haus mit interessanten Aufführungen weniger bekannter Balletttruppen, auch viele Stücke für Kinder.

Shakespeare im Park – **Regent's Park Open Air Theatre:** ■ K 5, Tel. 084 48 26 42 42, www.openairtheatre.org, U: Baker Street, Regent's Park. Freiluftbühne im Park, Juni–Sept., oft Shakespeare-Stücke, verschiedene Ermäßigungen.

Zeitgenössisch, oft provokativ – **Royal Court Theatre:** ■ K 11, Sloane Square, Tel. 020 75 65 50 00, www.royalcourttheatre.com, U: Sloane Square. Frische, überraschende Stücke auf zwei Bühnen (alle Tickets Mo 10 £). In den 1950er-Jahren begann hier mit der Uraufführung von »Look back in Anger« (Blick zurück im Zorn) von John Osborne das moderne britische Theater.

Ein Erlebnis – **Royal Opera House und Royal Ballet:** ■ O 7, Bow Street, Tel. 020 73 04 40 00, www.roh.org.uk, U: Covent Garden. Opern, Konzerte und Ballett der Weltklasse. Ab 10 Uhr (am So 4 Std. vor der Aufführung) sind ca. 67 Tickets für Aufführungen am gleichen Tag erhältlich (1 Ticket pro Pers.).

Balletthaus – **Sadler's Wells:** ■ Q 4, Roseberry Avenue, Tel. 084 44 12 43 00, www.sadlerswells.com, U: Angel. Renommiertes altes Balletthaus, auch internationale Gasttruppen.

Lohnenswert – **Shakespeare's Globe Theatre:** ■ R 8, 21 New Globe Walk, Tel. 020 74 01 99 19, www.shakespearesglobe.com, U: London Bridge. Elisabethanische Aufführungen in der hervorragenden Replik des ursprünglichen Globe Theatre. 700 Stehplätze 5 £ (s. Entdeckungstour S. 266). Im **Sam Wanamaker Playhouse** im selben Gebäude gibt es kleinere Aufführungen bei Kerzenschein.

Am Puls der Zeit – **Soho Theatre:** ■ Karte 2, N 7, 21 Dean Street, Tel. 020 74 78 01 00, www.sohotheat

Beim Summer Festival im The Scoop Amphitheatre direkt beim Tower of London

re.com, U: Tottenham Court Road, Leicester Square, Oxford Circus, Tickets nach dem Billigflieger-Prinzip: je früher gebucht, desto billiger. Zeitgenössische Stücke junger Dramatiker aus aller Welt sowie Kabarett, Comedy und Theater-Workshops.

Immer etwas los – **South Bank Centre:** ■ P/Q 9, Belvedere Road, Tel. 020 79 60 42 00, www.southbankcenter.co.uk, U: Waterloo. Umfasst **Royal Festival Hall** (internationale Gastorchester und die hauseigenen Orchester, hervorragende Akustik, im Foyer oft kostenlose Mittagskonzerte und Ausstellungen), die kleinere **Queen Elizabeth Hall** sowie den **Purcell Room** für Solo-Aufführungen und Kammerkonzerte. Nicht nur klassische Musik, sondern auch Rock, Pop und Folklore sowie zahlreiche Veranstaltungen für Familien finden hier statt. Die Poetry Library bietet die umfangreichste Sammlung britischer Dichtung seit 1912. Auf dem Gelände befinden sich außerdem das **National Theatre** und das **National Film Theatre.**

Experimentierfreudige Tanzdarbietungen – **The Place:** ■ N 5, 17 Duke's Road, Tel. 020 71 21 11 00, www.theplace.org.uk, U-Bahn: Euston. ›Die‹ Anlaufstelle für modernen britischen Tanz. Moderne und experimentelle Choreografie, auch Tanzschule.

Tolles Kinder- und Jugendtheater – **Unicorn:** ■ U 9, 147 Tooley Street, Tel. 020 76 45 05 60, www.unicorntheatre.com, U: London Bridge. Alteingesessene Truppe mit hervorragenden Produktionen für 2- bis 21-Jährige.

Versteckt – **Wilton's:** ■ V 8, 1 Graces Alley (von Ensign Street abgehend), U: Aldgate East, Tel. 020 77 02 27 89, www.wiltons.org.uk. Hinter einer schlichten Fassade versteckt sich diese alte Konzerthalle. Tanz, Konzerte, Theater, Vorträge u. v. m.! Bar Mo–Fr 12–23, Sa 17–23 Uhr (s. S. 285).

Zeitgenössische Stücke – **Young Vic:** ■ Q 9, 66 The Cut, Tel. 020 79 22 29 22, www.youngvic.org, U: Waterloo. Stets interessante Produktionen.

Konzerte

Es gibt mehrere Sinfonieorchester und eine Reihe kleinerer Ensembles in London. Die besten und bekanntesten Aufführungsorte sind die Royal Festival Hall, die Queen Elizabeth Hall (beide im South Bank Centre, s. S. 53), das Barbican (s. o.), die Wigmore Hall und St John's Smith Square.

Sensationelle Akustik – **King's Place:** ■ O 3, 90 York Way, Tel. 020 75 20 14 90, www.kingsplace.co.uk. Ausstellungen und Konzerte aller Art. Das Auditorium hat eine hervorragende Akkustik. Nach hinten grenzt das Gebäude direkt an den Regent's Canal und man kann seinen Kaffee beschaulich am Wasser sitzend genießen!

Riesig – **Royal Albert Hall:** ■ H 10, Kensington Gore, Tel. 084 54 01 50 34, www.royalalberthall.com, U: South Kensington. Eine der wichtigsten Konzerthallen Londons. Konzerte aller Art, berühmt für die im Sommer stattfindenden Proms (s. S. 56).

Konzerte in einer Kirche – **St John's Smith Square:** ■ O 11, Smith Square, Tel. 020 72 22 10 61, www.sjss.org.uk, U: Westminster. Die ehemalige Barockkirche wird heute als Konzerthalle genutzt, hervorragende Akustik.

Weltberühmtes Kammerorchester – **St Martin-in-the-Fields:** ■ Karte 2, O 8, Trafalgar Square, Tel. 020 77 66 11 00, www2.stmartin-in-the-fields.org, U: Charing Cross. Spielstätte des gleichnamigen Orchesters, mehrmals wöchentlich freie Konzerte.

Breit gefächert – **Wigmore Hall:** ■ L 7, 36 Wigmore Street, Tel. 020 79 35 21 41, www.wigmore-hall.org.uk, U: Bond Street. Wunderschöner Konzertsaal mit vielseitigem Programm. So Coffee Concerts 11.30 Uhr (oft ausgebucht), Mo Lunchtime Concerts 13 Uhr.

Kino

IMAX – **BFI London:** ■ P 9, British Film Institute London, 1 Charlie Chaplin

Was läuft wo?

Das Londoner Angebot an Theatern, Opern, Konzerten usw. ist riesig. Das kostenlose Veranstaltungsmagazin **Time Out** informiert umfassend u. a. über Ausstellungen, Theater, Filme, Konzerte, Clubs, Gigs und neue Restaurants. Auch die Beilagen der großen Tageszeitungen am Samstag bringen ausführliche Veranstaltungsprogramme.
Die beiden Websites www.visitlondon.com und www.standard.co.uk bieten ebenfalls eine beständig aktualisierte ›What's on‹-Seite an.

Ticketkauf

Eintrittskarten erhalten Sie direkt an den **Theaterkassen** *(box office)* der Häuser oder bei **tkts** (www.tkts.co.uk) an der Südseite des Leicester Square (nur 2 Karten pro Pers. für eine Vorstellung am gleichen Tag). Am besten gehen Sie gleich vormittags hin. Im **Internet:** www.ticketmaster.co.uk. **Achtung:** keine (angeblichen) »Half-price«-Tickets von fliegenden Händlern oder in den U-Bahnhöfen kaufen. Sie sind oft teurer als reguläre Karten!

Walk, Tel. 033 03 33 78 78, www.bfi.org.uk/imax, U: Waterloo, Eintritt 15,50–19,50 £. Größte Leinwand in England. IMAX zeigt spektakuläre 3-D-Filme.

Arthouse – **Curzon Bloomsbury:** ■ O 5, Brunswick Centre, www.curzoncinemas.com, U: Russell Square. Umfassend renoviert, hat das ehemalige Renoir nun sechs Leinwände. Ausgewählte Filme vom Feinsten.

Nobles Programmkino – **Curzon Mayfair:** ■ L 9, 38 Curzon Street, Tel. 033 05 00 13 31, www.curzoncinemas.com, U: Green Park. Alteingesessen und nobler als das Kino Curzon Soho (s. u.) und ebenfalls interessante Programme. Zwei Leinwände.

Beliebtes Programmkino – **Curzon Soho:** ■ Karte 2, N 8, 99 Shaftesbury Avenue, Tel. 033 05 00 13 31, www.curzoncinemas.com, U: Leicester Square. Viel besuchtes, seit Jahrzehnten etabliertes Programmkino. Drei Leinwände. Konditor & Cook Café (www.konditorandcook.com), nette Bar.

Sehr komfortabel – **Electric Cinema:** ■ Karte 3, D 7, 191 Portobello Road, Tel. 020 79 08 96 96, www.electriccinema.co.uk, U: Notting Hill Gate, Ladbroke Grove. Ältestes Kino in Großbritannien, wunderbar renoviert, 65 bequeme Ledersessel, drei 2er-Sofas sowie sechs Doppelbetten (!) und ein stets interessantes Programm. Auch in Redchurch St, Shoreditch gibt's jetzt ein Electric Cinema, Tel. 020 33 76 17 77. 50 Sessel und Decken!

Ausgefallene Filme – **Gate Cinema:** ■ Karte 3, E 8, 87 Notting Hill Gate, Tel. 087 19 02 57 31, www.picturehouses.co.uk, U: Notting Hill Gate. Wunderschöne Art-déco-Einrichtung, interessante Programme (World Cinema, Art House).

Outdoor Cinemas – Kino im Freien
Ein besonderer Hit im sommerlichen London sind die ›*outdoor cinemas*‹: ob Klassiker, Komödie oder Actionfilm – unterm Sternenhimmel ein tolles Erlebnis. Freiluftkino-Vorstellungen gibt es z. B. im Innenhof des Somerset House, im Regent's Park oder vor dem Royal Opera House. Das Magazin »Time Out« listet die besten *screens*.

Eine Institution – **National Film Theatre:** ■ P 9, im South Bank Centre (s. o.), Tel. 020 79 28 32 32, www.bfi.org.uk, U: Waterloo. Sowohl neue Filme als auch Oldies, außerdem Buchladen und Café/Bar, wo man auch draußen sitzen und dem Treiben auf der Flusspromenade zuschauen kann.

Kultfilme – **Prince Charles:** ■ Karte 2, N 8, 7 Leicester Square, Tel. 020 74 94 36 54, www.princecharlescinema.com, U: Leicester Square. Beliebtes Programmkino, besonders für alte Kultfilme. Auch ›Doublebills‹ (2 Filme hintereinander) oder ›Sing along‹ (zum Mitsingen!). 4–8 £.

Altes Programmkino – **Screen on the Green:** ■ R 3, 83 Upper Street, Tel. 087 19 06 90 60, www.screencinemas.co.uk, U: Angel. Altes Kino mit herrlich bequemen Sitzen, auch Sofas, sowie Bar. Gute Mischung an Filmen.

Entspannung nach dem Shoppen – **Selfridges:** ■ L 7, 400 Oxford Street, www.selfridges.com, Tel. 087 19 06 90 60. Das renommierte Kaufhaus zeigt im Untergeschoss im gemütlichen Ambiente eine gute Auswahl der neuesten Filme.

Feste und Festivals

The Proms

Die **Henry Wood Promenade Concerts,** kurz **Proms** genannt, finden zwischen Mitte/Ende Juli und Anfang September statt, und zwar allabendlich in der Royal Albert Hall. Weltweit berühmt ist die »Last Night of the Proms«, wobei die Briten fähnchenschwingend ihr Vaterland bejubeln (Tickets: Tel. 084 54 01 50 40, www.bbc.co.uk/proms, oder im Vorverkauf ab Mai in der Royal Albert Hall. Last-Night-Tickets per Auslosverfahren).

Geboten werden insgesamt rund 70 Konzerte, wobei das klassische Repertoire überwiegt. Abgesehen von dem Spektakel der »Last Night« – ganz gewiss nicht jedermanns *cup of tea* – bieten die Proms eine enorme Vielfalt unterschiedlichster Konzerte von höchster Qualität. Sie gelten daher als eines der Highlights im europäischen Eventkalender.

Notting Hill Carnival

Diese nach Rio de Janeiro zweitgrößte Karnevalsveranstaltung der Welt findet jeden August am Bank-Holiday-Wochenende statt, und alljährlich nehmen über 2 Mio. Zuschauer und Mitwirkende teil. Am Sonntag ist der *children's day,* am Montag (Bank Holiday) der eigentliche Karneval. Angefangen hat alles in den 1960er-Jahren, als Notting Hill zum Schauplatz von Rassenkonflikten wurde. Weiße Rassisten kamen scharenweise, um die Einwanderer in ›ihre Schranken zu weisen‹. Die Immigranten aus der Karibik antworteten mit den Karnevalsfeiern, mit denen sie ihre eigene Herkunft betonten, und veranstalteten so wie in ihren Heimatländern Umzüge in den Straßen des Viertels.

Thematisch geschmückte Umzugswagen, dröhnende Musikboxen, Samba-Bands und Tanzgruppen konkurrieren miteinander. Der Umzug verläuft von Ladbroke Grove entlang Westbourne Grove, Chepstow Road, Great Western Road und Kensal Road. Oft ist das Gedränge so groß, dass man in der Menge stecken bleibt.

Kunst- und Kulturfestivals

Die britische Metropole bietet für Kulturinteressierte eine Vielzahl an hochkarätigen Festivals jeder Art. Einen ersten Höhepunkt im Festkalender bildet Mitte/Ende Juni bis Mitte Juli das **City of London Festival,** bei dem in der Innenstadt u. a. zahlreiche Konzerte klassischer Musik aufgeführt werden, viele auch open air und kostenlos (www.colf.org). Zwei Wochen lang (Juni/Juli) bietet das **Greenwich & Docklands International Festival** auf verschiedenen Bühnen Tanz, Musik und Theaterveranstaltungen im Freien (www.festival.org).

Auch das Kulturfestival **Watch This Space** ist einen Besuch wert: Zwischen Juli und September finden kostenlose Theater-, Musik- und Kleinkunst-Veranstaltungen entweder vor dem National Theatre oder in anderen Stadtteilen (www.nationaltheatre.org.uk) statt. **Dance Umbrella** bietet im Oktober herausragende Tanzvorführungen britischer und internationaler Truppen (www.danceumbrella.co.uk). Seit über 50 Jahren folgt i. d. R. Mitte Oktober das **London Film Festival,** das wichtigste Filmfestival der Hauptstadt mit jeweils über hundert neuen britischen und internationalen Filmen (verschiedene Kinos im Westend und vor allem im National Film Theatre, www.lff.org.uk).

Events im Jahresablauf

Januar/Februar

London Parade (1. Jan.): Umzug mit rund 10 000 Musikern, Straßenkünstlern und geschmückten Umzugswagen (www.londonparade.co.uk).
London Art Fair (Mitte Jan.): Rund 100 Galerien stellen aus (www.londonart fair.co.uk).
Chinesisches Neujahr (Jan./Febr.): Umzüge, Feuerwerk und bunte Papierdrachen (www.chinatownlon don.org).

Mai

Royal Windsor Horse Show (Mitte Mai): Pferdeshow mit Schauspringen (www.rwhs.co.uk).
Chelsea Flower Show (Mai): weltbekannte Gartenbauausstellung in Chelsea (www.rhs.org.uk).

Juni–September

Trooping the Colour (1. oder 2. Samstag im Juni): großartige Militärparade anlässlich der ›offiziellen‹ Geburtstagsfeier für die Queen; ihr eigentlicher Geburtstag ist allerdings bereits am 21.4. (www.trooping-the-colour.co.uk).
Royal Academy Summer Exhibition (Juni–Aug.): Ausstellung von rund 1000 Werken zeitgenössischer britischer Künstler (www.royalacademy.org.uk).
Pride Parade (Ende Juni/Anfang Juli): riesiger Umzug der Schwulen und Lesben im Westend (www.prideinlondon.org).
City of London Festival (Mitte Juni–Mitte Juli): klassische Musik, s. S. 56.
Greenwich & Docklands International Festival (Juli): s. S. 56.
Soho Festival (ein So im Juli): Seit über 40 Jahren findet die Wohltätigkeitsveranstaltung mit witzigen Rahmenveranstaltungen statt (www.thesohosociety.org.uk).
Notting Hill Carnival: Bank-Holiday-Wochenende (www.thenottinghillcar nival.com), s. S. 56.
Proms (Mitte/Ende Juli–Anfang Sept.): s. S. 56.
Watch This Space (Juli–Sept.): Kulturfestival, s. S. 56.
Great River Race (1. o. 2. Sa im Sept.): mit Drachenschiffen, Wikingerlangschiffen und Barkassen von Richmond geht es zur Isle of Dogs (www.greatriverrace.co.uk).
Thames Festival (ein Wochenende lang): bunter Jahrmarkt entlang der Themse (www.totallythames.org).
London Open House (ein Wochenende lang): Besichtigung von rund 500 sonst nicht zugänglichen Gebäuden (www.londonopenhouse.org).

Oktober/November

Dance Umbrella (Okt./Nov.): s. S. 56.
Guy Fawkes Night (5. Nov.): Feuerwerke im Gedenken an das fehlgeschlagene Gun-Powder-Komplott.
London Film Festival (Ende Okt./Anfang Nov.): s. S. 56.
Lord Mayor Show (an einem Sa Anfang/Mitte Nov.): traditionsreiches Fest zur Einführung des Bürgermeisters der City of London: Umzüge und Musikkapellen (www.lordmayorshow.org).

Dezember

Lighting of the Christmas Trees & Lights: ab dem ersten Donnerstag des Monats festliche Beleuchtung in der Innenstadt. Den Trafalgar Square ziert ein riesiger Weihnachtsbaum – ein alljährliches Geschenk der Norweger.

Aktiv sein, Sport, Wellness

Radfahren & Inlineskaten

Die **London Bicycle Tour Company** (■ Q 8, Gabriel's Wharf, Tel. 020 79 28 68 38, www.londonbicycle.com, tgl. 10–18, Winter bis 16 Uhr) verleiht Fahrräder stunden- und tageweise (3,50 £/Std., ab 20 £/Tag). Auch Radtouren durch Londons Mitte (z. B. 3 Std., 24 £, tgl. 10.30 Uhr) starten hier.

Der Fahrradverleih **Go Pedal!** (Tel. 0785 079 63 20, www.gopedal.co.uk, 40 £/Tag) bringt die Räder auch kostenlos ins Haus und holt sie wieder ab. Auf der Website findet man gute Ratschläge zum Radfahren in London. Weitere Infos s. **Boris Bikes** (s. S. 25).

Inlineskating quer durch London? Verschiedene Touren (Mi u. Fr 20–22 Uhr oder So vorm.) in Gruppen über www.citiskate.co.uk oder www.thefns.com.

Schlittschuhlaufen

Zwischen November und Anfang Januar kann man mitten in der Innenstadt auf immerhin fünf Eislaufbahnen seine Runden ziehen, wobei der Eisring im Innenhof von Somerset House (s. S. 165) sicherlich der schönste ist. Tickets: www.ticketmaster.com.

Schwimmen

Fast jeder Stadtteil hat ein Schwimmbad, oft sind sie aber recht klein und der Standard entspricht bei Weitem nicht dem Kontinentaleuropas. Es gibt einige schöne Freibäder, die bei warmem Wetter natürlich brechend voll sind.

Tooting Bec: ■ Karte 5, C 3, Tooting Bec Road, Tel. 020 88 71 71 98, www.wandsworth.gov.uk, U: Tooting Bec, Bahn: Streatham, Mitte Mai–Ende Sept. Das erste öffentliche Freibad in London (und mit 90 x 36 m das größte).

Brockwell Lido: ■ Karte 5, D 3, Dulwich Road, Tel. 020 72 74 30 88, www.fusion-lifestyle.com, U: Brixton, Bahn: Herne Hill, Freibad aus den 1930er-Jahren. Im Lido Café (www.thelidocafe.co.uk) kann man sich stärken.

Serpentine Lido: ■ J 9, Hyde Park, Tel. 020 77 06 34 22, www.serpentinelido.com, U: Hyde Park Corner, Knightsbridge, Mai Sa, So, Juni–Sept. tgl. Am Westufer des Sees Serpentine.

Parliament Hill: ■ Karte 5, C 2, Hampstead Heath, Ostseite des Parks, nahe Millfield Lane, Bahn: Gospel Oak, www.cityoflondon.gov.uk. Drei Badeseen und ein Lido. Unbeheizt, aber sehr beliebt, s. S. 234.

Zuschauersport

Fußball

Die bedeutendsten Fußballclubs in London sind Arsenal (www.arsenal.com), Chelsea (www.chelseafc.com), Tottenham Hotspurs (www.tottenhamhotspur.com), Charlton und Fulham. Das legendäre **Wembley Stadium** (■ Karte 5, C 2) wurde neu gebaut und 2006 eröffnet. Die Fußballsaison geht von Mitte August bis Mitte Mai. Für Topspiele kann man aber kaum Karten ergattern. Wer es versuchen will: am besten über die Websites der Vereine.

Tennis

Wimbledon Lawn Tennis Championships: Das wichtigste Ereignis im Tennis-Kalender (Juli) findet im All England Lawn Tennis Club (s. S. 65) statt. Die Karten für den Centre and Number One Court werden schon das Jahr zuvor per Auslosung vergeben. Eine begrenzte Anzahl Tickets

wird am Spieltag verkauft (sehr lange Schlangen!), www.wimbledon.com.
AEGON Championships: Sie werden einige Wochen vor Wimbledon im Queen's Club ausgetragen. Der Kartenverkauf beginnt im Januar, es gibt aber auch einige Tagestickets (www.queensclub.co.uk, U: Baron's Court).

London Marathon

Der London Marathon im April (Strecke: Greenwich–St James's Park) ist mit rund 35 000 Teilnehmern die weltweit größte Veranstaltung dieser Art. Anmeldung ca. ein Jahr vorher, dann Losverfahren (www.virginmoneylondon marathon.com).

Pferderennen

Epsom Downs Racecourse: Der Derby Day im Juni findet bereits seit über 250 Jahren statt (www.epsom.thejo ckeyclub.co.uk, Bahn: Tattenham Corner, Epsom Downs).
Royal Ascot: Eintrittskarten für das wichtige gesellschaftliche Ereignis im Juni, bereits 1711 gegründet, gibt es ab Januar. ›Smart dress only‹ – und vor allem Hut für die Damen (in Ascot, Berkshire, www.ascot.co.uk, Bahn: Ascot).
Sandown Park: Gilt als bestes Pferderennen im Südosten des Landes (Esher, Surrey, http://sandown.thejockeyclub.co.uk, Bahn: Esher).

Hunderennen

Wimbledon Stadium: ■ Karte 5, C 3 Plough Lane, Tel. 087 08 40 89 05, www.lovethedogs.co.uk, U: Wimbledon, Tooting Broadway, dann Bus 44, 77, 156, 270. Renntage: Fr/Sa Einlass ab 18.30, 1. Rennen 19.30 Uhr, 7 £.
Coral Romford Greyhound Standium: ■ Karte 5, E 2, London Road, Romford, Tel. 017 08 76 23 45, www.romfordgrey houndstadium.co.uk, Bahn: Romford, Renntage: Mo 18.30, Mi, Fr/Sa ab 19.30 Uhr, Do mittags, Sa vormittags.

Cricket

Lord's Cricket Ground: ■ H 4/5 Grace Gate, St John's Wood Road, Tel. 020 76 16 85 00, www.lords.org, U: St John's Wood, Maida Vale. Das Mekka für alle Liebhaber dieses typisch britischen Sports (s. Entdeckungstour S. 160).

Genug gesehen und erholungsbedürftig?

London bietet viele Möglichkeiten der Erholung und Entspannung. So kann man sich in mehreren Spas verwöhnen lassen: Ganz klassisch präsentiert sich das **Porchester Spa** (■ Karte 3, F 7, The Porchester Centre, Queensway, U: Bayswater, Tel. 020 77 92 39 80, www.better.org.uk/leisure/porchester-spa). Das denkmalgeschützte Gebäude stammt von 1929 und bietet einen 30 m langen Pool und ein türkisches Dampfbad. Äußersten Luxus hingegen bietet der chinesische **Chuan Spa** im Langham Hotel (■ M 7, 1 C Portland Place, Tel. 020 79 73 75 50, www.chuanspa.com), wo man sich nach fernöstlicher Weisheit verwöhnen lassen kann. Rustikaler geht es im **Banya No. 1** zu (■ S 4, 17 Micawber Street, Tel. 020 72 53 67 23, www.gobanya.co.uk), einer russischen Dampfsauna, wo beim anschließenden Quästen die Lebensgeister zurückkehren.
Eine andere Art, London geruhsam zu entdecken, ist Spazierengehen und Wandern. Es gibt unzählige Parks, Gärten und Grünflächen. **Walk London** hat sieben Vorschläge zusammengestellt, um die Stadt *off the beaten track* – jenseits ausgetretener Pfade – zu erkunden (www.walklondon.org.uk). London ist von einem *green belt* umgeben.

Museen und Kulturzentren

Museen

Erinnerungen an den Feldherrn – **Apsley House – The Wellington Museum:** ▶ L 9, 149 Piccadilly, Hyde Park Corner, Tel. 020 74 99 56 76, www.english-heritage.org.uk, U: Hyde Park, April–Okt. Mo–So 11–17, Nov.–März Sa u. So 10–16 Uhr, Eintritt 6,70 £, s. S. 136.

Geschichte des Bankwesens – **Bank of England Museum:** ▶ S 7, Threadneedle Street, Eingang Bartholomew Land, Tel. 020 76 01 55 45, www.bankofengland.co.uk, U: Bank, Mo–Fr 10–17 Uhr, Eintritt frei, s. S. 198.

Interessante Ausstellungen – **Barbican Art Gallery:** ▶ S 6, im Barbican Centre, Tel. 020 76 38 88 91, www.barbican.org.uk, U: Barbican, tgl. 10–18, Do, Fr 10–21 Uhr, Eintritt: je nach Programm, s. S. 196.

Spielzeugsammlung – **Bethnal Green Museum of Childhood:** ▶ W 4, Cambridge Heath Road, Tel. 020 89 83 52 00, www.vam.ac.uk, U: Bethnal Green, tgl. 10–17.45 Uhr, Eintritt frei.

Gigantisch – **British Museum:** ▶ O 6, Great Russell Street, Tel. 020 73 23 80 00, www.britishmuseum.org, U: Russell Square, Tottenham Court Road, tgl. 10–17.30, Do, Fr einzelne Galerien bis 20.30 Uhr, Eintritt frei, s. S. 170.

Museumseintritt
Die hier angegebenen Preise gelten für Erwachsene. In der Regel gibt es verschiedene Ermäßigungen, beispielsweise für Studenten, Familien oder Kinder. Der Online-Erwerb von Eintrittskarten ist günstiger.

Witzig – **Cartoon Museum:** ▶ O 6/7, 35 Little Russell Street, Tel. 020 75 80 81 55, www.cartoonmuseum.org, U: Tottenham Court Road, Mo–Sa 10.30–17.30, So 12–17.30 Uhr, Eintritt 7 £, s. S. 174.

Elegantes Landhaus – **Chiswick House:** ▶ außerhalb, Burlington Lane, Tel. 020 89 95 05 08, www.chgt.org.uk, U: Turnham Green, So–Mi 10–18, Okt. 10–17 Uhr, Eintritt 6,10 £. Wunderschöne palladianische Villa (1725) an der Themse, einst Treffpunkt der feinen Gesellschaft. Nach Originalvorlagen restaurierter Garten (Eintritt frei).

Informativ – **Churchill Museum & Cabinet War Rooms:** ▶ O 10, Clive Steps, King Charles Street, Tel. 020 79 30 69 61, www.iwm.org.uk, U: St James's Park, Westminster, tgl. außer 24.–26. Dez. 9.30–18 Uhr, Eintritt 18 £, s. S. 119.

Gruselig – **Clink Prison Museum:** ▶ S 8/9, 1 Clink Street, Tel. 020 74 03 09 00, www.clink.co.uk, U: London Bridge, Juli–Sept. 10–21, Okt.–Juni Mo–Fr 10–18, Sa, So 10–19.30 Uhr, Eintritt 7,50 £, s. S. 268.

Alte Meister – **Courtauld Gallery:** ▶ P 8, www.courtauld.ac.uk/gallery, tgl. 10–18 Uhr, Eintritt 6 £, s. Somerset House.

Still-life-Drama – **Dennis Severs House:** ▶ U 6, 18 Folgate Street, Tel. 020 72 47 40 13, www.dennisseversshouse.co.uk, U: Liverpool Street, So 12–16 Uhr 10 £, Mo 12–14 Uhr 10 £, Mo

u. Mi 18–21 Uhr 15 £ (nur mit Reservierung), s. S. 250.

Vom Löffel bis zum Turnschuh – **Design Museum:** ▶ U 9, 28 Shad Thames, Tel. 020 74 03 69 33, http://designmuseum.org, U: Tower Hill, London Bridge, tgl. 10–17.45 Uhr, Eintritt 11,85 £, s. S. 272.

Oliver Twist & Co – **Dickens' Museum:** ▶ P 5, 48 Doughty Street, Tel. 020 74 05 21 27, www.dickensmuseum.com, U: Russell Square, tgl. 10–17 Uhr, Eintritt 8 £, s. S. 176.

Herrlich gelegen – **Dulwich Picture Gallery:** ▶ außerhalb, Gallery Road, Tel. 020 86 93 52 54, www.dulwichpicturegallery.org.uk, Bahn: North oder West Dulwich, Di–Fr 10–17, Sa/So 11–17 Uhr, Eintritt 6 £. Englands erste öffentliche Bildergalerie – 1814 eröffnet und untergebracht in einem neo-klassizistischen Gebäude nach Entwürfen von Sir John Soane – ist klein, aber fein. Gezeigt werden alte Meister, u. a. Veronese, Rembrandt, Rubens und Poussin.

Italienische Kunst – **Estorick Collection of Modern Italian Art:** ▶ nördlich R 2, 39A Canonbury Square, Tel. 020 77 04 95 22, www.estorickcollection.com, U: Highbury & Islington, Mi–Sa 11–18, So 12–17 Uhr, Eintritt 5 £, s. S. 239.

Rund um den Fächer – **Fan Museum:** ▶ außerhalb, 12 Crooms Hill, Tel. 020 83 05 14 41 www.thefanmuseum.org.uk, DLR: Cutty Sark, Di–Sa 11–17, So 12–17 Uhr, Eintritt 4 £, s. S. 276.

Mode und Design – **Fashion and Textile Museum:** ▶ T 10, 83 Bermondsey Street, Tel. 020 74 07 86 64, www.ftmlondon.org, U: London Bridge, Di–Sa 11–18 Uhr, Do i. d. R. bis 20 Uhr, So 11–17 Uhr, Eintritt 8 £. Wechselausstellungen, s. S. 271.

Historische Musikinstrumente – **Fenton House:** ▶ außerhalb, 3 Hampstead Grove, Tel. 020 74 35 34 71, www.nationaltrust.org.uk, U: Hampstead, März–Okt. u. Weihnachten Mi–So 11–17 Uhr, Eintritt 6,50 £, s. S. 230.

Erinnerungsstücke – **Florence Nightingale Museum:** ▶ P 10, St Thomas' Hospital, 2 Lambeth Palace Road, Tel. 020 76 20 03 74, www.florence-nightingale.co.uk, U: Waterloo, Westminster, tgl. 10–17 Uhr, Eintritt 7 £, s. S. 258.

Anrührend – **Foundling Hospital Art Gallery and Museum:** ▶ O 5, 40 Brunswick Square, Tel. 020 78 41 36 00, www.foundlingmuseum.org.uk, U: Russell Square, Di–Sa 10–17, So 11–17 Uhr, Eintritt 7,50 £, s. S. 176.

Im Wohnhaus des Analytikers – **Freud Museum:** ▶ außerhalb, 20 Maresfield Gardens, Tel. 020 74 35 20 02, www.freud.org.uk, U: Finchley Road, Mi–So 12–17 Uhr, Eintritt 7 £, s. S. 230.

Sommerresidenz – **Fulham Palace:** ▶ außerhalb, Bishop's Avenue, U: Putney Bridge, Tel. 020 77 36 32 33, www.fulhampalace.org, Sommer So und BH 12–17, Mo–Do 12.30–16.30 Uhr, Winter So 12–16, Mo–Do 12.30–15.30 Uhr, Eintritt frei. Die einstige Sommerresidenz des Bischofs von London bietet Einblick in Architekturstile von der Tudor- bis zur Viktorianischen Zeit. Nettes Café (tgl. Sommer 9.30–17, Winter 10–16 Uhr), geruhsamer Spazierweg am Fluss.

Gartengeschichte – **Garden Museum:** ▶ P 11, Church of St Mary-at-Lambeth, Lambeth Palace Road, Tel. 020 74 01 88 65, www.gardenmuseum.org.uk, U: Waterloo, i. d. R. So–Fr 10.30–17, Sa bis 16 Uhr, 1. Mo im Monat geschl., Eintritt 7,50 £. Das liebevoll gestaltete Museum ist in einer

Die interaktive Abteilung des Science Museum lädt zum Ausprobieren ein

alten Kirche untergebracht. Es gibt ein Café und natürlich auch einen schönen Garten.

Britische Wohnkultur – **Geffrye Museum:** ▶ U 4, 136 Kingsland Road, Tel. 020 77 39 98 93, www.geffrye-museum.org.uk, U: Old Street, Di–So und Bank Holidays 10–17 Uhr, Eintritt frei außer Sonderausstellungen; Almshouse viermal im Monat an ausgewählten Tagen geöffnet, 3 £, s. S. 249.

Alle Mann an Bord – **Golden Hinde:** ▶ S 8, St Mary Overie Dock, Cathedral Street, Tel. 020 74 03 01 23, www.goldenhinde.com, U: London Bridge, tgl. 10–17.30 Uhr, Eintritt 7 £, s. S. 268.

Militärisches – **Guards Museum:** ▶ N 10, Wellington Barracks, Birdcage Walk, Tel. 020 74 14 34 28, www.theguardsmuseum.com, U: St James's Park, tgl. 10–16 Uhr, Eintritt 6 £, s. S. 135.

Bildergalerie – **Guildhall Art Gallery and Roman London's Amphitheatre:** ▶ S 7, Guildhall Yard, Tel. 020 73 32 37 00, www.cityoflondon.gov.uk, U: Bank, Mo–Sa 10–17, So 12–16 Uhr, Eintritt frei, außer Sonderausstellungen, s. S. 197.

Für Musikliebhaber – **Handel House Museum:** ▶ M 8, 25 Brook Street, Tel. 020 74 95 16 85, www.handelhouse.org, U: Bond Street, Di–Sa 10–18, Do bis 20 Uhr, Eintritt 6,50 £, s. S. 138.

Eine der besten Kunstgalerien – **Hayward Gallery:** ▶ P 9, Belvedere Rd, Tel. 084 48 47 99 10, www.southbankcenter.co.uk, U: Waterloo, Mo 12–18, Di, Mi, Sa, So 11–19 Uhr, Do u. Fr 11–20 Uhr, Eintritt variabel, s. S. 264.

Auf altem Kriegsschiff – **HMS Belfast:** ▶ T/U 9, Morgan's Lane, Tooley Street, Tel. 020 79 40 63 00, www.iwm.org.uk, U: London Bridge, tgl. März–Okt. 10–18, Nov.–Febr. 10–17 Uhr, Eintritt 16 £, Kinder unter 16 J. frei, s. S. 271.

Satirisch – **Hogarth's House:** ▶ außerhalb, Hogarth Lane, Great West Road, Tel. 020 89 94 67 57, U: Turnham Green, Di–So 12–17 Uhr, Eintritt frei.

Landhaus des Malers und Kupferstechers William Hogarth, der hier während der Jahre 1749–64 lebte.

Happening – **ICA Gallery (Institute of Contemporary Arts):** ▶ N 9, The Mall, Tel. 020 79 30 36 47, www.ica.org.uk, U: Piccadilly Circus, Di–So 11–23, Ausstellungen 11–18, Do bis 21 Uhr, s. S. 130.

Britische Kriegsgeschichte – **Imperial War Museum:** ▶ Q 11, Lambeth Road, Tel. 020 74 16 53 20, www.iwm.org.uk, U: Lambeth North, Waterloo, tgl. 10–18 Uhr, Eintritt frei, s. S. 258.

Jüdische Geschichte – **Jewish Museum:** ▶ M 3, 129–31 Albert Street, Tel. 020 72 84 73 84, www.jewishmuseum.org.uk, U: Camden Town, So–Do 10–17, Fr 10–14 Uhr, Eintritt 7,50 £, s. S. 235.

Romantisch – **Keats House:** ▶ außerhalb, Keats' Grove, Hampstead, Tel. 020 73 32 38 68, www.cityoflondon.gov.uk, U: Hampstead, März–Okt. Di–So 13–17, Nov.–Febr. Fr–So 13–17 Uhr, Eintritt 5,50 £, s. S. 234.

Erlesene Kunstschätze – **Kenwood House:** ▶ außerhalb, Hampstead Lane, Tel. 020 83 48 12 86, www.english-heritage.org.uk/london, U: Archway, Golders Green, dann Bus 210, tgl. 10–17 Uhr, Eintritt frei, tgl. 10–17 Uhr, s. S. 234.

Londoner Wasserstraßen – **London Canal Museum:** ▶ P 3, 12–13 New Wharf Road, Tel. 020 77 13 08 36, www.canalmuseum.org.uk, U: King's Cross, Di–So und Bank Holiday 10–16.30, 1. Do/Monat bis 19.30 Uhr, Eintritt 4 £, s. S. 238.

Nichts für zarte Gemüter – **London Dungeon:** ▶ T 9, Westminster Bridge Road, County Hall, Tel. 087 14 23 22 40, www.thedungeons.com, U: Waterloo, i. d. R. Mo–Fr 10–17, Do ab 11, Sa, So 10–18, in den Ferien bis 19 Uhr, Eintritt online ab 20.50 £, s. S. 259.

Interessant – **London Fire Museum:** ▶ R 9, 94 A Southwark Bridge Road, Tel. 020 85 55 12 00, www.london-fire.gov.uk, U: Borough, Mo–Fr nach Anmeldung 10.30 oder 14 Uhr, Eintritt 5 £. Museum über die Geschichte der Londoner Feuerwehr.

Alles über Busse, Taxis und Co – **London Transport Museum:** ▶ O/P 8, Covent Garden, Tel. 020 73 79 63 44, www.ltmuseum.co.uk, U: Covent Garden, Sa–Do 10–18, Fr 11–18 Uhr, Eintritt 16 £ (1 Jahr gültig), Kinder unter 17 J. frei, s. S. 152.

Publikumshit – **Madame Tussaud's:** ▶ K 6, Marylebone Road, Tel. 087 18 94 30 00, www.madametussauds.com, U: Baker Street, i. d. R. Mo–Fr 9.30–17.30, Sa/So 9–18, Ferien 8.30–19 Uhr – für aktuelle Infos Website checken, online ab 22,50 £, s. S. 158.

Stadtgeschichte – **Museum of London:** ▶ R/S 6, 150 London Wall, Tel. 020 70 01 98 44, www.museumoflondon.org.uk, U: Barbican, tgl. 10–18 Uhr, Eintritt frei, s. S. 196.

Historie des Londoner Hafens – **Museum of London Docklands:** ▶ außerhalb Z 8/9, West India Quay, Tel. 020 70 01 98 44, www.museumoflondon.org.uk, tgl. 10–18 Uhr, Eintritt frei, s. S. 284.

Rund um den Ritterorden – **Museum and Library of the Order of St John:** ▶ R 6, St John's Lane, Tel. 020 73 24 40 05, www.sja.org.uk/museum, U: Farringdon, Mo–Sa 10–17 Uhr, Führungen Di, Fr, Sa 11 u. 14.30 Uhr, s. S. 184.

Militaria – **National Army Museum:** ▶ K 12, Royal Hospital Road, Tel. 020 77 30 07 17, www.nam.ac.uk, U: Sloane Square, bis 2016 wegen Renovierung geschl., s. S. 208.

Eine der besten weltweit – **National Gallery:** ▶ O 8, Trafalgar Square, Tel. 020 77 47 28 85, www.nationalgallery.org.uk, U: Leicester Square, Charing Cross, tgl. 10–18, Fr 10–21 Uhr, Eintritt frei, s. S. 116.

Naturgeschichte perfekt aufbereitet – **Natural History Museum:** ▶ Karte 3, H 11, Cromwell Road, Tel. 020 79 42 50 00, www.nhm.ac.uk, U: South Kensington, tgl. 10–17.50, letzter Fr im Monat bis 22 Uhr, Eintritt frei, außer Sonderausstellungen, s. S. 217.

Seefahrtsgeschichte – **National Maritime Museum:** ▶ außerhalb, Park Row, Greenwich, Tel. 020 88 58 44 22, www.rmg.co.uk, DLR: Cutty Sark, tgl. 10–17, Sammy Ofer Wing Do bis 20 Uhr, Eintritt frei, s. S. 277.

Who is who? – **National Portrait Gallery:** ▶ O 8, 2 St Martin's Place, Tel. 020 73 06 00 55, www.npg.org.uk, U: Leicester Square, Charing Cross, Sa–Mi 10–18, Do, Fr 10–21 Uhr, Eintritt frei, außer für Sonderaustellungen, s. S. 117.

Schaurig – **Old Operation Theatre & Herb Garret:** ▶ S 9, 9A St Thomas Street, Tel. 020 71 88 26 79, www.thegarret.org.uk, U: London Bridge, tgl. 10.30–17 Uhr, 15. Dez.–5. Jan. geschl., Eintritt 6,40 £, s. S. 269.

Ägyptisches – **Petrie Museum of Egyptian Archaeology:** ▶ N 6, University College London, Malet Place, Tel. 020 76 79 28 84, www.ucl.ac.uk/museums/petrie, U: Goodge Street, Di–Sa 13–17 Uhr, Eintritt frei, s. S. 175.

Sonderausstellungen – **Royal Academy of Arts:** ▶ M 8, Burlington House, Piccadilly, Tel. 020 73 00 80 00, www.royalacademy.org.uk, U: Green Park, Piccadilly Circus, Sa–Do 10–18, Fr 10–22 Uhr, Eintritt variabel, s. S. 137.

Zeitgenössische Kunst – **Saatchi Gallery:** ▶ K 12, Duke of York's HQ, King's Road, Tel. 020 78 11 30 87, www.saatchigallery.co.uk, U: Sloane Square, tgl. 10–18 Uhr, Eintritt frei, s. S. 206.

Nicht nur für Kinder – **Science Museum:** ▶ Karte 3, H 11, Exhibition Road, Tel. 087 08 70 48 68, www.sciencemuseum.org.uk, U: South Kensington, tgl. 10–18 Uhr, Eintritt frei, s. S. 217.

Im Hyde Park – **Serpentine Gallery:** ▶ H 9, Kensington Gardens, Tel. 020 74 02 60 75, www.serpentinegallery.org, U: Lancaster Gate, South Kensington, Di–So u. BH 10–18 Uhr, Eintritt frei, s. S. 211.

Detektivisch – **Sherlock Holmes Museum:** ▶ K 6, 221 B Baker Street, Tel. 020 72 24 36 88, www.sherlock-holmes.co.uk, U: Baker Street, tgl. außer 25. Dez. 9.30–18 Uhr, Eintritt 10 £, s. S. 158.

Bizarr – **Sir John Soane's Museum:** ▶ P 7, Lincoln's Inn Fields, Tel. 020 74 05 21 07, www.soane.org, U: Holborn, Di–Sa 10–17, 1. Di im Monat 18–21 Uhr bei Kerzenschein, Eintritt frei. Führungen (10 £) Sa 11, Di, Fr 11.30, Mi, Do 15.30 Uhr, s. S. 179.

Ausstellungen und Events – **Somerset House:** ▶ P 8, Strand, Tel. 020 78 45 46 00, www.somersethouse.org.uk, U: Embankment, tgl. 10–18 Uhr, Eintritt variabel, s. S. 154.

Britische Kunst – **Tate Britain:** ▶ O 12, Millbank, Tel. 020 78 87 88 88, www.tate.org.uk, U: Pimlico, tgl. 10–18, manchmal Fr bis 22 Uhr, Eintritt frei (außer Sonderausstellungen), s. S. 125.

Klassische Moderne und Gegenwartskunst im Kraftwerk – **Tate Modern:** ▶ R 8, Bankside, Tel. 020 78 87 88 88, www.tate.org.uk, U: Blackfriars, So–Do 10–18, Fr/Sa 10–22 Uhr, Eintritt frei, außer für Sonderausstellungen, Gratis-Führungen tgl. 11, 12, 14, 15 Uhr, s. S. 265.

Tolle Ausblicke – **Tower Bridge Experience:** ▶ U 9, Tel. 020 74 03 37 61, www.towerbridge.org.uk, U: Tower Hill, April–Sept. 10–18, Okt.–März 9.30–17.30 Uhr (letzter Einlass 1 Std. vorher), Eintritt online 8 £, s. S. 203.

Weltberühmtes Kunstgewerbemuseum – **Victoria & Albert Museum:** ▶ Karte 3, J 11, Cromwell Road, Tel. 020 79 42 20 00, www.vam.ac.uk, U: South Kensington, tgl. 10–17.45, Fr 10–22 Uhr, Eintritt frei, s. S. 220.

Ein Geheimtipp – **Wallace Collection:** ▶ L 7, Hertford House, Manchester Square, Tel. 020 75 63 95 00, www.wallacecollection.org, U: Bond Street, tgl. 10–17 Uhr, Eintritt frei, s. S. 156.

Medizin und Kunst – **Wellcome Gallery:** ▶ N 5, 183 Euston Road, Tel. 020 76 11 22 22, www.wellcomecollection.org, U: Euston, Di/Mi, Fr/Sa 10–18 Uhr, Do 10–22, So 11–18 Uhr, Eintritt frei, s. S. 178.

Geschichte und Kultur – **Wellington Arch:** ▶ L 10, Hyde Park Corner, Tel. 020 79 30 27 26, www.english-heritage.org.uk, U: Hyde Park Corner, tgl. 10–17, im Sommer bis 18 Uhr, Eintritt 4,20 £, s. S. 136.

Kunst und Kunstgewerbe – **Wernher Collection/Ranger's House:** ▶ außerhalb, Greenwich Park, Tel. 020 82 94 25 48, www.english-heritage.org.uk, DLR: Cutty Sark, Besichtigung nur im Zuge einer 90-min. Führung: So–Mi 11 u. 14 Uhr, Eintritt 6,90 £, s. S. 280.

Moderne Kunst – **Whitechapel Art Gallery:** ▶ U 7, 80–82 Whitechapel High Street, Tel. 020 75 22 78 88, www.whitechapel.org, U: Aldgate, Di–So 11–18, Do bis 21 Uhr, Eintritt variabel, s. S. 249.

Arts & Crafts – **William Morris Gallery:** ▶ außerhalb, Forest Road, Tel. 020 84 96 43 90, www.wmgallery.org.uk, U: Walthamstow Central, dann Bus zur Bell Corner, Mi–So 10–17 Uhr, Eintritt frei, s. S. 240.

Für Tennisfans – **Wimbledon Lawn Tennis Museum:** ▶ Karte 5, C 3, All England Lawn Tennis Club, Church Road, Tel. 020 89 46 61 31, www.wimbledon.com, U: Southfield, tgl. 10–17 Uhr, Eintritt (inkl. 2,5 Std. Führung) 22 £ (im Voraus buchen), ohne Führung 12 £. Beliebtes Museum zur Geschichte des Tennis von der viktorianischen Zeit bis heute.

Kunst- und Kulturzentren

Musik, Theater und Tanz – **Barbican Centre:** ▶ S 6, s. S. 51.

Kleines Kulturzentrum – **Riverside Studios:** ▶ außerhalb, Crisp Road, Tel. 020 82 37 11 11, www.riversidestudios.co.uk, U: Hammersmith. Theater- und Tanzaufführungen, Kino, Kunstausstellungen, Bar mit Terrasse, Blick auf Hammersmith Bridge.

Immer etwas los – **South Bank Centre:** ▶ P/Q 9, s. S. 53.

Reiseinfos von A bis Z

Ärzte und Apotheken

Reisende aus der EU werden vom **National Health Service** (NHS) kostenlos behandelt (ambulante Notfallversorgung bei niedergelassenen Ärzten oder den Unfallstationen der Krankenhäuser). Lange Wartezeiten sind an der Tagesordnung.

Es empfiehlt sich die Mitnahme der **Europäischen Krankenversicherungskarte** und zusätzlich der Abschluss einer **Reisekrankenversicherung,** da stationäre oder fachärztliche Behandlungen bar bezahlt werden müssen. **Medikamente** erhält man in Apotheken oder Drogerien.

Bei **NHS** (Tel. 111, www.nhs.uk) erhält man 24 Stunden rund um die Uhr medizinische Beratung.

Der zuständige **Apotheken-Nachtdienst** ist im Fenster der Apotheken ausgehängt.

Diplomatische Vertretungen

Deutschland
1–6 Chesham Place
Tel. (fur Notfalle) 020 78 24 13 00
www.london.diplo.de
U: Hyde Park Corner

Österreich
18 Belgrave Mews West
Tel. 020 73 44 32 50
www.bmeia.gv.at
U: Hyde Park Corner

Schweiz
16–18 Montagu Place
Tel. 020 76 16 60 00
www.eda.admin.ch/london
U: Baker Street

Elektrizität

Die Netzspannung beträgt 230/240 Volt Wechselstrom bei 50 Hz. Britische Stecker haben drei Pole. Adapter sind in jedem besseren Elektrogeschäft und an den Flughäfen erhältlich.

Feste und Feiertage

1. Januar: Neujahr
Karfreitag, Ostermontag
Erster Mo im Mai: May Bank Holiday
Letzter Mo im Mai: Spring Bank Holiday
Letzter Mo im August: Late Summer Bank Holiday
25. Dezember: Christmas Day (1. Weihnachtsfeiertag)
26. Dezember: Boxing Day (2. Weihnachtsfeiertag)

Bank Holidays (BH) sind offizielle, öffentliche Feiertage, an denen die Banken geschlossen, die meisten Geschäfte jedoch geöffnet sind.

Geld

Offizielle Währung ist das Pfund Sterling (pound = £). Ein Pfund hat 100 Pence oder Pennies (p). Banknoten gibt es zu 5, 10, 20, 50 £ und Münzen zu 1, 2, 5, 10, 20, 50 pence, 1 und 2 £.

1 £ = 1,38 € = 1,47 CHF
1 € = 0,73 £ = 1,07 CHF

Sie können beliebig viel Geld ein- und ausführen. Ausländische Währung kann in Banken oder Wechselstuben (*bureaux de change*, höhere Gebühr, ungünstigerer Kurs), in größeren Kaufhäusern, Hotels und Postämtern umgetauscht werden. Im Zentrum gibt es zahlreiche Geldautomaten: Diese *cashpoints* akzeptieren Maestro- und gängige Kreditkarten.

Kinder

Die meisten Kinder lieben die Dinosaurierausstellung im Natural History Museum und im Science Museum die ›Hands-On‹-Abteilung mit zahlreichen Geräten zum Ausprobieren. Allerdings sind diese Museen fast immer sehr voll, besonders in den Ferien und am Wochenende. Ein Ausflug in den Süden Londons führt zu dem tollen Horniman Museum, wo es z. B. ein kleines Aquarium, aber auch eine riesige Musikabteilung gibt. Die Wachablösung der Gardeoffiziere mit ihren Bärenfellmützen am Buckingham Palace macht Kindern großen Spaß, ebenso eine Fahrt mit dem größten Riesenrad der Welt, dem London Eye. Für kleine Gäste sind auch der Battersea Park Children's Zoo, das London Aquarium und das Bethnal Green Museum of Childhood mit vielen Spielflächen und Spielzeug geeignet, und eine Bootsfahrt auf der Themse ist bei kleinen und großen Kindern gleichermaßen beliebt.

Viele Teenager finden das Gruselkabinett London Dungeon, Madame Tussaud's Wachsfigurenkabinett und den Tower of London toll. Highlights für viele Jugendliche sind der Flohmarkt in Camden sowie Covent Garden mit seinen vielen Straßenkünstlern.

Time Out. London for Children (11,99 £) bietet Anregungen für Unternehmungen mit Kindern und Tipps für kinderfreundliche Restaurants. Siehe auch www.timeout.com/london/kids.

Notruf

Tel. 999
für Polizei, Feuerwehr, Notarzt, Krankenwagen und Wasserschutzpolizei. Der Anruf ist gebührenfrei.

Tel. +49 116 116
Sperrung von Handys, Bank- und Kreditkarten. Rund um die Uhr erreichbar; aus dem Ausland gebührenpflichtig. Weitere Infos: www.sperr-notruf.de.

Öffnungszeiten

Geschäfte: In der Regel Mo–Sa 9–17.30 Uhr, viele Geschäfte sind auch bis 19/20 oder 22 Uhr geöffnet, manche sogar die ganze Nacht. Viele sind So 11–17 oder 12–18 Uhr geöffnet sowie an Bank Holidays (BH).
Banken: 9/9.30–16/17 Uhr. Große Banken sind auch Sa vormittags, Wechselstuben tgl. bis spät abends geöffnet.
Museen: 10–17/18 Uhr. Manche Häuser sind an einem Tag der Woche geschlossen, andere an einem Abend länger geöffnet.
Apotheken: 9–17.30/18 Uhr, große Apotheken auch länger.
Postämter: Mo–Fr 9–17.30, Sa 9–12.30/13, größere bis 16 Uhr.

Post

Die **Hauptpost** befindet sich in der William IV Street (Trafalgar Square, Mo–Fr 8.30–18.30, Di ab 9.15, Sa 9–17.30 Uhr, www.postoffice.co.uk), wo man auch postlagernde Sendungen *(poste restante)* abholen kann.

Briefmarken erhält man in Postämtern, Supermärkten, vielen kleinen Lebensmittelläden, Schreibwarengeschäften, an Souvenirständen, in Fremdenverkehrsbüros und Hotels. Briefkästen sind in England rot. Postkarten und Briefe bis 20 g ins europäische Festland kosten 97 p (Euro-Stamps).

Rauchen

Seit 2007 besteht in England ein Rauchverbot in öffentlichen Gebäuden und an geschlossenen Arbeitsplätzen, also auch in Pubs, Bahnhöfen und Flughäfen.

Reisen mit Handicap

Obwohl zahlreiche Sehenswürdigkeiten behindertengerecht ausgestattet sind, ist der Zugang oft beschwerlich. Nicht alle U-Bahnhöfe haben Aufzüge. Infos zu behindertengerechten Einrichtungen erhält man auf www.visitlondon.com, Stichwort ›accessibility‹, und von Tourism for All UK, Tel. 084 51 24 99 71, 00 44 15 39 72 61 11, www.tourismforall.org.uk.

Die Website www.artsline.org.uk informiert über den Besuch von Kunst- und Kulturstätten für Urlauber mit Handicap.

Reisekosten und Spartipps
Großbritannien ist teuer, und London erst recht. Hier einige Beispiele: 1 Pint Lager im Pub kostet ca 3,80 £, 1 l Wasser am Bahnhof: 1,40 £, Sandwich bei Prêt-à-Manger: 2,50–4 £, Cappuccino bei Starbucks: 1,80 £, 1 Einzelticket in der U-Bahn: 4,80 £.

Ermäßigungen
Der **London Pass** bietet freien Eintritt zu rund 60 Attraktionen sowie vergünstigte Fahrten im öffentlichen Nahverkehr (s. S. 24). Bei Vorlage eines internationalen Studentenausweises erhalten **Studenten** Ermäßigungen auf Eintrittskarten, Theatertickets sowie einige Dienstleistungen, s. a. www.nus.org.uk. Fast alle Londoner Museen bieten reduzierte **Kinder- oder Familientickets. Senioren** erhalten ebenfalls bei einigen Veranstaltungen Ermäßigungen, wobei manchmal ein Altersnachweis erforderlich ist.

Schwul und Lesbisch

London hat eine lebhafte Gay-Szene. Die Metropolitan Community Church in Nordlondon ist die Kirche der LGBT (Lesbian, Gay, Bisexual, Transgender), aber offen für jedermann/-frau. Es gibt zahlreiche Sportclubs, z. B. Goslings Lesbian & Gay Badminton Club (www.goslingssportsclub.com), das London Cruisers Basketball Team für Männer und Frauen (www.cruisers.org.uk), Grace's Cricket Club (www.gaycricket.org.uk) und die London Lesbian Kickabouts (www.llka.co.uk). Die schwule Kneipen- und Barszene verteilt sich in London auf drei Gegenden: Soho (s. S. 146), Vauxhall und Ostlondon. Bekannte Anlaufstellen sind beispielsweise The Black Cap (171 Camden High St), berühmt für seine Drag-Shows, und Central Station (37 Wharfdale Road, King's Cross), eine Schwulenkneipe, die sich über drei Stockwerke verteilt mit Strippern, Kabaret etc. Bekannteste (und skandalumwitterte) Schwulenkneipe im East End ist BJ's White Swan (556 Commercial Rd). Lang etabliert ist auch Heaven (Under The Arches, off Villiers St) mit seinen beliebten Club-Nights.

Sicherheit

Taschendiebe operieren vor allem auf vollen Plätzen, Märkten, rund um die Hauptsehenswürdigkeiten sowie in den U-Bahnen. Seien Sie also immer auf der Hut, verstecken Sie Ihr Geld gut am Körper und lassen Sie Taschen nie unbeaufsichtigt stehen. Nehmen Sie vor allem nicht mehr Geld mit, als Sie brauchen.

In der Dunkelheit sollte man – insbesondere in den Vororten – nicht alleine durch Parks oder dunkle Gassen gehen. Seit den Bombenanschlägen im Sommer 2007 wurde das Polizeiaufgebot in ganz London immens verstärkt. Normalerweise sind die Polizisten außerordentlich zuvorkommend und geben gerne Auskunft.

Souvenirs

Ein Teller oder eine Tasse mit Kate-und-William-Aufdruck? Oder eine rote Blechdose in Form eines Doppeldeckerbusses, gefüllt mit Tee oder Mint-Bonbons? Oder wie wäre es mit der Tower Bridge als Briefbeschwerer? Im Westend reiht sich ein Souvenirladen – die Souvenirs sind meist made in China – an den nächsten. Geschmackvolleres gibt es in den Geschenkabteilungen der großen Warenhäuser, beispielsweise Liberty's oder Fortnum & Mason, und auch in den Shops der großen Museen kann man nette Mitbringsel finden (s. S. 46).

Telefonieren

Münztelefone funktionieren mit 10-, 20-, 50-Pence- und 1-£-Münzen (Mindesteinwurf 60 p).

Mobil telefonieren: Großbritannien hat das GSM-900-Netz, das mit dem restlichen Europa kompatibel ist. Vor der Reise sollten Sie bei Ihrem Handybetreiber ausschließen, dass Ortsgespräche international umgeleitet werden.

Internationale Vorwahlen: 0049 für Deutschland, 0043 für Österreich, 0041 für die Schweiz. Die Vorwahl für Großbritannien lautet 0044, die Vorwahl für London ist 020. Nur bei Telefonaten mit dem Handy muss diese auch innerhalb des Stadtgebiets mitgewählt werden.

Toiletten

Öffentliche Toiletten sind in London außerordentlich rar gesät. Wo immer Sie sind – im Museum, Kaufhaus, Restaurant, Café oder Pub –, nutzen Sie die *facilities.* Für Männer gibt es in der Innenstadt an vielen Orten wasserlose Urinale.

Umgangsformen

Kontinentaleuropäische Besucher der britischen Hauptstadt wundern sich immer wieder über gewisse Verhaltensregeln im Straßenverkehr und in öffentlichen Verkehrsmitteln. So ist es beispielsweise durchaus üblich, bei Rot über die Ampel zu gehen, wenn kein Auto kommt. An weniger belebten Bushaltestellen *(request stops)* muss man die Hand ausstrecken, damit der Bus anhält. In Bussen oder Bahnen ist es nicht üblich, sich laut zu unterhalten, auch in der U-Bahn harrt man schweigend aus. Auf Rolltreppen stehen die Londoner rechts, links gehen sie.

Zeitungen

Evening Standard: www.standard.co.uk; gratis; Fokus auf London, aber auch nationale und internationale Nachrichten, jeden Do Beilage mit Veranstaltungsprogramm. **Financial Times:** www.ft.com; Wirtschaftsblatt. **Guardian:** www.theguardian.com; leicht linksliberal, jeden Sa Beilage »Guide« (Veranstaltungs- und TV-Programm). **The Independent:** www.independent.co.uk; gutes Layout, politisch korrekt. **Metro:** http://metro.co.uk; wird morgens gratis an Bahnhöfen und U-Bahnhöfen verteilt. Nationale und internationale Neuigkeiten, aber vor allem Sport, TV und Klatsch. **Observer:** www.theguardian.com/observer; die Sonntagszeitung des Guardian. **The Times:** www.thetimes.co.uk, konservativ, einflussreich.

Panorama – Daten, Essays, Hintergründe

Wahrzeichen der Stadt: die Tower Bridge vom Südufer der Themse aus

Steckbrief London

Daten und Fakten

Name: London
Fläche: knapp 1580 km^2
Lage: 51° 3′ nördliche Breite, Längengrad 0
Einwohnerzahl: ›Inner London‹: 2,8 Mio., Großraum: 8,17 Mio.
Währung: Pfund Sterling, die Untereinheit heißt Pence (100 p = 1 £)
Zeitzone: Greenwich Mean Time, d. h. in London ist es eine Stunde früher als in Mitteleuropa. Die Termine für Sommer- und Winterzeit sind gleich.
Landesvorwahl: 0044
Stadtvorwahl: Londoner Festnetznummern beginnen mit 020.

Lage und Größe

London liegt im Südosten Englands und hat eine Ausdehnung von knapp 1580 km^2. Durch London fließt die Themse, die 75 km weiter östlich in die Nordsee mündet. Die wichtigsten Einrichtungen der Stadt und die meisten Sehenswürdigkeiten befinden sich auf der Nordseite des Flusses. Die Stadt verfügt über 80 km^2 Grünanlagen und Parks.

Geschichte

Die römische Siedlung Londinium entwickelt sich im 9. Jh. unter angelsächsischer Herrschaft zu einem wichtigen Handelszentrum. Nach der Schlacht bei Hastings (1066) lässt sich der Normanne William der Eroberer zum König krönen, unter Henry I. wird London endgültig Hauptstadt Englands. Im Laufe der Jahrhunderte entwickelt sie sich zu einer der reichsten und größten Städte Europas, zur Regierungszeit Elizabeth I. entstehen erste überseeische Handelskolonien. Der enorme Bevölkerungsanstieg wird 1665 durch die Pest und

1666 durch den Großen Brand, bei dem vier Fünftel der Stadt zerstört werden, gebremst.

Im 18. Jh., dem georgianischen Zeitalter, nehmen Ausdehnung und Einwohnerzahl der Stadt erneut rasant zu. Mit Aufstieg Großbritanniens zur Weltmacht wird London Zentrum des Geldverkehrs und des Welthandels. Im Zweiten Weltkrieg werden weite Teile der Stadt zerstört. Die 1980er- und 1990er-Jahre sind von sozialen Unruhen und wirtschaftlicher Rezession geprägt. Das 21. Jh. hingegen scheint es gut zu meinen mit der Stadt. Die Tendenz ist so positiv, dass London bereits zur World Capital gekrönt wurde.

Stadtverwaltung und Politik

Das Vereinigte Königreich (United Kingdom) umfasst Großbritannien (England, Schottland und Wales) und Nordirland, seine Hauptstadt ist London. Der Sitz des Parlaments sind die Houses of Parliament mit dem House of Commons (Unterhaus) und dem House of Lords (Oberhaus). Staatsoberhaupt ist Königin Elizabeth II., Premierminister seit Mai 2010 David Cameron (Conservative Party).

Der Großraum London besteht aus Inner und Outer London. Inner

London ist in zwölf Boroughs (= Stadtgemeinden) eingeteilt: Camden, Islington, Hackney, Tower Hamlets, Greenwich, Lewisham, Southwark, Lambeth, Wandsworth, Hammersmith und Fulham, Kensington und Chelsea sowie Westminster. Die City of London ist verwaltungstechnisch fast unabhängig.

Die kommunalen Aufgaben wie Erziehung, Soziales, Stadtplanung, Wohnungsbau, lokale Verkehrspolitik und Abfallbeseitigung sind Angelegenheit der Boroughs. Der Gesundheitsdienst (National Health Service) hingegen ist staatlich.

Die Stadtverwaltung heißt Greater London Authority (GLA). Sie besteht aus dem gewählten Mayor (= Bürgermeister) und der London Assembly. Hauptsitz des Bürgermeisters – zurzeit Boris Johnson – ist die City Hall.

Wirtschaft und Tourismus

London ist Europas reichste Stadt und eines der drei wichtigsten Finanzzentren der Welt (neben New York und Tokio). Ein Drittel der täglich weltweit getätigten Finanztransaktionen findet in London statt. Es gibt über 480 ausländische Banken in London, das ist mehr als in den anderen wichtigen Finanzstädten der Welt. 300 000 Menschen arbeiten im Finanzbereich. Die Löhne sind bis zu 30 % höher als im übrigen Land, entsprechend teuer sind auch die Lebenshaltungskosten. Zu den größten Arbeitgebern Londons gehören die Flughäfen Heathrow, Gatwick und Stansted, die rund 35 000 Personen beschäftigen. Die britische Regierung beabsichtigt derzeit nicht, der Euro-Zone beizutreten.

Jährlich kommen rund 17 Mio. Besucher nach London, die rund 15 Mrd. Pfund ausgeben. Der Tourismus macht 12 % des Londoner Bruttoinlandsprodukts aus. 350 000 Menschen sind im Bereich Tourismus tätig.

Verkehr

In London gibt es fünf Flughäfen: Heathrow, Gatwick, City, Luton und Stansted. Rund 800 Bahnhöfe werden von Zügen und U-Bahnen angefahren. Die Docklands Light Railway, eine fahrerlose, oberirdisch angelegte Bahn, bedient von Bank und Tower Gateway aus den Osten Londons. Außerdem gibt es 5500 Autobusse, die täglich von 3,5 Mio. Menschen benutzt werden, sowie rund 8000 Taxis. 1,3 Mio. Pendler kommen täglich in das Stadtzentrum zur Arbeit.

Verkehrsteilnehmer, die sich mit dem eigenen Auto oder Motorrad ins Zentrum begeben, zahlen die ›Congestion Charge‹. Durch sie wurde der Innenstadtverkehr um ein Drittel reduziert.

Bevölkerung und Religion

Etwa 8,17 Mio. Menschen leben im Großraum London. 37 % der Bevölkerung wurden außerhalb des United Kingdom geboren. Ca. 300 verschiedene Sprachen werden in der Metropole gesprochen. Die Bevölkerungszunahme der Stadt beträgt 1,4 % pro Jahr, die Bevölkerungsdichte 4758 Menschen pro km² (Stadtgebiet).

Weniger als die Hälfte aller Londoner sind Christen, gefolgt von Muslimen (12,4 %), Hindus (5 %), Juden (1,8 %) und Sikh (1,5 %). Westminster Abbey und St Paul's Cathedral sind die wichtigsten Kirchen in London und werden auch für königliche Zeremonien genutzt.

Geschichte im Überblick

Gründung von Londinium

43 n. Chr. Die Römer bauen eine Brücke über die Themse und gründen am Nordufer die Siedlung Londinium.

61 Die ostanglische Königin Boudicca brennt in einem Racheakt Londinium nieder. Die Stadt wird wieder aufgebaut und Provinzhauptstadt.

200 Eine 3 km lange und 6 m hohe Stadtmauer schützt Londinium. Nur wenige Teile davon sind bis heute erhalten, außerdem die ursprünglichen Namen der Tore, z. B. Ludgate, Newgate, Bishopsgate und Aldgate.

Angelsachsen, Wikinger und Normannen

5./6. Jh. Nach dem Abzug der römischen Truppen aus Britannien (410) siedeln sich Angeln und Sachsen in Ost- und Südengland an. London erweitert sich gen Osten.

604 London wird Bischofssitz, eine erste, dem heiligen Paul gewidmete Kirche entsteht innerhalb der Stadtmauern.

851 Plünderung der Stadt durch Wikinger.

886 König Alfred (der Große) von Wessex erobert London zurück. Die Stadt entwickelt sich zum wichtigen Handelszentrum mit einer Handelsmarine. Neue Werften, Kirchen und Gemeinden entstehen.

1042 Der Angelsachse Edward der Bekenner wird König. Er lässt einen Palast und ›West Minster‹ erbauen. London entwickelt sich um zwei Zentren herum: um das politische mit dem Königshof und der Regierung in Westminster und um das kommerzielle in der City of London.

1066 Nach Edwards Tod (1065) erhebt der Normanne William Anspruch auf die englische Krone. Bei der Schlacht in Hastings besiegt er den Schwager Edwards, Harold. William the Conqueror (der Eroberer) wird Weihnachten 1066 in der Westminster Abbey gekrönt.

Das Mittelalter

1215 König John I. Lackland (Johann ohne Land) unterzeichnet die Magna Charta zur Stärkung der Städte und Stände. Die City of London erhält das Recht, jährlich einen Bürgermeister (Lord of Major) zu wählen.

1240 Die erste Parlamentssitzung findet in Westminster statt.

1290 Edward I. lässt die gesamte jüdische Gemeinde aus der Stadt vertreiben. Erst fünf Jahrhunderte später kehrt sie zurück.

1411	Baubeginn der Guildhall, des Rathauses in der City of London. Die Bedeutung der Zünfte wird dadurch unterstrichen.
1476	William Caxton errichtet die erste Druckerpresse in Westminster.
	Die Tudors (1485–1603)
1509–1547	Henry VIII. regiert. Gründung der königlichen Werften in Woolwich und in Deptford; Hampton Court und Whitehall entstehen. Die Jagdgründe Henrys – Hyde, Regent's, Greenwich und Richmond – werden später königliche Parks.
ab 1529	Henry VIII. löst England von der kirchlichen Herrschaft in Rom und begründet die anglikanische Kirche, er selbst wird ihr Oberhaupt. Der Königspalast wird nach Whitehall verlegt. Ab 1536 folgt die Auflösung der Klöster und Konfiszierung der Besitztümer der katholischen Kirche.
1558–1603	Henrys Tochter Elizabeth I. übernimmt den Thron. Während ihrer Regierungszeit entwickelt sich London zum blühenden Handelszentrum, England gründet erste überseeische Handelskolonien. Es ist das Zeitalter der Entdeckungsreisen und der Künste.
	Die Stuarts (1603–1714)
1603	Nachfolger der kinderlos gebliebenen Elizabeth wird der Protestant James I., Sohn der früheren schottischen Königin Maria Stuart. Zwei Jahre später verübt der Katholik Guy Fawkes ein erfolgloses Attentat auf James I. und das Parlament.
1629	Charles I. löst das Unterhaus auf und regiert ohne Parlament. Sein absolutistischer Herrschaftsstil führt zu großen Spannungen.
1642	Beginn des ersten Bürgerkriegs: Die Parlamentstruppen unter Oliver Cromwell besiegen die königlichen Truppen. Der zweite Bürgerkrieg 1648/49 endet mit der öffentlichen Hinrichtung von Charles I. am 30. Januar 1649 in Whitehall.
1653	Cromwell wird ›Lord Protector‹ und damit Staatsoberhaupt des Commonwealth. Der Puritaner verbietet Theatervorstellungen und zahlreiche andere Traditionen.
1660	Rückkehr Charles' II. aus dem Exil. Wiederherstellung der Monarchie.
1665	›The Great Plague‹: 100 000 Londoner, ein Fünftel der Bevölkerung, kommen durch die Pest ums Leben.

Der mittelalterliche Tower blieb vom Großen Brand verschont

1666 Am 2. September bricht ein Feuer in der königlichen Backstube in Pudding Lane aus und brennt drei Tage lang. Die große Feuersbrunst zerstört weite Teile der Stadt, unzählige Häuser, Warenlager und Kirchen gehen in Flammen auf. Der Wiederaufbau dauert zehn Jahre. Die City wird weitgehend in Anlehnung an den mittelalterlichen Straßenplan rekonstruiert, jetzt allerdings aus Stein. Sir Christopher Wren wird mit dem Wiederaufbau von 51 der ehemals 107 städtischen Kirchen betraut.

1675 Baubeginn der neuen St Paul's Cathedral. 1710 wird das Meisterwerk von Sir Christopher Wren als erste protestantische Kathedrale der Welt fertiggestellt.

1694 Die Bank of England wird gegründet, um mit ihr den Krieg mit Frankreich zu finanzieren.

Georgianisches London: die Hannoveraner

Im 18. Jh. nehmen Ausdehnung und Bevölkerung Londons rasant zu. Die Gegensätze zwischen Prachtentfaltung einerseits und unvorstellbarem Elend andererseits werden immer schärfer.

1714–1727 Regierungszeit von George I. (in Hannover geboren und aufgewachsen), dem ersten von vier Georges aus der hannoverschen Linie.

1717 Beginn der städtebaulichen Entwicklung im Westen.

1749, 1763	Bau von Westminster Bridge und Blackfriars Bridge. Sie ergänzen die bisher einzige Brücke über die Themse, die London Bridge.
1801	London ist mit rund 1 Mio. Einwohnern die größte Stadt Europas.
1815	Der Duke of Wellington besiegt Napoleon in Waterloo (Belgien).
1829	Londons erster von Pferden gezogener Bus verbindet Paddington mit der City.
1830	Gründung der Metropolitan Police durch Sir Robert Peel, auf dessen Vornamen die Bezeichnung ›Bobbies‹ zurückgeht.
1834	Eine Feuersbrunst zerstört Westminster Palace. Nur Westminster Hall und der Jewel Tower bleiben erhalten.
1836	Gründung der Universität London. London Bridge Station wird Londons erster Bahnhof.

Das Viktorianische Zeitalter (1837–1901)

1837	Queen Victoria, eine Enkelin von George III., besteigt den Thron. Unter ihrer 64-jährigen Regierungszeit wird London Verwaltungs- und Finanzzentrum des ›British Empire‹, Großbritannien wird zur ersten Seemacht. Das britische Weltreich, das ein Viertel des Globus einnimmt, erlebt die Blütezeit seiner Geschichte.
1840	Aus ihrer Heimat vertriebene europäische Juden lassen sich im East End nieder.
1843	Trafalgar Square sowie der erste Tunnel unter der Themse werden angelegt.
1851	Weltausstellung auf Veranlassung Prinz Alberts, Gatte der Queen. Das triumphale Ereignis zeugt vom Selbstvertrauen und Stolz der Briten.
1858	›The Great Stink‹: Die Verschmutzung der Themse führt zum Bau von Abwasserkanälen.
1863	Die weltweit erste Untergrundbahn eröffnet mit der Metropolitan Line zwischen Paddington und Farringdon Road.
1901	Queen Victoria stirbt im Alter von 81 Jahren. London zählt rund 6,5 Mio. Einwohner. Ab 1901 fahren die ersten elektrischen doppelstöckigen Straßenbahnen, ab 1904 motorisierte Autobusse.

Erster und Zweiter Weltkrieg

1915–1918	Zeppelin-Bombenangriffe auf London. Das Königshaus Sachsen-Coburg-Gotha benennt sich in Windsor um.
1924	Erste Labour-Regierung.
1936	Edward VIII. verzichtet auf den Thron, um die geschiedene bürgerliche Wallis Simpson zu heiraten.
1940–41	Der ›Blitzkrieg‹ beginnt im September 1940 und dauert sechs Monate. Bei den Luftangriffen werden große Teile Londons zerstört, 30 000 Londoner kommen ums Leben. Winston Churchill wird am 10. Mai 1940 Premierminister.

Nachkriegszeit

1947/1948	Großbritannien entlässt ehemalige Kolonien in die Unabhängigkeit. Während der Nachkriegsjahre ist die Wohnungsnot groß. Arbeitskräftemangel führt zur Massenrekrutierung in den ehemaligen Kolonien.
1953	Krönung von Queen Elizabeth II.
1960er-Jahre	›Swinging London‹: London wird Musik- und Modestadt Nr. 1. 1965 wird der Greater London Council (GLC) als Stadtregierung gegründet. England wird 1966 im Wembley Stadium Fußball-Weltmeister.
1973	Beitritt Großbritanniens zur Europäischen Gemeinschaft.

Margaret Thatcher und der Thatcherism

1979	Die Konservative Margaret Thatcher wird Premierministerin. Geldorientierte Wirtschaftspolitik und Beschneidungen im öffentlichen Dienst.
1981	Thronfolger Charles, Prince of Wales, heiratet Lady Diana Spencer.
1981/1985	Soziale Unruhen und Rassenkrawalle in verschiedenen Stadtteilen Londons, insbesondere in Brixton.
1982	Die letzten Docks in London schließen. Falkland-Krieg zwischen Argentinien und England.
1986	Der Greater London Council unter Leitung des Labour-Abgeordneten Ken Livingstone wird durch die Thatcher-Regierung abgeschafft.
Ende der 80er-Jahre	Beginn der Rezession, die bis Mitte der 1990er-Jahre andauert.

1990	Margaret Thatcher wird von der eigenen Partei gestürzt. John Major wird ihr Nachfolger.
	London heute
1991–1996	Erneut Unruhen in Brixton (1991). Bombenanschläge der IRA in Downing Street, Paddington Station und Victoria Station (1991), der City (1993) und den Docklands (1996).
1992–1994	Die Konservativen (unter John Major) gewinnen erneut die Unterhauswahlen. Ein Großbrand vernichtet weite Teile von Windsor Castle. 1994 wird der Kanaltunnel für den Bahnverkehr eröffnet.
1997	Die New Labour Party unter Tony Blair übernimmt die Regierung. Diana, Princess of Wales, stirbt bei einem Autounfall in Paris.
2000	Ken Livingstone, letzter Vorsitzender des GLC, wird zum Bürgermeister gewählt (erneut 2004). Tate Modern und London Eye eröffnen.
2001	Wiederwahl der Labour-Partei.
2002	50-jähriges Thronjubiläum der Königin.
2003	Die ›Congestion Charge‹ wird eingeführt.
2005	Selbstmordattentäter töten 52 Menschen.
2007	Tony Blair scheidet aus dem Amt. Nachfolger wird Gordon Brown.
2008	Der Konservative Boris Johnson, ehemaliger Journalist und Publizist, löst Ken Livingstone als Bürgermeister ab.
2010	Eine Koalitionsregierung von Conservatives und Liberal Democrates gewinnt die Wahlen. Neuer Premierminister ist David Cameron.
2011	Prinz William heiratet die Bürgerliche Catherine Middleton.
2012	Olympische Spiele in London. Diamantene Hochzeit der Queen.
2013	Die ›Tube‹, die erste Untergrundbahn der Welt, feiert ihren 150. Geburtstag. Am 8. April stirbt Lady Margaret Thatcher 88-jährig. Feierlichkeiten zum 60. Jahrestag der Krönung von Elizabeth II. William und Kates erstes Kind, Prince George, wird im Juli geboren.
2015	Parlamentswahlen im Mai.

Londoner Stadtlandschaften – vielfältig und kontrastreich

London mit seinen rund 8 Mio. Einwohnern bietet eine Stadtlandschaft der enormen Kontraste: sehr reich und sehr arm, ein ständig sich verändernder pulsierender Organismus, der aus zahllosen Gemeinden und ehemaligen Dörfern besteht. Sie haben sich im Lauf der Jahrhunderte mit den zwei ältesten Stadtteilen verschmolzen, der City und Westminster.

City und Westminster – die Herzstücke Londons

Mit der Themse hat alles begonnen, sie bildete schon zur Zeit der römischen Stadtgründung Londinium (43 v. Chr.) die Lebensader der Stadt. Aus dem römischen Ort ging die alte Handels- und Handwerksstadt London hervor, die heutige »City«. Sie ist seit jeher mit ei-

Westminster ist neben The City der älteste Stadtteil Londons

nem Sonderstatus ausgezeichnet: The City wird von der »Corporation of London« regiert und verwaltet, der »Lord Mayor« (Bürgermeister) residiert im Mansion House.

Die ›reichste Quadratmeile der Welt‹ wird bestimmt von Banken, Versicherungen und Börsen: Sie ist eines der drei bedeutendsten Finanzzentren der Erde. In dem von römischen und mittelalterlichen Stadtmauern begrenzten Halbkreis, in den Finanztürmen, Hochhäusern und Bürobauten – zwischen Kirchen und winzigen Marktplätzen – werden Milliarden umgewälzt und Millionen verdient. Täglich strömen 400 000 Menschen zur Arbeit in die City; an Sonn-und Feiertagen dagegen sind die Straßen wie ausgestorben. Am Südostrand der City liegt der Tower, als normannische Festung ab 1066 gebaut, als Warnung und Trutzburg gegen die unabhängigen und aufmüpfigen Stadtbewohner.

1666 ist das mittelalterliche London durch den Großen Brand in Flammen aufgegangen; zwei Drittel der Stadt wurden zerstört. Die Gedenksäule Monument in der Fish Street erinnert daran. Unbedingt sehenswert sind neben St Paul's Cathedral der wegweisende High-Tech-Bau von Lloyd's of London und der angrenzende, wunderbar altmodische gläserne und gusseiserne Leadenhall Market. Herausragend im wahrsten Sinne des Wortes ist die Hauptverwaltung der Swiss Re Versicherung: die gläserne ›Gurke‹ von Sir Norman Foster – eines der markantesten Erkennungszeichen der City.

Westminster, ca. 4 km westlich der City, ist von jeher mit dem Königshaus, der Institution Kirche, dem Parlament und der Justiz verbunden. Das alte Palastareal ist bis auf Westminster Hall und Banqueting House verschwunden. Aber Westminster Abbey, Houses of Parliament, Westminster Bridge und Whitehall, die Prachtstraße der Ministerien mit der abzweigenden Downing Street, bilden den historischen Gegenpol zur City. Whitehall trifft auf den Trafalgar Square, über ihn und Charing Cross verlaufen die großen Schneisen Strand und Fleet Street, die Westminster mit der City verbinden.

Kultur und Konsum: das Westend

Das Westend, der Bereich zwischen City und Westminster mit großen repräsentativen Straßenachsen und Platzanlagen, ist der Inbegriff von Kultur und Konsum: Hier befinden sich Einkaufsstraßen wie Regent Street oder Oxford Street sowie die großen Theater und Kinos. Rund um Leicester Square drängen sich die wuseligen Stadtquartiere von Soho, Chinatown und Covent Garden: kleinteilig, vollgestopft, überaus lebendig. Das Westend ist das Zentrum der Stadt, großartig zum Flanieren, Ausgehen und Sich-Vergnügen.

Die neue Kunstmeile: südlich der Themse

Die Südseite der Themse mit South Bank, Bankside und Borough hat in den letzten zwei Jahrzehnten eine atemberaubende Wandlung erlebt: Eine durchgehende Promenade entlang der Themse führt von der Westminster Bridge bis hinter die Tower Bridge. Die Südseite der Themse stand einst für

Quirliger Mittelpunkt und Drehschreibe Londons: Piccadilly Circus im Westend

Schwerstarbeit, verarbeitende Industrie, Hafenbetriebe – sowie für die innerhalb der Stadtmauern unerwünschten Theater- und Vergnügungsstätten, die Inns und Taverns. Heute ist hier eine Kultur-und Kunstmeile entstanden, eine neue Stadtlandschaft, wie sie noch nie vorher existierte: mit dem London Eye, dem Riesenrad an der Westminster Bridge, dem South-Bank-Kulturzentrum, der Tate Modern im Backsteinbau eines ehemaligen Kraftwerks und neuen Wohnquartieren.

Weiter nach Osten dann der reetgedeckte Nachbau des elisabethanischen Globe Theatre und viel frisch Designtes, das Seite an Seite mit dem alten Borough Market, der bezaubernden alten Southwark Cathedral, eingeklemmt zwischen geschwärzten Bahnviadukten und den sanierten Speicheranlagen, sowie der neuen City Hall zu einer umwerfend lebensprallen Mischung zusammengewachsen ist.

Mittelpunkt ist die Tate Modern; von dort führt eine Fußgängerbrücke über die Themse direkt auf St Paul's in der City zu. Überhaupt die Brücken der Stadt: Sie bieten traumhafte Ausblicke, die Londoner lieben sie, und jeder hat seinen Lieblingsstandort, um die Panoramen bei Tag oder bei Nacht zu genießen. Bis zur Fertigstellung der neuen Garden Bridge über die Themse hingegen müssen wir uns noch bis 2018 gedulden.

Elegant und wohlhabend: der Südwesten

Kontrastreich präsentieren sich auch die übrigen *boroughs* Londons: In den Stadtteilen Knightsbridge, Chelsea, Belgravia und South Kensington südlich von Hyde Park und Green Park bis hin zur Themse bestimmen klassizistische, überaus elegante Straßenzüge, durchmischt mit repräsentativen Backsteinbauten, das Bild. Knightsbridge mit dem berühmten Harrods ist ein Shoppingparadies; rund um Sloane Square in Chelsea und Brompton Road herrscht ein anregendes Gemisch aus teuerster Wohnlage, edlen Geschäften und blumengeschmückten, ruhigen Nebenstraßen. Hochelegant und großzügig angelegt ist Belgravia mit seinen riesigen Stadtvillen, säulengeschmückten, cremefarbenen Hausreihen, Botschaften und Konsulaten, die sich um die Squares mit ihren baumbestandenen Gartenanlagen legen. Diese Stadtteile mit ihrer postalischen Einteilung SW (für Südwest) besitzen höchsten gesellschaftlichen Status.

Im Umkreis des British Museum

Bloomsbury mit seinen georgianischen, rasterartig angelegten Straßenzügen und Plätzen wird beherrscht vom British Museum, das gleich mehrere Straßenblöcke einnimmt. Es ist das größte Museum Großbritanniens und eines der bedeutendsten der Welt. Mit dem glasüberdachten Great Court von Sir Norman Foster ist ein neuer, hochattraktiver Zugangs- und Aufenthaltsbereich entstanden, der alle Gebäudeteile zusammenfasst.

Rings um das Museum haben sich die Institute der Londoner Universität breitgemacht, kleine Verlagshäuser, Antiquariate, Buchhandlungen, Cafébars und Hotels. Am Gordon Square hat die Autorin Virginia Woolf als junge Frau gelebt, ist mehrfach umgezogen, und zahllose blaue Plaketten weisen – wie überall in London – auf Philosophen, Dichter, Schriftsteller hin, die ebenfalls hier gelebt haben.

Von ärmlich zu ›in‹: Notting Hill und East End

In Notting Hill nordwestlich vom Hyde Park ist die Wandlung eines Stadtteils gut zu erkennen: Hier ließen sich in den frühen 1960er-Jahren vor allem Einwanderer aus der Karibik nieder. In den 1980er-Jahren zogen junge Familien nach, gut verdienende Mittelschichtler, die den Stadtteil aufwerteten; heute stoßen hier Arm und Reich aufeinander. Schicke Straßen mit angesagten Restaurants und Boutiquen, schmale Wohnstraßen mit pastellfarbigen Reihenhäusern und trübe Ecken wechseln einander ab. Die Portobello Road mit ihrem Straßenmarkt ist ein beliebtes Ziel und Notting Hill Carnival der größte Karneval nach Rio de Janeiro.

Das East End östlich der City macht ebenfalls eine Metamorphose durch: Neue Hochhausbauten der City rücken den Arbeiter- und Einwandererquartieren von Whitechapel, Spitalfields und Shoreditch auf die Pelle. Seit junge Künstler und Medienleute mit Ateliers, Designerläden, Galerien nachgerückt sind, wird das Gemenge immer kontrastreicher: Neben den alten Sozialbauten, in denen Bangladescher und Pakistaner leben, dem Straßenmarkt der Petticoat Lane und der indisch-pakistanischen Restaurantmeile Brick Lane prunken neue Shopping Malls, Stahl- und Glasbauten. Die Szene hat sich inzwischen weiter nach Norden ausgedehnt. Die angesagtesten Viertel sind derzeit Dalston und Stoke Newington.

Docklands, Greenwich und Hampstead

Die neuen Docklands und das gegenüberliegende Greenwich auf der Südseite der Themse sind unbedingt einen Tagesausflug wert: Die Docklands Light Railway, eine automatische Bahn auf Stelzen, fährt von Tower Hill quer durch die Hochhausschneisen der neuen Wasserstadt: gigantisch, futuristisch. In der Thatcher-Ära begonnen, entwickelten sich die neuen Docklands im alten brachliegenden Hafengelände Londons mit rasender Geschwindigkeit. Weiter ostwärts entstand bis 2012 das Olympiagelände. Die wasserseitigen Apartmenthäuser sind teuer und hochbegehrt, dazwischen liegen moderatere kleine Wohnsiedlungen, Brücken, Kanäle, neue Straßenzüge.

An der Spitze der Isle of Dogs, in Island Gardens, schaut man hinüber auf das grandiose klassizistische Bauensemble des Royal Naval College an der Wasserfront von Greenwich, die ansteigenden grünen Hügel, das alte Königliche Observatorium und die Bauten, in denen das großartige National Maritime Museum untergebracht ist. Ein Gesamtensemble, das zum UNESCO-Welterbe gehört.

Ganz anders – bezaubernd, verspielt und verwöhnt – ist der hochgelegene Stadtteil Hampstead in Londons Norden. Der alte Ortskern hat nichts von seinem dörflich-kleinstädtischen Charakter verloren. Steile, buckelige Straßen und Gassen, wundervolle blumengeschmückte Villen und Hausreihen – Hampstead war und ist eine der feinsten Adressen Londons, separiert vom Tumult der Metropole, mit einem Hauch edler Bohème, mit Straßencafés, kleinen Geschäften, Restaurants und Pubs. Hier haben immer schon gern etablierte Künstler, Musiker, Schauspieler und Schriftsteller gelebt.

Ingrid Nowel

Die ganze Welt in einer Stadt – London und seine Immigranten

London ist unbestreitbar die kosmopolitischste Großstadt Europas. Auf den Straßen herrscht ein kunterbuntes Völkergemisch, und für Londons Besucher sind es vor allem die Straßenmärkte, die in ihrer üppigen Vielfalt die unterschiedlichsten Ethnien, Nationalitäten und Kulturen widerspiegeln.

Über 300 Sprachen werden in London gesprochen; im Regent's Park steht die London Central Mosque, die Zentralmoschee mit ihren goldenen Kuppeln; in Brent der Neasden Temple, der zweitgrößte Hindu-Tempel außerhalb Indiens. Es gibt unzählige Hindu- und Sikh-Tempel, Buddha-Schreine, Moscheen, Synagogen, Dutzende christlich-orthodoxe Kirchen, neben anglikanischer High und Low Church, schottischer und walisischer Kirk auch Methodisten, Unitarier, Quäker ...

Einwanderer aus aller Welt

Der Zensus bietet – nicht vollständig, da auf freiwilliger Basis erhoben – folgende Zahlen an: 83,3 % aller Inselbewohner sind *White British*, in London hingegen nur 59,5 %. Am Anfang der großen Einwanderungswellen standen die französischen Hugenotten, ihre Weberhäuser mit den großen Fensterpartien in Spitalfields stehen noch heute. Schotten, Waliser und Iren haben in einem unendlichen Strom seit dem 19. Jh. ihr Glück in London gesucht; auch zahlreiche chinesische Seeleute blieben an der Themse. Zu Beginn des 20. Jh. kamen auch Polen, Italiener und osteuropäische Juden in die Stadt; Tausende deutschsprachige Juden fanden ihr lebensrettendes Exil in England. Mit der Unabhängigkeit britischer Kolonien begannen die nächsten Migrationswellen: Aus der Karibik kamen die Afro-Kariben; Inder, Pakistaner und Bangladescher folgten, dann Schwarzafrikaner aus Ghana, Nigeria, Somalia oder Äthiopien. Schließlich Boat-People aus Vietnam und Migranten aus Südostasien, und nach dem Fall des Eisernen Vorhangs und dem EU-Beitritt sind es die Osteuropäer, die nach London strömen.

Wer lebt bevorzugt wo?

In Lambeth und Southwark südlich der Themse fühlen sich seit jeher Afro-Kariben heimisch, Zentrum ist Brixton. In Tower Hamlets, östlich der City, leben viele Neulondoner aus dem indischen Subkontinent und Schwarzafrikaner mit den alteingesessenen ›Eastendern‹ zusammen. Auch in Hackney, einem traditionellen Arbeiterbezirk in Nordlondon, ist der Anteil an *Black British* mit knapp 25 % hoch. Rund um die Edgware Road im Nordwesten Londons ist ein Teil der Migranten aus Nahost und den arabischen Staaten zu Hause. Der jüdische Mittelstand hat sich in Golders Green und Finchley häuslich niedergelassen. In Stamford Hill lebt die mit ca. 30 000 Mitgliedern größte Gemeinde orthodoxer Juden in Europa.

Das alte Soho war einst das Reich der Italiener und Spanier, die dort Lebensmittelläden und Restaurants eröffneten; deren Wohnadresse ist Soho heute nicht mehr. In Chinatown ist das anders: Die Chinesen leben und arbeiten auch in der vierten oder fünften Generation noch in diesem Quartier.

In Earl's Court hört man besonders oft Englisch mit neuseeländischem, australischem, kanadischem und südafrikanischem Einschlag. London übt auf diese jungen Erwachsenen einen starken Sog aus, und viele kommen für ein paar Monate, auch Jahre nach London, um hier zu arbeiten: Sprachbarrieren gibt es ja für sie nicht.

Toleranz und friedliches Nebeneinander

Das Zusammenleben der unterschiedlichsten Bevölkerungsgruppen verläuft nicht immer und nicht überall reibungslos. Die innerstädtischen Schulen sind wie in vielen multiethnischen Großstädten auch in London ein Problem, und die Gewaltbereitschaft jugendlicher Gangs, die Separierung der zweiten oder dritten Generation in muslimischen Migrantenfamilien ist gestiegen.

Großbritannien war und ist stolz auf seine liberale Einwanderungspolitik – bis am 7. Juli 2005 in London die Bomben islamistischer Terroristen hochgingen. Seither versucht die Regierung, in der Immigrations- und Integrationspolitik gezielter vorzugehen, ist aber über das Wie ratlos, wie anderswo in Europa auch.

Was heißt das für die Londoner? ›Business as usual‹, jeder lebt sein Leben weiter. Die Nachbarschaften haben sich immer schon miteinander arrangiert, zum einen aufgrund der langen Einwanderungsgeschichte, zum anderen wegen des jahrzehntelangen, immer wieder aufflammenden Bombenterrors durch die IRA, mit dem die Londoner zurechtkommen mussten. Die Aversionen gegen die muslimische Bevölkerungsgruppe nach dem Anschlag haben sich wieder gelegt, und generell geht es friedlich zu in London.

Ingrid Nowel

Das Britische Empire – »Britannia rules the waves«

Seefahrer, Entdecker, Handelskompagnien: Sie haben den Grundstein für den überseeischen Kolonialbesitz Großbritanniens gelegt. Mit der Herrschaft über die Weltmeere wuchs das United Kingdom im 19. Jh. zur größten Kolonialmacht der Erde heran.

Von der Themse rund um die Welt: Die frechen, furchtlosen elisabethanischen Seefahrer und Entdecker wie Sir Walter Raleigh, Francis Drake oder John Hawkins gehörten zu den ersten Abenteurern, die im letzten Drittel des 16. Jh. unbekannte Territorien entdeckten, Handelswege erschlossen und im Namen ihrer Königin englische Niederlassungen und Kolonien gründeten wie Neufundland, die karibischen Inseln der »West Indies« oder Virginia (benannt nach der »Virgin Queen«).

Die Eroberung der Welt

Mit der 1600 von Handelsherren und Financiers gegründeten privaten East India Company begann die Eroberung des indischen Subkontinents: erst die Handelsniederlassungen auf Vertragsbasis mit heimischen Fürsten an den

Der überseeische Handel mit Indien markiert den Beginn der Kolonialmacht England

indischen Küsten, befestigte Häfen, dann deren Schutz, schließlich die Ausweitung ins Landesinnere, Handel mit dem malayischen Inselarchipel und China.

Derweil waren die ersten Siedler in die nordamerikanischen Kolonien aufgebrochen: Die Mayflower segelte mit den Pilgrim Fathers im Jahr 1620 nach Amerika: der Beginn der Besiedlung Nordamerikas. Im 18. Jh. verfestigten sich die Herrschaftsansprüche der wichtigsten Kolonialmächte Niederlande, Frankreich und Großbritannien; der Sklavenhandel zwischen Westafrika, den Zuckerrohrinseln der Karibik, Brasilien und den amerikanischen Südstaaten brachte millionenfaches, grausamstes Elend, gewaltige Migrationswellen und Milliardengewinne. Ab 1834 nahm dann Großbritannien mit dem Gesetz zur Abschaffung des Sklavenhandels eine weltweite Vorreiterfunktion ein.

Unangefochtene Weltmacht

Am Ende der Napoleonischen Kriege, zu Beginn des 19. Jh., steht Großbritannien als strahlende Siegermacht da: Admiral Nelson hatte durch seinen Sieg in der Seeschlacht von Trafalgar, der ›alte Haudegen‹ Wellington durch seine Siege zu Land dem Inselreich den Weg zur uneingeschränkten Herrschaft über die Meere und zur imperialen Weltmachtstellung geebnet. Die rasanten technischen Entwicklungen der industriellen Revolution trugen dazu bei, dass auch Schifffahrt und Seehandel, die Royal Navy, die Handelsmarine und die zahllosen Reedereien unangefochten mit den größten, und stärksten Kapazitäten aufwarteten: Großbritannien pflügte in *splendid isolation* durch die Wellen der Weltmeere.

Erst als 1858 Queen Victoria zur Empress of India proklamiert wird, geht die Herrschaft der East India Company, die für England ein Weltreich gewonnen hatte, formal zu Ende. Und als 1897 das diamantene Jubiläum der Queen gefeiert wird, war Großbritannien zur größten Kolonialmacht der Erde geworden: Viktoria war die ›*Great White Queen*‹, die über ein Viertel des gesamten Globus herrschte, über einen Flickenteppich an Besitzungen, Protektoraten, Kolonien und Kronkolonien: Dazu gehörten das jahrhundertelang geknebelte, unglückliche Irland, Kanada, Australien, Neuseeland und Südafrika als Siedlungskolonien mit eigenen Regierungen, Gibraltar, Malta, Zypern, Ägypten, Burma, Sansibar, Teile Schwarzafrikas, Hongkong und Singapur – Dutzende von Ländern und Inselgruppen, deren Namen die Bevölkerung im Mutterland kaum je gehört hatte. Indien war dabei das »Juwel in der Krone«.

Hauptverkehrsader Themse

London war der Nabel der Welt und die Themse die Hauptverkehrsader einer Nation, deren Selbstverständnis von Handel und Seefahrt geprägt war. Im heutigen Stadtteil Greenwich liegt der Null-Meridian, von dem sich der für die Seefahrt unentbehrliche Längengrad ableitet; hier wurde die weltweit gültige Zeitmessung der Greenwich Mean Time (GMT) festgelegt.

Auf der gegenüberliegenden Themseseite ziehen sich östlich der City kilometerlang die Docklands entlang: Vormals lagen die Segelschiffe im offenen Fluss zwischen London Bridge und der heutigen Tower Bridge, dem »Pool of London«, bis nach Greenwich verankert; beidseitig der Ufer erstreckten sich die Zoll-Lager, Speicher und Zulieferbetriebe.

Die Enge brachte unhaltbare, chaotische Zustände, sodass die allmächtigen Handelsgesellschaften, die das Monopol des Überseehandels unter sich aufgeteilt hatten, den Bau von eigenen Hafenwerften und Speicheranlagen im Osten Londons durchsetzten. So entstanden gewaltige Bassins, Trockendocks, Schleusen, Verbindungskanäle, meilenlange Lager- und Speicherhäuser, von 6 m hohen Mauern umschlossen. Die Docks der East und West India Company wurden 1802 als erste in Betrieb genommen. Als 1921 das letzte Riesendock, etwa 20 km östlich der City, eingeweiht wurde – heute ist aus dem Hafenbecken der City Airport geworden –, setzte die Weltwirtschaftskrise ein, und Deutschland und Frankreich hatten die Vormachtstellung der Briten auf den Weltmeeren ins Wanken gebracht.

Imperiales Symbol: Trafalgar Square

Im Zentrum des Mutterlandes hat sich das imperiale London selbst gefeiert: Rund 20 Jahre nach Nelsons Sieg in der Seeschlacht von Trafalgar wurde der Wirrwarr alter königlicher Stallungen abgerissen und eine weite Platzanlage geschaffen: Trafalgar Square, in dessen Mitte 1842 eine Nelson-Statue in Napoleon-Pose (!) auf einen über 50 m hohen Sockel gehievt wurde, umgeben von den Büsten weiterer Admiräle. Und rund um Trafalgar Square entstanden – abgesehen von der National Gallery – die mächtigen Stadtpaläste New Zealand, Canada, South Africa und Australia House, die noch heute an die ehemaligen *white colonies* erinnern.

Nach dem Zweiten Weltkrieg wurden die ersten Kolonien in die Unabhängigkeit entlassen, und der Strom der Immigranten ins Mutterland begann. Geblieben ist das Commonwealth of Nations als Teil des kolonialen Erbes, eine starke gefühlsmäßige Bindung an Indien und eine multiethnische Gesellschaft, die die kleine große Insel bevölkert.

Ingrid Nowel

Mein Tipp

Mehr zur Geschichte der Seefahrt und den Docklands

In Greenwich, in festlichem Architekturensemble zwischen grünen Hügeln und dem Themseufer liegt das schönste und größte Seefahrts- und Marinemuseum der Welt, das **National Maritime Museum** (s. S. 277). Der Stadtteil im Südosten Londons lohnt einen Tagesbesuch, und am schönsten ist die Fahrt dorthin mit einem Ausflugsdampfer.

Gegenüber auf der Isle of Dogs in den futuristisch revitalisierten Docklands erzählt das **Museum of London Docklands** (s. S. 284), untergebracht in einer sanierten Speicheranlage der East India Company, die Geschichte der harten Arbeit, die von den Schauerleuten und anderen Hafenarbeitern in den Docklands geleistet wurde. Unbedingt sehenswert!

Die Royals – nicht nur ›pomp and circumstance‹

Die feierlichen, farbenprächtigen Zeremonien und Paraden, die für die Besucher Londons so große Anziehungskraft besitzen, sind nicht nur ›pomp and circumstance‹: Sie versinnbildlichen die immer noch und immer wieder starke Ausstrahlung und Präsenz des britischen Königshauses.

Staatsoberhaupt ohne politische Macht

Seit über 1200 Jahren wird England, Großbritannien (mit Ausnahme der Cromwell-Jahre 1649–1660), durch königliche Herrscherhäuser regiert und repräsentiert. Nach all den Jahrhunderten ist die Monarchie für die überwältigende Mehrheit der Briten unantastbar.

Elizabeth II., 41. Herrscherin nach Wilhelm dem Eroberer, wurde 1953 wie alle Monarchen vor ihr in der Westminster Abbey gekrönt: »… von Gottes Gnaden Königin von Großbritannien und Nordirland und Ihren anderen Königreichen und Gebieten, Oberhaupt des Commonwealth, Verteidigerin des Glaubens …« Trotz der politischen Machtlosigkeit ist der Monarch Oberhaupt des Staates; dem offiziellen Sprachgebrauch entsprechend ist er der Staat – ist Teil der Legislative, Exekutive und Jurisdiktion. Er ist ›King/Queen in Parliament‹; jedes Gesetz wird »durch Seine/Ihre Majestät erlassen«. Alle öffentlichen Ämter, vom Lordkanzler bis zum Postboten auf den Hebriden, sind Ämter der Krone, jeder behördliche Briefkopf trägt die Aufschrift »His/Her Majesty's Service«, alle großen Gerichtshöfe sind »Crown Courts«, alle Regierungs- und Parlamentsveröffentlichungen, alle Schriften und Statistiken der Verwaltung stammen aus dem größten Verlagshaus Großbritanniens, His/Her Majesty's Stationary Office (H. M. S. O.).

Seit Henry VIII. sind alle Monarchen weltliches Oberhaupt der anglikanischen Kirche; das geistige Oberhaupt ist der Erzbischof von Canterbury. Die Queen kann theoretisch Frieden schließen, Kriege erklären und die Regierungen ernennen oder entlassen. Die Nationalhymne heißt »God save the Queen«, alle Briefmarken tragen ihr Porträt ohne Nennung des Staates.

Erst seit 1992 muss auch die Queen Steuern zahlen, vorher waren die Monarchen ausgenommen. Mit ihr kompliziert verwandt und verschwägert sind der Hochadel und die zahllosen Adelshäuser, die ganze Landstriche, Dörfer und Stadtviertel besitzen. Deren Existenz hat noch heute Bedeutung bis in den Alltag hinein und berührt auf unterschiedlichste Weise das Leben der Smiths und Jones' (s. a. S. 92).

Die ›Family Firm‹ im Dauereinsatz

Die Queen sitzt lebenslang in einem wahrhaft goldenen Käfig, besitzt mehrere Schlösser, fünf Tonnen Tafelgold, Juwelen, eine der kostbarsten Gemäldesammlungen der Welt und ein großes Privatvermögen. Als Leistung mag man die öffentlichen Engagements der ›*Family Firm*‹, wie sich die Royals gern bezeichnen, dagegenhalten: Jedes Jahr werden durch ihre Mitglieder rund 3000 Besuche, Empfänge, Veranstaltungen, Eröffnungen und zeremonielle Besuche getätigt. Jährlich zweimal schlägt die Queen eine Reihe von Personen, die sich im öffentlichen Leben hervorgetan haben, zum Ritter, hebt sie in den Adelsstand unterschiedlicher Rangordnung. Die in der Royal Family unterschiedlich verteilte ›Arbeitsleistung‹ wird täglich im Court Circular der Times veröffentlicht.

Nach dem Tod von Diana 1997 gab es harte Kritik an der vermeintlichen Starrheit und Gefühlskälte der Queen – in »The Queen« mit Helen Mirren in der Hauptrolle wird der tiefgreifende Konflikt großartig dargestellt –, und seither ist die Queen mit *walkabouts* und großen Sommerveranstaltungen in den Gärten von Buckingham Palace deutlich näher an ihre Untertanen herangerückt. Sie ist im staatlichen Leben fest verankert und bindet die Nation zusammen, gleich ob Camilla gefällt oder Harry über die Stränge schlägt.

William and Kate

29. April 2011: Vor geschätzten zwei Milliarden Zuschauern weltweit heiratet Prinz William, Enkelsohn Queen Elizabeths II., Miss Catherine Middleton in Westminster Abbey in London. Das Kleid, die goldene Kutsche – eine Märchenhochzeit und ein großartiges Medienspektakel zugleich, das landauf, landab mit Straßenpartys und Tausenden Union Jacks gefeiert wurde.

Der Herzog und die Herzogin von Cambridge, wie sich das Paar nennt, verkörpern Moderne und Tradition zugleich: Sie sind unnahbar, doch gleichzeitig sehr real. Jung und frisch, bieten sie ein Elixier an Lebensfreude für die durch Rezession und Haushaltskürzungen gebeutelte Nation. Die bürgerliche Kate hat frischen Wind in die britische Institution gebracht. 2013 fieberte die Nation der Geburt des ›royal baby‹ entgegen. Am 22. Juli war es dann soweit: Prince George of Cambridge erblickte das Licht der Welt. Er ist der Dritte in der Thronfolge. Seit dem 2. Mai 2015 können wir uns über weiteren Familienzuwachs freuen: ein Mädchen.

Ingrid Nowel

Teures Vergnügen – Wohnen in der Hauptstadt

Wie lebt man als Single oder Familie in einer der teuersten Städte der Welt? Wenn die eigene Wohnung, das eigene Häuschen für die Briten zu den Grundbedürfnissen des Lebens gehört?

Vom Stadtapartment zum Haus auf dem Land

Nehmen wir das Beispiel Bridget Jones: Sie ist Single und hat im Berufsleben Fuß gefasst. Sie wird während der ersten Berufsjahre eine Wohnung teilen, um zu sparen. Schließlich ist es so weit: Im Land der Hausbesitzer gehört Bridget zu dem Heer der Singles, die als *first buyer* einen Hypothekenvertrag für die erste Eigentumswohnung abschließen. Die etablierten Wohnbezirke sind unerschwinglich; sie lässt sich in einem durchschnittlichen, aber aufstrebenden Viertel nieder, ein *1- oder 2-bedroom flat* in einem Reihenhaus vielleicht. Ist die Wohnung groß genug, wird sie nun als Vermieterin ihr neues Zuhause teilen oder eisern sparen müssen, um über die Runden zu kommen.

Das geht ein paar Jahre so; dann lernt sie Darcy kennen, man will heiraten. Beide verkaufen ihre Wohnungen, suchen ein größeres Domizil in einem attraktiveren Viertel, vielleicht reicht's für ein kleines Reihenhaus,

Das schmucke Eigenheim in eleganter Umgebung – Lebensziel vieler Londoner

terrace. Die Gegend ist nicht doll, aber es gibt ein Gärtchen, und in vielen der Nachbarhäuser wird ebenfalls renoviert und umgebaut, was das Zeug hält. Straße um Straße wird auf diese Weise als Wohngegend aufgewertet, *gentrified*. Damit steigen die Lebensqualität und natürlich der Wert aller Immobilien.

Sind Kinder da, steht der nächste Wechsel an. Bei jedem mittelständischen Paar mit Kindern ist in der Lebensplanung das *schooling* ganz besonders wichtig. Raus aus den innerstädtischen Schulen, rein in eine *(private) public school* – und die sind teuer. Auch die Sehnsucht nach Natur und Landleben macht sich bemerkbar – es wäre schön, London zu verlassen. In weitem Radius um London, in Kleinstädten, Dörfern, alten oder neuen Siedlungsarealen mit Regionalbahnanschlüssen wird sich ein Häuschen finden lassen. Für Darcy heißt das pendeln, zwischen eineinhalb und drei Stunden pro Tag. Verdient er oder verdienen gar beide richtig gut, können sie ein größeres Haus in London beziehen und sich ein halb verfallenes Wochenend-Cottage in Wales leisten.

Mieten statt kaufen

Natürlich ist diese Darstellung stromlinienförmig typisiert; der Anteil der leeren Mietwohnungen oder -häuser steigt rapide, weil beim Verkauf die geforderten Preise nicht mehr erzielt und die Objekte daher zwischenzeitlich vermietet werden. Zudem gibt es die wichtigen Unterschiede zwischen *freehold* und *leasehold*, Haus- und Wohnungskauf auf 99 Jahre oder ohne Begrenzung, und das hat mit den Besitzverhältnissen zu tun: Ganze Stadtteile in London gehören der Krone, der Kirche oder großen Adelsfamilien: Der Duke of Westminster ist der größte private Land- und Immobilienbesitzer Londons; ihm gehören u. a. große Teile Belgravias, der Oxford Street und Park Lane, allein 40 Botschaften zahlen Pacht an ihn, und seine Grosvenor Estate achtet darauf, dass der Grundbesitz selbst der prachtvollsten Häuser nicht veräußert wird.

Immobilienwerte: Auf- und Abstieg

Als Beispiel für immens gestiegene Immobilienpreise kann das inzwischen angesagte Islington nördlich der City gelten: hervorragende Lage, gute Verkehrsanbindung, ein einst ärmlicher Bezirk mit verwahrlostem, aber schönem Baubestand. Durch die *gentrification* der letzten zwanzig Jahre ist Islington heute in großen Teilen ein überaus begehrter Wohnbezirk; die regionale Kneipen-, Restaurant- und Kulturmeile ist ausufernd bekannt.

Eine Etagenwohnung in einem der schönen *georgian terraces* – Wohnzimmer, Schlafzimmer, Miniküche, Bad – kostete in den letzten Jahren 365 £ pro Woche; verkauft wurde sie für 465 000 £. In Highgate/Hampstead kostet eine Wohnung 300 000 £, ein terraced house 602 000 £, ein alleinstehendes Haus 1,3 Mio. £. In Hackney ist eine Wohnung für 178 000 £, ein *terraced house* für 259 000 £ zu haben.

Nach Jahrzehnten des Booms fallen die Immobilienpreise allerdings derzeit; eine großzügige Studio-Wohnung in Pimlico, für 175 000 £ erworben, ist nun nur noch 120 000 £ wert. Für die Briten – Bridget und Darcy – heißt das: Sie können nicht umziehen, sondern müssen bleiben, wo sie sind.

Ingrid Nowel

Klassizistisch bis modern – Londons Architektur

Fangen wir beim Großen Brand von 1666 an, eines der bedeutsamsten Ereignisse der Londoner Stadtgeschichte: Zwei Drittel des mittelalterlichen London, die heutige City, mit seinen Tudor-Fachwerkbauten verglühte.

Um den Handel nicht zu gefährden, wurde auf dem alten Straßenraster schnell wieder aufgebaut. Der Bau der neuen St Paul's Cathedral markierte einen radikalen Stilwandel: Der geniale Christopher Wren baute klassizistisch mit üppiger Innengestaltung und einer riesigen, am Petersdom orientierten Zentralkuppel. Gleichzeitig war er für den Bau von 51 (!) City-Kirchen verantwortlich, die größtenteils noch heute zwischen den Hochhäusern stehen. An den vielfältig gestalteten Glockentürmen und Innenräumen seiner Kirchen lässt sich Wrens virtuose, ja einzigartige Beherrschung aller Stilmittel der neuen Zeit ablesen.

Palladio an der Themse

Noch vor ihm hatte der Baumeister Inigo Jones (1573–1652) – weit vor dem Geschmack seiner Zeit – den Klassizismus der italienischen Renaissance nach dem Vorbild Palladios in die nordische, gotisch geprägte Stadt an der Themse gebracht: In Whitehall, im alten Palastareal, nahm sich das Banqueting House (1619–21) wie ein kühler Fremdkörper aus; auch sein Queen's House in Greenwich (ab 1616) und die Kirche St Paul's Covent Garden (1631) wurden zum Vorbild: strenge geometrische Formen, säulengestützte Dreiecksgiebel, klassische antike Ornamente. Der ›Palladianismus‹ mit seinen nachfolgenden Varianten hat dann die englische Bau- und Geschmacksgeschichte, auch in Amerika und den Kolonien, bis weit ins 19. Jh. geprägt. Entlang The Strand entstand eine Kette an festlichen Adelspalästen und großen Verwaltungsbauten wie das heute komplett neu erschlossene, vierflügelige Somerset House.

Terrace, Circle, Square und Crescent

Neben zahllosen klassizistischen, lichten Kirchen und repräsentativen, stilbildenden Einzelbauten hat die Erschließung und Bebauung der *estates* für die Stadtentwicklung eine überragende Rolle gespielt: Vom späten 17. Jh. an, hauptsächlich aber im 18. und bis ins frühe 19. Jh. hinein hatten die großen Adelsfamilien, später auch andere Bauträger, ihren Landbesitz repräsentativ bebauen lassen. Generell umschlossen hochelegante klassizistische Häuserzeilen eine Platzanlage mit baumbestandenem Gar-

Neues Wahrzeichen Londons: die gläserne ›Gurke‹ von Sir Norman Foster

tenareal im Zentrum, oftmals auch mit einer Kirche an einer Stirnseite; oft auch mit halbmondförmigen Straßenbögen *(crescent)* oder kreisrunden Platzanlagen *(circle)*. Die Häuserreihen *(terraces)*, der Square, Circle und Crescent finden sich auch heute noch, von großartig und elegant bis kleinkariert und in endloser Reihung, in allen Städten Großbritanniens, in allen Vorstädten und Siedlungsanlagen.

Die Russell-Familie mit den Earls of Bedford waren die ersten – Covent Garden mit Piazza und Kirche von Inigo Jones machten im ersten Drittel des 17. Jh. den Anfang. Und schlendert man heute durch London, trifft man beispielsweise in Bloomsbury mit Russell, Woburn, Tavistock und Gordon Square auf strenge georgianische Bebauung: meist viergeschossige schmale Wohnhäuser, verputzt oder mit Zie-gelsteinfassade, symmetrisch gesetzten Schiebefensterpartien, dezentem Schmiedeeisen und Flachdach. In Knightsbridge, Mayfair, Belgravia dagegen mehr Pracht, Säulenordnungen und festlicher Glanz; Belgravia und Grosvenor Estates gehören noch heute dem Duke of Westminster. In Kensington, Notting Hill oder Paddington schließlich die gleichen Grundmuster in unterschiedlichen Varianten.

Die letzte, neoklassizistische Stadtbebauung in majestätischem Ausmaß und in gleißender, selbstgewisser Pracht war das Werk von John Nash für den Prinzregenten, den späteren George IV. (Regency). Er war der Letzte der Georges, die das 18. Jh. – das *georgian age* – bestimmten. Um 1820 entstand so der kreisrunde Regent's Park mit den umliegenden theatralisch-pompösen Bebauungen, mit den schneeweißen halbrunden Terraces von Park Crescent und Portland Place, dem Durchbruch der Upper und Lower Regent Street, über den Oxford Circus, bis hinunter zum St James's Palace und zur weiß leuchtenden Säulenzeile von Carlton House Terrace.

Nobel und teuer: eine der zahllosen Terraces in London

Viktorianisches Zeitalter

Das 19. Jh., während der Regierungszeit Queen Victorias, ist bestimmt durch die bahnbrechenden technischen Entwicklungen im Gefolge der industriellen Revolution: In London fegen breite Durchgangsschneisen wie Trafalgar Square, Charing Cross Road, Shaftesbury Avenue und Oxford Street Teile der schrecklichen Innenstadt-Slums hinweg. Auch die Regierungs-und Verwaltungspaläste in Whitehall nehmen Gestalt an, und in der City werden repräsentative Bauten wie die Bank of England bezogen.

Die Stadt wuchert und wächst: Waren es um 1800 rund 850 000 Einwohner, sind es um 1900 bereits 4,5 Mio. Das Elend im Osten und Süden Londons wird immer größer, die Innenstadt schöner und geordneter, im Norden von City und Westminster wachsen die viktorianischen Vorstädte zusammen.

Als Gegenreaktion auf die Strenge des Klassizismus gefiel sich der neue, viktorianische Stil als Rückgriff auf die Gotik: religiös, national und romantisch. Charles Barry schuf mit den neuen Houses of Parliament (ab 1840) das Vorbild, und so verbrämte die Neogotik mit üppigstem Zierrat auch die neuen Zweckbauten: den Bahnhof St Pancras von George Gilbert Scott, riesige Versicherungspaläste, Büro- und Verwaltungsbauten, Hotels, Museen, die ersten Kaufhäuser.

Mit der Great Exhibition von 1851, einer ersten Leistungsschau des Empires im bahnbrechenden Crystal Palace, einem riesigen gläsernen Gewächshausbau – dreimal so groß wie die St Paul's Cathedral –, trat die lichte Glas- und Gusseisen-Architektur ihren Siegeszug an. Eisen, Glas und Neogotik in allerlei Spielarten bildeten die geschmackliche Konstante bis ins 20. Jh. hinein. Grandiose Inszenierungen lieferten in Kensington die Royal Albert Hall, die gewaltigen Kathedralen vom Victoria & Albert Museum, dem Natural History Museum und dem Science Museum, die bis heute nichts von ihrem staunenswerten Pomp verloren haben.

Im Osten Londons sind ab 1802 die riesigen Hafenbecken, Docks und Werftanlagen der Handelskompagnien in Betrieb gegangen: Der größte Hafen der Welt verschlang über 20 km². Die mittelalterliche London

Herausragende Bauten vor dem Großen Brand 1666

Der Tower: die bedeutendste normannische Festungsanlage in Großbritannien, ab 1078 errichtet.
Westminster Hall: vom Sohn Wilhelm des Eroberers als Justiz- und Bankettsaal um 1100 errichtet (grandiose Stichbalkendecke); sie gehört zum Komplex der Houses of Parliament.
Temple Church: 1185 geweiht, mit kreisrundem Schiff und eckigem Altarraum; Übergang zwischen *norman* und *early English style* (romanisch-gotisch): herausragende Grabmale der Tempelritter.
St Bartholomew-the-Great: auf dem Gelände des gleichnamigen Hospitals; im 12. Jh. im *norman style* erbaut, mit Tudor-Gatehouse.
St James's Palace: Gatehouse im Tudor-Stil, frühes 16. Jh.
Westminster Abbey: 1065 Weihung der ersten Abteikirche durch Edward the Confessor; 1245–96 early English; ab 1376 Langhaus-Ostteil der Kirche; die Kapelle von Henry VII. (ab 1503) gilt als Höhepunkt der englischen Ausprägung der Spätgotik *(perpendicular style)*.

Bridge wird ersetzt; die Eisenbahnlinien mit ihren Trassen und Dutzenden von Bahnhöfen verändern das Stadtbild. Eine der größten Ingenieurleistungen schließlich waren die Embankments, die Uferbefestigungen der Themse mit ihren unterirdischen Zu- und Abwassersystemen; sie sind noch heute in Betrieb. Später folgten die ersten U-Bahnröhren und U-Bahnhöfe – auch sie werden alle noch genutzt.

Um die Wende zum 20. Jh. entsteht das technische Meisterwerk der Tower Bridge und an der Nahtstelle zwischen City und Westminster die gewaltigen Law Courts. Die komfortable Behaglichkeit der edwardischen Epoche beschert dem Millionenheer des Mittelstandes winzige Reihenhäuser mit vorspringendem Erker und handtuchgroßem Garten. Sie prägen das Stadtbild der neuen Vorstädte mit U-Bahn-Station und der lokalen High Street.

Gestern und heute

Nach dem Zweiten Weltkrieg, mit schweren Bombenschäden im Osten, Südosten und der City, sind Wiederaufbau und neuer Wohnraum am dringlichsten; aus den grauen Nachkriegsbauten ragt einzig das mehrteilige Kulturzentrum South Bank mit National Theatre, Konzertsälen und Hayward Gallery heraus. Der Beton-Brutalismus ist überwältigend; aber der Bau setzte ein Zeichen der Neubelebung wie auch die ersten Wohntürme im Barbican-Komplex am Nordrand der City. Erst in den 1980er-Jahren zieht die Zukunft in London ein: Das Ödland der Docklands verwandelt sich in eine futuristische Wasserstadt mit dem höchsten Wolkenkratzer Londons, die Ufer rund um London Bridge werden interessant saniert.

Der damals sensationelle High-Tech-Bau von Richard Rogers für Lloyd's of London im Straßendickicht der City markiert 1986 einen Wendepunkt: Von nun an wird gebaut, was das Zeug hält, hoch, gläsern und schön oder bizarr und scheußlich.

Die Jahrtausendwende brachte neue Schubkraft für Architektur-, Kultur- und Strukturprojekte: Mit der Tate Modern wurde die Südseite der Themse zu einem neuen Anziehungspunkt. Von der Westminster bis zur Tower Bridge ist das Flussufer freigelegt zum Promenieren, und über die Millennium Bridge können Fußgänger hinüber zu St Paul's schlendern. Das British Museum erhielt eine lichtdurchflutete Glaskuppel, und seit 2007 ist die geliebte hochviktorianische St Pancras Station komplett saniert und wird neu genutzt – eine Meisterleistung von Sir Norman Foster, der das schmuddelige Areal ringsum erneuert hat. King's Cross Central, wie das Gebiet heißt, ist seit 2011 u. a. Heimat der University of Arts London.

Vor den Olympischen Spielen 2012 glich die Stadt einer riesigen Baustelle. Wolkenkratzer entstanden in der City und am Themseufer, etwa der 309 m hohe »Shard«, und veränderten die Skyline. Die Tate Modern wurde nach hinten erweitert, Leicester Square und Piccadilly Circus erhielten einen Frühjahrsputz und weite Teile Ostlondons wurden komplett neu erschlossen. Der Olympiapark, der nun Queen Elizabeth Olympia Park heißt, dient für Veranstaltungen aller Art: Sportevents, Musikfestivals, Kinderprogramm oder mit seinen Grünanlagen und Wasserflächen einfach der Erholung. Herzstück ist der ArcelorMittal Orbit von Anish Kapoor und Cecil Balmond, Großbritanniens größtes öffentliches Kunstwerk.

Ingrid Nowel

Britart – etablierte Avantgarde

Mittlerweile sind sie nicht mehr jung, sitzen aber bombenfest im Sattel und sind immer noch umstritten: die Young British Artists, die YBA. Ihre spektakulären wie provokanten Aktionen und Objekte sind mit und durch die Medien groß geworden; ihre Schöpfer selbst boten von Beginn an hohen Unterhaltungswert und sind bis heute Dauergäste in den Promispalten der englischen Regenbogenpresse.

Im Sommer 1988 organisierte Damien Hirst, heute wichtigster Vertreter der ›neuen englischen Wilden‹, in einem leer stehenden Lagerhaus im East End die Ausstellung »Freeze«. Experimentierfreudige junge Künstler hatten sich in den traditionellen Arbeitergegenden wie Shoreditch, Hoxton und Whitechapel angesiedelt; dort waren die Mieten erschwinglich. Wie Damien Hirst studierten die meisten der 16 ausgestellten Künstler noch am Londoner Goldsmiths' College.

Die Schau hatte durchschlagenden Erfolg und legte den Grundstein für die Künstlerbewegung der Young British Artists. Sie bestimmten die britische

Eher humorvoll als schockierend sind viele Werke der Britart-Künstlerin Sarah Lucas

Mein Tipp

Die YBAs in Londoner Galerien
Wer nach einem Besuch der Saatchi Gallery im Stadtteil Chelsea noch weitere Werke der Britart-Künstler sehen möchte: Die **White Cube Gallery,** einst Schaubühne für die YBA, ist gleich zweimal in London vertreten und eine der wichtigsten Galerien für deren Nachwuchs sowie internationale Gegenwartskünstler (144–152 Bermondsey Street, Di–Sa 10–18, So 12–18 Uhr, sowie 25–26 Mason's Yard, Di–Sa 10–18 Uhr).
Folgende Galerien vertreten ebenfalls die Young British Artists:
Gagosian Gallery: 6–24 Britannia Street, Camden, www.gagosian.com, U: King's Cross St Pancras, Zweigstelle in der Davies Street , beide Di–Sa 10–18 Uhr
Sadie Coles: 69 South Audley Street, Mayfair, www.sadiecoles.com, U: Green Park, Di–Sa 11–18 Uhr
Waddington Galleries: 11 Cork Street, Mayfair, www.waddingtoncustot.com, U: Piccadilly Circus, Green Park, Mo–Fr 10–18, Sa 10–13.30 Uhr
Victoria Miro: 16 Wharf Road, Islington, www.victoria-miro.com, U: Angel, Old Street sowie 14 St George St., Mayfair, U: Oxford Circus, beide Di–Sa 10–18 Uhr

Kunstszene in den 1990er-Jahren und zogen derart viel Aufmerksamkeit auf sich, dass der Kunst-Konservativismus der Engländer zumindest aufgestört wurde. Alle großen Themen, Gewalt, Tod, Körperlichkeit und Sexualität, fanden in schriller Form – schockierend und nie gesehen – Ausdruck in Malerei, Skulptur und Videoinstallationen.

Made by Saatchi

Wie Popstars mit Starallüren wurden die jungen Künstler vermarktet. Dies war vor allem Charles Saatchi zuzuschreiben. Reich und berühmt war Saatchi mit seiner Werbe- und Imageagentur geworden, die im Wahlkampf die Konservative Margaret Thatcher unterstützte und ins Amt brachte. Unvergesslich der Slogan: »Labour doesn't work«. Als Sammler und Galerist, der Ausstellungen von Andy Warhol, Gerhard Richter, Sigmar Polke und Anselm Kiefer organisiert hatte, nahm er die jungen Provokateure unter seine Fittiche und katapultierte sie mit einem enormen Werbeapparat auf den Kunstmarkt.

Dekadent, ironisch und im höchsten Maße medienwirksam sammelte Saatchi jüngste Kunst und Künstler. Ganze Ausstellungen kaufte er auf, und vor allem seiner unermüdlichen Nachfrage nach Aufsehen erregenden Objekten verdankt die Britart ihren Erfolg; schlechter Geschmack und Vulgarität bildeten kein Hindernis – im Gegenteil.

Shocking

Dank der YBAs entwickelte sich London in der letzten Dekade des ausgehenden 20. Jh. zum Mittelpunkt internationaler Gegenwartskunst. Selbst die konservative Royal Academy of Art mochte sich dem Sog nicht entziehen und sorgte 1997 für Schlagzeilen mit der Ausstellung »Sensation«. Die Medien waren hingerissen, die

Besucher zutiefst verstört: von den Arbeiten der Brüder Jake und Dinos Chapman mit ihren lebensgroßen Menschenwesen aus Fiberglas, mit obzön versetzten Geschlechtsteilen; von den Fotos Richard Billinghams, der das Elend seiner verwahrlosten Eltern heroisch in Szene setzte.

Damien Hirst zeigte u. a. einen in Formaldehyd schwimmenden Tigerhai, der das Thema Tod illustrierte (»The Physical Impossibility of Death in the Mind of someone Living«), sowie ein weißes Lämmchen in Formaldehyd: »Away from the flock«. Für weitere Skandale und Medienhype sorgte seine Zusammenarbeit mit Starkoch Marc Pierre White, in dessen Restaurant die Gäste mit Hirsts in Formaldehyd eingelegtem Rinderschädel konfrontiert wurden.

Furore machte auch Sarah Lucas' ironisch gebrochene, unappetitliche Lottermatratze »Au Naturel«: Diese Arbeit wurde 1999 für den begehrten Turner-Preis nominiert. »Holy Virgin Mary« von Chris Ofili schockierte als eine schwarze Madonna aus Elefantenkot ebenso wie Tracey Emins Zelt und Matratze »Everyone I have ever slept with«.

Endgültig angekommen und etabliert waren die YBA, als Charles Saatchi nach der Jahrtausendwende mit seiner Galerie internationaler Gegenwartskunst in die pompöse Club-Atmosphäre der ungenutzten County Hall an der Westminster Bridge umzog und vollmundig den Wettbewerb mit der unweit entfernten Tate Modern ankündigte. Ein grandioser Standort, aber Saatchi und seine Künstler wurden vom Pech verfolgt: Das Hauptlagerhaus der Saatchi Collection brannte ab und Hunderte Kunstwerke fielen den Flammen zum Opfer; dann gab es ernste Auseinandersetzungen wegen der Pachtverträge, und Charles Saatchi wurde gerichtlich dazu verdonnert, die County Hall zu verlassen: Seit 2008 residiert seine Gallery nun in der King's Road in Chelsea (s. S. 206).

Auf den Sockel gehoben

Die öffentliche Wirkung der Young British Artists ist bis ins Zentrum Londons hinein zu spüren: Seit jeher sind nur drei der vier den Trafalgar Square markierenden Säulen rund um den Mittelpunkt Nelson mit Großstatuen der Helden Großbritanniens gekrönt. Seit einigen Jahren nun wird die vierte Säule, »the fourth plinth«, mit einem Werk der Gegenwartskunst gekrönt: Von 2005 bis 2007 stand dort die umstrittene Skulptur »Alison Lapper pregnant« von Marc Quinn: eine fast 4 m hohe Torso-Büste der nackten, im 8. Monat schwangeren, körperlich behinderten Künstlerin Alison Lapper. Eine Replika dieser Skulptur wurde 2012 für die Eröffnungszeremonie der Paralympics verwendet.

International gefeiert sind die Arbeiten von Rachel Whiteread. Sie stellt Abgüsse von leeren Räumen und alltäglichen Objekten her als Ausdruck des Verlustes; weithin bekannt wurde sie mit ihrem »House« (1993), dem Abguss eines Hauses, das zum Abriss freigegeben war – dafür erhielt sie den Turner-Preis.

Damien Hirsts »For the Love of God« (2007), ein mit mehr als 8000 lupenreinen Diamanten besetzter Platinumabguss eines Totenschädels, kam für 50 Mio. £ unter den Hammer – da hat der Künstler doch von seinem Sammler-Mäzen gelernt, wie man sich und seine Sache vermarktet. Auf der Biennale in Venedig 2015 wird Großbritannien von Sarah Lucas vertreten.

Ingrid Nowel

Die englische Metropole im Spiegel der Literatur

Literarisches London, Literatur in London oder London in der Literatur – eine unendliche Literaturgeschichte spinnt sich unaufhörlich weiter und bildet den Text der Stadt.

Flotte Pilger und pralles Theater

Die Premiere für Londons fiktionale Karriere bilden die Canterbury Tales von Geoffrey Chaucer (1387–1400). Die Pilgerscharen, die gemeinsam nach Canterbury aufbrachen, versammelten sich auf der Südseite der Themse, im Tabard Inn in Southwark: Handwerker, Ritter, Priester, Marktfrauen und Edelleute erzählen sich zum Zeitvertreib ihre Lebensgeschichten, derb, dreist, hochtrabend oder frömmelnd. Mit diesen ausgefeilten lebendigen Charakteren hat der Zollinspektor Chaucer den Grundstein der englischsprachigen Literatur gelegt. Sein Rang ist gleichbedeutend mit William Shakespeare (1564–1616), der sich ebenfalls auf der Südseite der Themse in die Stadtgeschichte eingeschrieben hat. Er war als junger Mann nach London gekommen und schrieb wie seine Zeitgenossen Christopher Marlowe oder Ben Jonson mit Lust und fiebriger Hast Stücke für die florierenden Theaterkompanien, so auch das Globe Theatre: die Inszenierungen im heutigen Globe, der originalgetreuen Replik, sind ein großes Erlebnis und sie lassen das Elisabethanische Theater wiederaufleben.

Im Dickicht der Großstadt

Eine amüsante, spannungsreiche und anrührende Lektüre sind die Geheimen Tagebücher von Samuel Pepys (1633–1703), gesprochen: Pieps. Der umtriebige Ehemann, der sich bis zu einer wichtigen Tätigkeit in der Admiralität hocharbeitete, hat in seinem Leben große Umbrüche und dramatische Geschehnisse miterlebt: die Pest von 1665, den Großen Brand von London 1666, die lockere, festliche Epoche der Restauration, beginnend mit der Krönung Charles II. 1661. Und da er neugierig, lebensfroh und detailfreudig Auskunft gibt über sein tägliches Leben, Klatsch und Tratsch liebt, sind seine in Geheimschrift verfassten Tagebücher, die erst 1825 entziffert wurden, ein Meilenstein in der Kultur- und Literaturgeschichte.

Wie Pepys sind Dr. Samuel Johnson (1709–84) und Charles Dickens die Autoren, die überall in London, in nahezu jedem Winkel, mit einem Zitat

David Copperfield und Uriah Heep gehören zu den berühmtesten literarischen Figuren Englands

oder Aphorismus gegenwärtig sind. Dr. Johnson, der große Aufklärer und *man of letters,* einer der Meinungsmacher seiner Zeit, schwebt über der Fleet Street, der traditionsreichen Straße der Zeitungsleute und Journalisten. In der Taverne Ye Old Cheshire Cheese trafen sich all jene, die für die Herausbildung einer bürgerlichen Öffentlichkeit verantwortlich waren. Zu ihnen gehörte auch Daniel Defoe (1660–1731), der mit seinem »Robinson Crusoe« oder der wüsten Lebensgeschichte der »Moll Flanders« der erste große Romancier der englischen Literatur wurde. In dem fiktiven, detailfreudigen ›Dokumentarbericht‹ »Die Pest zu London« erzählt er auch vom tragischen Jahr 1665.

Kein anderer Schriftsteller ist so eng mit London verbunden wie Charles Dickens (1812–70). Realitätsnah und mit beißender Kritik schildert er die Lebensumstände im viktorianischen Zeitalter, als London zum Mittelpunkt des Empires heranwuchs, ein Großteil der Bevölkerung jedoch in Elend und Armut lebte. Die Romane »Oliver Twist«, »Dombey & Sohn«, »Der Raritätenladen« und »Unser gemeinsamer Freund« sind am engsten mit London verbunden. Die düstere Seite der spätviktorianischen Epoche setzt auch William Somerset Maugham (1874–1965) in Szene, dessen erster Roman »Lisa von Lambeth« (1897) die Zustände in den Elendsvierteln Südlondons schildert. Maugham und Joseph Conrad mögen sich in den Clubs getroffen haben: Einer der wenigen Romane von Conrad, die nicht zur See und in der Inselwelt Südostasiens spielen, ist »Der Geheimagent« (1907), der den Leser nach Greenwich und Soho führt.

Noch eine Adresse im Londoner Straßendickicht, die Fiktion und Realität miteinander verknüpft: Der weltberühmte Detektiv Sherlock Holmes, dessen Erfinder Sir Arthur Conan Doyle (1859–1930) ist, lebte mit seinem Assistenten Watson in der Baker Street 221b. Wöchentlich erhielten sie rund 20 Briefe, in denen das fiktive Duo real um Hilfe gebeten wurde! Noch heute erinnern die Wohnräume an sie.

Die Bloomsbury Group

1925 erschien Virginia Woolfs »Mrs Dalloway«, ein Roman, der mit der Technik des Bewusstseinsstroms als Markstein der literarischen Moderne gilt. Mrs Dalloway schlendert an einem Wochentag von der Bond Street durch den Regent's Park nach Hause; die Glockenschläge von Big Ben dienen als Motiv der verrinnenden Zeit. Das wohlgenährte, geordnete London edwardischer Zeit bildet in mehreren Romanen und Erzählungen Virginia Woolfs (1882–1941) den ruhenden Pol. Sie und ihr Mann Leonhard bildeten den Mittelpunkt der Bloomsbury Group, eines Zirkels der intellektuellen *upper middle class:* Wissenschaftler, Literaten und Künstler gehörten ihr an. Sie alle wurden von ihren Zeitgenossen als Blaustrumpf-Bohème mit Unverständnis beäugt. Das Ehepaar Woolf zog schließlich ins ländliche Sussex; unweit entfernt lebte der komplizierte Familienclan von Virginias Schwester, der Malerin Vanessa Bell, und bis zu Virginias Freitod herrschte ein reger Austausch zwischen den beiden Künstler-Häusern und ihren Freunden.

Überleben, Weitermachen

Der Zweite Weltkrieg hat das Leben in der Metropole nachhaltig geprägt und lange Schatten geworfen: Einer der berühmtesten Romane vor dem

Hintergrund der deutschen Bombenangriffe ist der Roman »In der Hitze des Tages« von Elizabeth Bowen. Eine großangelegte Familiensaga, die ihre Personen während des Krieges nicht nur in London agieren lässt, sondern auch andere britische Kriegsschauplätze integriert, ist der Roman »Coming home« von Rosamunde Pilcher.

Das unmittelbare Nachkriegs-London mit Schuttwüsten, Rationierungen und kärglichem Auskommen, verquickt mit der politischen Stimmung der 1950er-Jahre, bildet den Kern des Romans »Die viertorige Stadt« (1969) der Nobelpreisträgerin Doris Lessing, die aus Rhodesien (heute Zimbabwe) ins ›Mutterland‹ kommend, darin ihre eigenen Erfahrungen verarbeitet. Eine schöne, kontrastreiche Ergänzung zum London-Bild der späten 1950er-Jahre ist Colin MacInnes »Absolute Beginners« (1959), ein Roman über die Träume eines Teenagers noch vor den Swinging Sixties. Die Handlung spielt in den Jazz Clubs von Soho, streift aber auch durch Notting Hill.

Immer wieder Neuanfänge

In den letzten Jahrzehnten kamen Hunderttausende Menschen aus dem Commonwealth, aus Kolonien und Exkolonien, um in Großbritannien eine neue Heimat zu finden. Es dauerte allerdings einige Zeit, bis die Einwanderer aus Indien, Pakistan, Bangladesch, aus der Karibik oder den afrikanischen Ländern literarisch aktiv wurden.

Der 1950 in Hongkong geborene Timothy Mo schildert in »Sour Sweet« (1982; 1988 verfilmt) die Erfahrungen einer chinesischen Familie, die sich in den 1960er-Jahren in Londons Chinatown ein neues Leben aufbaut. Sehr erfolgreich wurde Hanif Kureishi: 1954 als Sohn einer Engländerin und eines Pakistaners in London geboren, verarbeitet er die Erfahrungen als Heranwachsender zwischen zwei Kulturen. 1985 wurde er mit »Mein wunderbarer Waschsalon« (verfilmt von Stephen Frears) international bekannt. Auch »Der Buddha aus der Vorstadt« (1990) und »Das sag ich dir« (2008) lassen die Leser in das ›Doppelleben‹ junger Pakistaner in London eintauchen.

Praktisch über Nacht bekannt wurde die Halbjamaikanerin Zadie Smith mit ihrem ersten, kunstvoll erzählten Roman »Zähne zeigen« (2000). Ihr jüngster Roman, »NW« (2012), ist ein tragisch-komisches Porträt von vier Londonern mit viel Lokalkolorit aus dem Nordwesten Londons. Die aus Bangladesch stammende Monica Ali schildert in »Brick Lane« (2003; 2007 verfilmt) bissig und liebevoll das Leben von Immigrantenfamilien in London.

Ingrid Nowel

Das Leben zwischen zwei Kulturen beschreibt Bestseller-Autor Hanif Kureishi

Unkonventionell und trendy – Londons Fashionwelt

Die Fashionszene in London macht großen Spaß, ist cool und hip, traditionell und jung zugleich, und sie ist uns immer um mindestens ein Jahr voraus. Ein endloses Shopping-Vergnügen ...

Als das Model Kate Moss 2008 seine eigene Kollektion mit erschwinglicher, sehr junger Mode im Topshop in der Oxford Street (www.topshop.com) persönlich vorstellte, hatte schon Stunden vorher ein enormer Menschenauflauf die Straße blockiert: Jeder wollte die Fashion- und Stilikone sehen, Tausende 14- oder 34-Jährige ein von ihr entworfenes Sommerkleidchen oder ein Tanktop kaufen.

Fashion ist ein großes Thema in England. Die Boutiquen und Klamottenläden in jeder High Street quer durchs Land greifen die neuesten Trends sofort auf; in jeder Tageszeitung gibt es ausführliche Modestrecken, und generell stöckeln englische Mädchen und Frauen lustvoll, cool und sexy über das Straßenpflaster, wobei das geschmacklich auch gern mal schiefgehen darf. London, das meint immer auch Street Fashion, das, was auf der Straße getragen wird – unkonventionell zusammengestellt, witzig, selbstbewusst, neu: Die Fashion Scouts aus der ganzen Welt schauen hin, fotografieren und leiten ihre Funde an die Trendbüros weiter.

Von trendy zur Haute Couture

Zur Flower-Power-Zeit, lange her, hatte das legendäre Label Biba mit eigenem Kaufhaus die Trends bestimmt;

Mary Quant, Twiggy und andere haben Modewelt und Bewusstsein revolutioniert; die Mod's, Punker und Grufties, Retrochic und Vintage haben von London aus Furore gemacht. So hat Vivienne Westwood in ihrem ersten Laden in der Kings Road schockiert und provoziert – heute ist sie die immer noch unkonventionelle Grande Dame der Haute Couture.

Top-Labels und individuelle Designermode

Die britischen Klassiker wie Burberry, Pringle Scotland oder Barbour verjüngen sich auf spektakuläre Weise und werden zu trendigen Top-Labels. Auch aus der Riege der klassischen Herrenschneider der Saville Row gibt es immer wieder Persönlichkeiten, die ihre Pfauenräder schlagen und alles etwas anders machen. So etwa die ›modernen Klassiker‹ wie Paul Smith oder Ozwald Boateng. Und es gibt hunderte kleinere Boutiquen und Modestudios, die in den Seitenstraßen rund um Harrods in Knightsbridge, wie in Beauchamp Place, in Hampstead, in der King's Road, in Islington rund um den Camden Antique Market oder in Camden Lock individuell entworfene Mode von hochpreisig bis zum Schnäppchen präsentieren.

Kaderschmiede St Martin's College

Alexander McQueen (gest. 2010), John Galliano, Hussein Chalayan oder Stella McCartney gehören zu den großen internationalen Namen. Sie alle haben am St Martin's College of Art and Design in Central London Modedesign studiert – St Martin's ist das *hotbed* junger Kreativer. Die Absolventen sind aber generell auch in Business Administration, Vertrieb und Vermarktung fit und finden meistens sehr schnell ihren Platz im Arbeitsmarkt.

Höhepunkt der Fashion-Szene ist die zweimal im Jahr stattfindende London Fashion Week (www.londonfashionweek.co.uk). Neben den Schauen der bekannten Namen sind auch immer Neustarter dabei. Die Fashion Week zählt zu den großen Ereignissen im Londoner Eventkalender. Aber auch die Abschlussshows der Art Colleges sind heiße Tipps und werden sehr gut besucht. Und so manche Studentin und mancher Student haben nach einer Show umgehend ihr Glück in der Modewelt machen können.

Ingrid Nowel

Mein Tipp

Gutes Modedesign ist Kunst!
Eine tolle Mode- und Designabteilung besitzt das **Victoria & Albert Museum** (s. S. 220). Oft gibt es auch große, modebezogene Wechselausstellungen; z. B. zu den Bühnenoutfits von Kylie Minogue oder zu Filmkostümen. Schon von außen verweist die Farbenpracht des Gebäudes auf das **Fashion and Textile Museum** am Südufer der Themse (s. S. 271): Hier hat die Fashion Queen Zandra Rhodes ihren Traum vom Modemuseum verwirklicht; gezeigt wird hauptsächlich die britische Fashion-Szene der letzten fünfzig Jahre. Prachtvoll, bunt und glitzernd.

Chic und überwältigend vielseitig – ›Eating out‹ in London

Nicht zu glauben, aber wahr: Londons Küche ist im letzten Jahrzehnt aufregend gut geworden. In der brodelnden Metropole gibt es inzwischen mehr Michelin-besternte Restaurants als in Paris, und ein würziger multikultureller Mix hat auch die alltäglichen Essgewohnheiten revolutioniert.

›Eating out‹ ist quer durch die Gesellschaft ein Vergnügen geworden, sei es als *Get-together* in glamourösen Riesen-Restaurants, sei es als familiärer Wochenendgenuss oder als schnelle Speisung zur Mittagszeit. Inder oder Pakistaner waren immer schon so allgegenwärtig wie bei uns die Italiener und Türken; nun sind die asiatischen Küchen aus Japan, China, Thailand und die der Karibik frisch durchgestylt und qualitätvoll hinzugekommen.

Sterneköche und Medienstars

Die Superköche mit ihren Gourmettempeln, aber auch bodenständigere Vertreter der experimentierfreudigen Kochkunst sind zu Medienstars avanciert wie der sensationell erfolgreiche Jamie Oliver; Kochsendungen im Fernsehen gibt es zuhauf, und die Bildbände ›fashionabler‹ Gastronomen oder Köche sind nicht mehr zu zählen.

Trendige Chefs schnipseln und würzen, garen und wokken an einer kreativen Crossover-Küche, die Asien, Orient und Europa in einem Topf vereint. Auch die heimische Küche ist neugeboren: Mit den besten regionalen Produkten werden neue Geschmackserlebnisse präsentiert. Einer der Vorreiter war der Style-Guru und Gastro-Entrepreneur Terence Conran, der mit mehreren Restaurants und Gourmet-Markets Geschmack und Stil mitgeprägt hat. So bietet er z. B. im Michelin House (s. S. 210) unter einem Dach eine Austernbar, ein französisch inspiriertes Bistro, ein feines Restaurant sowie einen Lebensmittelmarkt und Küchenshop an; in der City lässt sich im noblen Coq d'Argent das hektische Treiben ringsum vom spektakulären Zen-Dachgarten aus betrachten. Und sein Mezzo in Soho hat den Trend zu großen, glamourösen Speisesälen mit offenen Küchentresen angekickt.

Sternekoch Gordon Ramsay, bekannt u. a. durch seine Reality-TV-Show »Hell's Kitchen«, besitzt mehrere Restaurants, die zu den ›top-tables‹ in London gehören. Jamie Olivers Restaurant Fifteen ist über Wochen vorab ausgebucht; der Name bezieht sich auf 15 Ausbildungsplätze, mit denen der Medienliebling bislang arbeitslosen Jugendlichen eine Ausbildung zum Koch anbietet.

Frisch und qualitätvoll

Diese Lust, qualitätvoll zu kochen, hat auch die traditionelle britische Küche verjüngt und veredelt. So ist etwa die lange vernachlässigte Tradition der guten und vielfältigen Fischküche wieder auferstanden: Die Restaurants Fish! (www.fishkitchen.com), Livebait und Loch Fyne (www.lochfyne.com) haben einen enormen Zulauf. Und nicht nur das: Schlaffe Sandwiches und grauer Kaffee an Londons Straßenecken sind überwiegend verdrängt worden von Coffee-Bars und den Prêt-a-Manger-Filialen für gute Sandwiches – mit Kalorienangabe in stündlich frisch gefertigter Riesenauswahl. Bistro-Bars, die vom Frühstück bis zum Absacker geöffnet haben und ordentlich, oft französisch inspiriert, kochen, sind inzwischen in allen Stadtteilen zu Hause, und in den Shoppingmeilen bieten Kaufhäuser und viele größere Läden wohldurchdachte Snacks und ›Bar Food‹. Die Stadtmagazine Londons mussten sogar eine Nostalgie-Sparte einführen für die alten Lokale mit Fernfahrerportionen ihrer Varianten von Bacon & Egg & Baked Beans – sie sind in Inner London fast alle verschwunden und werden schon als Geheimtipps gehandelt.

Allerdings ist Jamie Olivers Projekt »Brokkoli statt Burger«, mit dem er das Fast-Food-Essen in den Schulen verbessern wollte, am Einspruch besorgter Mütter gescheitert – deren Kinder hatten sich dem neuen gesunden Essen schlicht verweigert. Da braucht es wohl noch mehrere Anläufe, bis auch die Generation der Kids von der Lust der *foodies* angesteckt wird.

Ingrid Nowel

Unterwegs in London

Eine bequeme Art, die Stadt zu erkunden: mit den berühmten Black Cabs durch London

SHOP
BARGAIN
Soho's
BOOKS
3 FOR 2
SOUND

Das Beste auf einen Blick

Westminster, St James's und Mayfair

Highlights!

Trafalgar Square: Hier schlägt das Herz der Weltstadt. 1 S. 114

National Gallery: Sie ist eine der größten und besten Bildergalerien weltweit. 2 S. 116

Houses of Parliament: Das stattliche Parlamentsgebäude mit dem Wahrzeichen Big Ben stammt aus viktorianischer Zeit. 10 S. 119

Westminster Abbey: Großbritanniens größter Sakralbau ist seit 1066 Krönungsort der Monarchen. 11 S. 122

Buckingham Palace: Einige Staatsgemächer der Königsresidenz können im Sommer besichtigt werden. 24 S. 134

Auf Entdeckungstour

In die Tate Britain zu den Werken William Turners: Wer sich für die Gemälde und Aquarelle dieses so außergewöhnlichen Landschaftsmalers interessiert, ist in der Tate Britain an der richtigen Stelle. Mit seiner umfangreichen Sammlung sowie interessanten Sonderausstellungen bietet das Museum einen hervorragenden Einblick in die Entwicklung und Vielseitigkeit dieses berühmten Künstlers. 14 S. 126

Kultur & Sehenswertes

Tate Britain: Für Liebhaber britischer Malerei die perfekte Adresse. 14 S. 126

Changing of the Guards: Der ›Schichtwechsel‹ der Wachsoldaten in ihren roten Uniformen und puscheligen Bärenfellmützen ist ein beliebtes Fotomotiv. 24 S. 134

Royal Academy of Arts: Hier finden das ganze Jahr über ausgezeichnete Wechselausstellungen statt. 32 S. 137

Handel House Museum: In diesem Haus schuf der barocke Komponist die meisten seiner Werke. 34 S. 138

Aktiv unterwegs

Ausblick erleben: Die Tower Viewing Gallery der Westminster Cathedral bietet in über 60 m Höhe einen tollen Blick über die Dächer von Westminster. Zum Glück gibt es einen Fahrstuhl. S. 129

Genießen & Atmosphäre

St James's Park: In diesem für viele schönsten Park Londons lässt es sich herrlich von den Strapazen eines Besichtigungstages erholen. Im hübsch gelegenen **Inn the Park** kann man nett frühstücken. 3 S. 130

Fortnum & Mason: Das elegante, alteingesessene Warenhaus bietet im Erdgeschoss eine feine Delikatessenabteilung sowie einen schönen Tea Room. 2 S. 139

Abends & Nachts

St Martin-in-the-Fields: Mehrfach in der Woche finden in dieser hübschen Kirche am Trafalgar Square Abendkonzerte statt. 4 S. 117

Ye Grapes: Genießen Sie Ihr Bier in diesem überaus beliebten viktorianischen Pub – bei schönem Wetter auch draußen. 1 S. 139

Westminster, das Zentrum geistlicher und weltlicher Macht, ist seit dem 11. Jh. mit Königshaus und Kirche sowie seit dem 14. Jh. auch mit dem englischen Parlament verbunden: In Downing Street Nr. 10 liegt die Residenz des britischen Premierministers, in Buckingham Palace die Londoner Residenz der Queen. Der Palast wie auch das weltberühmte Parlamentsgebäude mit Big Ben und die Westminster Abbey sind heute wahre Besuchermagneten. Theoretisch umfasst der Stadtbezirk Westminster große Teile des Westend (und so auch die Viertel St James's und Mayfair), im alltäglichen Sprachgebrauch bezeichnet der Name Westminster allerdings nur das Gebiet rund um Parliament Square.

Der Stadtteil **St James's** erstreckt sich zwischen Piccadilly, Haymarket, Mall und Green Park, **Mayfair** umfasst das Gebiet zwischen Oxford Street, Regent Street, Piccadilly und Park Lane. Von allen Londoner Stadtvierteln haben diese beiden die wenigsten sozialen Veränderungen erfahren. St James's und Mayfair sind exklusivste Wohngegenden mit der stadtweit höchsten Dichte an Millionären, den besten Hotels und den schicksten Einkaufsstraßen.

Infobox

Reisekarte: ▶ L–O 8–12

Ausgangspunkt

Ausgangspunkt ist Trafalgar Square, der mit Bus und Tube sehr gut zu erreichen ist; die nächstgelegene U-Bahn-Stationen sind Charing Cross, Embankment und Leicester Square. Von hier aus lassen sich die Sehenswürdigkeiten der Umgebung in zwei Routen besichtigen: Der erste Tourenvorschlag durch **Westminster** verläuft über Whitehall und Parliament Street nach Süden bis Westminster Cathedral (s. Karte S. 116). Die zweite Tour führt über The Mall nach Westen durch **St James's Park** und **Green Park** bis **Mayfair** (s. Karte S. 130).

Erholung vom Sightseeing?

Die wunderschönen Grünanlagen Green Park und St James's Park (inklusive nettem Café) laden abseits von Touristentrubel und Autolärm zur entspannenden Erholungspause ein.

Westminster

Rund um Trafalgar Square

Trafalgar Square ! 1

Trafalgar Square, an der Nordseite verkehrsberuhigt, ist einer der schönsten Plätze ganz Londons und ein wichtiger Treffpunkt für Besucher und Einheimische. Hier finden Kundgebungen, Demonstrationen, Konzerte, Live-Übertragungen von Sportereignissen statt sowie die Feiern zum Jahreswechsel. In der Mitte erhebt sich die 42 m hohe **Nelson's Column,** bekrönt von einer Statue in dreifacher Lebensgröße von Lord Nelson. Sie erinnert an den Sieg des Admirals über Napoleon am Cape Trafalgar in Spanien (1805), bei der Nelson ums Leben kam. An den Ecken des Platzes stehen vier Podeste, drei von ihnen schmücken Statuen von George IV., Admiral Napier und General Havelock. Für eine Skulptur auf dem sog. ›Fourth Plinth‹ in der nord-

Für viele der Platz schlechthin: Trafalgar Square im Herzen der Stadt

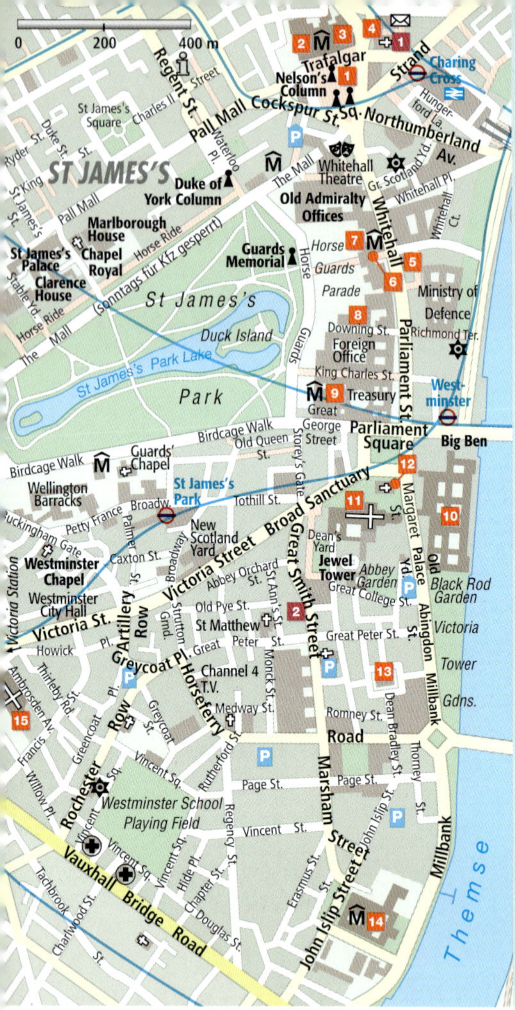

Westminster

Sehenswert

1 Trafalgar Square
2 National Gallery
3 National Portrait Gallery
4 St Martin-in-the-Fields
5 Banqueting House
6 Horse Guards
7 Household Cavalry Museum
8 Downing Street Nr. 10
9 Churchill Museum und Cabinet War Rooms
10 Houses of Parliament
11 Westminster Abbey
12 St Margaret's Church
13 St John's Smith Square
14 Tate Britain
15 Westminster Cathedral
16 – 35 s. Karte S. 130

Essen & Trinken

1 Café in the Crypt
2 The Cinnamon Club
3 – 5 s. Karte S. 130

westlichen Ecke konnte zunächst kein Geld und später keine Einigung erzielt werden, welcher Monarch oder militärische Held an dieser Stelle geehrt werden solle. So stand das vierte Podest jahrzehntelang leer. Seit 1999 wird dort jeweils für rund zwei Jahre ein zeitgenössisches Kunstwerk gezeigt.

Trafalgar Square ist von bedeutenden Gebäuden umgeben: der National Gallery und National Portrait Gallery im Norden, St Martin-in-the Fields im Nordosten und dem South Africa House (1933) im Osten.

National Gallery ! 2

www.nationalgallery.org.uk, tgl. 10–18, Fr 10–21 Uhr, kostenlose 60-min. Führungen tgl. 11.30 und 14.30 sowie Fr 19, Sa u. So 16 Uhr,

Audio-Touren per Kopfhörer (4 £), Eintritt frei
Die National Gallery, 1824 mit einem Bestand von 38 Bildern gegründet, zog 1838 in das derzeitige Gebäude. Heute ist sie mit über 2000 Gemälden europäischer Meister vom 13. bis späten 19. Jh. eine der größten und besten Bildergalerien weltweit mit rund 4,6 Mio. Besuchern pro Jahr.

Im modernen **Sainsbury Wing** (ein Entwurf des Architekten Robert Venturi) finden im Erdgeschoss Wechselausstellungen statt. **Art Start,** ein ausgezeichnetes interaktives Multimedia-System, ebenfalls im Sainsbury Wing, bietet per Mausklick ausführliche Informationen zu jedem ausgestellten Bild in der National Gallery.

Die Sammlung ist in vier Abteilungen in chronologischer Abfolge angeordnet: **1260–1510: Giotto to Leonardo** (Fra Angelico, Mantegna, Botticelli, Bellini, Memling, van Eyck, Raphael, Perugino, Leonardo da Vinci, Albrecht Dürer); **1510–1600: Raphael to Veronese** (Michelangelo, Raphael, Bronzino, Tintoretto, Tizian, El Greco, Lorenzo Lotto, Holbein); **1600–1700:** Vermeer, Poussin, Rubens, Rembrandt, Caravaggio, Velázquez, Murillo, van Dyck; **1700–1900:** Boucher, Chardin, Watteau, David, Canaletto, Tiepolo, Friedrich, Kobke, Goya, Corot sowie die Engländer Reynolds, Gainsborough, Hogarth, Constable, Stubbs, weiterhin die beliebten Impressionisten und Post-Impressionisten, einschließlich Monets Wasserlilien und van Goghs Sonnenblumen.

National Portrait Gallery 3

2 St Martin's Place, www.npg.org.uk, Sa–Mi 10–18, Do, Fr 10–21 Uhr, Eintritt frei
In der National Portrait Gallery, 1856 gegründet, sind rund 9000 Porträts, Fotografien, Skulpturen und Zeichnungen berühmter Briten zu sehen: Könige und Königinnen (z. B. eine Darstellung von Elizabeth II. von Andy Warhol), Künstler, Literaten, Wissenschaftler, Musiker und Sportler. Ein Publikumshit ist die Video-Installation des schlafenden David Beckham. Die Ausstellung erstreckt sich über fünf Stockwerke – chronologisch geordnet vom Mittelalter bis heute. Vom **Portrait Restaurant** (Tel. 020 73 12 24 90) hat man einen schönen Blick bis hinüber zum London Eye.

St Martin-in-the-Fields 4

Trafalgar Square, www.smitf.org, Brass Rubbing (ab 4,50 £) Mo–Mi 10–18, Do–Sa 10–20, So 11.30–17 Uhr, Café Mo–Di 8–20, Mi 8–22.30, Do–Sa 8–21, So 11–18 Uhr, Kirche tgl. 8–18 Uhr, regelmäßig Abendkonzerte 19.30 oder 20 Uhr, freie Mittagskonzerte Mo, Di, Fr 13 Uhr, Jazznight im Café Mi 20 Uhr (Mi nach 18.30 Uhr nur mit Eintrittskarte)
St Martin-in-the-Fields wurde nach Plänen von James Gibbs erbaut (1722–24) und zeigt eine Mischung aus barocken und klassizistischen Elementen. 2007/2008 umfassend restauriert, erstrahlt die Kirche in hellem Glanz, insbesondere durch das große Altarfenster. Bereits seit dem 13. Jh. existiert hier, auf dem ›Feld‹ zwischen Westminster und der City, ein Gotteshaus. Seit fast hundert Jahren kümmert sich St Martin-in-the-Field mit Suppenküche und Sozialstation um die unzähligen Obdachlosen im Westend. Die Kirche ist auch für erstklassige Konzerte berühmt.

In der **Krypta** gibt es ein Café-Restaurant, wo man unkompliziert einkehren kann – auch Jazz-Konzerte finden hier statt –, sowie das Brass Rubbing Centre, wo man mit Farbstiften alte Grabplatten aus Messing abpausen kann.

Whitehall und Parliament Street

Whitehall und ihre Verlängerung Parliament Street verbinden die beiden Plätze Trafalgar Square und Parliament Square. Entlang der breit angelegten Straße **Whitehall** liegen heute zahlreiche Ministerien, Statuen und Denkmäler. Die stattlichen Gebäude stammen überwiegend aus der repräsentationsfreudigen viktorianischen Zeit.

Banqueting House 5

Tel. 020 31 66 61 54, www.hrp.org.uk, tgl. 10–17 Uhr (letzter Einlass 16.15 Uhr), oft kurzfristig geschlossen, daher sicherheitshalber vorab erfragen, ob geöffnet, Eintritt 6,60 £

Banqueting House ist der einzige erhaltene Teil des ursprünglichen **Whitehall Palace,** die königliche Residenz bis 1698, und wurde zwischen 1619 und 1622 an der Stelle eines Vorgängerbaus errichtet. Die Pläne für das Bankettgebäude lieferte Inigo Jones, ein großer Kenner der italienischen Architektur und Liebhaber der Bauwerke Andrea Palladios. Die 34 m lange und 17 m breite Halle im ersten Stock kann besichtigt werden. Beeindruckend ist das gut restaurierte allegorische Deckengemälde von Peter Paul Rubens.

1649 köpfte man auf Anordnung von Oliver Cromwell vor dem Gebäude Charles I. – er war des Hochverrats angeklagt. Alljährlich Ende Januar versammeln sich 300 Vertreter des royalistischen Flügels der Civil War Society (King's Army) vor dem Gebäude, um des Hingerichteten zu gedenken. Im Anschluss findet ein Gottesdienst in der Banqueting Hall statt.

Horse Guards 6

Wachablösung Mo–Sa 11, So 10 Uhr

Gegenüber vom Banqueting House liegen die Horse Guards (1758). Die drei Torbögen des imposanten Bauwerks bilden den offiziellen Eingang zum St James's und Buckingham Palace. Zwei berittene Guards in traditioneller Uniform bewachen den Eingang. Jeweils um 11 Uhr (So 10 Uhr) treffen zwölf Reiter aus ihrem Quartier im Hyde Park ein und ›zelebrieren‹ die Wachablösung. Auf dem Paradeplatz **Horse Garde Parade** hinter dem Gebäude wird alljährlich im Juni mit einer Militärparade *(Trooping the Colour)* der Geburtstag der Königin gefeiert.

Household Cavalry Museum 7

www.householdcavalrymuseum.co.uk, tgl. 10–18, Nov.-März bis 17 Uhr, Eintritt 7 £

Im Gegensatz zu anderen Militärmuseen bietet das Household Cavalry Museum einen Blick hinter die Kulissen und erläutert so anschaulich die Arbeit des 1661 gegründeten Regiments, das einerseits als Leibgarde für die Königin, andererseits im Einsatz in Krisengebieten tätig ist. Eine Plexiglasscheibe trennt die Besucher von den Pferdeställen, sodass man die schönen Tiere aus der Nähe betrachten kann.

Downing Street Nr. 10 8

Die eher unscheinbar wirkende und doch so berühmte Straße wurde 1989 durch ein großes Tor für die Öffentlichkeit geschlossen. Downing Street Nr. 10 ist seit 1732 die Residenz des jeweiligen britischen Premierministers. Die schmale schwarze Eingangstür lässt nicht vermuten, dass sich dahinter repräsentative Staatsräume, Büros und Privatwohnungen befinden.

Der schlichte **Cenotaph** mitten auf Whitehall zwischen Downing Street und King Charles Street erinnert an die Gefallenen der beiden Weltkriege. Alljährlich am 11. November legen hier

Vertreter des Königshauses, Politiker und Kriegsveteranen Kränze nieder. Nördlich des Cenotaph erinnert ein erst 2005 enthülltes Denkmal an den Einsatz der Frauen im Zweiten Weltkrieg.

Churchill Museum und Cabinet War Rooms 9

www.iwm.org.uk, tgl. außer 24.–26. Dez. 9.30–18 Uhr, Audioguides auch in deutscher Sprache, Eintritt 18 £

Am Ende der King Charles Street (auch von der Horse Guards Road erreichbar) lohnt ein Besuch im Churchill Museum und den Cabinet War Rooms. Das 2005 anlässlich des 40. Todestages Sir Winston Churchills eröffnete Museum dokumentiert das Leben und Schaffen des Premierministers, der während des Zweiten Weltkriegs die britische Bevölkerung zum Durchhalten ermutigt hat. In den mit dicken Betonwänden verstärkten Kellergewölben tagte zwischen 1939 und 1945 zunächst Neville Chamberlains, dann Churchills Kriegskabinett. Zu sehen sind u. a. der Kabinettraum, der transatlantische Telefonraum, der einst eine Direktverbindung zu Roosevelt bot, der Kartenraum mit riesigen Weltkarten und die Räume der Kabinettsmitglieder.

Parliament Square

Am verkehrsreichen Parliament Square, 1868 angelegt, befinden sich viele Denkmäler bedeutender Persönlichkeiten, z. B. die eindrucksvolle Plastik Sir Winston Churchills (1973, Ivor Roberts-Jones) sowie die Statuen Benjamin Disraelis und Abraham Lincolns.

Houses of Parliament ! 10

Tel. 020 72 19 41 14, www.parliament.uk, Führungen (90 Min.) alle 15 Min. Sa 9.15–16.30 (Ausnahmen möglich), zu bestimmten Zeiten, insbes. Schulferien, auch wochtentags, mehrfach tgl. auch auf Deutsch, 25 £, mit Tee in

Horse Guards vor dem Buckingham Palace

den eleganten Pugin Rooms 27,50 £, Audio-Touren (75 Min.) 18 £
Die Houses of Parliament gehören zu den am häufigsten fotografierten Bauwerken der Welt, die beste Ansicht auf das elegante Parlamentsgebäude – offiziell **Palace of Westminster** genannt – hat man von der südlichen Flussseite oder von der Lambeth Bridge aus.

Ein erster Palace of Westminster entstand zwischen 1042 und 1066 für Edward the Confessor. Der Normanne William the Conqueror machte den Palast zu seinem Zuhause, und fortan wohnten sämtliche Monarchen hier, bis Henry VIII. den Hof nach Whitehall verlegte. Williams Sohn fügte die Westminster Hall an, heute neben dem Jewel Tower der einzige erhaltene Teil des mittelalterlichen königlichen Palastes. Alle anderen Gebäudeteile wurden 1834 in einer Feuersbrunst zerstört. Für den Wiederaufbau (ab 1840) waren Sir Charles Barry und Augustin Welby Pugin verantwortlich. Es entstand ein eindrucksvolles helles Sandsteingebäude im neogotischen Stil mit vielen Türmchen und feinen Verzierungen. Das Parlamentsgebäude hat 1100 Räume, verbunden durch 3 km Gänge, 100 Treppen und elf Höfe, acht Bars und sechs Restaurants.

Big Ben

Bekanntestes Kennzeichen ist der Uhrenturm, Big Ben genannt, obwohl

Besonders eindrucksvoll präsentieren sich die Parliament Houses vom anderen Flussufer

damit eigentlich nur die über 13 t wiegende Glocke ›Ben‹ gemeint ist. Seit 1859 wird jeweils die volle Stunde von Big Ben geschlagen, und noch immer wird die Uhr von Hand aufgezogen. Alle fünf Jahre werden die großen Zeiger und das Zifferblatt, das während der Nacht beleuchtet ist, gewaschen.

House of Commons

Die Parlamentsgebäude unterteilen sich in das *House of Lords* (Oberhaus) und das *House of Commons* (Unterhaus), und Besucher können die Debatten beider Häuser entweder im Fernsehen oder von der **Visitor's Gallery** aus verfolgen. Im House of Commons treffen sich die Abgeordneten (MPs), um neue Gesetze vorzuschlagen und zu diskutieren. Die Regierung und die Opposition sitzen sich wie Chorknaben in einem Chorgestühl gegenüber. Auch wenn man sich nicht unbedingt für Politik interessiert, macht ein Besuch Spaß, denn trotz aller antiquierter Rituale geht es bei den Parlamentssitzungen oft wie im Bienenkorb zu. Minister kommen und gehen, und obligatorisch werden die Äußerungen der Gegenpartei mit abfälligen ›yeah-yeah‹-Rufen kommentiert. Am spannendsten ist jeden Mittwoch die Prime Minister Question Time.

House of Lords

Auch die Sitzungen des House of Lords können von einer Besuchergalerie aus verfolgt werden, allerdings sind die Debatten meist uninteressant, und oft sind nur wenige Lords anwesend. Lediglich die Tatsache, dass der Präsident – an Traditionen lässt sich eben nicht rütteln – auf einem roten Wollsack sitzt, mag erheitern. Das House of Lords ist für progressivere Politiker, die dessen Form und Funktion für überaltert halten, ein Stein des Anstoßes.

Westminster Hall

Hat man genug Politik geschnuppert, kommt man beim Verlassen des Gebäudes durch die eindrucksvolle Westminster Hall. Sie wurde im späten 11. Jh. errichtet und ist heute der älteste erhaltene Teil des Palace of Westminster. Am Ende des 14. Jh. wurde die wunderbare Eichendecke eingezogen, die als eine der schönsten und größten Holzdecken in Europa gilt. Westminster Hall wurde bis ins 19. Jh. als Gerichtssaal genutzt.

Victoria Tower Gardens

Hinter den Houses of Parliament schließen sich die Victoria Tower Gar-

In den Houses of Parliament Debatten live mitverfolgen

Für die Question Time des Prime Minister und andere Debatten muss man sich (am besten eine Stunde vor Beginn) am Cromwell Green Gate anstellen. Achtung: Die Karten für die Prime Minister Question Time sind sehr knapp! Taschen und Fotoapparate werden vor Einlass gründlich geprüft. Über Weihnachten, Ostern, Pfingsten und Ende Juli bis Mitte Oktober macht das Parlament Pause, am besten erkundigen Sie sich vorher telefonisch, ob und welche Sitzungen stattfinden. Informationen findet man auch in den Tageszeitungen unter »Today in Parliament« (www.parliament.uk).

dens an. Hier steht eine Bronze-Replik von Rodins berühmter Skulptur **»Die Bürger von Calais«.** Eine andere Skulptur erinnert an Emmeline Pankhurst, eine Vorreiterin im Kampf um das Wahlrecht von Frauen (Suffragetten); 1928 wurde den englischen Frauen das Wahlrecht zugestanden.

Westminster Abbey ! 11

www.westminster-abbey.org, i.d.R. Mo–Fr 9.30–16.30 Uhr, im Sommer länger (letzter Einlass 1 Std. vorher), regelmäßig 90-min. Führungen (5 £), Audi-Tours frei, Abendandacht mit Chorgesang Mo–Fr 17, Sa/So 15 (im Sommer Sa 17 Uhr), Eintritt 18 £

Westminster Abbey, eine der meistbesuchten Kirchen der Welt, ist Großbritanniens größter Sakralbau. Sie ist keine Kathedrale, sondern gehört und untersteht als ›Royal Peculiar‹ direkt dem Königshaus. Sie ist nicht nur Gotteshaus der anglikanischen Kirche, sondern auch Krönungsort der Monarchen. 1066 wurde hier William the Conqueror gekrönt und seither mit zwei Ausnahmen jeder weitere Monarch, zuletzt im Jahr 1953 Elizabeth II. Daneben dient Westminster Abbey als Grablege der Monarchen und anderer berühmter Briten. Im Inneren befinden sich Hunderte Monumente, Gedenktafeln und Inschriften für Staatsmänner, Wissenschaftler, Musiker und Dichter.

Baugeschichte

Vermutlich bereits im 7. Jh., auf jeden Fall um das Jahr 960, bestand an dieser Stelle eine Mönchsgemeinschaft, die den Regeln des hl. Benedikt folgte. 1065 ließ Edward the Confessor eine große Kirche erbauen, nur wenige Tage nach der Weihe starb der Herrscher und wurde beim Hochaltar bestattet.

Zwischen 1220 und 1272 wurde die Abtei unter Henry III. erneuert. Von der ursprünglichen Kirche blieb nur die Chamber of the Pyx erhalten. Obwohl sie im Grundriss auf englische Traditionen zurückgeht (langes Hauptschiff, Seitenschiffe, weite Querschiffe), erinnern andere Merkmale, wie die Apsis mit Kapellen, Strebebögen an den Außenseiten und runde Rosettenfenster in den Querschiffen, an die französische Kathedralgotik. Schiff und Chor gelten als bestes Beispiel früher englischer Gotik (ca. 1180–1280).

Nach dem Tod von Henry III. gingen die Bauarbeiten für ein neues Hauptschiff 1376 weiter, doch erst im Jahre 1517 waren die Innengewölbe und das neue Hauptschiff fertig. Über die nächsten Jahrhunderte schlossen sich weitere Veränderungen und Erweiterungen an. Henry VII. ließ eine großartige Kapelle erbauen (Bauzeit 1503–12), die Westtürme wurden 1745 von Nicholas Hawksmoor in Anlehnung an die originalen Pläne von Christopher Wren fertiggestellt.

Rundgang

Der Haupteingang für Besucher liegt heute im nördlichen Querschiff. Bereits hier empfängt den Besucher eine überwältigende Fülle an Grabdenkmälern von Staatsmännern des 19. und 20. Jh. Beachtenswert ist über dem Nordportal die von Sir James Thornhill entworfene Fensterrosette aus dem 18. Jh. Dargestellt sind elf Apostel, Judas Ischariot fehlt.

Bei einem festgelegten Rundgang geht es am nördlichen Umgang entlang ein paar Stufen hoch zur **Kapelle Henry VII.** (auch Marienkapelle genannt), dem östlichsten Teil der Abbey. Die Kapelle, zu der Seitenschiffe und eine Apsis gehören, wurde zwischen 1503 und 1519 errichtet und galt damals als ›Weltwunder‹. Sie ist rundum mit über 30 Bannern und Emblemen der gegenwärtigen Großkreuzritter vom Orden vom Bade (Order of the Bath) geschmückt, deren Kapelle sie auch ist. Hauptattraktion ist jedoch das filigrane Fächergewölbe im Perpendikularstil (Spätstil der englischen Gotik). Es ist mit Tudor-Insignien und kunstvollen Gehängen verziert. Auch das schöne hölzerne Chorgestühl mit geschnitzten exotischen Tieren ist beeindruckend. In jedem Chorstuhl sind Namen und Wappen früherer Ordensritter zu sehen.

Nun geht es wieder ein paar Stufen hinab. Hier kann man hinter einer Absperrung den **Krönungsthron** bewundern. Edward I. hatte den einst kostbar verzierten Stuhl anfertigen lassen, um den schottischen Stone of Scone darin einzubauen, den er als Beute aus Schottland mitgebracht hatte. Erst 1996 wurde der Stein auf Regierungsanweisung zurück in seine Heimat gebracht. Seit der Inthronisierung von Edward II. 1308 wurden sämtliche Herrscher bis auf zwei Ausnahmen auf dem Thronstuhl gekrönt.

In der **Kapelle von Edward the Confessor** befindet sich dessen Schrein, der einst besonders prächtig gewesen sein soll. Über die Jahrhunderte hinweg diente er als Pilgerstätte, und unzählige Votivgaben aus Gold und Juwelen wurden zur weiteren Ausschmückung dargebracht.

Das südliche Querhaus beherbergt die **Poet's Corner.** Hier sind die großen Literaten Englands entweder beerdigt oder zumindest mit einer Gedenktafel geehrt: Geoffrey Chaucer, John Milton, William Shakespeare, John Keats, Alfred Lord Tennyson, Henry James, Dylan Thomas, T. S. Eliot, George Eliot, William Wordsworth, Jane Austen und Lewis Carroll. Das Grab von Charles Dickens wird stets an seinem Todestag mit einem Kranz geschmückt. Mittlerweile gibt es auf dem Fußboden keinen Platz mehr für Gedenktafeln, sodass die Namen im Fenster über dem Grabmahl Chaucers niedergeschrieben werden.

Der **Hochaltar** und die Altaraufsätze wurden 1867 nach Plänen von Sir Gilbert Scott gefertigt. Der heutige Chor stammt aus viktorianischer Zeit. 22 Chorknaben (und zwölf Laienvikare) singen hier täglich die Liturgie. Die Jungen besuchen die Chorschule, die vermutlich bereits vor dem 15. Jh. gegründet wurde und die einzige noch in dieser Form erhaltene Schule ist.

Südlich schließen sich der Kreuzgang, der Kapitelsaal, die Chamber of the Pyx, das Abbey Museum und die College Gardens an (diese Teile sind auch unabhängig von der Abtei zu besichtigen, Eingang Dean's Yard). Der achteckige **Kapitelsaal** (Chapter House) entstand ab 1250 und hat ein Fächergewölbe, das in der Mitte von einem Pfeiler getragen wird. Wunderbar erhalten sind die Fußbodenfliesen aus dem 13. Jh., eine Kunst, die insbesondere zur Regierungszeit

Henrys III. aufblühte. In der zweiten Hälfte des 14. Jh. nutzte das Unterhaus das Chapter House als Sitzungsraum. Die anschließende **Chamber of the Pyx,** durch eine schwere Eichentür geschützt, ist der älteste Teil der Abtei (1065–90). Man nimmt an, dass der Gewölberaum zunächst als Kapelle diente, bevor er im 14. Jh. Schatzkammer wurde. Im **Abteimuseum** sind liturgische Geräte und die Totenmasken verschiedener Herrscher ausgestellt. Vom Kreuzgang aus kann man in die ruhigen **College Gardens** gehen – eine nette Erholungsmöglichkeit nach dem Gedränge in der Kirche. Der alte Kräutergarten der Benediktinermönche ist über 900 Jahre alt.

Im Hauptschiff beeindruckt vor allem das riesige Westfenster, das 1735 eingesetzt wurde. Nahe beim Ausgang befindet sich das **Grab des unbekannten Soldaten,** das 1920 hier eingerichtet wurde. Es erinnert an 1 Mio. britische Soldaten, die im Ersten Weltkrieg starben. Unweit ehrt eine in den Fußboden eingelassene Tafel Sir Winston Churchill, dessen Trauerfeier hier stattfand.

Man verlässt die Abtei durch das **Westportal,** das eigentliche Hauptportal der Abtei. Die zehn Skulpturen in den Nischen über dem Portal wurden 1998 enthüllt und stellen Männer und Frauen des 20. Jh. dar, die für ihren Glauben gestorben sind, darunter etwa Martin Luther King und Dietrich Bonhoeffer. Bereits zwei Jahre zuvor wurden in den Nischen darunter vier allegorische Statuen eingestellt. Sie symbolisieren die Tugenden, für die die christlichen Märtyrer starben: Wahrheit, Gerechtigkeit, Barmherzigkeit und Frieden. Nachdenklich stimmt rechter Hand auch das 1996 enthüllte Denkmal für die unschuldigen Opfer von Unterdrückung, Gewalt und Krieg mit der Inschrift: »All you who pass by, is it nothing to you?«

St Margaret's Church 12

St Margaret Street, www.westminster-abbey.org/st-margarets, i.d.R. Mo–Fr 9.30–15.30, Sa bis 13.30, So 14–16.30 Uhr

Direkt neben der Abtei steht die angenehm ruhige und helle St Margaret's Church, inoffiziell die Kirche des Unterhauses. Sie wurde vermutlich in der zweiten Hälfte des 11. Jh. als Gemeindekirche in Westminster gegründet und von den Mönchen der Westminster Abbey betreut. Trotz zahlreicher Veränderungen im Laufe der Jahrhunderte ist ihre Struktur mehr oder weniger erhalten geblieben. Eindrucksvoll ist das Westfenster (1888), das Szenen aus dem Leben Sir Walter Raleighs zeigt. Das Ostfenster (vermutlich um 1526 in Holland entstanden) zeigt die Vermählung von Henry VIII. mit seiner ersten Frau, Catherine of Aragon. Die Piper Windows an der Südseite wurden 1966 eingesetzt und passen sich mit ihren unaufdringlichen Formen und Farben besonders schön ein (Gottesdienst So 11 Uhr).

Vom nahe gelegenen **Dean's Yard** aus kann man abseits vom Trubel einen schönen Blick auf die Türme der Westminster Abbey genießen. Hier liegt auch der Eingang zum Kreuzgang und zu den College Gardens der Abbey, falls man auf eine komplette Besichtigung der Krönungskirche verzichten möchte. In den ehemaligen Klostergebäuden befindet sich die frühere Klosterschule. Die Westminster School ist eine weiterführende Schule mit rund 400 Schülern, natürlich privat.

St John's Smith Square 13

Durch Seitenstraßen mit schöner georgianischer Architektur gelangt man zum Smith Square. An diesem Platz befindet sich die heute als Konzerthalle genutzte barocke Kirche St John's Smith Square (1713–28). Queen Anne veran-

Höhepunkt des Perpendikularstils: das filigrane Fächergewölbe in der Kapelle Henrys VII.

lasste den mit vier Türmen versehenen Bau. Wegen der ausgezeichneten Akustik werden hier oft klassische Musikaufnahmen eingespielt. In der Krypta befindet sich das Smith Square Café & Restaurant (Tel. 020 72 22 27 79).

Tate Britain 14

Millbank, www.tate.org.uk, tgl. 10–18 Uhr, manchmal Fr bis 22 Uhr, freie 45-min. Führungen (Highlights) tgl. 11, 12, 14, 15 Uhr (um 15 Uhr Schwerpunkt Turner), Führungen Prä-Raphaeliten Mo, Mi, So 13.15, Fr 16 Uhr, Eintritt frei außer für Sonderausstellungen; Thames Clippers, www.thamesclippers.com, betreibt einen Tate-to-Tate-Bootsservice, Abfahrt alle 40 Min.

1897 eröffnete Sir Henry Tate, Besitzer einer großen Zuckerraffinerie und Erfinder des Zuckerwürfels, die berühmte Gemäldegalerie. Mittlerweile gibt es drei Zweigstellen: Tate Liverpool, Tate St Ives in Cornwall und Tate Modern an Londons Bankside (s. S. 265). Tate Britain, wie die ursprüngliche Tate Gallery in Abgrenzung zur Tate Modern heißt, zeigt britische Kunst vom 16. bis zum späten 20. Jh. und ist trotz der Konkurrenz durch die jüngere Schwester beliebt wie eh und je. Durch die **Linbury Galleries,** hauptsächlich für zeitgenössische Ausstellungen gedacht, konnte die Ausstellungsfläche um rund ein Drittel vergrößert werden.

Angefangen mit John Bettes' »Mann mit schwarzer Kappe« lernt man bei einem Rundgang durch 500 Jahre britischer Kunst Werke von William Hogarth, Gainsborough und Reynolds, George Stubbs, William Blake und John Constable kennen. Zahlreich vertreten sind die Präraffaeliten, die ab Mitte des 19. Jh. gewirkt haben: Dante Gabriel Rossetti, John Everett Millais, Holman Hunt und Edward Burne-Jones. In der **Clore Gallery** wird eine ▷ S. 129

Auf Entdeckungstour: In die Tate Britain – zu den Werken William Turners

William Turner zählt zu den herausragendsten Malern des 19. Jh. Die Tate Britain 14 bietet mit ihrer umfangreichen Sammlung einen idealen Einblick in die Entwicklung und Vielseitigkeit dieses genialen Künstlers.

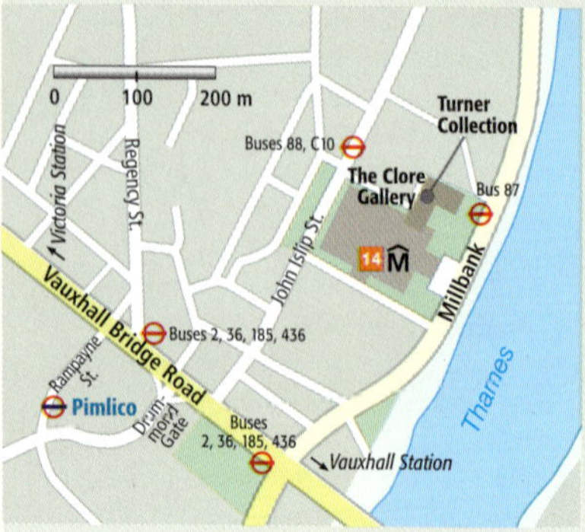

Für wen: Für alle Liebhaber der Romantik, aber insbesondere Turner-Fans werden hier auf ihre Kosten kommen. Es gibt weltweit keine umfangreichere Sammlung seiner Werke.
Infos im Internet: www.tate.org.uk
Zeit: 1,5 Std.
Planung: tgl. 10–17.50 Uhr geöffnet, manchmal auch Fr bis 22 Uhr, www.tate.org.uk, Eintritt frei
Start: Tate Britain, Millbank, U-Bahn: Pimlico

William Turner (1775–1851) vermachte seine Werke der englischen Nation: rund 300 Ölbilder sowie 37 000 Aquarelle und Zeichnungen. Besonders berühmt ist der britische Maler für seine lichtdurchfluteten, atmosphärisch verschwommenen Landschaften, Visionen der menschlichen Unzulänglichkeit und Schwäche angesichts der Naturgewalten. Die Tate Britain hat dem Werk des außergewöhnlichen Künstlers eine eigene Abteilung gewidmet. In neun Räumen der **Clore Gallery** werden im Wechsel, mit jeweils anderem Schwerpunkt, die Entwicklungsstufen seiner künstlerischen Kreativität gezeigt.

Frühwerk eines Autodidakten

Aus Turners künstlerischer Anfangszeit stammen vor allem Aquarelle, die in der Tradition topografischer Farbzeichnungen gefertigt wurden. Zunächst wurde mit Bleistift ein Umriss gezeichnet, dann erst die Farbe aufgetragen. Mit diesen Stichen und Naturstudien erwarb der künstlerisch überaus begabte Autodidakt in den ersten Jahren seinen Lebensunterhalt. Anfänglich relativ bescheidene Bildchen, wurden sie rasch subtiler, und auch seine frühen Ölbilder zeigen bereits das Interesse an den dramatischen Möglichkeiten der Naturereignisse, wie z. B. in seinem ersten Gemälde »Fischer auf See« (1796).

Besonders interessant sind auch seine Architekturaquarelle. Bereits als Junge wurde Turner von verschiedenen Architekten beauftragt, Skizzen von Gebäuden anzufertigen. Seine Auftraggeber schätzten vor allem die präzisen Perspektiven sowie die Fähigkeit, atmosphärische Besonderheiten durch feine farbige Tonabstufungen darzustellen.

Inspiration durch Reisen

Turners unglaubliche Fülle an Themen – darunter Geschichte, Mythologie und zeitgenössische Ereignisse – ist beeindruckend. Um 1800 malte er in der Tradition der großen Landschaftsmaler vor ihm, z. B. Seebilder wie van der Velde, italianisierende Bilder wie Claude Lorrain oder historische Landschaften wie die von Nicolas Poussin. Doch schon bald überwand Turner die Praktiken seiner Vorgänger und entwickelte seinen eigenen, spezifischen Stil. Nach Aufhebung der Kontinentalsperre 1802 bereiste Turner den Kontinent, wo er sich längere Zeit in Paris aufhielt, um im Louvre die alten Meister zu studieren und sein Repertoire zu erweitern. Zurückgekehrt nach England bemühte er sich, gegen die Geringschätzung der Landschaftsmalerei anzukämpfen und sie als Genre aufzuwerten.

Für den Künstler überaus prägend war eine Reise nach Italien. Ganz im Trend der Zeit machte er sich 1819 zum ersten Mal nach Italien auf und besuchte Venedig, Rom und Neapel. Begeistert von dem hellen Licht und den starken Farben entstanden Panoramalandschaften in sehr bewegter Komposition. Bei seiner zweiten Italienreise, 1828/29, entstanden gewagtere Impressionen in Farbe und Licht.

Turners »Selbstbildnis«, entstand um 1799. Er war 24 Jahre alt und gerade als Associate of the Royal Academy aufgenommen worden. Seit 1789 hatte er an der königlichen Kunstschule studiert und blieb ihr fortan eng verbunden. Aus bescheidenem Hause, war der junge William sehr geschäftstüchtig und, wie man auf dem Porträt sehen kann, elegant gekleidet. Sehr selbstbewusst blickt er direkt aus dem Bild hinaus.

Zeit seines Lebens stellte Turner seine Bilder gerne und oft aus. Hierzu hatte der Künstler eine ungewöhnliche Methode: Er reichte seine Bilder in unvollendetem Zustand ein und setzte erst ganz zuletzt noch einen spezifischen Gegenstand ins Bild. Das eigentliche Thema wurde somit erst bestimmt, wenn ein Bild bereits in einer Ausstellung hing. Royal Academy und British Institution erlaubten den Künstlern, zwei bis drei Tage vor der Ausstellungseröffnung noch kleine Veränderungen vorzunehmen.

Meister des Lichts und der Farbe

Ab den späten 1820er-Jahren entstanden jene Bilder, die Turner wie ein Markenzeichen in der ganzen Welt bekannt gemacht haben: in hellen Tönen gehaltene, romantisch verklärte Landschaften, deren Formen traumartig im Licht aufgelöst sind. Häufig diente die Stadtansicht Venedig als Thema, daneben gibt es aber auch zahlreiche Seelandschaften, wobei die ungezügelte Kraft der Natur, wie Wind und Wasser, strudelförmig durch kreisende Kompositionen dargestellt ist. Einige von diesen Bildern dienten privaten Meditationen, andere waren für Ausstellungen bestimmt.

Turners Verwendung von Farben war einzigartig, z. B. als gelber Sonnenaufgang oder in der roten Abendsonne in »Norham Castle bei Sonnenaufgang« (1845). Seine Farbwahl war instinktiv, allerdings auch das Ergebnis wissenschaftlicher Studien. Mit den Farbenlehren Goethes und Newtons vertraut, bildeten wissenschaftliche Experimente mit Farben einen wesentlichen Hintergrund seiner Werke.

Bei seinen Reisen durch Europa benutzte Turner unterschiedliche Paletten, um so den verschiedenen Lichtwirkungen gerecht zu werden. In Venedig z. B. ist die Palette sehr hell, mit viel Gelb und Orange, in England hingegen dominieren Braun und Beige. Wie später die Impressionisten malte Turner das gleiche Motiv zu verschiedenen Tageszeiten, um so die wechselnden Lichtverhältnisse zu dokumentieren. Tageszeiten, Wetter, Wolken, aufgelöste, verwischte Konturen – der Kampf der Naturgewalten diente Turner auch als Reflexion der wirtschaftlichen, sozialen und politischen Entwicklung im England der 1840er- und 1850er-Jahre (z. B. »The Burning of the House of Lords and Commons«, 1834) sowie als Symbol von bedrohtem, aber auch hoffnungsvollem Leben. Viele Spätwerke Turners haben Aspekte der Industrialisierung zum Thema, den Abschied von der alten und die Ankunft in einer noch unbekannten neuen Welt.

Turner Prize

Der Turner Prize ist ein Kunstpreis, der seit 1984 verliehen wird, um neue Entwicklungen in der zeitgenössischen Kunst zu feiern. Der Geldpreis in Höhe von 40 000 £ wird alljährlich an einen britischen Künstler unter 50 Jahren verliehen. Heftig umstritten, gibt es anlässlich der Preisverleihung stets einen großen Medienrummel. Was haben Installationen, Videokunst und ungewöhnliche Skulpturen mit dem Namensgeber des Wettbewerbs, J. M. W. Turner, zu tun? Die Antwort ist, dass Turner selbst einen Preiswettbewerb für junge Künstler hatte einrichten wollen.

Tipp: Die großartige **Kunstgalerie Turner Contemporary** (Margate, Kent, Tel. 018 43 23 30 00, www.turnercontemporary.org, Di–So 10–18 Uhr, Eintritt frei, per Bahn in 90 Min. ab St Pancras) bietet ein breites Ausstellungsprogramm moderner Kunst, stets in der von Turner vorgegebenen Tradition des Sehens und Entdeckens. Die Galerie, ein Bau des britischen Architekten David Chipperfield, steht genau an der Stelle, wo Turner im B & B einer gewissen Mrs. Booth Unterkunft fand – und in der Vermieterin auch seine Geliebte.

wechselnde Auswahl der 300 Gemälde und Zehntausende Aquarelle und Zeichnungen von William Turner gezeigt (s. Entdeckungstour S. 126).

Die Abteilungen mit moderner Kunst umfassen Exponate des Konstruktivismus, Surrealismus, Minimalismus, Kubismus, Pop Art, Dada, Impressionismus und Expressionismus: Stanley Spencer, Francis Bacon, David Hockney, Lucian Freud, Gilbert & George sowie Skulpturen von Henry Moore, Barbara Hebworth und Jacob Epstein.

Westminster Cathedral 15

42 Francis Street, www.westminster cathedral.org.uk, tgl. 7–19, Ausstellung tgl. 9.30–17, Sa/So bis 18, Eintritt: Ausstellung 5 £

Die katholische Hauptkirche von England und Wales in der Victoria Street liegt etwas von der Straße zurückversetzt, daher kann man sie nur sehen, wenn man sich auf gleicher Höhe befindet. Die Kathedrale, das letzte große Bauwerk der viktorianischen Zeit, wurde im Stil des frühen Byzantinismus nach Plänen von John Francis Bentley gestaltet. Die Grundsteinlegung erfolgte im Jahr 1895, und 1903 war der markante Bau mit den roten Ziegeln, weißen Steinen und einem 83 m hohen Turm mehr oder weniger vollendet.

Das Innere hingegen wurde niemals fertiggestellt. So sieht man einerseits bis auf halbe Höhe verschiedene Marmorsorten und Mosaiken, darüber aber rohe Ziegelflächen. Sehr schön sind die Mosaiken im rechten Seitenschiff und in der Sakramentskapelle, die durch sanfte Beleuchtung kostbar schimmern. Interessant sind auch Eric Gills Reliefs der »14 Stations of the Cross« (1914–18). Die Ausstellung »Treasures of the Cathedral« zeigt kostbare Schätze aus verschiedenen Jahrhunderten. Ein Fahrstuhl führt auf den Glockenturm mit herrlicher Aussicht (tgl. 9.30–17, Sa/So bis 18 Uhr, Eintritt 6 £). Die Gottesdienste in der Westminster Cathedral sind immer sehr gut besucht, keinesfalls nur an Feiertagen.

St James's und Mayfair

Die beiden Stadtviertel St James's und Mayfair westlich des Trafalgar Square sind die elegantesten und teuersten Wohngegenden Londons. Hier residieren einige der besten Hotels der Stadt, wie das legendäre Ritz, und auch Shoppen ist hier nur vom Allerfeinsten (s. S. 139). Die alten Fachgeschäfte in Jermyn Street und St James's Street verstehen sich als Garanten für die feine englische Art. In South Molton Street, New Bond und Old Bond Street, Cork Street (Kunstgalerien) und Savile Row (Herrenschneider) befinden sich alle Designer von Rang und Namen, Juweliere, Kunst- und Antiquitätengeschäfte sowie das Auktionshaus Sotheby's.

Auf der Mall zum Victoria Memorial

Die Prachtstraße The Mall führt von unserem Ausgangspunkt **Trafalgar Square** durch **Admirality Arch** und St James's Park bis zum Queen Victoria Memorial vor dem Buckingham Palace. Auf der nördlichen Seite dieser breiten Allee kann man **Carlton House Terrace** 16 sehen, eine eindrucksvolle Häuserzeile, die 1827–33 nach Plänen des klassizistischen Architekten John

St James's und Mayfair

Sehenswert
1 – 15 s. Karte S. 116
16 Carlton House Terrace
17 ICA Gallery
18 St James's Palace
19 Clarence House
20 Marlborough House
21 Lancaster House
22 Spencer House
23 Queen Victoria Memorial
24 Buckingham Palace
25 Queen's Gallery
26 Royal Mews
27 Guards Museum
28 Wellington Arch
29 Apsley House/ Wellington Museum
30 Ritz Hotel
31 St James's Church Piccadilly
32 Royal Academy of Arts
33 Grosvenor Square
34 Handel House Museum
35 St George Church

Essen & Trinken
1 – 2 s. Karte S. 116
3 Inn the Park
4 Windmill Pub Restaurant
5 Wilton's Restaurant & Oyster Bar

Einkaufen
1 Gray's Antiques Market & Grays in the Mews
2 Fortnum & Mason
3 Fenwick
4 Paxton & Whitfield
5 Smythson
6 Turnbull & Asser
7 D. R. Harris
8 Floris
9 J. J. Fox
10 Bates
11 Burberry
12 Stella McCartney
13 Vivienne Westwood
14 Garrard

Abends & Nachts
1 Ye Grapes
2 Curzon Mayfair

Nash errichtet wurde. Nr. 9 war einst als ›Prussia House‹ bekannt, denn hier befand sich ab 1849 die preußische Legation, ab 1871 dann die Kaiserlich-Deutsche Botschaft, später die Botschaft der Weimarer Republik und die des Dritten Reiches.

ICA Gallery 17

www.ica.org.uk, Di–So 11–23 Uhr
Das **Institute of Contemporary Arts,** 1948 gegründet und seit 1968 in dem klassizistischen Gebäude untergebracht, zeigt alles, was modern und kontrovers ist. Experimentell, obskur oder radikal sind die Ausstellungen, Filme, Vorträge, Musik- und Theateraufführungen des ICA immer. Henry Moore, Pablo Picasso und Max Ernst hatten hier ihre ersten Ausstellungen in Großbritannien, auf dem Höhepunkt von Britart (s. S. 99) wurden Werke von Damien Hirst und den Chapman Brothers gezeigt. Es gibt einen gut sortierten Buch- und DVD-Laden, ein Café und eine Bar, wo sich Künstler und solche, die es werden wollen, treffen. Regelmäßig werden auch Club Nights veranstaltet.

Spaziergang im St James's Park

s. a. Lieblingsort S. 133
Linker Hand erstreckt sich St James's Park. Für viele Londoner ist er der hübscheste aller Stadtparks. Das Besondere an dieser ältesten Grünanlage Londons sind nicht nur die vielen Bäume, Sträucher und Blumen, sondern der romantische See und die Pelikane, die hier seit der Regierungszeit James' I. leben. Der russische Botschafter hatte diesem Anfang des 17. Jh. einen Pelikan zum Geschenk gemacht. Heute leben hier sechs sehr muntere Pelikane, die sich gerne zu den Parkbesuchern auf die Bank setzen (Fütterung tgl. 14.30–15 Uhr). Außerdem gibt es australische schwarze Schwäne, Flamingos und Kormorane, und auf der kleinen Insel im Teich nisten unzählige Singvögel. Im nett gelegenen **Inn the Park** 3 kann man auch gut frühstücken.

St James's Palace 18

Ein beeindruckendes Torhaus aus der Tudorzeit bildet nahezu das einzige Überbleibsel des ursprünglichen St James's Palace, den Henry VIII. 1532

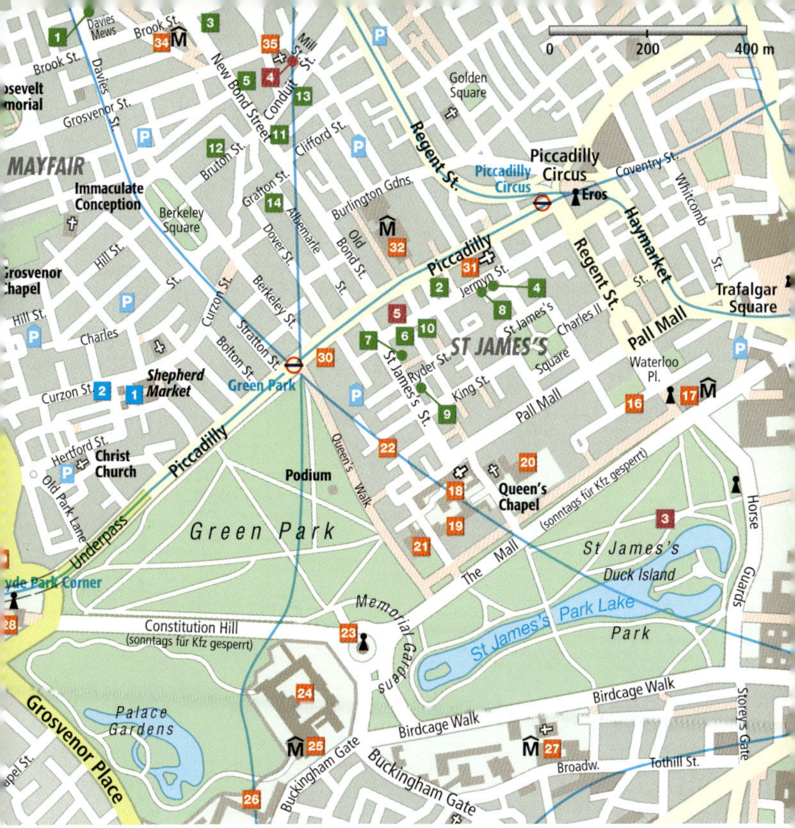

in Auftrag gab. Anfang des 19. Jh. wurde der Palast nach Plänen von John Nash erneuert. Ab 1698, nachdem Whitehall Palace abgebrannt war, befand sich hier die königliche Residenz bis zur Thronbesteigung Victorias. 1837 zog sie in den größeren Buckingham Palace um. Der Palast ist für die Öffentlichkeit nicht zugänglich.

Herrschaftliche Anwesen

Clarence House 19 in der Stableyard Road, 1825–27 als königliche Residenz erbaut, ist der Wohnsitz von Prinz Charles, der Duchess of Cornwall und Prince Harry. Fünf Räume, mit wertvollen Gemälden und anderen erlesenen Kunstgegenständen ausgestattet, können im Sommer im Rahmen einer Führung besichtigt werden (www.royalcollection.org.uk, Aug. Mo–Fr 10–16.30, Sa, So 10–17.30 Uhr, Eintritt 9,80 £). Weitere großartige Häuser in der aristokratischen Nachbarschaft sind **Marlborough House** 20 (ein Bau von Christopher Wren von 1709, heute das Commonwealth-Sekretariat), **Lancaster House** 21 von 1825, wo Regierungskonferenzen stattfinden, und **Spencer House** 22. In diesem wunderschönen Stadtpalast (1756–66 erbaut) lebten die Vorfahren von Lady Di bis 1927 (www.spencerhouse.co.uk, So 10–16.45 Uhr außer Jan. und Aug., im

Lieblingsort

Entspannen im schönsten Park Londons

Im weitläufigen **St James's Park** kann man herrlich flanieren oder sich nach einem anstrengenden Stadtbesuch ausruhen. Es gibt wunderschön angelegte Blumenrabatten, viele alte Bäume sowie einen See mit einer kleinen Insel, auf der unzählige Singvögel nisten. Am romantischsten ist es hier ganz früh morgens bei Sonnenaufgang oder am frühen Abend, wenn der nahe gelegene Buckingham Palace festlich angestrahlt ist (s. S. 130).

Zuge einer 60-min. Führung können die kostbar ausgestatteten Staatsräume besichtigt werden, Eintritt 12 £).

Queen Victoria Memorial 23

Auf dem weitläufigen Platz am Ende der Mall, wo der St James's Park und der Green Park zusammentreffen, erhebt sich das pompöse Queen Victoria Memorial. Das Denkmal aus weißem Marmor wurde Anfang des 20. Jh. errichtet. Als Statussymbol des britischen Empire zeigt es eine sitzende Monarchin, die von allegorischen Figuren umgeben ist.

Buckingham Palace und Green Park

Buckingham Palace ! 24

www.royalcollection.org.uk, i. d. R. Aug. u. Sept. 9.30–19.30/18.30 Uhr, letzter Einlass 17.15/16.15 Uhr, Karten am Besuchereingang oder online, Eintritt 20,50 £ inkl. Audio-Tour

Die Königsresidenz wurde 1825–30 nach Plänen von John Nash errichtet und ersetzte einen Vorgängerbau des 18. Jh. 1993 wurden die Staatsgemächer erstmals der Öffentlichkeit zugänglich gemacht, um dem etwas angeschlagenen Image des Königshauses einen neuen, positiven Aspekt zu verleihen – aber wohl auch, um mit den Eintrittsgeldern den Wiederaufbau von Windsor Castle, 1992 durch eine Feuersbrunst in großen Teilen zerstört, zu finanzieren. Zu sehen sind 19 der 661 Räume – allerdings nur, wenn die Windsors im Urlaub sind. In den Staatsgemächern ist nichts beschildert, aber die Eintrittskarte beinhaltet eine selbst geführte Audio-Tour.

Changing of the Guards

www.army.mod.uk, April–Juli tgl. um 11.30 Uhr, sonst – außer bei Regen – alle zwei Tage

Der ›Schichtwechsel‹ der Foot Guards of the Household Regiment vor der königlichen Residenz ist eine der Attraktionen in London, und im Sommer drängeln sich Hunderte von Touristen vor den Gittern des Palastes. Ein ausgesprochen beliebtes Fotomotiv sind die Wachsoldaten in ihren roten Uniformen und puscheligen Bärenfellmützen. Die Wachablösung dauert ca. 45 Minuten.

Queen's Gallery 25

www.royalcollection.org.uk, tgl. 10–17.30 Uhr, Eintritt 9,75 £

Die Queen's Gallery bietet einen besonderen Kunstgenuss. Von John Nash als Wintergarten errichtet, 1843 für Queen Victoria zur Kapelle umgebaut,

im Zweiten Weltkrieg zerstört und 1962 als Galerie neu eröffnet, kann man hier in jährlich wechselnden Ausstellungen Werke der großen königlichen Sammlung bestaunen: Gemälde von Rubens, Rembrandt, Vermeer, van Dyck, Canaletto, Reynolds, Gainsborough sowie Skulpturen, Keramik, Möbel u. a.

Royal Mews 26

www.royalcollection.org.uk, Febr., März, Nov. Mo–Sa 10–16, April–Okt. tgl. 10–17 Uhr, Eintritt 9 £

In den Royal Mews befindet sich der königliche Fuhrpark mit den Pferden und Kutschen der Königsfamilie. Höhepunkt der Ausstellung ist die 1762 erbaute goldene Staatskarosse, die seit George IV. bei Krönungen genutzt wurde und auch beim Goldenen Jubiläum der Königin 2002 zum Einsatz kam. Sie wiegt fast 4 t und wird von acht Pferden gezogen, die in der Reitschule der Royal Mews ausgebildet und an Lärm und Menschenmassen gewöhnt sind. Zu sehen ist hier eine große Ausstellung mit historischen Uniformen und eine seltene Sammlung von Zaumzeug.

Guards Museum 27

www.theguardsmuseum.com, tgl. 10–16 Uhr, Eintritt 6 £

In den Wellington Barracks kann man sich im Guards Museum über Geschichte und Aufgabe der Foot Guards informieren. Ausgestellt sind Unifor-

Nach wie vor ein Touristenmagnet: die Wachablösung vor dem Buckingham Palace

men, Ölgemälde und Kuriositäten aus dem Bestand der fünf britischen Garderegimenter, z. B. eine Medaille von 1651, die Cromwell seinen Männern nach der Schlacht bei Dunbar verliehen hat, oder eine Flasche irakischer Whisky aus dem Golfkrieg.

Green Park
Nicht so schön wie St James's Park, doch bietet auch diese Grünanlage viele Liegestühle, auf denen man sich im Sommer von Besichtigungs- oder Einkaufstouren erholen kann.

Hyde Park Corner

Wellington Arch 28
www.english-heritage.org.uk, tgl. 10–17, im Sommer bis 18 Uhr, 4,20 £, Kombi-Ticket mit Apsley House 8,90 £
Am Hyde Park Corner befindet sich der Wellington Arch, ein Triumphbogen in Erinnerung an den Sieg des Duke of Wellington über Napoleon (1815). Den 1825 errichteten Bogen ziert seit 1912 der »Friedensengel, der aus seinem Streitwagen steigt«. Diese größte britische Bronzeskulptur ist ein Werk von Adrian Jones. Im Inneren des Triumphbogens finden in der Quadriga Gallery wechselnde Ausstellungen statt. Von oben genießt man eine herrliche Aussicht und kann sogar den Garten der Königin sehen.

Apsley House 29
149 Piccadilly, www.english-heritage.org.uk, Mi–So 11–17 Uhr, Eintritt 6,70 £, Kombi-Ticket mit Wellington Arch 8,60 £
Apsley House, 1771–78 nach Plänen von Robert Adam errichtet, war von 1817–52 die Residenz des ersten Duke of Wellington, dessen größter Erfolg die Schlacht bei Waterloo (1815) war. Lange Zeit war das prächtige Haus als ›London Nr. 1‹ bekannt, da es das erste Gebäude war, das man beim Einfahren in die Stadt von Westen her sah. Einige Gebäudeteile wurden unter Verantwortung des Victoria & Albert Museum als **Wellington Museum** eingerichtet. In den zehn Räumen sind originalgetreue Möbel und Kunstgegenstände (u. a. eine eindrucksvolle Porzellansammlung) sowie Erinnerungsstücke an den Feldherren zu sehen. Das Treppenhaus wird von der 3,4 m hohen Statue eines nackten Napoleon von Antonio Canova dominiert.

Entlang Piccadilly

An Hyde Park Corner treffen mehrere Straßenzüge in einem verkehrsreichen Kreisverkehr zusammen. Durch ein Wirrwarr an Fußgängerunterführungen gelangt man zum breiten Straßenzug Piccadilly, der Verbindung zwischen Hyde Park Corner und Piccadilly Circus. Auf der Parkseite reihen sich die Stände von Künstlern, Porträtmalern und Souvenirhändlern aneinander.

Ritz Hotel 30
Tel. 020 74 93 81 81, www.theritzlondon.com
Das Ritz Hotel ist nach wie vor eines der exklusivsten Hotels Londons. Es wurde 1906 von Cesar Ritz gegründet und musikalisch von Fred Astaire mit »Putting on the Ritz« verewigt. Allerdings ist ›nur mal so‹ reinschauen nicht möglich. Selbst zum Afternoon Tea – nach feiner britischer Art – sollte man sich vorher telefonisch anmelden.

St James's Church Piccadilly 31
www.sjp.org.uk, tgl. 8–19 Uhr, Taizé-Gottesdienst jeden 3. So 17 Uhr,

freie Mittagskonzerte Mo, Mi, Fr 13.10 Uhr, im Kirchhof Mo–Sa bunter Markt mit Kunsthandwerk und Kulinarischem
Die St James's Church Piccadilly (1684 geweiht) ist ein Bau von Christopher Wren, die einzige von ihm komplett neu gestaltete Kirche. Das ruhige, unaufdringlich wirkende Gotteshaus lädt mit seinem freundlichen Inneren zu einer Ruhepause ein. Im Hof gibt es auch ein kleines Café.

Royal Academy of Arts 32

www.royalacademy.org.uk, Sa–Do 10–18, Fr 10–22 Uhr, Eintrittspreis variiert je nach Ausstellung
1768 gründete George III. die Royal Academy of Arts, Großbritanniens erste Kunstschule. Früher sehr konservativ im Charakter, wurden nur die in der Gesellschaft etabliertesten Künstler als Mitglieder aufgenommen und deren Werke präsentiert. Dieses änderte sich mit der Ausstellung »Sensation« 1997 radikal: Die provozierenden Werke junger britischer Künstler hielten Einzug. Eine lange Tradition hat die »Summer Exhibition«, die sich aus Arbeiten zusammensetzt, die von der Öffentlichkeit eingereicht wurden. Von den 12 000 jährlich abgelieferten Werken wird nur ein Zehntel ausgestellt, für viele Künstler ist dies jedoch dennoch das Sprungbrett.

Die Royal Academy of Arts veranstaltet beliebte Wechselausstellungen mit Rekordbesucherzahlen. Daneben gibt es eine kleine ständige Sammlung hauptsächlich britischer Gemälde des 18. Jh. Sie sind in den prachtvollen, frisch restaurierten und erstmals für die Öffentlichkeit zugänglichen Räumen aus dem 18. Jh. ausgestellt. Im Innenhof, zur Piazza umgestaltet, gibt es manchmal schöne Wasserspiele oder großformatige Skulpturen.

Mayfair

Im Stadtviertel Mayfair gibt es drei große Plätze: Hanover Square, Berkeley Square und Grosvenor Square (ausgesprochen: ›groffener‹). Am **Grosvenor Square** 33 befindet sich seit 1938 die amerikanische Botschaft, mittlerweile in einem Gebäude aus den 1960er-Jahren – allerdings nicht mehr lange, denn der (ca. 1 Mrd. US-$ verschlingende) Neubau südlich der Themse soll bereits 2017 bezogen werden. Die **Skulptur**

Mein Tipp

Unbekannte Schätze

London bietet eine Vielzahl kleinerer und unbekannterer Museen. In der Nähe von Piccadilly zeigt das **Faraday Museum** (21 Albemarle Street, Tel. 020 74 09 29 92, www.rigb.org/museum, Mo–Fr 9–18 Uhr, Eintritt frei, U: Green Park), benannt nach dem berühmten Physiker, wissenschaftliche Geräte und Instrumente aus zwei Jahrhunderten. 14 Nobelpreisträger haben in der Royal Institution gearbeitet.
Der Medizingeschichte verschrieben hat sich das neue **Bethlem Museum of the Mind** (Bethlem Royal Hospital in Beckenham, www.museumofthe mond.org.uk, Tel. 020 32 28 42 27, Mo–Fr 10–17 Uhr, Eintritt frei), wo die Geschichte der Geistesheilkunde anschaulich dargestellt wird.
Was machen eigentlich die Freimaurer? Eine Antwort darauf finden Sie in der **Library and Museum of Freemasonry** in Holborn (60 Great Queen Street, Tel. 020 73 95 92 57, Mo–Fr 10–17 Uhr, U: Holborn). Mehrfach täglich weisen Führungen den Besucher in die Geheimnisse der Freimaurerei ein.

von Franklin D. Roosevelt im Park wurde ausschließlich durch Spenden der britischen Bevölkerung finanziert und 1948 von Eleanor Roosevelt enthüllt.

Handel House Museum 34

www.handelhouse.org, Di–Sa 10–18, Do bis 20, So 12–18 Uhr, Eintritt 6,50 £
In der Brook Street, der Verbindung zwischen Grosvenor und Hanover Square, lockt für Freunde von Barockmusik das Handel House Museum. Es ist das erste Museum in London, das einem einzelnen Komponisten gewidmet ist. Der in Halle geborene Händel wurde 1726 britischer Staatsbürger und Hofkomponist. In diesem Haus komponierte er den größten Teil seiner Werke, u. a. die Krönungshymne »Zadok the Priest«, die »Feuerwerksmusik« und den »Messias«. Ausgestellt sind frühe Ausgaben seiner Opern und Oratorien, ein Porträt des Komponisten von Philip Mercier sowie Gemälde aus dem Besitz Händels. Zum Museum gehört auch das Nachbarhaus Nr. 23, wo **Jimi Hendrix** von 1968 bis zu seinem Tod 1970 lebte.

In der nahe gelegenen **St George Church** 35, 1713–24 erbaut, finden regelmäßig Konzerte statt. Besonders beliebt ist das jährlich im Frühling stattfindende **Händel-Festival.**

Essen & Trinken

Westminster

Super Lage – **Café in the Crypt** 1: St Martin-in-the-Fields Church, Duncannon Street, Tel. 020 77 66 11 58, U: Charing Cross, Mo/Di 8–20, Mi 8–22.30 (nach 18.30 Uhr nur mit Ticket für Jazz-Konzert), Do–Sa bis 21, So 11–18 Uhr, Hauptgerichte um 9 £. Beliebtes Café in bester Lage direkt am Trafalgar Square. Es gibt frische Suppen, Salate, Sandwiches und kleine Gerichte.

In der Krypta – **Smith Square Café & Restaurant:** in der Kirche **St John's Smith Square** 13, Tel. 020 72 22 27 79, www.sjss.org.uk, U: Westminster, Mo–Fr 8–17 Uhr, an Konzertabenden länger, Sa u. BH 90 Min. vor Konzertbeginn, So ab 12 Uhr für Sunday Roast. Hauptgerichte 13–23 £.

Indisch vom Feinsten – **The Cinnamon Club** 2: s. S. 40.

St James's und Mayfair

Idyllisch – **Inn the Park** 3: St James's Park, Tel. 020 74 51 99 99, www.peytonandpyrne.co.uk, U: St James's Park, Mo–Fr 8–17, Sa, So 9–17 Uhr, Hauptgerichte ab 15 £. Wunderschön gelegenes Café-Restaurant, moderne Küche, auch beliebt für den Snack zwischendurch.

Traditionell – **Windmill Pub Restaurant** 4: 6/8 Mill Street, Tel. 020 74 91 80 50, www.windmillmayfair.co.uk, U: Oxford Circus, Pub Mo–Fr 11–23, Sa 12–19 Uhr, Restaurant Mo–Fr 11.45–22, Sa 12–17 Uhr, Hauptgerichte 7–15,50 £. Im kleinen Pub-Restaurant hinter der St George Church gibt es traditionelles Pub Food, wie Sausages & Mash und vor allem Pies.

Ein Klassiker – **Wilton's Restaurant & Oyster Bar** 5: s. S. 37.

Einkaufen

St James's und Mayfair

Großer Antiquitätenmarkt – **Gray's Antiques Market & Grays in the Mews** 1: s. S. 43.

Gediegen – **Fortnum & Mason** 2: s. S. 46 und Tipp S. 139.

Kaufhaus – **Fenwick** 3: 63 New Bond Street, www.fenwick.co.uk, U: Bond Street. Zahlreiche Modelabels (u. a. Alberta Ferretti, Ben de Lisi), mit Spa und Kosmetikstudio.

Hoflieferant – **Paxton & Whitfield** 4: s. S. 45 und Tipp S. 139.

Edle Schreibwaren – **Smythson** 5: 40 New Bond Street, www.smythson.com, U: Bond Street. Das 1887 gegründete Geschäft ist auf edle Schreibwaren spezialisiert. Auch Lederportemonnaies, Koffer- und Schlüsselanhänger.

Herrenmode – **Turnbull & Asser** 6: www.turnbullandasser.co.uk, U: Piccadilly Circus, s. a. Tipp.

Parfümist – **D. R. Harris** 7: s. S. 46.

Edle Düfte – **Floris** 8: 89 Jermyn Street, www.florislondon.com, s. Tipp.

Zigarren – **J. J. Fox** 9: 18 St James's Street, www.jjfox.co.uk, U: Green Park, Fachhandel für Zigarren.

Ein Hut gefällig? – **Bates** 10: 73 Jermyn Street, www.bates-hats.co.uk, s. Tipp.

Englisches Design – **Burberry** 11: 21–23 New Bond Street, U: Bond Street, http://uk.burberry.com. Weltbekanntes englisches Design. Der **Burberry Factory Shop** (29–53 Chatham Place, U: Bethnal Green) ist 50–70 % günstiger, gut für Accessoires.

Stardesignerin – **Stella McCartney** 12: 30 Bruton Street, Tel. 020 75 18 31 00, www.stellamccartney.com, U: Green Park. Damen-, Herren- und Kindermode – alles edel und teuer.

Provokativ – **Vivienne Westwood** 13: s. S. 47.

Edles Geschmeide – **Garrard** 14: s. S. 47.

Abends & Nachts

Westminster

St John's Smith Square 13: s. S. 124.

St James's und Mayfair

Viktorianisch – **Ye Grapes** 1: 16 Shepherd's Market, U: Green Park. Sehr beliebter viktorianischer Pub. Bei schönem Wetter stehen Trauben von Menschen auf dem Platz vor dem Pub.

Programmkino – **Curzon Mayfair** 2: s. S. 55.

Mein Tipp

Ein Blick auf die feine englische Lebensart gefällig?

Auch wenn für viele ein Einkaufsbummel in der edlen **Jermyn Street** südlich Piccadilly ein zu kostspieliges Vergnügen sein dürfte, ein Spaziergang in einem der teuersten Einkaufsviertel Londons macht trotzdem Spaß, erhält man dabei doch interessante Einblicke in die feine britische Lebensart: Ein wenig skurril und anachronistisch sind die kleinen Läden entlang der hübschen Straße schon – typisch englisch eben.

Viele Geschäfte der Jermyn Street dürfen sich ›königliche Zulieferer‹ nennen und tragen das Motto der Windsors, »Dieu et Mon Droit«, sowie das königliche Wappen. **Turnbull & Asser** 6, einer der wenigen Hersteller, die in GB produzieren, ist für elegante Hemden berühmt, **Floris** 8 ist eine exklusive Parfümerie, und bei **Paxton & Whitfield** 4 gibt es köstlichen Käse. **Bates** 10 verkauft Hüte – schlicht im Schaufenster ausgestellt, kann man zwischen einem Burlington für 185 £ oder einem Weekender für 225 £ wählen.

Wer nach diesem Schaufensterbummel gern selbst die feine englische Lebensart genießen möchte: Im altmodischen Kaufhaus **Fortnum & Mason** 2 kann man sehr nett zum Afternoon Tea einkehren – und in der Lebensmittelabteilung im Erdgeschoss findet man sicher ein Mitbringsel: *very british* und doch bezahlbar.

Das Beste auf einen Blick

Westend und Marylebone

Auf Entdeckungstour

Ein morgendlicher Bummel durch Soho: Für viele ist das kleine Viertel Soho das Herz Londons – bunt, lebendig und rund um die Uhr ist etwas los. Ein Bummel lohnt nicht nur abends – besonders nett ist es hier am Vormittag, wenn normales Alltagsleben stattfindet. S. 146

The Home of Cricket – Ein Besuch bei Lord's: Eine Spieldauer von mehreren Tagen und äußerst komplizierte Regeln – warum nur ist Cricket in England so beliebt? Eine Führung durch Lord's, einen der weltweit renommiertesten Cricket Grounds, gibt Antworten auf diese und andere Fragen. 20 S. 160

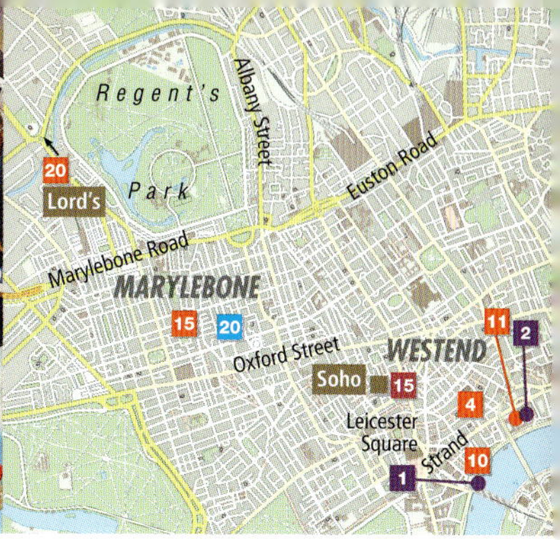

Kultur & Sehenswertes

Somerset House: Direkt an der Themse gelegen, beherbergt Somerset House hervorragende Kunstausstellungen; im Innenhof gibt es im Sommer wunderschöne Wasserspiele. 11 S. 154

Wallace Collection: Diese ausgezeichnete Kunstsammlung umfasst ein Sammelsurium an Kunstgegenständen, wie Waffen und Rüstungen, Gemälde und Kunstgewerbe. 15 S. 156

Aktiv unterwegs

Bootsfahrt auf der Themse: Genießen Sie Londons Stadtpanorama vom Wasser aus. 1 S. 153

Schlittschuhlaufen mitten in London: Der Innenhof von Somerset House verwandelt sich im Winter in eine Eislaufbahn. 2 S. 154

Genießen & Atmosphäre

Maison Bertaux: Eine wahre Institution in Soho! Die französische Pâtisserie bietet das ideale Ambiente für einen Morgenkaffee. 15 S. 147

Covent Garden: Gute Stimmung herrscht bei den Straßenkünstlern, vor denen sich meist eine große Menschentraube versammelt. 4 S. 150

Victoria Embankment Gardens: In den Gärten an der Themse kann man ein Päuschen einlegen und sich für weitere Besichtigungstouren stärken. 10 S. 154

Wigmore Hall: Die Konzerthalle in Marylebone bietet zur Mittagszeit oft Konzerte. 20 S. 156

Abends & Nachts

Das **Westend** ist das Ausgehviertel schlechthin: Es gibt unzählige Theater, Kinos, zwei Opernhäuser sowie Nachtclubs und Musikbars. S. 165

Es gibt keinen Konsens darüber, was genau zum Londoner **Westend** zählt. Eine mögliche Begrenzung bilden Piccadilly Circus und Trafalgar Square im Süden, Oxford Street im Norden, Regent Street im Westen und Covent Garden im Osten. Das Westend präsentiert sich als eine Mischung aus Konsum und Kultur, interessanten Museen, kitschigen Touristenläden sowie Einkaufs- und Unterhaltungskomplexen.

In diesem Bezirk befinden sich auch **Soho** (s. Entdeckungstour S. 146), seit jeher Unterhaltungsviertel mit zahlreichen Lokalen, Kneipen und Cafés, und **Chinatown,** wo sich die chinesischen Einwanderer in den 1950er-Jahren ansiedelten. **Covent Garden,** obwohl überteuert und sehr überlaufen, erfreut sich großer Beliebtheit, und die dort auftretenden Straßenmusiker spielen meist sehr gut.

Die **Oxford Street** am Nordende des Westend ist Londons längste und bekannteste Einkaufsstraße, auf der sämtliche großen Ladenketten vertreten sind. Tag für Tag kann man hier sein Geld ausgeben, angespornt von dem fast das ganze Jahr über stattfindenden Ausverkauf.

Nördlich der Oxford Street und damit nicht mehr im Westend liegt das Viertel **Marylebone** mit dem weltberühmten Wachsfigurenkabinett Madame Tussaud's. Die Nordhälfte des gediegenen Viertels wird vom Regent's Park eingenommen.

Infobox

Reisekarte: ▶ Karte 1, H–P 3–8 und Karte 2

Ausgangspunkt
Startpunkt ist der **Piccadilly Circus** (mit der gleichnamigen U-Bahn-Station), von hier lässt sich in einer ersten Tour das **Westend** mit Chinatown, Soho und Covent Garden problemlos zu Fuß erkunden (s. Karte S. 145). Eine zweite Tour führt von Piccadilly Circus über Regent und Oxford Street nach **Marylebone** mit Madame Tussaud's, Sherlock Holmes Museum und Regent's Park (s. Karte S. 156).

Am Abend noch nichts vor?
Im **half price ticket booth (tkts)** an der Südseite des Leicester Square kann man Eintrittskarten für Shows und Theaterstücke für den gleichen Tag erwerben – vielleicht ist etwas Interessantes dabei (Mo–Sa 9–19, So 11–16.30 Uhr, 1/2 Preis plus 3 £ Gebühr, www.tkts.co.uk/leicester-square). Achtung: Kaufen Sie keine ›half priced‹ Tickets in U-Bahnhöfen oder an inoffiziellen Buden. Sie können leicht doppelt so teuer sein wie normale Tickets.

Westend

Zwischen Piccadilly Circus und Leicester Square

Piccadilly Circus 1

Die Straßenkreuzung Piccadilly Circus bildet mit den bunten Reklameflächen an den Hauswänden eine weltweit bekannte Postkartenansicht. Einer unfassenden Verschönerungskur unterzogen, bietet der Platz nun allen Verkehrsteilnehmern ein (meist) reibungsloses Nebeneinander.

In der Mitte des Platzes erhebt sich die Skulptur »Angel of Christian Charity« (ein Werk des Bildhauers Alfred Gilbert), die dem sozial engagierten

Glamourös: Londons Theatermeile Shaftesbury Avenue

LYRIC
APOLLO
APOLLO THEATRE
DAVID SUCHET
ZOË WANAMAKER
ARTHUR MILLER'S
ALL MY SONS
HOWARD DAVIES
THRILLER
Live
HAIR
HAIR
HAIR
HAIR
GIELGUD
HAIR
HAIR
HAIR
DANGEROUS ★ DIRTY DIANA plus many more!
V544 DGT

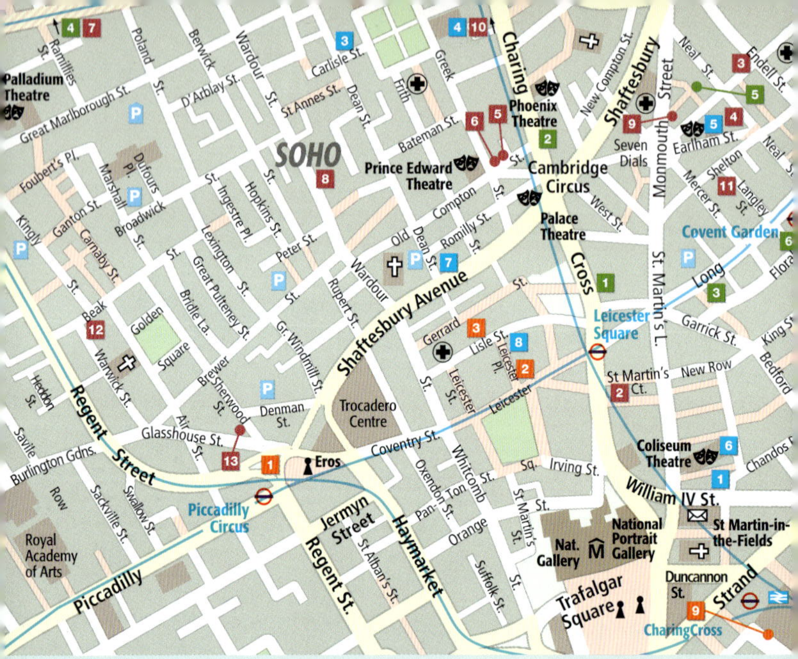

Sehenswert

1 Piccadilly Circus
2 Notre Dame de France
3 Chinatown
4 Covent Garden Market
5 St Paul's Church
6 Royal Opera House
7 Theatre Royal
8 London Transport Museum
9 Benjamin Franklin House
10 Victoria Embankment Gardens
11 Somerset House/ Courtauld Gallery
12 St Mary-le-Strand
13 St Clement Danes
14 Bush House
15 – 22 s. Karte S. 156

Lord Shaftesbury gewidmet ist. Die Figur ist eher als ›Eros‹, Gott der Liebe, bekannt, der mit verbundenen Augen jedem seine Zuneigung zuteil werden lässt. Als das Kunstwerk im Jahr 1893 enthüllt wurde, erntete es nur Hohn und Spott.

Leicester Square

Leicester Square (ausgespr. ›lester‹) ist wegen seiner zentralen Lage ein beliebter Treffpunkt. Fastfood-Ketten, die üblichen Porträtmaler und Panflöte spielende Straßenmusiker, vor allem aber Menschenmassen fast rund um die Uhr prägen den Charakter des Platzes. Anlässlich der Olympischen Spiele 2012 erfuhr der gesamte Platz eine Rundum-Erneuerung.

Die kleine Statue von Sir Charlie Chaplin verweist auf die cineastische Bedeutung des Platzes. Rote Teppiche vor den großen Kinos Odeon und Empire weisen auf wichtige Filmpremieren hin. Das Programmkino **Prince Charles** 8, gleich um die Ecke am Leicester Place, zeigt internationale Filme und Klassiker.

Westend

14 – 18 s. Karte S. 149
19 – 20 s. Karte S. 156

Einkaufen
1 Any Amount of Books
2 Blackwell's
3 Edward Stanfords
4 Harold Moores
5 Neal's Yard Dairy
6 Paul Smith
7 – 12 s. Karte S. 149
13 – 21 s. Karte S. 156

Abends & Nachts
1 The Harp
2 Heaven
3 Pizza Express Jazz Club
4 Borderline
5 Donmar Warehouse
6 English National Opera
7 Curzon Soho
8 Prince Charles
9 – 17 s. Karte S. 149
18 – 20 s. Karte S. 156

Essen & Trinken
1 Rules
2 J Sheekey
3 Rock & Sole Plaice
4 Food for Thought
5 Stockpot
6 La Porchetta Pollo Pizzeria
7 Efes Kebab House
8 Hummus Bros
9 Monmouth Coffee Company
10 Fitzroy Tavern
11 Hawksmore Seven Dials
12 Nopi
13 Brasserie Zedel

Aktiv
1 Embankment Pier: Bootsanleger Thames Clippers
2 Eisbahn

An der Ecke zur Charing Cross Road bietet das riesige, denkmalgeschützte **Hippodrome** (www.hippodromecasino.com) Glücksspiel, und zwar 24/7. Anstelle von kasinotypischem Glamour bestimmen hier allerdings eher die Chinesen aus Chinatown das Bild.

Nicht versäumen sollte man, einen Blick in die Kirche **Notre Dame de France** 2 zu werfen. Man kann sich hier ein paar Minuten in Ruhe vom Trubel des Westends erholen und darüber hinaus die ungewöhnlichen Wandmalereien von Jean Cocteau bestaunen: kraftvoll, blasphemisch, vielleicht sogar erotisch – auf jeden Fall anders als traditionelle Kirchenkunst.

Chinatown 3

Chinatown erstreckt sich zwischen Leicester Square und **Shaftesbury Avenue,** einem langen Straßenzug, der in den 1880er-Jahren durch die Slumgegend gebaut wurde. Die Straße entwickelte sich später zu einer Theatermeile. In Viktorianischer Zeit entstanden sieben Theater, von denen es noch heute sechs gibt. ▷ S. 150

Auf Entdeckungstour:
Ein morgendlicher Bummel durch Soho

Vielen gilt Soho als das Herz Londons: bunt, lebendig und rund um die Uhr ist etwas los. Besonders nett ist Soho am Vormittag, wenn normales Alltagsleben stattfindet: Waren werden angeliefert, die Restaurants öffnen langsam ihre Türen und Straßenfeger drehen ihre Runden.

Zeit: ein halber Tag

Planung: Für den Rundgang bieten sich Montag bis Samstag an, da dann auch die Geschäfte geöffnet sind.

Start: Soho Square, U: Tottenham Court Road

Soho im Netz: www.themuseumofso ho.org.uk (Online-Museum)

In Soho – zwischen Oxford Street, Regent Street, Shaftesbury Avenue und Charing Cross Road gelegen – tummeln sich Touristen, Geschäftsleute, rund 5000 Anwohner, Zeitungsleute, Angestellte, Obdachlose, Prostituierte, Künstler und Markthändler. Gemeinsam prägen sie den Charakter dieses Viertels – ein Netz an Gassen und engen Straßen mit Geschäften, Bars, Cafés und Restaurants. So findet man neben dem Sexshop einen Eisenwarenladen, neben den alteingesessenen Clubs und Restaurants auch jene aufgestylten Cafés, die wie Eintagsfliegen schnell wieder von der Bildfläche verschwinden.

Seit jeher Anziehungspunkt für Künstler, Schriftsteller und Einwanderer aus aller Welt entwickelte sich hier bereits im 18. Jh. ein Unterhaltungsviertel mit Tavernen und halbseidenen Etablissements. In den Jahren nach dem Zweiten Weltkrieg wurde Soho Treffpunkt der Bohème, Literaten, Künstler und Musiker fühlten sich hier zu Hause. In den 1960er- und 1970er-Jahren war Soho fast ausschließlich von der Rotlichtszene dominiert.

1976 erschütterte ein riesiger Skandal die Gemüter: Die Zusammenarbeit zwischen organisierten Gangs und der Polizei flog auf und etliche Scotland-Yard-Polizisten wurden wegen Bestechung und Korruption festgenommen. In den 1980er-Jahren hielt die Gay-Szene in Soho Einzug und vor allem die Old Compton Street ist seitdem fest in der Hand der ›Pink Panther‹. Die Schwulenszene hat sich zwar mittlerweile auch nach Shoreditch im Osten und Vauxhall südlich der Themse verlagert, doch bietet Soho den Vorteil, dass hier auch tagsüber immer etwas los ist und etliche Cafés mit Tischen auf dem Bürgersteig Sehen und Gesehenwerden ermöglichen. Soho ist freundlich, unkompliziert und zieht ein wahrhaft gemischtes Publikum an.

Dörfliche Gemütlichkeit: am Soho Square

Ein guter Startpunkt für einen Soho-Bummel ist die kleine Grünanlage **Soho Square.** Fotogen beherrscht ein schwarz-weißer Fachwerkbau im Pseudo-Tudor-Stil die Mitte des Platzes. Bei schönem Wetter und vor allem zur Mittagspause strömen die Angestellten aus den umliegenden Geschäften und Büros hierher, um ihre Sandwiches zu verzehren.

Zwei Kirchen aus rotem Backstein säumen Soho Square: Die katholische **St Patrick's Church** besuchen vorwiegend Iren, Italiener und Chinesen, die **French Protestant Church** wurde Mitte des 16. Jh. für französische Hugenotten errichtet. Im Tympanon über dem Eingangsportal zeigt ein Relief französische Flüchtlinge beim Überqueren des English Channel und wie Edward VI. ihnen Asyl gewährt.

Etablierte Locations

Der beliebte **Pillar of Hercules** 9 in der Greek Street ist einer der ältesten Pubs der Gegend. Traditionelles *Sausage & Mash* gefolgt von *Apple Pie* füllen hungrige Mägen. Ein Torbogen führt zur Manette Street und zur **Charing Cross Road,** *der* Bücherstraße schlechthin (wenige Schritte entfernt befindet sich rechts das legendäre **Foyles** 7, s. S. 44). Neben dem Pillar of Hercules liegt das ungarische Restaurant **Gay Hussar** 14 (Tel. 020 74 37 09 73, www.gayhussar.co.uk, Mo–Sa 12.15–14.30, 17.30–22.45 Uhr, 2-Gänge-Lunch 21,95 £).

An der Ecke Greek Street/Old Compton Street bietet das **Café Boheme** 10 Frühstück oder Lunch, und bis spät in die Nacht gibt es leckere Cocktails (www.cafeboheme.co.uk, Mo–Fr 8–3, Sa 9–3, So 9 Uhr–Mitternacht). Nr. 28 Greek Street beherbergt das **Maison Bertaux** 15, eine charmante französische Patisserie, 1871 gegründet und eine Institution in Soho. Kleine runde Tische mit dunkel polierten Stühlen und flamboyante Dekoration an den Wänden mit viel Pink schaffen nostalgisches Ambiente (s. S. 41).

Die Frith Street verläuft parallel zur Greek Street. In dieser Straße lebten Mozart (Nr. 20), der Maler John Constable (Nr. 49) und der Humanist William Hazlitt (Nr. 6). In letztgenanntem Haus ist heute das gleichnamige Boutique-Hotel untergebracht. Jede Nachteule kennt die berühmte **Bar Italia** 11, 1950 von der Polledri-Familie gegründet und rund um die Uhr geöffnet. Schinken und Knoblauchzöpfe hängen von der Decke, an den Wänden Memorabilia berühmter Boxkämpfe, z. B. die Boxhandschuhe von Rocky Graziano. Auch werden hier italienische Fußballspiele übertragen (s. S. 48). Gegenüber liegt **Ronnie Scott's Jazz Club** 12, der berühmteste Jazz-Club in Großbritannien. In den 1950er-Jahren gegründet, lockt er immer noch Jazz-Größen an (s. S. 51).

In Dean Street lebte Karl Marx 1851–56 mit seiner Familie in verschiedenen Wohnungen. Das kleine **Soho Theatre** 13 bietet interessante zeitgenössische Produktionen sowie Comedy and Kabarett (s. S. 52). Das **French House** 14, Nr. 49, ist ein kleines, immer volles Lokal. Ausgeschenkt werden bretonischer Cider und Bier, aber traditionell nur als *half pint*. Das French House war De Gaulles Londoner Basis für den französischen Widerstand im Zweiten Weltkrieg und später die Lieblingskneipe der Maler Francis Bacon und Lucian Freud (www.frenchhousesoho.com). **Red Fort** 16 in Nr. 77 ist ein empfehlenswertes indisches Restaurant (Tel. 020 74 37 25 25, www.redfort.co.uk, Mo–Fr 12–15, Mo–Sa 17.30–23.30, So 17.30–22.30 Uhr).

Die nahe gelegene **St Anne's Church** wurde im Krieg fast vollständig zerstört. Heute ist hier der Sitz der **Soho Society,** die sich um den Erhalt des Viertels bemüht. Seit 1973 organisiert die Gesellschaft das beliebte Soho Festival und betreibt auch ein kleines Museum. Die kleine Grünanlage vor der Kirche diente im 17./18. Jh. als Friedhof. Hier wurde die Urne der Krimi-Autorin Dorothy Sayers beigesetzt, die in St Anne als Kirchendienerin tätig war.

Die Schlagader Sohos: Old Compton Street

Die Old Compton Street ist die eigentliche ›Hauptstraße‹ Sohos. An der Ecke zur Greek Street bietet das **Prince Edward Theatre** 15 (Tel. 084 44 82 51 51) Kassenschlager. Vor allem aber ist die Straße das Zentrum der Gay-Szene. Es gibt zahlreiche Schwulen-Cafés, Restaurants und den legendären **Admiral Duncan Pub** 16. Hier ereignete sich 1999 eine Tragödie, als eine Nagelbombe explodierte und drei Menschen tötete. Neonazi David Copeland wurde für die Tat verantwortlich gemacht.

Wahre Institutionen sind auch die **Patisserie Valerie** 17 (1926 von Madame Valerie gegründet – mittlerweile gibt es zahlreiche Zweigstellen im ganzen Land), der italienische Deli **I Camisa & Son** 8 (Nr. 61) und die Weinhandlung **The Vintage House** 9 (Nr. 42) mit Hunderten verschiedener Whiskysorten (www.sohowhisky.com).

Algerian Coffee Stores 10 (Nr. 52, www.algcoffee.co.uk), 1887 gegründet, wird von Marisa Crocetta geführt, die den Laden von ihrem Vater und Großvater erbte. Es gibt über 100 verschiedene Kaffeesorten und 160 Teesorten, die in Säcken hinter dem Ladentisch gelagert werden, darüber auf weißen Regalen Gläser mit Süßigkeiten.

Medienfirmen und Striptease-Clubs: Rund um Wardour Street

Wardour Street, die längste Straße in Soho, ist fest in der Hand von Filmstudios, Fotoateliers und TV-Produktionsgesellschaften. Früher spielte sich hier Rockgeschichte ab, z. B. in dem ehemaligen berühmten **Marquee Club,** wo Rockgrößen wie Led Zeppelin und Jimmy Hendrix spielten.

Unübersehbar mit seiner pistaziengrünen Fassade ist **Lina Stores** 11 (www.linastores.co.uk) in der Brewer Street Nr. 18. Das Delikatessengeschäft befindet sich seit den 1940er-Jahren hier, und die jetzigen Besitzer haben die originale Einrichtung beibehalten. Ganz besonders empfehlenswert sind die Knoblauch- und Wein-Würstchen.

Berwick Street Market 12 ist ein hübscher kleiner Straßenmarkt mit Obst, Gemüse, Kleidung und allem möglichen Krimskrams (Mo–Sa 9–18 Uhr). Rechts und links reihen sich Kleidungs-, Vintage- und Schallplattenläden mit Raritäten zum Stöbern aneinander.

Die Wasserpumpe Broadwick Street/Ecke Poland Street erinnert an die katastrophale Cholera-Epidemie von 1854. Dr. John Snow, Leibarzt Queen Victorias, fand heraus, dass die Cholera durch das ungefilterte Wasser aus der Themse und nicht über die Luft übertragen wurde. An den Arzt erinnert auch der **John Snow Pub** 17 in der Broadwick Street Nr. 39. Kurz nachdem Dr. Snow den Hahn der Wasserpumpe abmontiert hatte, endete die Epidemie. Ein weiterer Beweis seiner Theorie ließ sich in unmittelbarer Nähe finden: Keiner der Arbeiter der Broad-Street-Brauerei, die statt Wasser nur Bier tranken, erkrankte an Cholera.

In dieser Straße wurde 1757 der Maler William Blake geboren. Später lebte er in Poland Street, wo er »The Marriage of Heaven and Hell« schrieb. In der Lexington Street befindet sich das beliebte vegetarische Restaurant **Mildred's** 18 (s. S. 40). Halbseidene Gässchen mit Striptease-Clubs oder Rotlicht-Etablissements wird man in Soho nicht mehr finden.

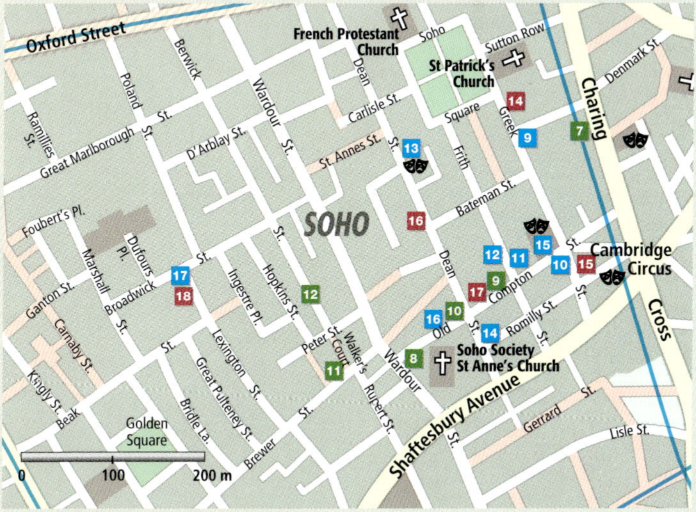

Das größte ist das Palace Theatre am Cambridge Circus, wo hauptsächlich Musicals gezeigt werden. Das nette Kino **Curzon Soho** 7 (mit Bar und Café) zeigt interessante, oft auch ausländische Filme.

Die wichtigsten Straßen in Chinatown sind Lisle Street und Gerrard Street. Viele Chinesen siedelten sich hier in den 1950er-Jahren an. Chinatown bildet, auch wenn die leicht kitschig anmutenden roten Laternen, Telefonzellen im Pagoden-Stil, Löwen und orientalischen Gitter eher auf Touristen abzielen, eine enge Gemeinschaft der hier lebenden und arbeitenden Chinesen. Im Januar oder Februar feiern sie das chinesische Neujahr mit Umzügen, bunten Papierdrachen und einem Unterhaltungsprogramm. In Chinatown findet man immer noch ein Lokal, wenn alle anderen Restaurants schon geschlossen sind.

Rund um Covent Garden

Covent Garden Market 4

Covent Garden, wo zuvor ein großer Obst- und Gemüsemarkt stattfand, wurde in den 1970er-Jahren zur Touristenattraktion umgestaltet und hat bis heute nichts von seiner Beliebtheit eingebüßt. Die alten Markthallen wurden restauriert und beherbergen heute hübsche, kleine Geschäfte und Verkaufsstände. Im **Apple Market** in der Nordhalle gibt es Kunsthandwerk und montags Antiquitäten, im **Jubilee Market** überwiegend Krimskrams und Teenie-Kleidung. Zahlreiche – meist überteuerte – Restaurants und Cafés sorgen für das leibliche Wohl. Rund um die Piazza kann man Straßenkünstlern aller Art zuschauen, und auch ›arbeitslosen‹ Opernsängern lauschen, die sich hier ein Zubrot verdienen. Obwohl im Sommer ziemlich überlaufen, ist Covent Garden dennoch freundlich und friedlich, vor allem, weil einige Teile verkehrsberuhigt sind.

Der Name Covent Garden leitet sich von dem Garten einer hier ansässigen Abtei ab, dem Convent Garden. In den 1630er-Jahren schuf Baumeister Inigo Jones in Erinnerung an die Piazza in Livorno einen neoklassizistischen palladianischen Platz, den ersten öffentlichen Platz in London. Zunächst vor-

nehm und elegant, zog es im 18. und 19. Jh. vor allem Künstler und Literaten hierher. Kaffeehäuser und Bordelle brachten die Gegend zeitweilig in Verruf. 1830 wurde der Markt angelegt. Das zentrale Marktgebäude wurde später mit einem Eisen- und Glasdach versehen, das noch heute existiert.

St Paul's Church 5

Tel. 020 78 36 52 21, www.actorschurch.org, Mo–Fr 8.30–17, So 9–13 Uhr, Sa variierende Öffnungszeiten

Die 1631 nach Inigo Jones' Plänen errichtete St Paul's Church (nach einem Feuer 1795 verändert) gilt als Kirche der Schauspieler. Im Inneren sieht man zahlreiche Gedenktafeln wie für Charlie Chaplin und Vivian Leigh. Alljährlich an einem Maitag wird mit einem Fest an die erste Kasperletheater-Aufführung erinnert, die hier 1662 stattfand. Die kleine Gartenanlage vor dem jet-

Die Cafés in Covent Garden erfreuen sich größter Beliebtheit

zigen Haupteingang bietet Erholung vom Trubel im Covent Garden.

Royal Opera House 6

Tel. 020 73 04 40 00, www.roh.org.uk, Backstage Tours (75 Min.) i. d. R. Mo–Sa 3 x tgl., 12 £; Velvet, Gilt und Glamour Tour (45 Min.) tgl. 16 Uhr, 9,50 £

Das Opernhaus gilt als eines der besten Opernhäuser der Welt. Fast jeden Abend werden hier erstklassige Aufführungen geboten. Interessante Führungen geben einen Einblick in die Arbeit hinter den Kulissen.

Theatre Royal 7

Tel. 0844 412 4660, www.reallyusefultheatres.co.uk, Führungen (1 Std.) Mo, Di, Do, Fr 14.15 u. 16.15, Mi, Sa 10.15 und 11.45 Uhr, sonntags auf Anfrage, 9 £

Das Gebäude des Theatre Royal in der Catherine Street stammt von 1811, doch wurde das erste Theater hier bereits 1663 – als erstes nach der theaterlosen Cromwellschen Zeit – erbaut. Mit über 2200 Plätzen ist es eines der größten Londoner Theater und wird heute weitgehend für Musicals genutzt. Recht unterhaltsame Touren führen in etwa 60 Minuten hinter die Kulissen. Interessant ist zu erfahren, wie wild es früher bei den Aufführungen zugegangen sein muss.

London Transport Museum 8

www.ltmuseum.co.uk, Sa–Do 10–18, Fr 11–18 Uhr, Eintritt 16 £, frei unter 17 Jahre

Das hervorragende London Transport Museum ist besonders bei Kindern beliebt, denn es gibt viele Vehikel zum Einsteigen und diverse interaktive Attraktionen, so die 15 KidZones, die die Geschichte des Transportwesens vergnüglich darstellen. Die chronologische Darstellung dokumentiert die Entwicklung des öffentlichen Verkehrswesens in London – das erste weltweit – vom pferdegezogenen Bus bis heute und mit Ausblick in die Zukunft. Am Bildschirm können manche Informationen auch auf Deutsch abgerufen werden.

Im Jahr 2004 feierte der beliebte rote Routemaster 50. Geburtstag, doch war dies bereits der Anfang vom Ende. Die Doppeldeckerbusse, bei denen der Einstieg hinten über eine offene Plattform erfolgt, wurden aus dem Verkehr gezogen. Bis auf die Linie 15, die noch als ›Heritage Tours‹ fährt, sind alle Routemaster verschwunden. Linie 15 fährt alle 15 Min. von Trafalgar Square entlang St Paul's nach Tower Hill, natürlich kann man Travel- oder Oyster Cards verwenden. Die auf Initiative von Bürgermeister Boris Johnson neu gebauten, umweltfreundlichen Doppeldecker sind seit 2012 im Einsatz. Das Museum dokumentiert auch andere Arten, wie man sich in London fortbewegen kann: mit dem Fahrrad, zu Fuß, mit dem Taxi oder auf der Themse. Der gut sortierte Museumsshop verlockt zum Geldausgeben.

Nördlich von Covent Garden

Die Straßen nördlich von Covent Garden laden zum Schaufensterbummel und zahlreiche Bars und Restaurants zur Einkehr ein. In Floral Street haben Designer wie **Paul Smith** 6 ihre Zweigstellen. In Long Acre findet man u. a. Next und Jigsaw. Hier ist auch **Edward Stanfords** 3, das größte Landkartengeschäft der Welt, beheimatet. Nett ist auch Neal Street mit vielen ungewöhnlichen Schuhläden und Bistros. Bei **Food for Thought** 4, einem etablierten vegetarischen Restaurant, bekommt man leckere Sandwiches und kleinere Gerichte. **Neal's Yard,** ein kleiner, mediterran wirkender Platz mit vielen Blumenkübeln und bunt angestrichenen Häuschen, lädt zum Stopp ein.

The Strand und Umgebung

Der bedeutende Straßenzug **The Strand** wurde Ende des 12. Jh. gebaut, um die damals noch nicht zusammengewachsenen Stadtteile City und Westminster miteinander zu verbinden. Es entstand eine vornehme Wohngegend mit prachtvollen Häusern und Gärten, die sich bis zum Ufer der Themse (Strand) erstreckten. Im 19. Jh. als »feinste Straße in Europa« bezeichnet (Benjamin Disraeli), ist sie heute eine belebte Verkehrsachse mit Büros, Geschäften, Theatern, Pubs und Restaurants.

Gegenüber vom großen **Bahnhof Charing Cross** in der Adelaide Street zieht eine Bronzeskulptur die Blicke auf sich: ein großer schwarzer Granitsarg, aus dem oben der Kopf Oscar Wildes hervorragt. Mit einer Zigarette in der Hand scheint sich der Schriftsteller mit den Passanten zu unterhalten. Das Werk stammt von Maggi Hambling (1997). An der Westseite des Bahnhofs liegt die **Craven Street** mit schönen georgianischen Gebäuden.

Benjamin Franklin House 9

www.benjaminfranklinhouse.org, Tel. 020 79 25 14 05, Historic Experience Show Mi–So 12, 13, 14, 15.15, 16.15 Uhr, 7 £, Architekturführungen Mo 12, 13, 14, 15.15, 16.15 Uhr, 3,50 £

In Craven Street Nr. 36 lebte Benjamin Franklin, Wissenschaftler, Philosoph, Erfinder, Diplomat und ›Vater‹ der USA, zwischen 1757 und 1762. Kein Museum im herkömmlichen Sinne, kann Franklins Wohnstätte jedoch im

Mein Tipp

Bootsfahrt auf der Themse

Das herrliche Stadtpanorama Londons einmal vom Wasser aus genießen? Vom **Embankment Pier** 1 unterhalb der U-Bahn-Station Embankment fahren Schiffe regelmäßig in beide Flussrichtungen. Besonders schön ist eine Fahrt mit dem Pendlerboot der Reederei Thames Clippers zur Canary Wharf (Docklands, s. Entdeckungstour S. 282, bei diesem Ziel muss man auf die Tageskarte einen Aufpreis entrichten (Travelcard plus 4,30 £, Oyster plus 5,85 £).

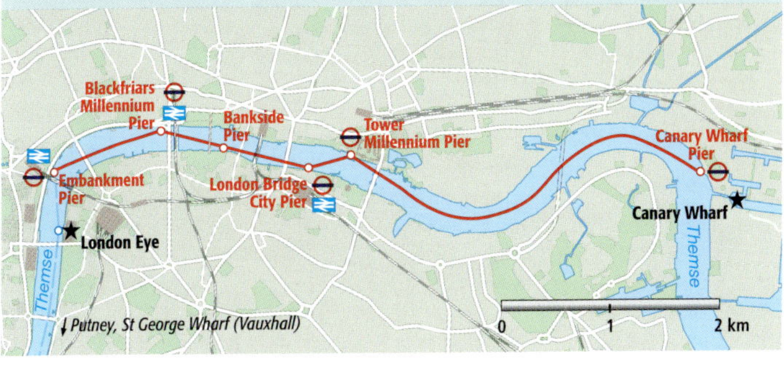

Mein Tipp

Schlittschuhlaufen mitten in London

Von November bis Januar bietet der Innenhof von Somerset House die schönste **Eisbahn** 2 der Stadt. Den Rucksack kann man abgeben, die Schlittschuhe ausleihen und los geht's. Begleitet von Barock- oder Jazzmusik vom Lautsprecher kann man seine Bahnen ziehen und sich hinterher, ganz klassisch, mit Glühwein oder heißer Schokolade aufwärmen. Für Anfänger gibt es ›Ice Stewarts‹, die sofort zur Hilfe eilen, wenn es Probleme gibt, und für die Kleinen gibt es Pinguine aus Plastik, an denen sie sich festhalten können. Das Vergnügen ist nicht ganz billig, mit 10 £ sollte man rechnen. Der Preis richtet sich nach der Tageszeit (frühmorgens billiger), dem Datum (in den Ferien teurer) und der Ausbuchung.

Zuge einer Führung oder einer unterhaltsamen Show entdeckt werden. In Craven Street Nr. 32 wohnte übrigens 1827 der deutsche Dichter Heinrich Heine.

Victoria Embankment Gardens 10

Vom Bahnhof Charing Cross sind es nur wenige Schritte entlang Villiers Street zu den Victoria Embankment Gardens, einem schönen Plätzchen für ein Picknick. Zahlreiche Bänke, Sonnenstühle und im Sommer ein Café laden zum Verweilen ein. Hinter den Gärten erstreckt sich das 1889 eröffnete und für rund 100 Mio. £ total überholte Luxushotel **Savoy** (Tel. 020 78 36 43 43, www.fairmont.de/savoy-london). Gegenüber, am Flussufer, steht **Cleopatra's Needle,** ein 19 m hoher, auf 1475 v. Chr. datierter Obelisk. Großbritannien erhielt ihn 1819 anlässlich der Thronbesteigung von George IV. als Geschenk aus Ägypten.

Die schönen **Golden Jubilee Bridges,** auch Hungerford Bridges genannt, führen von hier beidseitig der Eisenbahnbrücke über die Themse und verbinden Embankment mit dem South Bank Centre. An dem Blick über den Fluss kann man sich niemals sattsehen. Abends werden die Brücken so geschickt angeleuchtet, dass die verbindenden Eisendrähte wie Wasserfontänen aussehen, die von kleinen blauen Lichtern bekrönt werden.

Somerset House 11

www.somersethouse.org.uk, tgl. 10–18 Uhr, Eintritt Courtauld Gallery 6 £

Somerset House wurde zwischen 1776 und 1786 im Auftrag von George III. nach Plänen von Sir William Chambers errichtet. In Teilen des Ost- und Westflügels sind Behörden untergebracht und im Nordflügel die herausragende **Courtauld Gallery.** Zu sehen sind u. a. Rubens, Bellini, Cranach und Botticelli sowie eine imposante Sammlung an Impressionisten und Post-Impressionisten (van Gogh, Manet, Renoir, Gauguin und Pissarro) sowie deutsche Expressionisten, französische Fauvisten sowie Werke von Künstlern der Bloomsbury Group wie Duncan Grant, Vanessa Bell und Roger Fry (www.courtauld.ac.uk).

Im zentralen Innenhof, dem **Edmond J. Safra Fountain Court,** beeindruckt das zauberhafte Wasserspiel von Edmond J. Safra: 55 tanzende Wasserfontänen, durch die man hindurchgehen kann, ohne dabei nass zu werden. Im Sommer finden im Innenhof auch Konzerte statt, im Winter verwandelt er sich zum Schlittschuhlaufen in eine Eisbahn (s. Tipp).

St Mary-le-Strand 12

www.stmarylestrand.org, i. d. R. Di–Do 11–16, So 10–13 Uhr

Die Kirche St Mary-le-Strand entstand ab 1714 nach Plänen von James Gibbs. Der halbrunde Portikus und der zierliche Glockenturm sind von Christopher Wren beeinflusst.

St Clement Danes 13

www.raf.mod.uk/stclementdanes, zurzeit wg. Restaurierung geschl.

Eine weitere Ruhe-Insel bildet weiter östlich St Clement Danes, die 1680–82 nach Plänen von Christopher Wren an der Stelle eines früheren Gotteshauses errichtet wurde. Der Kirchturm, 1719 nach einem Entwurf von James Gibbs hinzugefügt, ist für sein schönes Glockengeläut bekannt. Während des Krieges zerstört, wurde St Clement Danes in den 1950er-Jahren restauriert und als Kirche der Royal Air Force hergerichtet. Vor dem Gotteshaus steht die auch in England umstrittene Skulptur des »Bomber-Harris«, der im Zweiten Weltkrieg als Oberkommandierender des britischen Bomber Command für die verheerenden Flächenbombardements zahlreicher deutscher Städte wie Köln, Hamburg und Dresden verantwortlich war.

Aldwych

In dem in einem Halbrund angelegten Straßenzug Aldwych befinden sich drei imposante Gebäude, das **Australia House** (1911–18) mit der australischen, das **India House** (1930) mit der indischen Hochkommission und das **Bush House** 14 (1920), wo bis zu seinem Umzug an den Portland Place im Juli 2012 über 70 Jahre lang der BBC World Service untergebracht war. Auch das Waldorf Hilton und das noble Hotel One Aldwych mit seiner Fülle an moderner Kunst selbst in den Gästezimmern sind hier angesiedelt.

Vom Westend nach Marylebone

Das Stadtviertel Marylebone umfasst die Gegend zwischen Oxford Street, Edgware Road, Marylebone Road und Great Portland Street. Abgesehen von der High Street mit Szene-Läden, Designer-Shops und eleganten Restaurants ist Marylebone ein ruhiges Wohnviertel mit großen stattlichen Häusern, georgianischen Plätzen und Straßen. Einige der beliebtesten Touristenziele befinden sich hier.

Vom Piccadilly Circus zum Oxford Circus

Regent Street

Regent Street, ehemals eine ›Vorzeigemeile‹ für den Prinzregenten, wurde um 1800 nach Plänen von John Nash angelegt, um das vornehme Mayfair von dem bescheidenen Soho abzugrenzen. Der Straßenzug verbindet Piccadilly Circus mit Oxford Circus im Norden und Pall Mall im Süden. Bei den meisten dort ansässigen Geschäften handelt es sich um die üblichen Ladenketten, einige andere hingegen, wie das Kaufhaus **Liberty's** 17 (s. Mein Tipp S. 162), strahlen nach wie vor in alter Pracht.

Von dort liegt in Gehentfernung auch die legendäre **Carnaby Street,** in den 1960er-Jahren gemeinsam mit der King's Road das Zentrum von ›Swinging London‹. Vorübergehend weitgehend zur Touristenmeile degradiert, wurde sie mittlerweile aufgepeppt und verschönert.

Oxford Street

Die Oxford Street erstreckt sich über 3 km von Tottenham Court Road bis

Vom Westend nach Marylebone

Sehenswert
- 1 – 14 s. Karte S. 145
- 15 Wallace Collection
- 16 St James's Spanish Place
- 17 Madame Tussaud's
- 18 Sherlock Holmes Museum
- 19 London Central Islamic Centre and Mosque
- 20 Lord's Cricket Ground
- 21 Primrose Hill
- 22 London Zoo

Essen & Trinken
- 1 – 13 s. Karte S. 145
- 14 – 18 s. Karte S. 149
- 19 Sardo
- 20 Golden Hind

Einkaufen
- 1 – 6 s. Karte S. 145
- 7 – 12 s. Karte S. 149
- 13 Alfie's Antiques Market
- 14 Daunt Books
- 15 HMV
- 16 John Lewis
- 17 Liberty's
- 18 Marks & Spencer
- 19 Selfridges
- 20 Browns
- 21 Kabiri
- 22 Margaret Howell

Abends & Nachts
- 1 – 8 s. Karte S. 145
- 9 – 17 s. Karte S. 149
- 18 100 Club
- 19 Regent's Park Open Air Theatre
- 20 Wigmore Hall

Marble Arch (s. S. 215) und obwohl für Privatautos gesperrt, schiebt sich eine nie endende Schlange von Bussen und Taxen in beide Richtungen. Auf den Bürgersteigen drängeln sich dagegen die Menschenmassen. Rund 60 000 Menschen arbeiten in den Geschäften entlang der Straße, die von Ost nach West angenehmer wird. Das östliche Ende rund um Tottenham Court Road Station ist Teil der Cross-Rail Development und wird noch bis 2016 eine riesige Baustelle sein. Bei der U-Bahn-Station Bond Street befinden sich die großen Kaufhäuser John Lewis und Selfridges.

Der **Oxford Circus** an der Straßenkreuzung zur Regent Street teilt die Oxford Street in zwei ungleiche Hälften. Nordwestlich der Oxford Street erstreckt sich Marylebone, das Gebiet nordöstlich wird Fitzrovia genannt.

Marylebone

Marylebone Lane, Marylebone High Street, die parallel zur Oxford Street verlaufende Wigmore Street sowie die Seitenstraßen werden auch als »Marylebone Village« bezeichnet und sind beliebte Einkaufsstraßen für betuchtere Londoner. Hier findet man kleinere Läden und Boutiquen sowie einige nette Restaurants. Im hübschen Garten der St Marylebone Church findet am Samstag von 11 bis 17 Uhr der Cabbages & Frocks Market (www.cabbagesandfrocks.co.uk) statt.

Die schöne **Wigmore Hall** 20 ist für ihre herausragende Akustik berühmt und wird vorwiegend für Kammerkonzerte genutzt (www.wigmore-hall.org.uk, Coffee concerts So 11.30, Mo Lunchtime concerts 13 Uhr). **Manchester Square** ist ein von schönen Häusern umgebener Platz. Die Nordseite wird vom Hertford House eingenommen, das die Wallace Collection beherbergt.

Wallace Collection 15

www.wallacecollection.org.uk, tgl. 10–17 Uhr, Eintritt frei

Dieses ausgezeichnete Museum geht auf die Sammelleidenschaft der Marquisen von Hertford zurück, die zwischen 1780 und 1880 eine reichhaltige Kunstsammlung zusammentrugen. Insbesondere beeindruckend ist die Sammlung französischer Malerei aus dem 18. Jh. Daneben gibt es aber auch wertvolle Gemälde alter Meister (u. a.

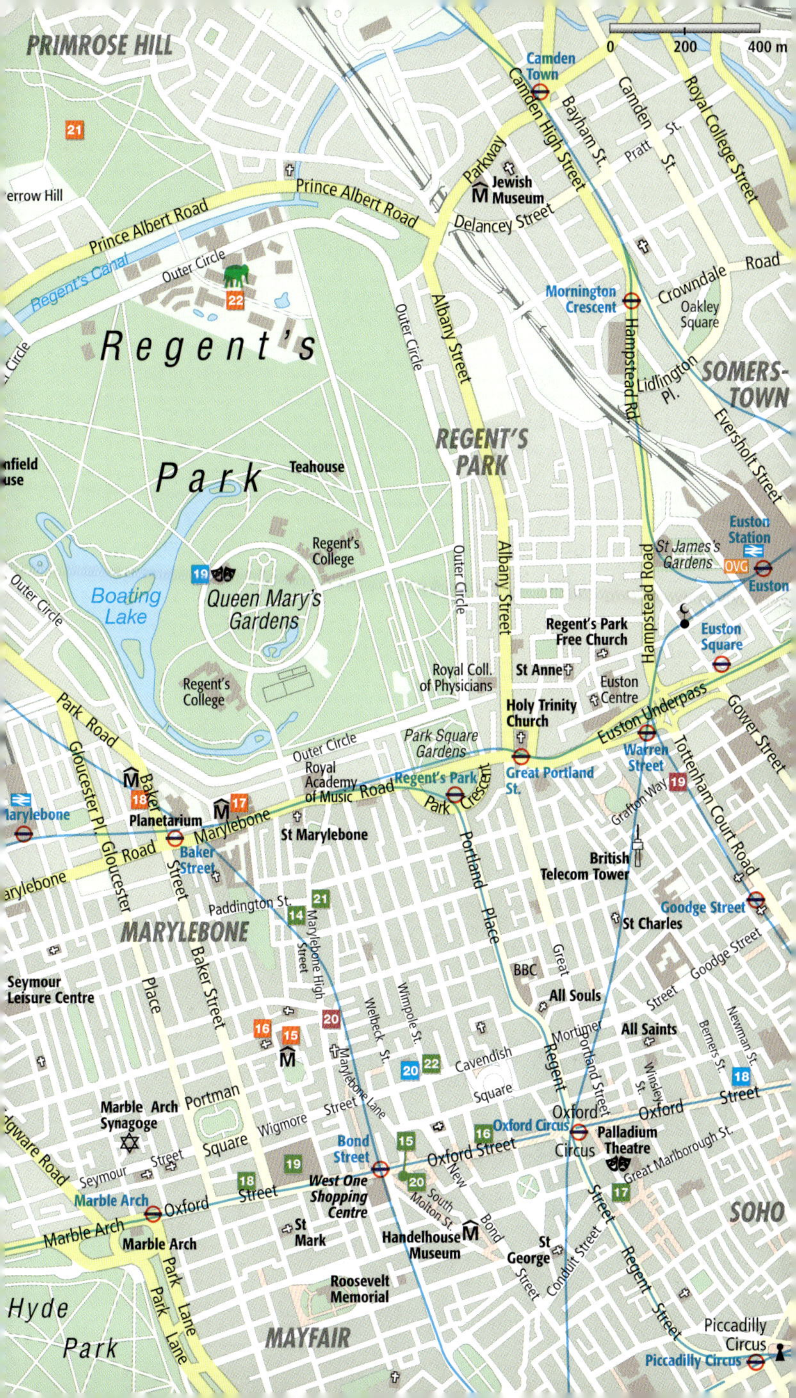
PRIMROSE HILL
0
200
400 m
Camden Town
Camden High Street
Bayham St.
Camden St.
Pratt St.
Royal College Street
Parkway
Jewish Museum
Prince Albert Road
Delancey Street
Regent's Canal
Outer Circle
Mornington Crescent
Crowndale Road
Oakley Square
Regent's Park
Outer Circle
Albany Street
Hampstead Rd.
Lidlington Pl.
SOMERS-TOWN
Eversholt Street
REGENT'S PARK
Teahouse
Regent's College
Boating Lake
Queen Mary's Gardens
Euston Station
St James's Gardens
OVG
Euston
Euston Square
Regent's Park Free Church
Hampstead Road
Royal Coll. of Physicians
St Anne
Euston Centre
Regent's College
Holy Trinity Church
Euston Underpass
Gower Street
Park Road
Gloucester Pl.
Baker
Outer Circle
Park Square Gardens
Royal Academy of Music
Regent's Park
Park Crescent
Great Portland St.
Warren Street
Tottenham Court Road
Grafton Way
Marylebone
Planetarium
Marylebone Road
St Marylebone
Baker Street
British Telecom Tower
Gloucester Place
Paddington St.
Portland Place
Goodge Street
St Charles
MARYLEBONE
Marylebone High Street
Baker Street
BBC
Great Portland Street
All Souls
Goodge Street
Seymour Leisure Centre
Place
Welbeck St.
Wimpole St.
All Saints
Berners St.
Newman St.
Mortimer Street
Cavendish Square
Regent
Winsley St.
Marylebone Lane
Wigmore Street
Marble Arch Synagogue
Portman Square
Oxford Circus
Oxford Street
Palladium Theatre
Great Marlborough St.
Seymour Street
Bond Street
Oxford Street
Marble Arch
Oxford Street
West One Shopping Centre
New Bond Street
South Molton St.
Regent Street
Marble Arch
St Mark
Handelhouse Museum
St George Street
Conduit Street
SOHO
Edgware Road
Park Lane
Roosevelt Memorial
Regent Street
Hyde Park
MAYFAIR
Piccadilly Circus
Piccadilly Circus

Rembrandt, Hals, Delacroix, Tizian, Rubens, Poussin, van Dyck, Reynolds, Gainsborough und Canaletto), Majolika, Porzellan, Miniaturen sowie unzählige Waffen und Rüstungen aus dem Mittelalter und der Renaissance. Es gibt regelmäßige Konzertveranstaltungen, Seminare und Workshops sowie ein stilvolles Café-Restaurant im überdachten Innenhof.

St James's Spanish Place 16

Tel. 020 79 35 09 43, Eintritt frei

Diese große katholische Kirche in der George Street wurde am Ende des 19. Jh. im Stil der englischen Frühgotik gebaut. Im Altarraum kann man oben links zwei Kronen sehen. Darunter befanden sich Sitze für das spanische Königspaar, wenn es zu Besuch war.

Madame Tussaud's 17

www.madametussauds.com, Mo–Fr 9.30–17.30 (Schulferien 9–19), Sa/So 9–18 Uhr – besser vorab auf Website checken; lange Schlangen, Tickets am besten online buchen und vor 10 Uhr da sein, ab 22,50 £, div. Ermäßigungen

Das berühmte Wachsfigurenkabinett Madame Tussaud's kann auf eine über 200 Jahre alte Geschichte zurückblicken. Von den Viktorianern wohlwollend aufgenommen, hat die Begeisterung auch heute nicht nachgelassen. Die Ausstellung wird ständig auf den letzten Stand gebracht und zeigt Figuren aus Politik, Sport und den Künsten. Eine Figur herzustellen, dauert ungefähr sechs Monate.

Die Besucher folgen einer festgelegten Route. Zunächst tummelt man sich auf der **Garden Party** inmitten von illustren Besuchern wie Hugh Grant, Britney Spears, David Beckham und Robbie Williams. In der **Grand Hall** sieht man Politiker und Staatsmänner aus aller Welt – und natürlich die königliche Familie. Gegenüber von den derzeitigen Royals posiert Henry VIII. gemeinsam mit einigen seiner Frauen. Auch Diktatoren wie Hitler und Sadam Hussein sind in der Grand Hall vertreten.

In der **Horrorkammer,** für die extra bezahlt werden muss, werden Folter, Hinrichtungen und Morde mit gruseliger akustischer Untermalung dargestellt. Bei der **›Spirit of London‹-Tour** geht es mit einem kleinen schwarzen Taxi in fünf Minuten durch die Geschichte Londons, wobei man die wichtigsten Ereignisse wie das Feuer von 1666 oder die ›Swinging 60s‹ erlebt.

Im Anschluss an Madame Tussaud's lockt im ehemaligen Planetarium ein Filmerlebnis in ›4 D‹, mit wackelndem Fußboden und richtigem Rauch!

Sherlock Holmes Museum 18

www.sherlock-holmes.co.uk, tgl. außer 25. Dez. 9.30–18 Uhr, Eintritt 10 £

Das Sherlock Holmes Museum gibt als Adresse 221b Baker Street an, aber das Haus, in dem der fiktive Sherlock Holmes ›wohnte‹, ist tatsächlich ein bisschen weiter südlich. Das Museum erstreckt sich über drei Stockwerke und lässt anhand der Beschreibungen von Arthur Conan Doyle das Leben und Wirken des berühmten Detektivs wieder aufleben.

Regent's Park

Der gepflegte Regent's Park nördlich der Marylebone Road wurde 1817–28 nach Plänen des Architekten John Nash angelegt. Wie viele andere Londoner Parks auch, war diese Grünanlage ehemals ein königliches Jagdgebiet. Mit dem Zoo, dem **Open-Air Theatre** 19, wo u. a. Aufführungen von Shakespeare-Stücken stattfinden, Cafés, den

Im Rosengarten des Regent's Park lässt es sich herrlich entspannen

Blumenrabatten und dem Rosengarten, Teichen und einem japanischen Wasserfall sowie Fußballfeldern und Tennisplätzen ist der 400 ha große Park bei Londonern wie auch Besuchern gleichermaßen beliebt.

Rings um den Park stehen attraktive Wohnhäuser, im Park selbst die Residenz des amerikanischen Botschafters. Am Westende liegt das **London Central Islamic Centre and Mosque** 19, die Londoner Zentralmoschee. Noch weiter westlich liegt der legendäre **Lord's Cricket Ground** 20, das Mekka aller Cricketfans (s. Entdeckungstour S. 160). Am nördlichen Rand des Parks verläuft der Regent's Canal (s. S. 236) und führt mitten durch den Zoo Londons. Dahinter schließt sich der noble Stadtteil **Primrose Hill** 21 an. Von dem gleichnamigen **Hügel** genießt man einen schönen Blick auf die Stadt.

London Zoo 22

www.zsl.org/london-zoo, Febr. u. Okt. 10–17, März bis 17.30, April–Sept. bis 18 Uhr, Nov.–Jan. bis 16 Uhr, Eintritt 20–25 £

2016 kann London Zoo sein 190-jähriges Bestehen feiern. Der besondere Schwerpunkt des Zoos liegt auf dem Aufzuchtprogramm und dem Schutz gefährdeter Tierarten. Von den über 600 Arten, die hier betreut werden, gehören 150 zu den am meisten gefährdeten Arten weltweit. Besondere Attraktionen sind der mit Plexiglas überdachte Regenwald und die ›Night Life‹-Abteilung, wo man nachtaktive Tiere beobachten kann. Stolz ist man im ›Gorilla Kingdom‹ auf Familienzuwachs: Baby Alika wurde im Dezember 2014 geboren. Man kann den Tiergarten auch per Boot von Little Venice oder Camden Lock aus erreichen (s. S. 27) oder von dort zum Zoo wandern. ▷ S. 162

Auf Entdeckungstour: The Home of Cricket – ein Besuch bei Lord's

Eine Spieldauer von mehreren Tagen und äußerst komplizierte Regeln – warum nur ist Cricket in England so beliebt? Eine Führung durch Lord's 20, einen der besten und renommiertesten Cricketplätze der Welt, gibt Antwort darauf.

Planung: www.lords.org, Tel. 020 76 16 85 00, U: St John's Wood, Maida Vale, Besichtigungstour tgl. Nov.–Dez. stdl. 10–14, April–Okt. stdl. 10–15, Jan.–März Mo–Fr stdl. 11–14, Sa u. So stdl. 10–14 Uhr. Eintritt ab 18 £. Keine Führungen vor größeren Spielen.

Start: Grace Gate, St John's Wood Road

Laut grölende Sportfans? Nicht beim Cricket, und vor allem nicht bei Lord's. Hier geht es zivilisiert zu, mit den traditionell in adrettes Weiß gekleideten Spielern fast ein wenig exklusiv. Bereits seit 1550 ist dieses Mannschaftsspiel belegt, doch erst im 18. Jh. wurden die ersten Regeln festgelegt. Anfänglich von den bäuerlichen Ständen vor allem im Südosten Englands gespielt, wurde Cricket bald von der Oberschicht entdeckt, die das Spiel auch in London einführte.

Thomas Lord, ein ehrgeiziger junger Geschäftsmann, errichtete in Marylebone einen Cricket-Platz, wo 1787 das erste Spiel stattfand. Schon bald wurde Marylebone Cricket Club (MCC) der wichtigste Club in London. Besonders beliebt ist das mit zwei Mannschaften gespielte Schlagball- und Abwurfspiel außer in England vor allem in den Ländern des Commonwealth, u. a. Indien.

Dass das Spiel so schwer zu erfassen ist, liegt vor allem daran, dass die Ausgangsposition anders als bei anderen Sportspielen ist. Bei den meisten Ballspielen gehören Angriff und Verteidigung zusammen und wechseln sich innerhalb eines Spiels ab. Beim Cricket sind diese Phasen *(innings)* voneinander getrennt, sodass zunächst die Schlagpartei versucht, *Runs* (Punkte) zu erzielen, und die gegnerische Feldpartei sich bemüht, dies zu verhindern. Anschließend wird getauscht. Ungewöhnlich ist auch, dass von der Schlagpartei nur jeweils zwei Spieler, die *Batsmen*, auf dem Spielfeld sind, die anderen müssen warten, bis sie an der Reihe sind.

Rundgang durch den Club

Bei einer Führung durch das Lord's-Stadion geht es zunächst in das 1826 errichtete Clubhaus, den **Pavilion.** Im wunderschönen, mit Gemälden berühmter Spieler geschmückten *Long Room* bieten lederbezogene Stühle beste Aussicht auf das Spielfeld. Auch der **Grand Stand** und das ultramoderne **NatWest Media Centre** – 1999 anlässlich der Weltmeisterschaft errichtet – werden besucht, ebenso wie das Museum.

Ein Parfümflakon wird zum Pokal

Das **Museum** ist eine Schatztruhe voller Memorabilia aus rund 400 Jahren Cricket-Geschichte. Herzstück ist die Ashes Urn. Nur 11 cm Höhe misst die berühmte Trophäe. 1882 schlug Australien England um Haaresbreite – eine nationale Katastrophe. Am nächsten Tag erschien folgende Todesanzeige in der Sporting Times: »In affectionate rememberance of English Cricket which died at the Oval on 29th August 1882. The body will be cremated and the ashes taken to Australia.« Natürlich forderte England Revanche, um die ›Asche‹ zurückzuholen. Als England das Spiel gewann, verbrannten beherzte Damen aus Melbourne ein Stück Holz, legten die Asche in einen leeren Parfümflakon und übergaben sie dem englischen Mannschaftskapitän. Fortan gab es also einen richtigen, wenn auch winzigen Pokal. Nie als solcher genutzt, wurde er später dem MCC-Museum übereignet – eine Attraktion für Besucher aus aller Welt.

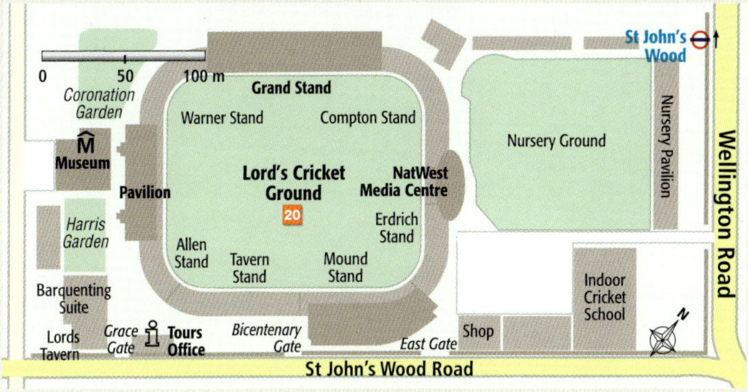

Mein Tipp

Auf zu Liberty's 17 – einem der stilvollsten Kaufhäuser der Welt
Das altmodische Kaufhaus in dem unübersehbaren, in den 1920er-Jahren errichteten Pseudo-Tudor-Fachwerkhaus ist bei Touristen und Einheimischen gleichermaßen beliebt. Weltweit bekannt sind die typischen Liberty-Drucke im Art-Nouveau-Stil, die unzählige Produkte – von Krawatten bis hin zum Notizbuch – zieren. Besonders die Geschenkabteilung im 3. Stock lädt zum Stöbern ein, hier kann man ungewöhnlichen Schmuck, Parfüm und edle Schreibwaren erstehen. In puncto Mode betreibt Liberty's eine geschickte Strategie: Statt Supernamen werden unbekanntere, individualistische Labels angeboten. Werfen Sie auch einen Blick in die Art-&-Crafts-Möbel-Abteilung im 4. Stock des stilvollen Kaufhauses (Regent Street/Ecke Great Marlborough Street, Tel. 020 77 34 12 34, www.liberty.co.uk, U: Oxford Circus, Mo–Sa 10–20, So 12–18 Uhr).

Essen & Trinken

Im Westend

Hervorragende Wildgerichte – **Rules 1**: s. S. 37.
Traditionslokal – **J Sheekey 2**: s. S. 36.
Beliebter Chippie – **Rock & Sole Plaice 3**: 47 Endell Street, Tel. 020 78 36 37 85, www.rockandsoleplaice.com, U: Covent Garden, Mo–Sa 11.30–23.30, So 12–20 Uhr. Hauptgerichte 15–18 £. Der angeblich drittälteste Fish-&-Chips-Shop in London

(1871). Lizenziert, gute Portionen. Im Sommer auch zum Draußensitzen.
Auch Take-away – **Food for Thought** 4: s. S. 40.
Solide Küche – **Stockpot** 5: 18 Old Compton Street, Tel. 020 72 87 10 66, U: Leicester Square, Mo/Di 9–23.30, Mi–Sa 9–24, So 12–23 Uhr, Hauptgerichte 4–9 £. Das kleine, freundliche Restaurant gibt es schon seit Jahren; gute Pastagerichte, traditionelle Desserts wie *apple crumble with custard*.
Italienisch – **La Porchetta Pollo Pizzeria** 6: 20 Old Compton Street, Tel. 020 74 94 93 68, tgl. 12 Uhr bis Mitternacht, U: Leicester Square, Pizza 6–9 £. Auch Pastagerichte. Eine sichere, unkomplizierte Anlaufstelle zum Einkehren.
Türkisch – **Efes Kebab House** 7: 80 Great Titchfield Street, Tel. 020 76 36 19 53, www.efesrestaurant.co.uk, U: Oxford Circus, Mo–Sa 12–23.30 Uhr, Kebab 4,50 £. Türkisches Take-away mit benachbartem Restaurant (auch So, Menü um 25 £). Gutes Preis-Leistungs-Verhältnis, leckere, hausgemachte Soßen, zuvorkommender Service.
Lust auf Kichererbsen? – **Hummus Bros** 8: 88 Wardour Street, Tel. 020 77 34 13 11, www.hbros.co.uk, U: Oxford Circus, Tottenham Court Road, Mo–Mi 12–22, Do–Sa 12–23, So 12–16 Uhr, Hauptgerichte 3,50–8,50 £. Hummus Bros bietet köstlichen frischen Hummus, wozu man ein Topping nach Wahl bestellt. Übersichtliche Speisekarte mit kleinen und großen Portionen, schlichte Inneneinrichtung mit zwei Reihen roter Holzbänke. Mittlerweile mehrere Zweigstellen in der Stadt.
Kaffeespezialitäten – **Monmouth Coffee Company** 9: s. S. 41.
Gemütlicher Pub – **Fitzroy Tavern** 10: Charlotte Street, U: Goodge Street. Entwickelte sich im 19. Jh. aus einem Kaffeehaus, später Anziehungspunkt für Literaten. Es gibt ein paar Tische draußen. Auch ›Bar Food‹.
Hauptsache Fleisch – **Hawksmore Seven Dials** 11: s. S. 36.
Arabische Kochkunst – **Nopi** 12: s. S. 38.
Riesig, aber stilvoll – **Brasserie Zedel** 13: s. S. 38.
14 – 18: s. Entdeckungstour S. 146.

Vom Westend nach Marylebone

Sardische Küche – **Sardo** 19: s. S. 39.
Fish & Chips – **Golden Hind** 20: 73 Marylebone Lane, Tel. 020 74 86 36 44, U: Bond Street, Mo–Fr 12–15, Mo–Sa 18–22 Uhr, Hauptgerichte 6–12 £. 1914 gegründet, ist dies eines der beliebtesten Fisch-Restaurants der Stadt. Auch Take-away Service. Nicht lizenziert, aber ›byo‹: »bring your own« (Fr/Sa wird es voll, abends reservieren).

Einkaufen

Im Westend

Secondhand-Bücher – **Any Amount of Books** 1: 56 Charing Cross Road, Tel. 020 78 36 36 97, www.anyamountofbooks.com, U: Charing Cross, tgl. 10.30–21.30 Uhr. Secondhand-Bücher – von der ›first edition‹ bis zum ›paperback‹. Zahlreiche Sonderangebote.
Ideal für Studenten und Akademiker – **Blackwell's** 2: 100 Charing Cross Road, www.blackwell.com, U: Tottenham Court Road, Mo–Sa 9.30–20, So 12–18 Uhr. Fundgrube für Studienliteratur. Blackwell's verfügt über eine Espresso Book Machine (EBM), die 500 000 Titel in Windeseile ausdrucken kann.
Landkarten – **Edward Stanfords** 3: 12–14 Long Acre, www.stanfords.co.uk, U: Covent Garden, Mo–Fr 9–20, Di ab 9.30, Do bis 20, Sa 10–20, So

12–18 Uhr. Bester und größter Laden für Landkarten, Atlanten, Reiseführer und -literatur. ›Sacred Café‹ mit gesunden Snacks, Kräutertees und Fairtrade-Kaffee. Outdoor-Kleidung im Untergeschoss. Auch Visa-Service.
Klassische Musik – **Harold Moores 4**: s. S. 44.
Käse und andere Delikatessen – **Neal's Yard Dairy 5**: s. S. 44.
Kunsthandwerk – **Covent Garden Market 4**: U: Covent Garden, Leicester Square, tgl. geöffnet. Kunsthandwerk, Souvenirs, Antiquitäten etc.
Klassisch-modern – **Paul Smith 6**: s. S. 47.
7 – **12**: s. Entdeckungstour S. 146.

Vom Westend nach Marylebone

Breites Angebot – **Alfie's Antiques Market 13**: s. S. 43.
Reiseliteratur – **Daunt Books 14**: s. S. 44.
Enorme Auswahl – **HMV 15**: 363 Oxford

Shopping-Mittelpunkt der Stadt: Oxford Circus

Street, http://hmv.com, U: Oxford Circus. Alle Musikrichtungen, riesige Auswahl.
Großes Angebot – **John Lewis 16**: 278–306 Oxford Street, www.johnlewis.com, U: Oxford Circus. Riesiges Kaufhaus, gute Auswahl.
Traditionsreich – **Liberty's 17**: s. S. 162.
Solide – **Marks & Spencer 18**: 173, 458 Oxford Street, www.marksandspencer.co.uk, U: Bond Street. Basisausstattung, solide Preise und Qualität.

Nette Kinderkleidung; Lebensmittelabteilung.
Kaufhaus-Imperium – **Selfridges 19**: s. S. 47.
Schicke Designermode – **Browns 20**: s. S. 47.
Schmuckkreationen – **Kabiri 21**: s. S. 47.
Britisches Modedesign – **Margaret Howell 22**: s. S. 47.

Aktiv

Im Westend

Bootstour – **Embankment Pier 1**: s. S. 153.
Schlittschuhlaufen – **Eisbahn 2**: im Innenhof des Somerset House, s. S. 58, 154.

Abends & Nachts

Im Westend

Guinness-Lust – **The Harp 1**: s. S. 166.
Etablierter Schwulen-Club – **Heaven 2**: s. S. 51.
Jazz – **Pizza Express Jazz Club 3**: s. S. 51.
Für Musikfanatiker – **Borderline 4**: s. S. 49.
Eines der besten Theater – **Donmar Warehouse 5**: s. S. 52.
Klassisches Opernrepertoire – **English National Opera 6**: s. S. 52.
Ein Erlebnis – **Royal Opera House 5**: s. S. 52.
Beliebtes Programmkino – **Curzon Soho 7**: s. S. 55.
Kultfilme – **Prince Charles 8**: s. S. 55.
9 – **17**: s. Entdeckungstour S. 146.

Vom Westend nach Marylebone

Legendär – **100 Club 18**: s. S. 49.
Shakespeare im Park – **Regent's Park Open Air Theatre 19**: s. S. 52.
Breit gefächertes Konzertprogramm – **Wigmore Hall 20**: s. S. 54, 156.

Lieblingsort

Lust auf ein Guinness?
Nur wenige Gehminuten von Trafalgar Square und Charing-Cross-Bahnhof entfernt liegt der nette Pub **The Harp** 1. Hier kann man wunderbar vor oder nach dem Theaterbesuch einkehren oder abends die Zeit bis zur Abfahrt des letzten Zuges überbrücken. Neben Guinness gibt es diverse Bitter sowie die leckeren O'Hagens Sausages. Besonders angenehm sitzt es sich im Pub bei schönem Wetter, wenn die großen Fenster geöffnet werden – oder man genießt sein Bier gleich draußen vor der Tür (47 Chandos Place, Tel. 020 78 36 02 91, www.harpcoventgarden.com, U: Charing Cross, Mo–Sa 10–23, So 12–22.30 Uhr).

ARP
DELITAL
FINE ITALIAN FOO
Covent Garden

Das Beste auf einen Blick

Bloomsbury, Holborn und Clerkenwell

Highlight!

British Museum: Eines der wichtigsten und ältesten Museen der Welt und die beliebteste Besucherattraktion in London. Rund 7 Mio. Ausstellungsstücke der Kunst- und Kulturgeschichte aus der ganzen Welt sind hier zu sehen – genug für gleich mehrere Besuchstage. 1 S. 170

Auf Entdeckungstour

Spaziergang durch das Londoner Gerichtsviertel: Die vier Inns of Court (Rechtsschulen) dienten einst als Wohn- und Studierstätte der Juristenzunft, und selbst heute noch müssen die englischen Anwälte Mitglied eines Inns sein. Auch wenn die meisten Gebäude nicht der Öffentlichkeit zugänglich sind, lohnt ein Spaziergang durch die schmalen, kopfsteingepflasterten Gassen. S. 180

Kultur & Sehenswertes

British Library: Bibliophile werden von den öffentlichen Ausstellungsbereichen begeistert sein. 7 S. 177

Wellcome Gallery: Die Geschichte der Medizin und moderne Kunst – eine ungewöhnliche, aber faszinierende Kombination präsentiert dieses Museum nahe der St Pancras Station. 8 S. 178

St Bartholomew-the-Great: Die alte Kirche ist so schön, dass sie schon mehrfach als Filmkulisse dienen musste. 11 S. 183

Zu Fuß unterwegs

Bummel von Smithfield zum Exmouth Market: Ein toller Weg mit vielen Einkehrmöglichkeiten führt von Smithfield nach Norden. S. 182

Genießen & Atmosphäre

Traditionell englisch: Das stilvolle, aber ungezwungene Restaurant St John, eingerichtet in einer alten Räucherei, bietet klassische englische Küche mit viel Fleisch, aber auch Fisch und typischen Nachspeisen. 1 S. 38, 184

Gemütliche Pubs: In Bloomsbury, Holborn und Clerkenwell laden gleich mehrere Pubs mit herrlich altmodischem Flair zur Einkehr. Ganz besonders hübsch ist das **Lamb.** 7 S. 184

Abends & Nachts

Rund um Smithfield Market: Clerkenwell ist ein beliebtes Ziel für Nachteulen. Es gibt zahlreiche Restaurants und Kneipen sowie den bekannten Nachtclub **Fabric.** 1 S. 185

Zwischen dem Westend und der City of London verstecken sich einige der interessantesten Ecken der Stadt. Hier kann man erneut jene Vielfältigkeit erleben, für die London so typisch ist: seien es die Rechtsgelehrten in den Inns of Courts, die Yuppies aus Clerkenwell, die die Gastro-Pubs bevölkern, die Nachteulen, die im Morgengrauen ihren Heimweg antreten oder die Schlachter, die um diese Zeit mit ihrer Arbeit im Smithfield Market beginnen.

Bloomsbury ist eng mit den Wissenschaften und schönen Künsten verbunden. Hier, östlich der Tottenham Court Road, nördlich der Straße High Holborn, südlich der Euston Road und westlich der Gray's Inn Road, liegen die University of London, das British Museum und einige andere lohnenswerte Museen sowie schöne georgianische Plätze. Ein Hauch von Gelehrsamkeit schwebt über diesem Gebiet, das vor allem von Studenten und Museumsbesuchern geprägt wird.

Holborn (ausgesprochen: ›Hoe-b'n‹) umfasst die Gegend zwischen Strand und Fleet Street im Süden, der City im Osten, Covent Garden im Westen und High Holborn im Norden. Hier befindet sich seit jeher Londons Gerichtsviertel, eine gut gewählte Lage zwischen der City und dem königlichen Westminster (s. Entdeckungstour S. 180).

Clerkenwell erstreckt sich nördlich der City von Smithfield Market bis nach Finsbury und von der Gray's Inn Road bis zur Goswell Road. Jahrelang vernachlässigt, wurde Clerkenwell in den 1980er- und 1990er-Jahren vor allem von Werbe- und Medienfirmen ›entdeckt‹, und mittlerweile hat sich der Stadtteil zu einem begehrten Wohn-, aber auch Künstlerviertel entwickelt. Zwischen Clerkenwell Green bis hoch zum verkehrsberuhigten Exmouth Market gibt es viele Designer- und Kunsthandwerkerläden, ethnische Restaurants und Szene-Cafés.

Infobox

Reisekarte: ▶ N–R 4–8

Ausgangspunkt

Die hier vorgestellten Stadtviertel lassen sich einzeln oder zu zwei Touren kombiniert erkunden: Startpunkt für die Besichtigung Bloomsburys und der Gegend rund um den Bahnhof St Pancras ist das **British Museum** (U: Russell Square oder Tottenham Court Road). Ausgangspunkt für einen Rundgang durch Holborn und Clerkenwell ist das **Sir John Soane Museum** (U: Holborn).

Erholung vom Museumsbesuch?

Gegenüber vom British Museum, in der Museum Street, gibt es **nette Cafés,** wo man sich nach dem Museumsbesuch stärken kann. Oder machen Sie ein **Picknick im Gordon Square Garden** oder auf dem **Russell Square,** abgesehen von Lincoln's Inn Fields Londons größter öffentlicher Platz. In der Nordostecke gibt es das Café in the Gardens (Mo–Sa 7–18 Uhr, Tel. 020 76 37 50 93), wo man im Sommer draußen sitzt.

Bloomsbury

British Museum ! 1

Great Russell Street, www.britishmuseum.org, tgl. 10–17.30, Fr einzelne Galerien bis 20.30 Uhr, tgl. 30-min. Eye Opener Tours 11–15.45 Uhr alle 15 Min. in ausgewählten Abteilungen, 45-min. Lunchtime Tours Di–Fr 13.15 Uhr, Fr Spotlight Tours ab 17 Uhr, Eintritt frei. Hinweis: Di und Do kommen Schulklassen, an diesen Tagen ist es besonders voll

Das größte Museum Großbritanniens und eines der ältesten und wichtigsten der Welt zählt jährlich rund 5 Mio. Besucher. In 94 Galerien mit einer Gesamtlänge von 4 km sind rund 7 Mio. Ausstellungsstücke der Kunst- und Kulturgeschichte aus der ganzen Welt zu sehen. Das heutige Museumsgebäude im neoklassizistischen Stil wurde nach Plänen von Robert Smirke 1823–47 umgebaut und erweitert.

Die neueste architektonische Attraktion bildet der große Innenhof des Gebäudes, der **Great Court.** Im Jahr 2000 wurde er nach Plänen Sir Norman Fosters mit einem beeindruckenden Glasdach versehen und ist seitdem der größte überdachte Platz Europas (s. Lieblingsort S. 172). In seiner Mitte befindet sich der berühmte kreisrunde **Reading Room,** in dem bis 1998 die British Library untergebracht war. Der alte Lesesaal, in dem Wissenschaftler und Schriftsteller aus aller Welt studierten, wird vorerst nicht als Bibliothek, sondern für Wechselausstellungen genutzt.

Zu den Höhepunkten des British Museum zählen die **ägyptischen Sammlungen** mit Grabkunst, wunderbar verzierten Sarkophagen, Mumien, Schmuck, Schriftrollen und Tempelfragmenten. Weltberühmt ist der **Stein von Rosetta** (196 v. Chr.). Die Aufschrift auf einer Basaltplatte ist in drei Sprachen angegeben: zwei Formen der altägyptischen Schriftform und darunter die griechische Übersetzung. Damit konnte das Rätsel der Hieroglyphen gelöst werden. Beeindruckend ist auch der vergoldete Sarkophag des Henutmehyt aus der Zeit um 1290 v. Chr.

Ein anderes Highlight sind die **Parthenon Marbles.** Die Reliefs und Fragmente aus dem 5. Jh. v. Chr. gehörten zum Fries des Parthenon, dem wichtigsten Tempel auf der Akropolis.

Das **westliche Asien** ist mit 18 Galerien in drei Stockwerken vertreten. Zu den reichen Kunstschöpfungen der Assyrer (heute Nordirak) zählen die geflügelten Stiere mit Menschenköpfen, die als Palastwächter dienten. Aus der Zeit des letzten großen assyrischen Königs, Assurbanipal, stammen beeindruckende Reliefs mit Jagdszenen.

Unzählige Hieroglyphen warten in der ägyptischen Sammlung auf ihre Entzifferung

Lieblingsort

Hier ist immer etwas los

Geheiligte Hallen, ehrfürchtige Stille? Im **Great Court des British Museum** 1 hat man kaum das Gefühl, sich in einem Museum zu befinden. Dieser Innenhof bietet seinen Besuchern ein richtiges ›Happening‹. Hier ist immer etwas los, seien es Konzerte oder Workshops für Kinder. Ein Café und verschiedene Souvenir- und Postkartenstände laden zum Verweilen und lustvollen Stöbern ein – oder man besichtigt eine Ausstellung in dem legendären Reading Room, in dem schon Karl Marx studierte (s. S. 171).

London
1753
Bookshop Bookshop
ms hence

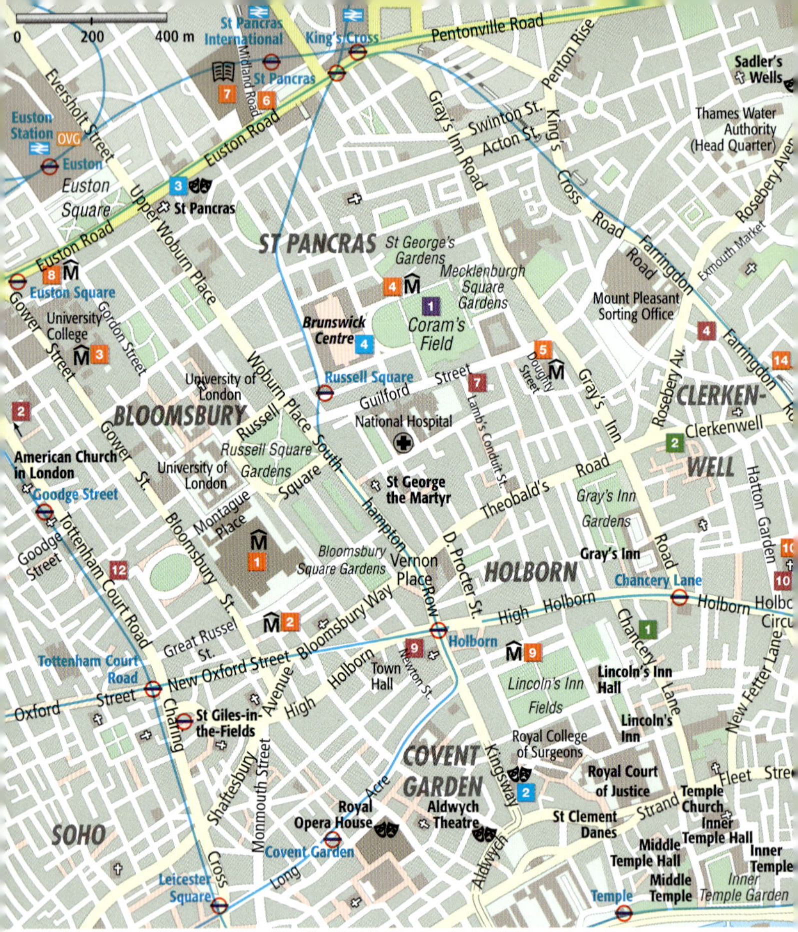

An **britischen Fundstücken** sind vor allem die in Sutton Hoo gemachten Funde interessant. Sie stammen aus dem 7. Jh. und gehörten zur Schiffsbestattung eines angelsächsischen Königs: u. a. Schmuck, Waffen, Holz- und Metallgefäße, 37 merowingische Goldmünzen und eine Harfe. Beim **Schatz von Mildenhall** handelt es sich um römische Silberwaren des 4. Jh. Am beeindruckendsten ist die 8 kg schwere Schale aus Silber (Great Dish) mit Darstellungen des Neptun.

Im **Multimedia Centre** kann man virtuelle Touren durch das Museum unternehmen und per Computer Informationen über einzelne Kunstgegenstände abrufen. In Anbetracht der Größe des Museums unbedingt selektiv vorgehen!

Cartoon Museum 2

35 Little Russell Street, www.cartoonmuseum.org, Mo–Sa 10.30–17.30, So 12–17.30 Uhr, Eintritt 7 £

In der Little Russell Street zeigt das

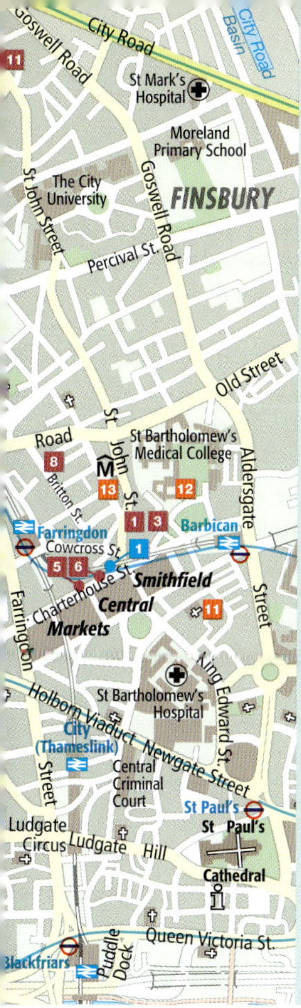

Bloomsbury, Holborn und Clerkenwell

Sehenswert

- 1 British Museum
- 2 Cartoon Museum
- 3 Petrie Museum of Egyptian Archaeology
- 4 Foundling Hospital Art Gallery and Museum
- 5 Dickens' Museum
- 6 Ehem. Midland Grand Hotel (St. Pancras Renaissance Hotel)
- 7 British Library
- 8 Wellcome Gallery
- 9 Sir John Soane's Museum
- 10 St Etheldreda Church
- 11 St Bartholomew-the-Great
- 12 Charterhouse
- 13 Museum and Library of the Order of St John
- 14 Marx Memorial Library

Essen & Trinken

- 1 St John
- 2 Sardo
- 3 Fox & Anchor
- 4 The Eagle
- 5 Comptoir Gascon
- 6 Smiths of Smithfield
- 7 Lamb
- 8 Jerusalem Tavern
- 9 Princess Louise
- 10 Ye Olde Mitre
- 11 The Gate
- 12 Gail's Kitchen
- 13 – 18 s. Karte S. 182

Einkaufen

- 1 London Silver Vaults
- 2 Magma

Aktiv

- 1 Coram's Field

Abends & Nachts

- 1 Fabric
- 2 Peacock
- 3 The Place
- 4 Curzon Bloomsbury

Cartoon Museum Werke berühmter britischer Cartoonisten vom frühen 18. Jh. bis heute sowie britische Comics, z. B. den 1921 entstandenen »Rupert the Bear« von Mary Tourtel. Im Museumsshop bekommen Cartoonfans Bücher, Karten u. v. m.

Petrie Museum of Egyptian Archaeology 3

Malet Place, www.ucl.ac.uk/museums/petrie, Di–Sa 13–17 Uhr, Eintritt frei

Das Petrie Museum of Egyptian Archaeology gehört zum University College und zeigt eine kuriose Sammlung ägyptischer Kunst. W. M. Flinders Petrie (1853–1942), oft als Vater der wissenschaftlichen Archäologie bezeichnet, stiftete seine Sammlung 1933 der Universität. Rund 80 000 archäologische Objekte aus dem Niltal aus frühgeschichtlicher, pharaonischer, römischer und islamischer Zeit sind in altmodischen Glaskabinetten ausgestellt und beschriftet: Töpferscherben, Vasen, das älteste Kleidungsstück (ca. 2800 v. Chr.) der Welt, zahlreiche Porträts von Mumien aus römischer Zeit, vor allem aber unzählige Alltagsgegenstände, die einen Einblick in die Lebensweise der frühen Menschen im Niltal geben.

Brunswick Centre

Das Brunswick Centre zwischen Woburn Place und Brunswick Square entstand in den 1960er-Jahren nach Plänen Patrick Hodgkinsons und stellt eine Mischung aus Wohnraum, Konsum, Kultur und Entspannung dar. Der Komplex steht unter Denkmalschutz und wurde, nachdem er fast völlig heruntergekommen war, aufwendig renoviert und 2006 neu eingeweiht. Neben rund 400 Wohnungen (ca. 0,5 Mio. £ zahlt man für eine Drei-Zimmer-Wohnung) befindet sich hier auch das Programmkino **Curzon Bloomsbury** 4, wo es vor allem ausländische Filme zu sehen gibt. In der benachbarten Grünanlage **Coram's Field** 1 gibt es einen Kinderspielplatz u. a. mit einem Bolzplatz und einem kleinen Streichelzoo sowie im Sommer ein Café.

Foundling Hospital Art Gallery and Museum 4

40 Brunswick Square, www.foundlingmuseum.org.uk, Di–Sa 10–17, So 11–17 Uhr, Eintritt 7,50 £

Direkt am Brunswick Square dokumentiert ein beeindruckendes Museum die Geschichte des ehemaligen Foundling Hospital. Hier wurden die Kinder der Ärmsten versorgt. Im frühen 18. Jh. wurden bis zu 1000 Babys im Jahr von ihren Müttern aufgegeben. 1739 vom Philanthropen Thomas Coram gegründet, wurde das Krankenhaus von William Hogarth und Georg Friedrich Händel unterstützt. Hogarth spendete Gemälde und gewann auch andere Künstler wie Gainsborough, Ramsay und Reynolds. So entstand Großbritanniens erste öffentliche Kunstausstellung. Händel ließ hier ab 1750 oft seinen »Messias« aufführen, um Spenden zu sammeln. Das Krankenhaus wurde 1926 abgerissen, der Gebäudeteil mit dem Museum stammt von 1937. Zu sehen sind eine beeindruckende Sammlung an sozialgeschichtlichen Dokumenten und zahlreiche Gemälde. Angeschlossen ist ein kleines Café.

Dickens' Museum 5

48 Doughty Street, www.dickensmuseum.com, tgl. 10–17 Uhr, Eintritt 8 £

Das Haus in der Doughty Street war die 15. Londoner Adresse des Schriftstellers Charles Dickens (1812–70). Hier lebte er zwischen 1837 und 1839 und schrieb die »Pickwick Papers«, »Nicholas Nickelby« und »Oliver Twist«. Das Haus wurde bereits 1925 als Museum eröffnet. Zu sehen sind elf Zimmer, einschließlich des Drawing Room, der im Stil der damaligen Zeit restauriert wurde. Das Museum beherbergt außerdem die umfangreichste Dickens-Bibliothek der Welt.

Rund um St Pancras und King's Cross

Geradezu überwältigend ist das Gebäude des Bahnhofs **St Pancras International** mit seiner spektakulären Halle aus Glas und Eisen. Der Bau stammt von 1867 und beherbergt heute den Eurostar Terminal. Zahlreiche Kunstwerke, die längste Champagner-Bar Europas, noble Boutiquen und Restaurants verkürzen die Wartezeit der Reisenden. Die Gestaltung des vorgelagerten Hotels (erbaut von Sir George Gilbert Scott) beruht auf abgelehnten Bauplänen für Regierungsgebäude in Whitehall. Neben den Houses of Parliament gilt das **ehemalige Midland Grand Hotel** 6 als Höhepunkt der

Verspielte Architektur hinter dem Neubau der British Library: St Pancras Station

›Gothic Revival‹-Architektur und steht unter Denkmalschutz. Es wurde 1873 eröffnet und galt damals als eines der luxuriösesten Häuser überhaupt. Nach jahrelanger Vernachlässigung kaufte die Marriott Kette das palastähnliche Monster und investierte rund 200 Mio. £ in Renovierungsarbeiten, wobei die alte Bausubstanz weitgehend erhalten blieb. Seit 2011 empfängt das **St. Pancras Renaissance Hotel** (Tel. 020 78 41 35 40, www.marriott.co.uk, DZ ab 200 £) nun wieder Gäste.

King's Cross, bis dato eine Gegend, um die man lieber einen großen Bogen machte, wurde umfassend erneuert. Der Bahnhof einschließlich Vorplatz wurde umgestaltet und das früher brachliegende Gelände dahinter ist mittlerweile die Heimat der **University of Arts London.** Am Regent's Canal kann man auf Bänken sitzen, den Camley Street Nature Park besuchen oder im **King's Place** (s. S. 54) Kultur genießen (www.kingscross.co.uk).

British Library 7

96 Euston Road, www.bl.uk, öffentl. Ausstellungen i. d. R. Mo u. Fr 9.30–18, Di u. Do bis 20, Sa bis 17, So 11–17 Uhr

Das neue Bibliotheksgebäude wurde 1998 eröffnet, vorher war die berühmte Bibliothek im British Museum untergebracht. Bereits seit 1962 war ein neues Gebäude geplant. Als es dann schließlich 36 Jahre später eröffnet wurde, hatte es die enorme Summe von 511 Mio. £ verschlungen. Der Unmut verstärkte sich angesichts der äußeren Gestaltung der neuen Bibliothek (Architekt Colin St John Wilson), denn manche Kritiker halten die schlichten Formen und den roten Backstein für langweilig. Die Skulptur von **Sir Isaac Newton** auf dem Vorplatz ist ein Werk von Eduard Paolozzi (1995). Darüber hinaus befinden sich hier der **Anne Frank's Tree** und Skulpturen von Antony Gormley, **»Planets«** (2002): acht Granitsteine, an denen reliefartig flache und ineinander verschlungene menschliche Gestalten hängen.

In der British Library steht ein Exemplar von jeder britischen Publikation, ob Buch, Zeitschrift oder Comic, sowie historische Manuskripte und Landkarten. Pro Jahr kommen 3 Mio. Neuzugänge hinzu. Insgesamt beherbergt die Bibliothek rund 150 Mio. Publikationen. Damit gehört die British Library neben der National Library in Washington und der Bibliothèque nationale in Paris zu den größten Bibliotheken der Welt.

Im Inneren gibt es verschiedene Ausstellungsbereiche und Cafés für die Öffentlichkeit. Um die Leseräume und die Bibliothek benutzen zu können, benötigt man jedoch einen Leserausweis. Im Herzen der Bibliothek ist in einem 17 m hohen Glasturm die **King's Library,** eine Sammlung von 65 000 in Leder gebundenen Bänden der Bibliothek von George III., untergebracht. Allerdings ist der Turm nur für Bibliothekare begehbar.

Die **John Ritblat Gallery: Treasures of the British Library** umfasst Exponate aus drei Jahrtausenden und von jedem Kontinent der Welt, die nach Themen angeordnet sind. Zu sehen sind Karten, historische Dokumente, Briefe, Bibeln, literarische Manuskripte und Musikpartituren (z. B. von Mozart und Händel). Zu den Highlights gehören das mit kostbaren Illustrationen versehene Evangeliar von Lindisfarne – eine der schönsten englischen Handschriften überhaupt –, die Magna Carta, eine Gutenberg-Bibel, Manuskripte berühmter englischer Autoren, Briefe von Mahatma Gandhi sowie die ersten handgeschriebenen Songs der Beatles. Die fast andächtige Atmosphäre wird durch das gedämpfte Licht verstärkt.

Eine Besonderheit ist das **National Sound Archive.** Hier kann man über Kopfhörer archivierte Stimmen und Geräusche unterschiedlichster Art hören, z. B. einen Kalahari-Buschbewohner, den Gesang eines nun ausgestorbenen Vogels aus Hawaii, Bob Geldorf beim Live-Aid-Konzert, James Joyce, der aus seinem Roman »Ulysses« liest, die Stimme von Florence Nightingale oder einem Offizier der Titanic beim Untergang des Schiffes.

Faszinierend ist auch das **Computersystem Turning the Pages,** wo man sieben der wertvollsten Bücher der Welt anschauen kann, darunter den buddhistischen Diamond Sutra aus dem Jahre 868 v. Chr. Die 5 m lange Buchrolle gilt als ältestes gedrucktes Buch. Per Fingerdruck blättert man die virtuellen Seiten um.

Wellcome Gallery 8

183 Euston Road, www.wellcomecollection.org, Di/Mi, Fr/Sa 10–18, Do 10–22, So 11–18 Uhr, Eintritt frei

Die hervorragend dargebotene Ausstellung der Wellcome Gallery sollte unbedingt aufsuchen, wer sich für Medizingeschichte oder moderne Kunst interessiert. Der Gründer der Sammlung, Sir Henry Wellcome, hatte im 19. Jh. eine faszinierende, teilweise schockierende Sammlung an Kunstgegenständen und Kuriositäten – alle mit medizinischem Bezug – aus der ganzen Welt zusammengetragen. Das Besondere des Museums ist die Kombination der Exponate mit moderner Kunst. Gewissermaßen zur Begrüßung sieht man rechter Hand Marc Quinns »Silvia Petretti – Sustiva, Tenofivir, 3TC (HIV)«, eine klassische weibliche Skulptur, allerdings aus einem ungewöhnlichen Material: Für den Abguss des weiblichen Körpers vermischte der Künstler das helle Wachs mit den Medikamenten, die sein an AIDS erkranktes Modell täglich einnehmen muss.

Holborn

Sir John Soane's Museum 9

Lincoln's Inn Fields, www.soane.org, Di–Sa 10–17, 1. Di im Monat 18–21 Uhr bei Kerzenschein, Eintritt frei. Führungen (10 £) Sa 11, Di, Fr 11.30, Mi, Do 15.30 Uhr; wg. Restaurierung sind zeitweilig Räume geschlossen

Nah der U-Bahn-Station Holborn lohnt an der Nordseite von Lincoln's Inn Fields (s. Entdeckungstour S. 180) das Sir John Soane Museum einen Besuch. John Soane (1753–1837) galt als einer der besten Architekten seiner Zeit. Er entwarf die Bank of England, die Dulwich Picture Gallery und Pitshanger Manor. Während seiner ›Grand Tour‹ in Italien sammelte er Ideen, die er später in seinen Entwürfen umsetzte. Durch Heirat zu Wohlstand gekommen, erwarb Soane das Wohnhaus am Lincoln's Inn Fields, das Nachbarhaus gleich dazu und widmete sich fortan seiner Sammlerleidenschaft. Bereits zu seinen Lebzeiten war das Haus als Museum für Besucher zugänglich, allerdings nicht bei Regen oder ›schmutzigem‹ Wetter. Soane vererbte Gebäude und Sammlungen an die Nation – mit der Bedingung, dass alles so bliebe wie zu seinen Lebzeiten. Besucher sehen daher das Haus im ursprünglichen Zustand: vollgestopft mit kuriosen Sammlerstücken und Kunstwerken. Das Haus selbst ist fast interessanter als die Kunstwerke, insbesondere die raffinierte Beleuchtung durch Glaskuppeln und Laternen.

Bizarrstes Sammlerstück ist der Sarkophag von Pharao Sethos I. (1303–1290 v. Chr.) in der Sepulchral Chamber. Die Inschriften erzählen von der Wanderung der Seele durch die Unterwelt. Eine andere Besonderheit sind im Picture Room die faltbaren Wände, die es erlaubten, noch mehr Bilder anzubringen. Wichtig sind die beiden Serien von William Hogarth, »Rake's Progress« (1735) und »Elections« (1754–57). Weitere Gemälde stammen von Turner und Canaletto, daneben gibt es Architekturzeichnungen von Sir Christopher Wren und Robert Adam.

Clerkenwell

Im Verlauf der Jahrhunderte siedelten sich im Stadtteil Clerkenwell viele Handwerker an, die abseits von den City-Gilden ihr Handwerk ausübten. Kaum zu glauben, dass sich hier im 19. Jh. eine der schlimmsten Slumgegenden Londons befand, die die reiche Leute zum *slumming,* dem Angucken der Slumbewohner, verlockte. Heute stellt Clerkenwell ein gutes Beispiel dar, wie sich ein Stadtteil neu erfindet und wie hier heute zu leben ist: very desirable indeed! ▷ S. 182

Mein Tipp

Silberwaren jeder Art

Antikes Silber gefällig? In der Chancery Lane 53–63 befinden sich die **London Silver Vaults** 1, wo in zwei Gängen 30 Geschäfte Silberwaren jeder Art verkaufen: Besteck, Ketten, Bilderrahmen, Kerzenständer. Die meisten Stücke stammen aus der Regierungszeit der hannoverschen Könige, als sich die Kunst der Londoner Silberschmiede auf ihrem Höhepunkt befand. Aber es gibt auch moderne Stücke, und einige Waren sind relativ erschwinglich. Allerdings ist der längste Silberlöffel der Geschichte vielleicht doch etwas unpraktisch – immerhin misst er 131 m (Tel. 020 72 42 38 44, www.thesilvervaults.com, U: Chancery Lane, Mo–Fr 9– 17.30, Sa 9–13 Uhr).

Auf Entdeckungstour: Spaziergang durch das Londoner Gerichtsviertel

Die vier Inns of Court dienten seit dem 15. Jh. als Wohn- und Studierstätte der Juristenzunft, und auch heute noch müssen die englischen Anwälte Mitglied einer dieser Rechtsschulen sein. Entdecken Sie eine der unbekannteren Ecken Londons mit kopfsteingepflasterten Gassen und einladenden Innenhöfen.

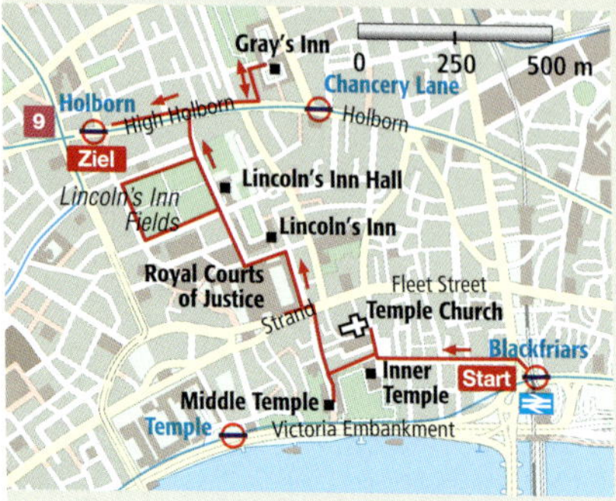

Inns of Court: Tel. 0207 405 13 93, www.lincolnsinn.org.uk, Führungen ab 5 £; **Temple Church:** i. d. R. Mo–Fr 10–16, Mi ab 14 Uhr freie Orgelkonzerte Mi 13.15–13.45 Uhr (www.templemusic.org), Besichtigung 5 £; **Royal Court of Justice:** Mo–Fr 9.30–16.30 Uhr, Aug./Sept. keine Sitzungen; **Kapelle der Lincoln's Inn:** Mo–Fr 9–17 Uhr.

Start: U: Blackfriars

Edward I. hatte das kirchliche Privileg der Rechtsprechung abgeschafft und stattdessen Rechtsschulen eingeführt. Die vier Londoner Inns of Court, im 15./16. Jh. gegründet, boten bis zum 19. Jh. die einzige juristische Ausbildungsstätte. Das Protokoll dieser Inns ist außerordentlich kompliziert und geht auf uralte Traditionen zurück. So müssen alle angehenden Juristen mehrfach im Jahr in der Hall ihrer Inn am Dinner teilnehmen, um in die Anwaltskammer zugelassen zu werden. Zum Gelände der Rechtsschulen gehören Innenhöfe, Gärten, prachtvoll ausgestattete Speisesäle, Bibliothek, Kapelle sowie Wohnungen für Anwälte, Vorstandsmitglieder der Innung und teilweise auch für Studenten.

Auf den Spuren eines Ritterordens: der Temple District

Durch die Tudor Street gelangt man in den Temple District, einst Hauptquartier des Templer-Ritterordens. Der Speisesaal der 1501 erbauten Rechtsschule **Middle Temple** (www.middletemple.org.uk) hat eine fantastische Stichbalkendecke aus Elisabethanischer Zeit. Herrlich sind die **Gartenanlagen**!

Die **Temple Church** (www.templechurch.com) wurde zwischen 1161 und 1185 als Privatkapelle der Tempelritter errichtet, jedoch später von Sir Christopher Wren sowie im 19. Jh. verändert. Temple Church ist wie alle Kirchen des Ordens ein Rundbau (in Anlehnung an die Grabeskirche in Jerusalem) und in ihrer Strenge sehr eindrucksvoll. Der Anbau im Stil des Early English geht auf das frühe 13. Jh. zurück. In den Fußboden der Kirche sind einige Steineffigien eingelassen, und von den Wänden blicken groteske Gesichter herab. 1312 wurde der Orden verboten, sein Grundbesitz und somit auch die Kirche enteignet. Die meisten heutigen Besucher sind Fans von Dan Browns »Da Vinci Code«, der zum Teil hier spielt.

Zur Rechtsschule **Inner Temple** (1505; i. d. R. Mo–Fr 12.30–15 Uhr) ge hört eine wunderbare Gartenanlage mit seltenen Bäumen, die sich bis zum Victoria Embankment erstreckt.

Zu Besuch im Zivilgericht

In den **Royal Courts of Justice** werden bedeutende zivilrechtliche Fälle behandelt. Das imposante Gebäude im neogotischen Stil mit Türmchen und Giebeln wurde zwischen 1874 und 1882 gebaut. Es umfasst 1000 Büros und Korridore mit einer Gesamtlänge von 5,5 km. Die zentrale Halle hat einen schönen Mosaikfußboden, und im hinteren Gebäudeteil gibt es eine kleine Ausstellung über die Geschichte der traditionellen Gerichtsroben der Juristen.

Eine Kaderschmiede

Lincoln's Inn (1422) ist die besterhaltene der vier Rechtsschulen und geht zum Teil auf das 16. Jh. zurück. Hier haben viele berühmte Briten studiert, u. a. Benjamin Disraeli, William Gladstone und William Penn, Gründer von Pennsylvania. Die Kapelle von 1623 kann besichtigt werden. Anfänglich durften hier keine Frauen bestattet werden. Erst 1839 wurde diese Regelung auf Antrag Lord Broughams aufgehoben, der hier seine Tochter bestatten wollte. **Lincoln's Inn Fields** mit seinen alten Platanenbäumen diente vom 15. bis 18. Jh. als Hinrichtungsstätte. Bei schönem Wetter kann man hier wunderbar sitzen, eine Pause einlegen und den Anwälten beim Tennisspielen zuschauen.

Wer mag, kann noch den **Gray's Inn** (1569) nördlich der High Holborn Street besuchen – oder die Tour direkt im Pub **Princess Louise** 9 (s. S. 184) ausklingen lassen.

Mein Tipp

Bummel von Smithfield zum Exmouth Market

Ein toller Weg mit vielen Einkehrmöglichkeiten führt von Smithfield zum Exmouth Market. Heimweh? Abhilfe schaffen **Kurz & Lang – The Bratwurst Company** 13, die von Frankfurtern bis Krakauern alles bieten, was das Herz begehrt, Sauerkraut inklusive. Am luftigen **St James's Square** vorbei geht es zur Aylesbury Street. Die gesamte Gegend ist alljährlich Veranstaltungsort der Clerkenwell Design Week. Im **Curved Angel Café** 14 vor der Kirche St James's gibt es guten Kaffee – oder soll's ein Pint im **Three Kings** 15 sein? Dem Clerkenwell Close folgend (unkompliziertes Mittagessen in Nr. 27–31, **The Clerkenwell Kitchen** 16), geht's zur Northhampton Road. Der **Spa Fields Park,** heute mit Kinderspielplatz und vielen Bänken, war einst ein großer Friedhof. In der Nähe liegt der **Exmouth Market** mit kleinen Läden, trendigen Bars und fantastischen Restaurants, wie dem **Medcalf** 17 (www.medcalfbar.co.uk) oder dem **Moro** 18 (s. S. 37).

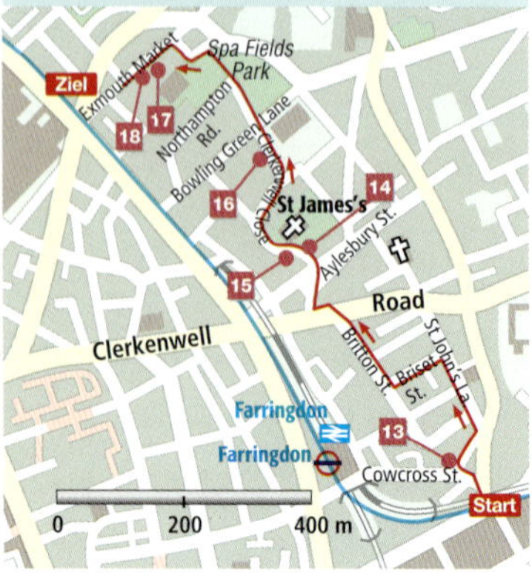

Rund um Hatton Garden

Hatton Garden ist eines der weltweit wichtigsten Zentren für den Handel mit Diamanten: Ein Juwelier reiht sich an den nächsten. Traditionell befinden sich die Verarbeitung und der Handel von Diamanten in Händen der jüdischen Bevölkerung. Parallel zum oberen Ende verläuft die **Leather Lane,** wo Mo–Fr (10–14.30 Uhr) ein gemischter Markt stattfindet, parallel zum südlichen Ende liegt die kleine Privatstraße **Ely Place,** einst die Londoner Residenz des Bischofs von Ely. Beidseitig der Sackgasse sieht man schöne georgianische Architektur und die **St Etheldreda Church** 10, Großbritanniens älteste katholische Kirche. Sie wurde 1290 erbaut und ist, abgesehen von Westminster Abbey, das einzig erhaltene Bauwerk mit gotischer Architektur aus der Zeit von Edward I. Das Besondere im Inneren sind die an den Seitenwänden angebrachten Skulpturen von zehn Menschen, die für ihren katholischen Glauben ermordet wurden (www.stetheldreda.com, Mo–Sa 8–17, So 8–12.30 Uhr, Café Mo–Fr 12–14.30 Uhr, Eintritt frei).

Smithfield Market

Smithfield Market ist der modernste Fleischmarkt Europas. Um 3 Uhr beginnt der Verkauf, und um 4 Uhr herrscht bereits Hochbetrieb. Gegen 10 Uhr ist dann schon wieder alles vorbei. Früher kehrten die Marktleute im **Fox & Anchor** 3 in der Charterhouse Street ein, heute findet man dort hauptsächlich Touristen. Die Pubs rund um den Markt haben nämlich eine Schanklizenz ab frühmorgens.

In der Charterhouse Road und der St John Street gibt es etliche schicke Restaurants, Bistros und Bars, die vor allem eine zahlungskräftige Klientel anziehen. Sehr nett ist **Comptoir Gascon** 5 mit Spezialitäten aus Südwestfrankreich und bei **Smiths of Smith-**

field 6 genießt man vom Dachgarten einen schönen Blick auf St Paul's. Traditionell englisch geht es in dem hervorragenden Restaurant **St John** 1 zu, das in einer ehemaligen Räucherei eingerichtet wurde.

St Bartholomew-the-Great 11

www.greatstbarts.com, Mo–Fr 8.30–17 (im Winter bis 16), Sa 10.30–16, So 8.30–20 Uhr, Eintritt 4 £

St Bartholomew-the-Great ist eine der ältesten und eindrucksvollsten Kirchen Londons. Man betritt sie durch ein Tor aus dem 13. Jh. (der ursprüngliche Eingang zum Gebäude), über dem sich ein Torhaus mit schönem Fachwerk befindet. Der enge Kirchhof war einst das südliche Seitenschiff. Früher stand hier nämlich ein enormes Gotteshaus auf kreuzförmigem Grundriss, von dem nur der normannische Chor, die Vierung und ein Joch erhalten sind. Möglicherweise waren die wunderschönen normannischen Bögen einst bemalt. 1885 wurde die Kirche restauriert, und im Zweiten Weltkrieg blieb sie wie durch ein Wunder verschont. Sie ist so schön, dass sie bereits bei mehreren Filmen als Schauplatz herhalten musste, z. B. bei »Shakespeare in Love« (Cloister Café: Mo–Fr 8.30–17, im Winter bis 16 Uhr, So 9.30–18.30 Uhr).

Charterhouse 12

Charterhouse Square, Tel. 020 72 51 50 02, www.thecharterhouse.org, Besichtigung nach Voranmeldung Di–Do u. jeden 2. Sa., 10 £

Das Charterhouse wurde im 14. Jh. als Kartäuserkloster gegründet. Später ein Krankenhaus, dann eine Schule für die Armen, beherbergt das historische Gemäuer heute ein Altersheim für ca. 40 alte Herren, die auch Führungen (ca. 2 Std.) organisieren. Ein neues Museum, das die Geschichte des Charterhouses dokumentiert, sowie der neu gestaltete Charterhouse Square sollen bis 2016 fertiggestellt sein.

Rund um Smithfield Market laden etliche Bistros und Cafés zu einer Pause ein

Mein Tipp

Gemütliche Pubs mit herrlich altmodischem Flair
In den Vierteln zwischen Westend und The City laden einige gemütliche Pubs zur Einkehr ein. Wunderbar altmodisch ist der Pub **Lamb** 7 in Bloomsbury. Hier kann man traditionelles *Young's Bitter* und solides *Pub Food* genießen. Besonders schön sitzt man im Sommer hinten im kleinen Garten (94 Lamb's Conduit Street, www.youngs.co.uk). **Princess Louise** 9 in 208 High Holborn hat eine spätviktorianische Inneneinrichtung mit vielen Spiegeln, Kacheln und einer zentralen Theke in Hufeisenform.
In Clerkenwell, um die Ecke von St Etheldreda Church, befindet sich versteckt der 1546 gegründete Pub **Ye Olde Mitre** 10 (http://yeoldemitreholburn.co.uk) mit schöner Innenausstattung. Wenn es drinnen zu eng wird, kann man auch draußen an alten Bierfässern lehnen und die drei verschiedenen Ales probieren (s. S. 42). Die **Jerusalem Tavern** 8 (55 Britton Street, www.stpetersbrewery.co.uk) ist eine alte, stets gut besuchte Taverne mit viel Holz, Ecken und Alkoven. Es gibt u. a. verschiedene Biere der St Peter's Brewery (s. S. 42).

Museum and Library of the Order of St John 13

St John's Lane, www.sja.org.uk/museum, Mo–Sa 10–17 Uhr, Führungen Di, Fr, Sa 11 u. 14.30 Uhr, Eintritt frei
Das St John's Gate Gate (erb. 1504) ist der Hauptsitz des Most Venerable Order of St John. Rechts vom Torhaus erläutern Museum and Library of the Order of St John die Geschichte des Ritterordens und der St John Ambulance Brigade, dem Johanniter Hilfsdienst. Interessant ist ein Modell der Jerusalemer Grabeskirche aus Elfenbein und Perlmutt. Der Johanniterorden war jahrhundertelang auf Malta angesiedelt, und so stammen Ausstellungsstücke auch von dort. Im Zuge einer Führung sind auch die restaurierten Überreste der Kirche, u. a. die Krypta aus normannischer Zeit, zu sehen.

Marx Memorial Library 14

37a Clerkenwell Green, www.marx-memorial-library.org, Mo–Do 12–16 Uhr, Eintritt frei
Im 19. Jh. galt Clerkenwell, wo sich zahlreiche Druckereien befanden, als Brutstätte revolutionärer Ideen. In Clerkenwell Green 37a wohnte 1902/1903 Lenin. 1933 wurde in diesem Haus am 50. Todestag von Marx als Protest gegen die Bücherverbrennung in Deutschland die Marx Memorial Library eingerichtet. Karl Marx, der mit seiner sechsköpfigen Familie in bescheidener Unterkunft in Soho residierte, bereitete in London die ›proletarische Revolution‹ vor, klapperte nebenbei aber auch gerne die Kneipen ab. Die Bibliothek beherbergt rund 150 000 Bücher und die Mitgliedschaft kostet, sozialistischen Idealen entsprechend, nur 10 £ im Jahr. Welch Ironie der Geschichte, dass Clerkenwell mittlerweile eine der begehrtesten Adressen in London und dementsprechend teuer ist.

Essen & Trinken

Englische Küche – **St John** 1: s. S. 38.
Sardische Taverne – **Sardo** 2: s. S. 39.

Frühstück im Pub – **Fox & Anchor 3**: 115 Charterhouse Sq., Tel. 020 72 50 13 00, www.foxandanchor.com, U: Farringdon oder Barbican, Pub Mo–Fr 7–23, Sa 8.30–23, So 8.30–22 Uhr, Frühstück Mo–Fr 7–11, Sa/So 8.30–11, Lunch/Dinner Mo–Sa 12–21.45, So Lunch 12–16.30, Dinner 18–20.45 Uhr, Hauptgerichte 14–18 £. Britische Küche, mit frischen Zutaten zubereitet, z. B. *Wildboar and apple bangers, mustard mash and apple sauce* (14,95 £). Bei schönem Wetter einige Tische draußen; auch 6 DZ (ab 120 £).

Gastro-Pub – **The Eagle 4**: 159 Farringdon Road, Tel. 020 78 37 13 53, www.theeaglefarringdon.co.uk, U: Farringdon, Mo–Sa 12–23, So 12–17 Uhr, Lunch Mo–Fr 12.30–15, Sa/So bis 15.30, Dinner Mo–Sa 18.30–22.30 Uhr, Hauptgerichte 5–17 £. Der Eagle war der erste Gastro-Pub und ist beliebt wie eh und je. Kommen Sie früh am Abend, denn später ist es fast unmöglich, einen Platz zu bekommen. Besonders köstlich sind die Steak-Sandwiches (11 £).

Französische Küche – **Comptoir Gascon 5**: 61–63 Charterhouse Street, Tel. 020 76 08 08 51, www.comptoirgascon.com, U: Farringdon oder Barbican, Di–Sa 12.30–14, 18.30–22, Take Away Di–Sa 9–19 Uhr, Hauptgerichte 8–15 £. Spezialitäten aus Südwestfrankreich.

Beliebt – **Smiths of Smithfield 6**: 67–77 Charterhouse Street, Tel. 020 72 51 79 50, www.smithsofsmithfield.co.uk, U: Farringdon. In dem einstigen Lagerhaus befindet sich seit vielen Jahren eine zuverlässige Adresse zum Einkehren. Im EG Bar/Café mit Tischen und Holzbänken (Mo–Fr 7–23, Sa/So 9.30–17 Uhr, Big Breakfast 6–11 £), auch Tische im Freien, im ersten Stock Cocktailbar (Di–Sa ab 18 Uhr) und gemütliche Lounge. Ganz oben ist das Restaurant (hauptsächlich Fleischgerichte, Mo–Fr 12–15, 18–23, Sa 18–23 Uhr). Von hier und von der Dachterrasse hat man einen tollen Blick auf St Paul's.

Schön altmodisch – **Lamb 7**: s. Mein Tipp S. 184.

Museumsreif – **Jerusalem Tavern 8**: s. Mein Tipp S. 184 sowie S. 42.

Spätviktorianisch – **Princess Louise 9**: s. Mein Tipp S. 184.

1546 gegründet – **Ye Olde Mitre 10**: s. Mein Tipp S. 184 sowie S. 42.

Nicht nur für Vegetarier – **The Gate 11**: s. S. 40.

Frische Küche – **Gail's Kitchen 12**: S. 37.

13–18 s. Mein Tipp S. 182.

Einkaufen

30 Läden unter der Erde – **London Silver Vaults 1**: s. S. 179.

Bücher für Grafiker und Designer – **Magma 2**: 117–119 Clerkenwell Road, www.magmabooks.com, U: Farringdon, Mo–Sa 10–19 Uhr. Design, Typografie, Grafik, Street Art, Mode, Kuriositäten, Magazine.

Aktiv

Kinderspielplatz und Streichelzoo – **Coram's Field 1**: 93 Guilford Street, www.coramsfield.org, tgl. 9–19 Uhr, Eintritt frei, Erwachsene nur in Begleitung von Kindern, s. S. 176.

Abends & Nachts

Superclub – **Fabric 1**: s. S. 49.

Ballett – **Peacock 2**: s. S. 52.

Experimentierfreudige Tanzdarbietungen – **The Place 3**: s. S. 53.

Programmkino – **Curzon Bloomsbury 4**: Brunswick Square, Tel. 08 708 50 69 27, U: Russell Square.

Beeindruckend – **Booking Office Restaurant and Bar:** im St. Pancras Renaissance Hotel (ehemaliges Midland Grand Hotel 6), s. S. 48.

Das Beste auf einen Blick

City of London

Highlights!

St Paul's Cathedral: St Paul's, nach dem Petersdom in Rom die größte Kathedrale in Europa, ist eine der Top-Attraktionen Londons. Das Gotteshaus entstand nach dem Großen Brand 1666 und prägt seitdem das Stadtbild Londons. Nach aufwendigen Restaurierungsarbeiten erstrahlt St Paul's wieder in altem Glanz. 5 S. 192

Tower of London: Die Kronjuwelen – immerhin 2868 Diamanten zieren die Imperial State Crown der Königin – sind der Hauptanziehungspunkt des Tower of London. Doch in dem zum Welterbe erklärten Palast gibt es noch vieles andere zu bestaunen. 23 S. 201

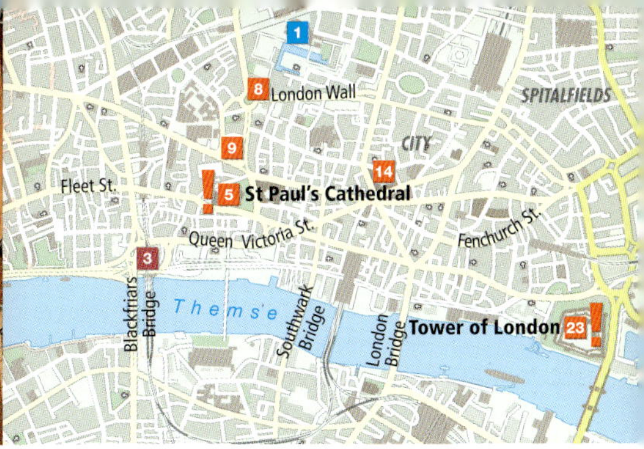

Kultur & Sehenswertes

Museum of London: Hervorragend gestaltetes Stadtmuseum, das mit mehr als 1 Mio. Objekten die Geschichte Londons von der letzten Eiszeit bis heute in chronologischer Abfolge dokumentiert. 8 S. 196

Zu Fuß unterwegs

Herrliche Panoramasicht: Der Höhepunkt einer Besichtigung von St Paul's ist der Aufstieg in die Kuppel der Kathedrale. Nach 295 Stufen gelangt man zur berühmten **Whispering Gallery,** weitere 119 Stufen sind es zur **Stone Gallery,** wo man von der offenen Aussichtsplattform aus eine fantastische Sicht auf London genießen kann. 5 S. 193

Genießen & Atmosphäre

Entspannung im Grünen: Das bieten die kleinen, liebevoll gepflegten Parks in der City, z. B. der hübsche **Postman's Park** 9 ganz in der Nähe des Museum of London. S. 196

Mitten in der Bankenwelt: Auf den breiten Treppen des Royal Exchange sitzend, der früheren Börse, kann man bestens das quirlige Leben rund um Bank beobachten. Very busy! 14 S. 198

Black Friar: Die Inneneinrichtung dieses alten Pubs ist grandios: Marmor, Mosaike und Fresken, die lachende Mönche zeigen. 3 S. 41, 203

Abends & Nachts

Wer in The City coole Bars und Discos sucht, wird eher enttäuscht: Die Square Mile ist am Abend weitgehend ausgestorben. Kulturelle Veranstaltungen – Film, Musik, Theater und Tanz – bietet das **Barbican Centre.** 1 S. 196

Lieblingsort

Blick von der Hungerford Bridge auf die Londoner City
Der Blick von der Hungerford Bridge über die Themse hinüber zur St Paul's Cathedral und auf die City ist immer wieder schön, egal zu welcher Jahres- oder Tageszeit. Auch wenn die neuen Türme nicht nur Lob ernten, hier hat man das Gefühl, am Puls der Weltstadt zu sein.

OXO

Fast jede Bank der Welt hat in der City of London eine Zweigstelle. Rund 400 000 Menschen arbeiten in diesem Stadtteil, aber höchstens 9000 leben hier auch. Tagsüber herrscht enormer Verkehr und ein Kommen und Gehen eiliger und eilender nadelgestreifter Menschen. Abends und am Wochenende kehrt Ruhe ein – die beste Zeit, dieses historische Viertel und seine Umgebung zu erkunden.

Die City of London umfasst den ursprünglichen Siedlungskern der Metropole, denn hier gründeten die Römer im 1. Jh. n. Chr. ihr Londinium; bis zum 17. Jh. kam es zu keiner bedeutenden Bautätigkeit außerhalb der Stadtmauern. Die City of London ist die reichste und einflussreichste Gemeinde der Stadt. Dem Besucher erschließt sich diese unregelmäßig geformte **Square Mile** zwischen Smithfield und Moorfields im Norden, Tower Hill im Osten, der Themse im Süden und Temple Bar im Westen nicht auf den ersten Blick. Um Interessantes zwischen den oft nichtssagenden oder schlichtweg hässlichen Gebäuden zu finden, braucht man ein bisschen Geduld. Immerhin kann die City mit 50 Kirchen aufwarten. Touristische Höhepunkte sind natürlich die St Paul's Cathedral und der Tower of London. Daneben entstanden in den letzten Jahren einige interessante Bauten, wie die ›Gurke‹ (2004) und der Heron Tower (2011).

Infobox

Reisekarte: ▶ Q–U 6–9

Ausgangspunkt
Startpunkt für die vorgeschlagene Tour ist Fleet Street (nahe U-Bahn-Stationen: Temple und Chancery Lane).

Touristeninformation
City Information Centre: gegenüber von St Paul's Cathedral, Tel. 020 73 32 14 56, www.visitlondon.com, U: St Paul's, Mo–Sa 9.30–17.30, So 10–16 Uhr.

The City am Wochenende
Die meisten Cafés und Restaurants sind am Wochenende geschlossen. Am besten ein Sandwich mitbringen und in einem der netten Parks verzehren: der **Postman's Park,** der **Rose Garden** von **Christ Church Greyfriars** und der ganz bezaubernde **St Dunstan in the East Church Garden** laden dazu ein.

Rund um Fleet Street

Fleet Street ist die Verlängerung von The Strand. Sie ist nach dem Fluss Fleet benannt, der einst bei Blackfriars Station in die Themse floss. Den Beginn der Straße markiert die Statue eines Greifen, das Wappen der Corporation of London, das man überall in der City sieht. Der Greif kennzeichnet die historische Stelle, wo ein Torbogen, der sogenannte **Temple Bar,** als Abgrenzung zwischen Westminster und City of London stand. Im Mittelalter konnte der König nur mit Zustimmung des Mayor of London in die City of London fahren. Der Temple Bar steht heute als ›Eingang‹ zwischen St Paul's und Paternoster Square.

Bekannt wurde Fleet Street als ›Straße der Druckerschwärze‹: Bereits am Ende des 15. Jh. stellte man hier die erste Druckerpresse auf und druckte 1702 die erste Zeitung, den Daily Courant. Mittlerweile sind die Zeitungsverlage abgewandert. Einige ehemalige Verlagsgebäude sind jedoch erhalten geblieben, z. B. das frühere **Daily-Telegraph-Gebäude,** Fleet Street 135, von 1928 oder das des **Daily Express** in Nr. 129. 1931 eingeweiht, war es das erste Gebäude mit einer Glasfassade in London. Besonders schön sind das Foyer und die Treppe im Art-déco-Stil.

In Fleet Street Nr. 216 befindet sich der Teehändler **Twinings,** die älteste Firma Londons, die immer noch in Familienbesitz ist. Die schöne Tür, bekrönt von zwei Chinesen und einem goldenen Löwen, stammt von 1787.

Die Tavernen in und rund um Fleet Street wurden in der Vergangenheit insbesondere von Zeitungsleuten, Journalisten und berühmten Literaten wie Charles Dickens frequentiert. **Ye Olde Cheshire Cheese** 1 im Wine Office Court ist ein uralter Pub, der sich über mehrere Etagen erstreckt.

St Dunstan-in-the-West 1

186a Fleet Street, Tel. 078 81 52 26 69, www.stdunstaninthewest.org, Mo–Fr 9.30–17 Uhr

Angeblich stand bereits um das Jahr 1000 eine Kirche hier, der jetzige Bau stammt von 1833. Das Gotteshaus beherbergt heute die orthodoxe rumänische Kirche Londons. Direkt neben dem anglikanischen Altar steht die Ikonostase. 1966 aus Rumänien hierher gebracht, passt sie sich hervorragend in das Halbrund ein. Oft Mi 13.15 Uhr Konzerte.

Dr Johnson's House 2

17 Gough Square, Tel. 020 73 53 37 45, www.drjohnsonshouse.org, Mai–Sept. Mo–Sa 11– 17.30, Okt.–April Mo–Sa 11–17 Uhr, Eintritt 4,50 £

Durch mehrere kleine Gassen, die sich durch die moderne Bebauung schlängeln, gelangt man zum Gough Square. »When a man is tired of London he is tired of life« – der oft zitierte Satz, als Inschrift auf dem kleinen Denkmal, macht neugierig auf einen Besuch im Dr Johnson's House in Nr. 17. Das in seinen Ursprüngen aus dem 17. Jh. stammende Gebäude wurde hervorragend restauriert, die Treppe ist sogar noch ursprünglich erhalten. Sein berühmter Bewohner, Dr. Samuel Johnson (1709–84), war der Verfasser des ersten Wörterbuches in Englisch, 1755 in einer Auflage von 2000 Exemplaren veröffentlicht. Bereits zu Lebzeiten genoss Johnson erhebliches Ansehen.

St Bride's Church 3

Fleet Street, www.stbrides.com, Mo–Fr 9–17, Sa variierend, So 10–18.30 Uhr

St Bride's in der Fleet Street ist vermutlich das erste christliche Gotteshaus in London (6. Jh.) und seit jeher als Kirche der Zeitungsleute bekannt. In der Krypta fand man Reste von römischen Mosaiken. Die derzeitige Kirche (1670–84) geht auf Pläne von Christopher Wren zurück. Im Zweiten Weltkrieg stark zerstört, wurde St Bride's mit Spendengeldern von Zeitungen aus der ganzen Welt wieder aufgebaut. Berühmt wurde die Kirche für ihre Kirchturmspitze, denn die vier schmaler werdenden, achteckigen Aufsätze wurden zur Vorlage für die Gestaltung von unzähligen Hochzeitstorten!

Old Bailey 4

Tel. 020 72 48 32 77, Mo–Fr 10–12.45, 14–16 Uhr, Eintritt frei, Zugang für Kinder ab 14 J., große Taschen, Handys und Kameras nicht erlaubt, Schließfächer im Museum of London (s. S. 196)

Auf dem kupfergedeckten Dom des 1907 errichteten Central Criminal Court (CCC, allgemein als Old Bailey bekannt – nach *baillie,* normannisch für befestigte Kirche) steht eine bronzene Statue der Gerechtigkeit mit einem Schwert in der einen und einer Waage in der anderen Hand. Die Augen sind nicht verbunden, wie es eigentlich der Tradition entspricht. Vorher lag an dieser Stelle das berüchtigte

Newgate Prison. 1820 fand dort die letzte öffentliche Enthauptung statt, 1868 die letzte Hinrichtung durch den Galgen. Heute geht es zivilisierter zu. Im CCC werden die berüchtigtsten Kriminellen, Massenmörder und Betrüger verurteilt. Wer das britische Gerichtswesen kennenlernen möchte, kann bei einer Verhandlung zuschauen.

St Paul's und Umgebung

St Paul's Cathedral ! 5

www.stpauls.co.uk, Mo–Sa 8.30–16 Uhr (letzter Einlass), 90-min. Führungen 10, 11, 13, 14 Uhr, Audioguides sowie Triforium Tours (1 Std., 8 £ extra), Eintritt 17 £

St Paul's Cathedral ist nach dem Petersdom in Rom die größte Kathedrale Europas. Seit 604 gibt es an dieser Stelle eine dem hl. Paul gewidmete Kirche. Das jetzige Gotteshaus entstand nach dem Großen Feuer (1666) und prägte fortan das Stadtbild Londons. Besonders schön ist St Paul's am Abend, wenn die Kuppel von unten angestrahlt wird. Sie wurde bei den Bombenangriffen im Zweiten Weltkrieg nicht zerstört und gilt daher als Symbol der Unbesiegbarkeit. Berühmt geworden ist das Foto von Herbert Mason, das St Paul's inmitten der Zerstörungen nach dem

City of London

Sehenswert

1 St Dunstan-in-the-West
2 Dr Johnson's House
3 St Bride's Church
4 Old Bailey
5 St Paul's Cathedral
6 St. Andrew by the Wardrobe
7 St Mary-le-Bow
8 Museum of London
9 Postman's Park
10 Barbican Estate
11 Finsbury Circus Garden
12 Guildhall
13 Bank of England
14 Royal Exchange
15 St Stephen Walbrook Church
16 Lloyd's of London
17 The Pinnacle
18 Heron Tower
19 Swiss Re Tower
20 St Helen's Bishopsgate
21 Bevis Marks Synagoge
22 Monument
23 Tower of London
24 Tower Bridge

Essen & Trinken

1 Ye Olde Cheshire Cheese
2 Black Friar

Einkaufen

1 Leadenhall Market

Abends & Nachts

1 Barbican Centre
2 Vinoteca

›Blitz‹ zeigt. ›Great Paul‹, mit 17 t Englands größte Glocke, schlägt täglich um 13 Uhr fünf Minuten lang.

Nach 1666 wurde Sir Christopher Wren, Astronomieprofessor aus Oxford, mit dem Bau von 51 Kirchen und dem Neubau der St Paul's Cathedral beauftragt. 1675 fand die Grundsteinlegung statt. 1708 konnte der letzte Stein an der Spitze der Laterne über der Kuppel aufgesetzt werden. Die Kathedrale gilt als Wrens Meisterwerk.

Die Aufteilung von St Paul's mit **Hauptschiff, Querschiff und Kuppeldom** im geometrischen Zentrum ist recht übersichtlich und beeindruckt zunächst vor allem durch die grandiosen Ausmaße. Das Zentrum bildet die kuppelüberwölbte Vierung mit einem schönen Fußboden mit schwarz-weißem Kompassmuster. Bei einem Blick nach oben in die Kuppel sieht man monochrome Fresken mit Szenen aus dem Leben des hl. Paulus. Sie wurden von Sir James Thornhill um 1715 geschaffen.

Den Höhepunkt einer Besichtigung von St Paul's bildet allerdings der Aufstieg in die **Kuppel.** Dabei handelt es sich im Grunde um drei ineinander gestapelte Kuppeln: Nach 295 Stufen gelangt man zur **Whispering Gallery,** die einmal rundherum verläuft. Der Name beruht auf einem akustischen Phänomen: Wenn man flüstert, hört man es auf der anderen Seite, 32 m entfernt. Weitere 119 Stufen sind es zur **Stone Gallery**, wo man von der offenen Aussichtsplattform eine wirklich herrliche Sicht genießen kann. Nach weiteren 152 Stufen gelangt man zur **Golden Gallery**.

Im **Chor** ist das wunderbar verzierte Chorgestühl aus Lindenholz, ein Werk des Meisterschnitzers Grinling Gibbons (um 1720), beachtenswert. Interessant ist an der rechten Seite des Hauptschiffes Holman Hunts Gemälde »The Light of the World« von 1904. Christus klopft an eine überwachsene Tür, die symbolträchtig nur von innen geöffnet werden kann.

Viele berühmte Menschen haben in St Paul's ihre letzte Ruhestätte gefunden, und dementsprechend viele Grabmale und Gedenktafeln, insbesondere für militärische Ehrenträger, gibt es hier. In der Krypta befinden sich die Sarkophage des Duke of Wellington und Admiral Nelsons sowie die **Grabstätten** von Henry Moore, J. M. W. Turner, Joshua Reynolds und Sir Christopher Wren. 1999 wurde an der Nordseite des Gotteshauses das **Monument to the People of London** enthüllt. Es erinnert an jene 32 000 Menschen, die während der Luftangriffe im Zweiten Weltkrieg starben.

Unübersehbar ist in der Nähe von St Paul's **One New Change** (www.onenewchange.com), ein gigantisches, mit Glasfassaden versehenes Shoppingcentre des Architekten Jean Nouvel. Vom Panoramalift und der Terrasse im 6. Stock hat man schöne Ausblicke auf St Paul's.

Südlich von St. Paul's geht es in wenigen Schritten hinunter zur Millennium Bridge, die über die Themse zur Tate Modern führt.

Mehr Ruhe zur Besichtigung

St Paul's Cathedral ist eine der Top-Attraktionen Londons, und Besucher kommen in Scharen. Vielleicht besuchen Sie besser eines der dargebotenen freien Orgelkonzerte (30 Min., So 16.45 Uhr) oder den Gottesdienst (z. B. So um 11.30 oder 15.15 Uhr). Dabei haben Sie weitaus mehr Muße, das beeindruckende Gotteshaus zu betrachten.

St Andrew by the Wardrobe 6

Ecke St Andrew's Hill/Queen Victoria Street, www.standrewbythewardrobe.net, Mo–Fr 8.15–16 Uhr, Do 13.10 Uhr Mittagskonzerte, von Jazz bis Klassik

Südlich der Kathedrale liegt diese letzte von Christopher Wren in der City erbaute Kirche. Der Name des äußerlich sehr schlichten Gotteshauses (1685–95) stammt aus dem 14. Jh., als die Zeremoniekleidung der Königsfamilie in das Gebäude neben der Kirche verlagert wurde.

St Mary-le-Bow 7

Cheapside, www.stmarylebow.co.uk, Mo–Fr ab 7.30, Konzerte meist Do 13.05 Uhr

Die Kirche St Mary-le-Bow (1670–73) erbaute ebenfalls Christopher Wren, doch wurde sie 1941 bis auf zwei Außenmauern und den Turm mit seiner schönen Kirchturmspitze zerstört. Der Namenszusatz ›le-Bow‹ bezieht sich auf die Bögen des normannischen Vorgängerbaus, die man in der Krypta sehen kann. 1956–62 wurde das Gotteshaus neu errichtet und mit schönen Glasfenstern sowie neuen Glocken versehen. Das Innere ist sehr hell und modern. Die **Norwegische Kapelle** ist den Personen gewidmet, die

Unübersehbar: Vorbild für die Kuppel von St Paul's war der Petersdom in Rom

beim Widerstand gegen Hitler ums Leben kamen. Das **Kruzifix** ist ein Geschenk Deutschlands und ein Symbol der Versöhnung. Schön sind auch die Zwillingskanzeln. Beliebt ist das vegetarische Restaurant **The Café Below** (www.cafebelow.co.uk) in der Krypta.

Museum of London und Barbican Centre

Museum of London 8

150 London Wall, Tel. 020 70 01 98 44, www.museumoflondon.org.uk, tgl. 10–18 Uhr, Eintritt frei, Gratis-Führungen s. Website

Das Museum of London ist eines der größten und besten stadtgeschichtlichen Museen weltweit. Es überzeugt nicht nur durch die Fülle und gelungene Darbietung der Exponate, sondern auch durch Besucherfreundlichkeit. Mittels Schautafeln, Dias und mehr als 1 Mio. Objekten ist die Geschichte Londons von der letzten Eiszeit bis heute in chronologischer Abfolge dokumentiert.

Das Museum ist in mehrere Bereiche unterteilt. Die Abteilung »London before London« beschäftigt sich mit der Entwicklung des Themsetales vor 450 Mio. Jahren. Die Abteilung »Roman London« bedient sich der römischen Ruinen, die in der Nähe bei Straßenarbeiten entdeckt wurden. Die Rekonstruktion einer römischen Straßenszene hilft, sich das Leben vor fast 2000 Jahren vorzustellen. Höhepunkt dieser Abteilung sind ein Bleisarg aus dem 4. Jh. Weiter geht es durch die Zeit der Angelsachsen, durch das Mittelalter, die Tudor- und Stuart-Zeit. Das Große Feuer wird anhand einer Licht-und-Ton-Schau veranschaulicht. Viel Interaktives mit Schwerpunkt auf Sozialgeschichte gibt es in den Abteilungen 1666 bis heute. Interessant sind auch die Sonderausstellungen (Café und guter Buchladen).

Postman's Park 9

Nicht weit vom Museum of London entfernt liegt direkt neben der St Botolph-without-Aldersgate Church Postman's Park. Der kleine hübsche Garten an der Aldersgate Street ist mit Bänken zum Ausruhen versehen. Das **Watts Memorial** ist eine Wand mit Keramikplatten aus Viktorianischer Zeit, die an heroische, aber todbringende Taten erinnern, wie beispielsweise die traurige Geschichte des Mannes, der ertrank, nachdem er seinen Bruder vom Ertrinken gerettet hatte. Die kuriose Wand mit den teilweise makabren Geschichten verrät die Faszination der Viktorianischen Ära für den Tod.

Barbican Estate 10

In der Absicht, die Entvölkerung der City zu bremsen, entstand in den 1970er-Jahren das Barbican Estate, ein Komplex mit 2000 Wohnungen, dem Anfang der 1980er-Jahre Kunst- und Kultureinrichtungen, das sogenannte Barbican Centre, angefügt wurden. Obwohl vom Daily Telegraph einst als eine Mischung aus »Utopie und öffentlicher Bedürfnisanstalt« abgestempelt, sind die Apartments in den schmalen sechs- oder siebenstöckigen, geschachtelten Betonblöcken begehrt und teuer.

Das **Barbican Centre** 1 ist das größte Multi-Arts Centre in Europa mit Film, Kunst, Musik, Theater, Tanz und Vorträgen. Hochkarätig sind vor allem die Darbietungen im Bereich Ballett und moderner Tanz sowie die internationalen Theatergastspiele. Außer verschiedenen Bühnen, drei Kinos, mehreren Restaurants und Bars gibt es die **Barbican Art Gallery,** wo lohnenswerte Ausstellungen zeitgenössischer Kunst, überwiegend Fotografie und Pop-Kultur, stattfinden (www.barbican.org.uk, tgl. 10–18, Do, Fr 10–21 Uhr, Eintritt je nach Programm).

Rund um London Wall

London Wall ist eine breite verkehrsreiche Straße. Sie verläuft entlang der ursprünglichen **römischen Stadtmauer.** Mauerreste sind bei der Barber Surgeon's Hall (hier auch der schöne Barber Surgeon's Herb Garden), im St Alphege's Garden sowie zwischen dem U-Bahnhof Tower Hill und dem Tower of London zu sehen.

Am östlichen Ende der London Wall liegt der **Finsbury Circus Garden** 11 von 1606, Londons erster öffentlicher Garten. 1925 entstand hier der erste und einzige Bowling Green in London. Derzeit ist der Park wegen der Bauarbeiten an der West-Ost-Verbindung Crossrail gesperrt (voraussichtl. bis 2016).

Guildhall 12

Gresham Street, Tel. 020 76 06 30 30, www.guildhall.cityoflondon.gov.uk, meist tgl. ab 10 Uhr geöffnet, Eintritt frei

In Gresham Street, in der Mitte der City of London, beherbergt die Guildhall seit 800 Jahren den Sitz der Corporation of London. Das Gebäude entstand 1411–30 an der Stelle eines Vorgängerbaus aus dem 13. Jh. Die kirchenähnliche Große Halle wurde im Zweiten Weltkrieg beschädigt und danach im Stil der viktorianischen Ergänzungen restauriert. Die Wände sind mit den Bannern der wichtigsten zwölf *liveries* versehen, die Fenster zeigen die Namen sämtlicher Mayor of London (Bürgermeister).

Die Halle wird heute für die jährliche Ernennung des Lord Mayor genutzt. Neben der Großen Halle befindet sich eine mittelalterliche Krypta, die größte in London. Die 19 Fenster präsentieren die Wappen der Zünfte. Einige der alten, prachtvollen Londoner Gildehallen können nach Anmeldung besichtigt werden, z. B. die der Goldschmiede, der Fischhändler oder der Eisenwarenhändler (Auskunft im City Information Centre, s. S. 190).

Guildhall Art Gallery and Roman London's Amphitheatre

Guildhall Yard, Tel. 020 73 32 37 00, Mo–Sa 10–17, So 12–16 Uhr (Okt.–April nicht So), Eintritt frei außer Sonderausstellungen

Guildhall Art Gallery wurde 1885 als Ausstellungsort der Kunstsammlung der Corporation of London (s. S. 81) eingerichtet. Ein Highlight der Bildergalerie ist das riesige Gemälde »The Siege of Gibraltar« von John Singleton Copley, das mit seinen 3x7,5 m eine ganze Wand einnimmt. Daneben

Mein Tipp

Musikalische Entspannung zur Mittagszeit

Liebhaber von Orgelmusik finden tagsüber eine wundervolle und kostenlose Entspannungsmöglichkeit vom anstrengenden Sightseeing: Viele Kirchen in der City of London bieten zur Mittagszeit frei zugängliche Konzerte, so z. B. die **Church of St Lawrence Jewry** (www.stlawrencejewry.org.uk) direkt neben der **Guildhall** 12 (Di um 13 Uhr auf der Klais-Orgel), **St Mary-le-Bow** 7 (meistens Do 13.05 Uhr) oder die **St Stephen Walbrook Church** 15 (Fr 12.30, oft auch Di 13 Uhr). Auch in **St Paul's Cathedral** 5 finden So um 16.45 Uhr Konzerte statt. Für einen Überblick über die Veranstaltungen und nähere Infos siehe www.londonorgan.co.uk.

gibt es vor allem Malerei aus Viktorianischer Zeit, so auch einige Werke der Prä-Raphaeliten. Interessant sind im Untergeschoss die Überreste eines römischen Amphitheaters, das 1988 ausgegraben wurde. Nur ein paar Steinwälle sind zu sehen, doch wird durch raffinierte Lichteffekte und computergesteuerte ›Zuschauer‹ und ›Gladiatoren‹ die Atmosphäre eines römischen Theaters nachgestellt.

Rund um Bank

Rund um die U-Bahn-Station Bank schlägt das finanzielle Herz der Stadt. Hunderte ausländischer Banken und Versicherungen haben in The City ihre Büros. Von der Tube-Station gehen sieben große Straßenzüge mit imposanter Bebauung ab.

Bank of England 13

Threadneedle Street

Die Bank of England wurde 1694 mit Parlamentsbeschluss und königlichem Erlass zunächst als private Gesellschaft gegründet. 1734 zog die Bank an die heutige Stelle um, doch das Gebäude stammt zum größten Teil von 1902, da der Vorgängerbau von Sir John Soane abgerissen wurde.

Das gut aufbereitete **Bank of England Museum** (Eingang Bartholomew Lane) ist überraschend interessant. Eine Rekonstruktion zeigt die ursprüngliche Bankhalle von John Soane. Erläutert werden Geschichte und Praxis des Bankwesens. Ein Mathe-Test aus dem 19. Jh. verrät, ob man sich als Bankangestellter eignen würde. Der Besucher erfährt, wie Geld gedruckt und mit welchen Tricks Fälschungen vermieden werden sollen. Außerdem gibt es eine Sammlung alter Banknoten und einen 30 kg schweren Goldbarren, den man durch eine Öffnung in einer Sicherheitsbox anzuheben versuchen kann (Tel. 020 76 01 55 45, www.bankofengland.co.uk/museum, Mo–Fr 10–17 Uhr, Eintritt frei).

Royal Exchange 14

Eine Reiterstatue des Duke of Wellington steht auf dem Platz vor der Royal Exchange (Königliche Börse). Bis Mitte des 16. Jh. befand sich das Weltwirtschaftszentrum in Antwerpen. Auf Initiative des reichen Londoner Kaufmanns Thomas Gresham wurde 1565, dem Antwerpener Vorbild folgend, auch in London eine Börse ins Leben gerufen und bald galt die britische Hauptstadt als Wirtschaftsmetropole der Welt. Das jetzige Gebäude ist das dritte an dieser Stelle, doch die Börse befindet sich heute am Paternoster Square. Das Gebäude der ehemaligen Royal Exchange beherbergt heute noble Büros, teure Geschäfte und das Grand Café & Bar (Mo–Fr 8–23 Uhr). Preiswerter und spannender ist es, sich in einem der zahlreichen Cafés in der Umgebung ein Getränk zu holen und von der breiten Treppe der Royal Exchange aus das muntere Treiben zu beobachten.

Lombard Street

Lombard Street ist nach den italienischen Bankern benannt, die Londons Finanzwelt zwischen dem 13. und 16. Jh. beherrschten, denn die jüdische Gemeinde, die dieses Amt bis dato gepflegt hatte, war 1290 von Edward I. vertrieben worden.

St Stephen Walbrook Church 15

39 Walbrook, www.ststephenwalbrook.net, Mo–Fr 10–16 Uhr, Eintritt frei, Orgelkonzerte Fr 12.30 Uhr

1672–79 erbaut, gilt sie als eine der schönsten Kirchen Christopher Wrens. Der Architekt experimentierte hier mit dem Kuppelbau, bevor er sich an St Paul versuchte. Der helle Innenraum wirkt luftig und still. Der schlichte weiße Altar von Henry Moore, geformt aus einem einzigen – allerdings riesigen – Steinblock, wird gerne »Camembert« genannt. Ringsherum gruppieren sich kreisförmig die Kirchenbänke aus hellem Holz.

Leadenhall Market 1

www.leadenhallmarket.co.uk

Einen Abstecher lohnt der Leadenhall Market. Bereits im Mittelalter gab es hier einen Markt, doch stammt die überdachte Markthalle aus Glas und Eisen aus viktorianischer Zeit. Mit den grünen, braunen und beigefarbenen Arkaden und viel Liebe zum Detail bietet die Markthalle hübsche Fotomotive, aber auch nette Einkehrmöglichkeiten, wobei die Sandwich-Bars, der Pizza-Express sowie die Geschäfte alle auf viktorianisch getrimmt sind. Harry-Potter-Fans werden die Halle als Diagon Alley erkennen.

Lloyd's of London 16

Nur wenige Schritte sind es bis zum Lloyd's-of-London-Bau in der Lime Street. 1688 hatte ein gewisser Edward Lloyd in der Tower Street ein Kaffeehaus eröffnet und war rasch zu Reichtum gelangt. Damals wurden die Kaffeehäuser für Geschäfte jeglicher Art genutzt, und bei Lloyds gab es Versicherungen. Der Kaffeehausbesitzer Edward Lloyd wurde zum Namensgeber eines der wichtigsten Schifffahrts-Versicherungsunternehmen. Heute werden hier neben Schiffen, Schiffsfracht und Flugzeugen auch Gesichter von Schaupielern und Beine von Tänzern versichert.

Beliebter Treffpunkt der Geschäftsleute: der viktorianische Leadenhall Market

Das ungewöhnliche Gebäude ist ein Bau von Richard Rogers (1986), einem der Architekten des Centre Pompidou in Paris. Seinem Prinzip getreu kehrte er das Innere nach außen und verlegte Aufzugschächte, Abflussleitungen und Heizungsrohre an die Außenwände. Abends wird das Gebäude gelb und blau angestrahlt.

Entlang Bishopsgate erstürmen gleich mehrere futuristische Neubauten den Himmel. Der Bau von **The Pinnacle** 17, der 2012 wegen Geldmangels eingestellt wurde (fortan passend ›Stumpf‹ genannt), geht 2015 nun weiter. Umbenannt in **22 Bishopsgate** soll dies mit 262 m das höchste Gebäude der City werden.

Im 39. Stock des **Heron Tower** 18 (www.herontower.com) kann man bei einem Drink in der Bar des **SushiSamba** die schöne Aussicht genießen.

Swiss Re Tower 19

Keine Besichtigung möglich

Darüber, ob der von Foster and Partners entworfene Swiss Re Tower (30 St Mary Axe), landläufig auch ›Gurke‹ genannt, eine Bereicherung der Londoner Skyline ist, gehen die Meinungen auseinander. Den besten Blick auf das futuristische Gebäude mit seiner transparent grünen Fassade und den spiralförmig verlaufenden schwarzen Streifen hat man von Whitechapel Road (östlich Aldgate) aus. Der Turm ist 180 m hoch und hat 40 Stockwerke.

Direkt vor dem Gebäude lohnt die aus dem 13. Jh. stammende **St Helen's Bishopsgate** 20 einen Blick. Im Grunde handelt es sich um zwei Kirchen, es gibt nämlich zwei Hauptschiffe, die einst voneinander abgeschirmt waren. Schön ist die Nonnenkapelle aus dem 14. Jh. Die Kirche überstand das Große Feuer und den ›Blitz‹, wurde aber von IRA-Bomben 1992/93 teilweise zerstört und danach im vorviktorianischen Stil restauriert (www.st-helens.org.uk, tgl. 9.30–12.30 Uhr). Viele Aktivitäten, insbesondere für junge Leute.

Die wohlerhaltene **Bevis Marks Synagoge** 21 (4 Heneage Lane, www.bevismarks.org.uk, Mo, Mi, Do 10.30–14, Di, Fr 10.30–13 So 10.30–12.30 Uhr, Eintritt 5 £) in der Straße Bevis Marks lohnt ebenfalls einen Blick. Sie wurde im Jahr 1701 von sephardischen Juden gegründet, die der Spanischen Inquisition entflohen waren; auch heute noch wird der Gottesdienst hier auf Portugiesisch und Hebräisch abgehalten.

Monument 22

Tel. 020 76 26 27 17, www.themonument.info, tgl. 9.30–17.30, im Sommer bis 18 Uhr (letzter Einlass 17/17.30 Uhr), Eintritt 3 £ (mit Tower Bridge Experience 9 £)

Das Monument in der Monument Street wurde 1671–77 nach Plänen von Dr. Robert Hooke und Christopher Wren errichtet, um dem Großen Feuer von 1666 zu gedenken. Die dorische Säule (die höchste frei stehende in der Welt) hat 311 Stufen. Von der Plattform auf 50 m Höhe – unterhalb der Flammenurne, die auch als ›goldenes Nadelkissen‹ bezeichnet wird – kann man einen schönen Rundumblick auf die Stadt genießen. Die Reliefs am Sockel zeigen u. a. Charles II., der den Wiederaufbau der Stadt überwacht. Der Künstler übt hier Rache – er hatte wegen Schulden im Gefängnis sitzen müssen – und zeigt Charles II. mit dem Finger auf der Brust einer Frau.

Das Monument ist 62 m hoch, was dem Abstand von hier zu einer Bäckerei in der Pudding Lane entspricht, in der am 2. September 1666 das Große Feuer ausbrach. Innerhalb von drei Tagen zerstörte der verheerende Brand vier Fünftel der City of London. Eine Tafel in der Pudding Lane weist auf die Stelle hin, wo das Unglück seinen Ausgang nahm.

Auf dem Weg zum Tower kommt man am **St Dunstan in the East Church Garden** vorbei, einem idyllischen Ort, wo man gut eine Pause einlegen kann.

Tower of London ! 23

www.hrp.org.uk, Di–Sa 9–16.30, So/ Mo ab 10 Uhr, Eintritt 22 £
Über Jahrhunderte hinweg diente der zum Welterbe erklärte Tower als Palast, Gefängnis, Hinrichtungsstätte, Waffenlager, Schatzkammer, königliche Münze und sogar als Zoo. Der Bau wurde im 11. Jh. von William the Conqueror in Auftrag gegeben und dominiert seither die südöstliche Ecke der City. Bis zur Regierungszeit von James I. diente er als königliche Residenz, danach wurde er als Gefängnis genutzt. Der letzte prominente Gefangene, der hier einsaß, war Rudolf Heß, und zwar vom 17. bis 21. Mai 1941. Heute stellt der Tower mit 2 Mio. Besuchern pro Jahr eine der Top-Besucherattraktionen der Stadt dar. Man sollte entweder ganz früh oder ganz spät kommen.

White Tower

Der älteste Teil der Anlage ist der White Tower, der mit seiner soliden normannischen Architektur und den vier Türmen auch am eindrucksvollsten wirkt. 1078 legte William the Conqueror den Grundstein, William II. setzte die Arbeit seines Vaters fort. Zwischen 1190 und 1285 wurden zwei Wälle mit Türmen und einem sie umgebenden Graben gebaut. An der Flussseite kam eine Werft hinzu und seitdem wurde die mittelalterliche Verteidigungsanlage kaum mehr verändert. Unter Henry III. wurde der Turm weiß gekalkt. Im Inneren ist eine reichhaltige Sammlung von Waffen und Rüstungen aus verschiedenen Epochen zu sehen. Die Line of Kings zeigt die einzelnen Herrscher in voller Montur auf ihren Pferden. Unvorstellbar, dass selbst die Pferde schwere Rüstungen tragen mussten. Die Handwaffenkammer gehört zu den historischen Waffenkammern, die bereits im 17. Jh. besichtigt werden konnten.

Der Tower als Gefängnis

Unter Henry III. entstand zwischen White Tower und Fluss ein Palast, zuvor hatte die Königsfamilie im Tower gelebt. **Traitors' Gate** (Verrätertor) war der Zugang zum Tower vom Fluss her, und viele Gefangenen kamen auf dem Weg zu ihrer Hinrichtung durch dieses Tor. Der Tower of London war als Gefängnis recht exklusiv und vorwiegend Personen von Rang und Namen vorbehalten. Einer der ›Gäste‹ war der Humanist Thomas Morus, der sich geweigert hatte, Henry VIII. als neues Oberhaupt der Kirche anstelle des Papstes anzuerkennen (1534).

Im **Bloody Tower** verbrachte der berühmte Entdecker und Forscher Sir Walter Raleigh, des Hochverrats angeklagt, viele Jahre seines Lebens (1603–16). Die berühmtesten Inhaftierten waren jedoch die Söhne von Edward IV., Edward und Richard. Nach dem Tod ihres Vaters wurden die beiden Brüder im Tower unter den Schutz ihres Onkels Richard, Herzog von Gloucester, gestellt. Die Jungen verschwanden unter ungeklärten Umständen, und ihr Onkel kam als Richard III. auf den Thron.

Im **Tower Green** befand sich die Hinrichtungsstätte, allerdings wurden hier nur sieben Menschen tatsächlich exekutiert, darunter zwei Gemahlinnen von Henry VIII., Anna Boleyn und Catherine Howard. Nur Personen von hohem Stand wurden geköpft, solche niederen Standes am Tyburn-Galgen gehängt.

Zum Schutz und Erhalt des britischen Königreichs: Eigens abgeordnete ›Ravenmaster‹ kümmern sich im Tower um das Wohl der berühmten Raben

In der **Kapelle** wird sonntags (9.15, 11 Uhr außer Aug., Eingang West Gate) ein Gottesdienst abgehalten. Ansonsten ist das kleine Gotteshaus nur im Rahmen einer Führung zu besichtigen oder 90 Minuten vor Schließung des Towers.

Kronjuwelen

Die Kronjuwelen, Hauptanziehungspunkt – dementsprechend lange Warteschlangen! – werden in den Waterloo Barracks verwahrt. Sie symbolisieren die britische Geschichte und werden auch heute noch getragen. Das wichtigste Stück ist die Imperial State Crown. Die Königin trägt sie bei der Eröffnung des Parlaments. Die Krone besteht aus 2868 Diamanten, 17 Saphiren, elf Smaragden, fünf Rubinen und 273 Perlen. Der größte geschliffene Diamant der Welt (530 Karat) ist der First Star of Africa oder Cullinan I. Er wurde 1905 in Südafrika gefunden und ziert heute das Zepter.

Weitere Sehenswürdigkeiten

Die Geschichte des Heeres seit der Errichtung des Towers dokumentiert das **Museum des königlichen Füsilierregiments** (Extra-Eintritt). Die berühmten **Raben** gibt es schon seit eh und je. Charles II. wollte sie vertreiben, doch erhielt er die Warnung, sein Königreich werde untergehen, sollte er die Vögel verjagen. Vorsichtshalber werden stets sechs Raben auf dem Gelände gehalten, denen die Flügel gestutzt werden, damit sie nicht wegfliegen können.

39 Yeoman Warders, auch **Beefeaters** genannt, leben auf dem Towergelände. Sie alle haben 20 Jahre in der Armee gedient und übernehmen nun die Führungen durch den Tower. Allabendlich muss der Tower um 22 Uhr abgeschlossen sein, und zu diesem Zweck findet eine besondere Zeremonie statt. Sie dauert sieben Minuten und fand bereits im Jahr 1555 Erwähnung.

Ganzjährig gibt es im Tower besondere Veranstaltungen, so z. B. Krönungszeremonien in zeitgenössischen Kostümen, Demonstrationen mittelalterlichen Kunsthandwerks oder ein normannisches Weihnachtsfest.

Tower Bridge 24

Das schönste Wahrzeichen Londons wurde 1894 eröffnet, als London noch einen lebhaften Hafen hatte. Bis dato war London Bridge der östlichste Überquerungspunkt der Themse gewesen. Die große Überlastung machte den Bau einer neuen Brücke notwendig, die hoch genug sein musste, um Schiffe mit hohen Masten durchzulassen, andererseits stark genug, um Pferdefuhrwerke und Automobile tragen zu können. Die Idee des Architekten Horace Jones und des Ingenieurs John Wolfe Barry war ein Mechanismus, mit dem innerhalb von drei Minuten Platz für Schiffe gemacht werden konnte. Die Zwillingstürme im neogotischen Stil erhielten einen Stahlrahmen und wurden mit Stein verkleidet.

Tower Bridge Experience

www.towerbridge.org.uk, April–Sept. 10–18.30, Okt.–März 9.30–18 Uhr (letzter Einlass 1 Std. vorher), Eintritt 9 £

Die Ausstellung Tower Bridge Experience erlaubt einen interessanten Gang durch das Innere der Brücke. Mit einem Fahrstuhl geht es 42 m nach oben in die Türme, wo eine Videopräsentation Funktionsweise und Geschichte des Bauwerks erläutert. Danach kann man auf den Brückenpfaden spazieren und die fantastische genießen oder durch den Glasfußboden sogar die Autos auf der Brücke fahren sehen. Auch der Maschinenraum (Südufer) kann besichtigt werden. Beeindruckend sind die originalen Dampfmaschinen, mit deren Hilfe die Brücke früher geöffnet und geschlossen wurde. Heute wird die Tower Bridge rund 500-mal im Jahr geöffnet.

Essen & Trinken

Uralt – **Ye Olde Cheshire Cheese 1:** Wine Office Court, Fleet Street 145, Tel. 020 73 53 61 70, U: Temple, Blackfriars, Pub Mo–Fr 11.30–23, Sa 12–23 Uhr, Restaurant tgl. 12–14.30, 18–22 Uhr, Hauptgerichte ab 8 £. Der Chop Room und das Johnson Restaurant servieren traditionelle Gerichte wie Steak & Kidney Pie.

Vegetarisch – **The Café Below:** Restaurant in der Krypta von **St Mary-le-Bow 7**, Cheapside, Tel. 020 73 29 07 89, www.cafebelow.co.uk, U: St Paul's, Bank, Mo–Di 7.30–14.30 Uhr, Mi–Fr bis 21 Uhr. Bei schönem Wetter auch draußen.

Fantastische Einrichtung – **Black Friar 2**: s. S. 41.

Schöne Aussicht – **SushiSamba:** im Heron Tower 18, 110 Bishopsgate, Tel. 020 36 40 73 30, www.herontower.com. In 175 m Höhe toller Blick und kulinarisch ein ungewöhnlicher Mix aus Japanisch, Brasilianisch und Peruanisch.

Einkaufen

Alte Markthalle – **Leadenhall Market 1:** Whittington Avenue (von Gracechurch abgehend), www.leadenhallmarket.co.uk, U: Bank, Mo–Fr 10–18 Uhr. Geschäfte, Pubs, Restaurants – alles auf viktorianisch getrimmt.

Abends & Nachts

Musik, Theater, Tanz – **Barbican Centre 1**: s. S. 51, 196.

Riesige Auswahl – **Vinoteca 2**: s. S. 48.

Das Beste auf einen Blick

Im Westen

Auf Entdeckungstour

Wohnen in Viktorianischer Zeit – zwei Künstlerhäuser: Das noble Viertel Holland Park ist seit jeher bevorzugte Wohngegend für Künstler. An der Südseite des gleichnamigen Parks wohnten im 19. Jh. auch der Karikaturist Linley Sambourne und der Maler Lord Leighton. Beide Stadtvillen können besichtigt werden und bieten einen interessanten Einblick in die Wohnkultur dieser Zeit. 18 19 S. 222

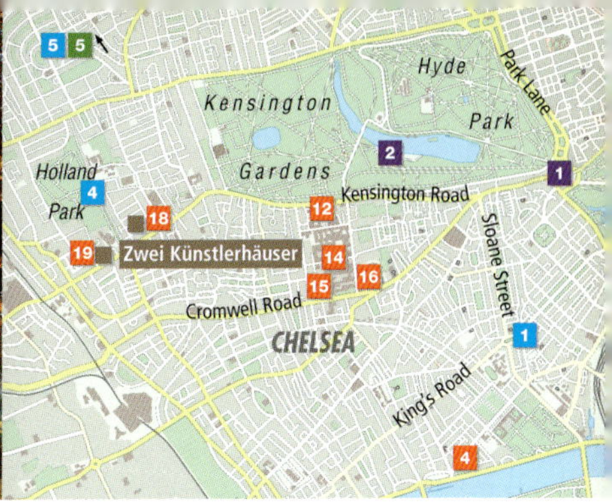

Kultur & Sehenswertes

Science Museum, Natural History Museum und Victoria & Albert Museum: Für diese drei Weltklasse-Museen sollte man sehr viel Zeit mitbringen. 14 15 16 S. 217, 220

Aktiv unterwegs

Radtour: Eine tolle Art, Chelsea zu erkunden, ist per Fahrrad! In der Nähe des Sloane Square kann man unkompliziert Boris Bikes ausleihen. S. 209

Erholsamer Spaziergang: Hinter den Princes Gardens führen Gassen mit hübschen Mews Houses, einst Stallungen, nach Knightsbridge. S. 221

Lust auf Inlineskating? In der Gruppe geht es Freitagabend und Sonntagmorgen durch den Hyde Park. 1 S. 227

Serpentine: Auf dem See im Hyde Park kann man Tret- oder Ruderboot fahren, und es gibt eine Badeanstalt. 2 S. 58, 211, 227

Genießen & Atmosphäre

Chelsea Physic Garden: Einer der ältesten botanischen Gärten Europas lädt zum Verweilen ein. 4 S. 208

Portobello Road Market: Der beliebte Antiquitätenmarkt ist möglicherweise der größte der Welt. 5 S. 45, 225

Abends & Nachts

Kultursommer: Die **Opera Holland Park** bietet abends Open-Air-Veranstaltungen in wundervoller Atmosphäre. Oder vielleicht ergattern Sie sogar Karten für ein Konzert der Proms in der **Royal Albert Hall.** 4 12 S. 52, 54, 216, 227

Royal Court Theatre: Das kleine Theater in Chelsea genießt einen ausgezeichneten Ruf für seine Inszenierungen zeitgenössischer Stücke. 1 S. 52, 227

Electric Cinema: Das alte Kino in Notting Hill verspricht einen gemütlichen Filmabend. 5 S. 55, 227

Weite Teile Westlondons sind exklusive Wohngegenden, so **Chelsea, Belgravia** und South Kensington. In **Knightsbridge** befinden sich die bekannten Kaufhäuser Harrods und Harvey Nichols. Beide haben jährliche Einkommen in Millionenhöhe, doch sind die kleinen Läden und Boutiquen in den südlich abgehenden kleinen Seitenstraßen nicht weniger exklusiv.

Hyde Park, der größte Park Londons, bildet eine grüne Oase inmitten der Stadt. In **South Kensington** erfüllen die Museen der Wissenschaft, der Naturgeschichte und das Kunstgewerbemuseum Victoria & Albert den Wissensdurst. In **Notting Hill** gibt es den beliebten Antiquitätenmarkt Portobello Road, und allsommerlich findet der berühmte Karneval statt.

Belgravia

Das seit jeher vornehme und elitäre Belgravia liegt zwischen Sloane Street im Westen, Knightsbridge im Norden, Grosvenor Place im Osten und nördlich der Buckingham Palace Road. Der Stadtteil wurde im 19. Jh. angelegt, und es macht Freude, an den großen weißen Häusern, z. B. am Eaton Square, entlangzuschlendern. Rund um Belgravia Square liegen zahlreiche Botschaften, u. a. auch die deutsche.

Infobox

Reisekarte: ▶ H–L 10–14; Karte 3

Anfahrt
Der Westen Londons ist verkehrstechnisch sehr gut zu erreichen: Die Stadtteile **Chelsea** und **Belgravia** (s. Karte S. 207) erreicht man u. a. mit Circle und District Line (U: Sloane Square), für eine Erkundung von **Knightsbridge, Kensington** und **Notting Hill** (s. Karte S. 212) bietet sich die U-Bahn-Station Knightsbridge an. Wem der Spaziergang bis Notting Hill zu weit ist: Das Viertel ist durch Circle, District und Central Line problemlos mit der Tube (U: Notting Hill) zu erreichen.

Chelsea

Bis zum 18. Jh. blieb Chelsea ein recht abgeschiedenes Dorf, doch hatten hier reiche und einflussreiche Mitglieder der Londoner Gesellschaft große Landhäuser bauen lassen und Chelsea damit zu einem begehrten Wohngebiet gemacht. Das große, gediegene Warenhaus **Peter Jones** am Sloane Square hat im Obergeschoss ein Café mit weitem Blick über die Dächer Kensingtons. Die berühmte **King's Road** wurde nach Charles II. benannt. Hier kam der Herrscher auf dem Weg von oder nach Hampton Road entlang, wenn er seine Geliebte Nell Gwyn in London traf. Später entwickelte sich Chelsea zu einem beliebten Künstler- und Literatenviertel. In den 1960er-Jahren wurde die King's Road das Zentrum des ›Swinging London‹. Designer wie Mary Quant und Ossie Clark und einige Jahre später Vivienne Westwood sorgten für Skandale. Extreme Mieterhöhungen in den 1980er-Jahren bewirkten, dass die Szene in andere Stadtteile abwanderte. Chelsea wurde erneut Wohngegend der Reichen, Jungen und Schönen. Entlang der King's Road gibt es hübsche Läden und nette Cafés, die zum Stöbern und Einkehren einladen.

Saatchi Gallery 1

www.saatchi-gallery.co.uk, tgl. 10–18 Uhr, Eintritt frei

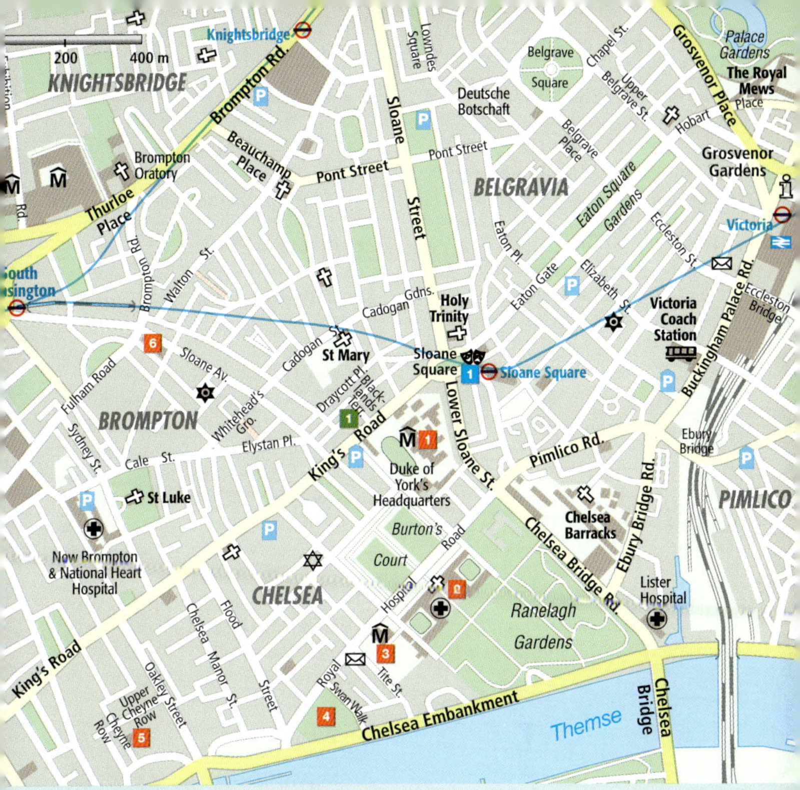

Chelsea und Belgravia

Sehenswert

1 Saatchi Gallery
2 Royal Hospital Chelsea
3 National Army Museum
4 Chelsea Physic Garden
5 Carlyle's House
6 Michelin House
7 – 19 s. Karte S. 212

Einkaufen

1 John Sandoe
2 – 6 s. Karte S. 212

Abends & Nachts

1 Royal Court Theatre
2 – 6 s. Karte S. 212

In dem großen Duke-of-York-Gebäude Ecke Sloane Square/Kings Road ist die Saatchi Gallery, eine der größten Sammlungen für zeitgenössische Kunst weltweit, untergebracht. Mit seiner Idee, unbekannten internationalen Künstlern eine Chance zu geben, ist Kunstsammler und Werbemogul Charles Saatchi für den Boom der Britart (s. S. 99) verantwortlich. Für viele Künstler wurde eine Ausstellung in der Saatchi Gallery zum Karrieresprungbrett. Je ungewöhnlicher, verrückter, schockierender die Arbeiten, desto besser. Zu sehen sind Werke von Damien Hirst, Rachel Whiteread, Tracey Emin, Chris Ofili und Sarah Lucas, aber auch deutsche Künstler wie Martin Kippenberger und Jörg Immendorf.

Royal Hospital Chelsea 2

www.chelsea-pensioners.org.uk, Museum 10–16 Uhr, Führungen Mo–Fr (nicht BH) 10 u. 13.30 Uhr, 10 £

Charles II. beauftragte den damaligen Meisterarchitekten Christopher Wren mit dem Bau des Royal Hospital Chelsea. Das Heim für Kriegsveteranen wurde 1682–92 fertiggestellt. Noch heute wird es von einigen hundert Chelsea Pensioners bewohnt, die mit ihren im Sommer roten, im Winter blauen Uniformen und bei besonderen Anlässen sogar mit Dreispitz auf dem Kopf unübersehbar sind. Das **Museum** im Ostflügel des Gebäudes zeigt Uniformen, über 2000 Medaillen und zahlreiche Memorabilia.

In den hinter dem Royal Hospital gelegenen **Ranelagh Gardens,** einem Treffpunkt der feinen Gesellschaft bereits seit dem 18. Jh., findet alljährlich in der letzten Maiwoche die **Chelsea Flower Show** statt. Außerordentlich elitär, zählt sie zu den berühmtesten Gartenbau-Ausstellungen der Welt. Das Zelt bietet Platz für 160 Aussteller, daneben werden im Freien drei Mustergärten angelegt. Die Chelsea Flower Show ist auch ein wichtiges gesellschaftliches Ereignis, und Karten müssen lange im Voraus gebucht werden (www.rhs.org.uk). Einige Teile der Gärten sind unabhängig von der Show für die Öffentlichkeit zugänglich.

National Army Museum 3

www.nam.ac.uk, tgl. 10–17.30 Uhr, Eintritt frei

Das Armeemuseum zeigt in drei Stockwerken Exponate der britischen Armee, der das Museum auch gehört. 500 Jahre Militärgeschichte werden anhand von Gemälden, Fotografien, Uniformen und Ausrüstungen sowie lebensgroßen Modellen dargestellt, wobei ein Schwerpunkt auf der Sozialgeschichte liegt.

Chelsea Physic Garden 4

www.chelseaphysicgarden.co.uk, Nov.–März Garten: Mo–Fr 9.30–16, April–Okt. Di–Fr Garten u. Shop 11–18, Café 11–17 Uhr, Eintritt 9 £

Der Physic Garden in der Royal Hospital Road wurde 1673 von der Königlichen Apothekergesellschaft eingerichtet. Nach Oxford ist dies der älteste botanische Garten in England und einer der ältesten in Europa. Hier sollten Studenten Heilpflanzen studieren können. Viele bekannte Gärtner haben in diesem Garten gearbeitet, u. a. auch William Forsyth, der Namensgeber der Forsythie. Der Garten wird auch heute noch für wissenschaftliche Zwecke genutzt. Es gibt Tausende verschiedene Gewürz-, Obst- und Gemüsepflanzen.

Cheyne Walk

Parallel zum Fluss verläuft die noble Straße Cheyne Walk mit wunderschöner georgianischer Bebauung. Hier, im nahe gelegenen Swan Walk und in der Tite Street erinnern unzählige blaue Gedenktafeln an die einstigen Bewohner: Dante Gabriel Rossetti, J. M. W. Turner,

James McNeill Whistler, John Singer Sargent und Augustus John. In den Carlyle Mansions lebten Ian Fleming, Henry James und T. S. Eliot. Auch George Eliot, Bertrand Russell und Oscar Wilde waren Anwohner in Chelsea.

Carlyle's House 5

Tel. 020 73 52 70 87, www.nationaltrust.org.uk, März–Ende Okt. Mi–So 11–16.30 Uhr, Eintritt 5,10 £
In diesem Haus an der Cheyne Row lebte der große viktorianische Gelehrte, Historiker und Sozialkritiker Carlyle von 1834 bis 1881. Hier schrieb er u. a. seine Abhandlung über die Französische Revolution, die ihn bereits zu Lebzeiten berühmt machte. In dem Gebäude, das seit 1930 vom National Trust betreut wird, kann man auf drei Stockwerken die original erhaltene viktorianische Einrichtung bestaunen.

Radtour in Chelsea

An der Ecke Royal Avenue/King's Road (5 Min. vom U-Bahnhof Sloane Square entfernt) kann man unkompliziert Boris Bikes (s. S. 25) ausleihen
Eine tolle Art, Chelsea kennenzulernen, ist per Fahrrad! Diese Tour startet in der **Royal Avenue.** 1682 von Christopher Wren angelegt, bildete sie eine direkte Verbindung vom Kensington Palace zum Royal Hospital. Entlang St Leonhard's Terrace und Franklin's Row geht es zur Royal Hospital Road. Ein kurzer Rundgang durch die riesige Anlage des **Royal Hospital Chelsea** 2 (s. S. 208) lohnt sich, schon alleine wegen der vergoldeten **Statue von Charles II.,** die den König als römischen General zeigt. Sie ist ein Werk von Grinling Gibbons und steht im Figure Court der Drei-Flügel-Anlage. Einige Hundert Kriegsveteranen leben in Chelsea Hospital, und man sollte sich nicht wundern, wenn die alten, gut gelaunten Herrschaften einen blitzschnell in ein Gespräch verwickeln. Gleich nebenan bietet das besucherfreundliche **National Army Museum** 3 (s. S. 208) Einblick in die Geschichte der britischen Armee. Von

Radtour in Chelsea

Backsteinerne Gemütlichkeit: typische Häuserzeilen im Stadtteil Chelsea

dort geht es weiter zum **Chelsea Physic Garden** 4 (s. S. 208), einer ganz bezaubernden Anlage. In **Swan Walk** und **Cheyne Walk** wohnen Millionäre – es riecht förmlich nach Geld. Auf der gegenüberliegenden Flussseite blitzt die Peace Pagoda im Battersea Park auf, wo man übrigens auch gut Rad fahren kann. Ein Besuch im **Carlyle's House** 5 (s. S. 209) ist wie eine Reise in die Vergangenheit: Die vollständig erhaltene Inneneinrichtung gibt einen guten Einblick in das Leben vor 150 Jahren. Den kleinen Sträßchen folgend, gelangt man wieder zur **King's Road,** auf der man rasch zum Ausgangspunkt zurückradeln kann. Gern aber lässt man sich verführen, noch einen kleinen Einkaufs- oder zumindest Schaufensterbummel einzulegen.

Am nördlichen Ende der Fulham Road/Ecke Sloane Avenue steht das **Michelin House** 6, das zwischen 1905 und 1911 im schönsten Jugendstil für den französischen Reifenhersteller erbaut wurde. 1987 nach aufwendiger Renovierung durch den Designer Sir Terence Conran neu eröffnet, beherbergt es seitdem im Erdgeschoss noble Fisch- und Blumenstände. Die 34 Mosaiken an den Wänden stellen Oldtimer dar. Im Haus selbst locken das teure klassisch-moderne Restaurant **Bibendum** und der **Conran Shop** ein zahlungskräftiges Publikum an.

Knightsbridge

Harrods 3

www.harrods.com, Mo–Sa 10–20, So 12–18 Uhr, stöbern ab 11.30 Uhr

Ein Besuch bei Harrods ist ein Erlebnis an sich. 1849 als kleines Lebensmittelgeschäft von Henry Charles Harrods eröffnet, zählt das Imperium heute sieben Etagen mit 300 Abteilungen. In Livree gehüllte Pförtner bewachen das Gebäude. Besonders prachtvoll sind im Erdgeschoss die Ägyptische Halle und die Lebensmittelabteilung mit den gewölbten Decken und bunten Kacheln. Am Abend erleuchten Tausende von Lichtern das Gebäude. Harrods kann sich der ersten Rolltreppe Londons rühmen: Im oberen Stockwerk nahmen früher Angestellte die Ladies in Empfang, um sie nach der Fahrt auf der rollenden Treppe mit einem Schluck Brandy zu stärken …

Heute wird der Besucher von der Bronzeskulptur »Innocent Victims« (einem Werk Bill Mitchells) begrüßt. Die Skulptur – über Geschmack lässt sich bekanntlich nicht streiten – zeigt die 1997 verstorbene Princess Diana und ihren Geliebten Dodi Al Fayed, den Sohn des Besitzers von Harrods, wie sie, eng aneinandergeschmiegt, eine Taube fliegen lassen.

Hyde Park und Kensington Gardens

Hyde Park ist ein riesiger Park mitten in London – mit 145 ha und 3,5 km Länge der größte in London. Zunächst Jagdgebiet unter Henry VIII., dann Austragungsort für Duelle und Hinrichtungen, wurde das Areal Anfang des 17. Jh. als erster königlicher Park für die Öffentlichkeit zugänglich gemacht. Heute kann man hier picknicken, Kaffee trinken, Ball spielen, Skateboard fahren, einem Freiluftkonzert lauschen oder moderne Kunst genießen. Auf dem um 1730 angelegten See **Serpentine** kann man rudern oder Tretboot fahren (www.solarshuttle.co.uk, April–Okt., Erw. 30 Min. 10 £, Kinder unter 15 Jahren 4 £) und es gibt sogar eine Badeanstalt, **Serpentine Lido** 2. Das Wasser des rund 16 ha großen Serpentine kommt von dem kleinen Fluss Westbourne, einem Nebenarm der Themse, der 1856 unter die Oberfläche verlegt wurde; hier tritt er noch einmal hervor.

Der Serpentine bildet eine Art Trennlinie zwischen Hyde Park und **Kensington Gardens.** Letztere gehören offiziell zum Kensington Palace und wurden erstmalig von George II. der Öffentlichkeit zugänglich gemacht, anfangs nur am Sonntag und nur für die ›Bessergekleideten‹ … Über den Park sind zahlreiche Denkmäler verteilt, z. B. die **Peter Pan Statue** (1912, George Frampton). Peter ist von allerlei Getier umgeben und ein beliebtes Fotomotiv. In einem ehemaligen Teehaus aus den 1930er-Jahren ist die **Serpentine Gallery** 7 untergebracht. Seit 1970 wird hier mit großem Erfolg zeitgenössische Kunst

Mein Tipp

Tagesausklang im Pub

Jenseits der Sloane Street kann man den Tag gut in einem gemütlichen alten Pub beenden. Eine schöne Anlaufstelle ist beispielsweise der altmodische, charmante **Nag's Head** 4 in 53 Kinnerton Street. Der lebhafte Pub scheint eine Zeitkapsel vergangener Tage: no creditcards, no mobiles please (Tel. 020 72 35 11 35, Mo–Sa 11–23, So 12–22.30 Uhr)! Ebenfalls einen Besuch wert ist der winzige Pub **Grenadier** 5 in der Wilton Row (Old Barrack Yard). Er existiert bereits seit 1827 und darf sich rühmen, einst Wellingtons ›Stammkneipe‹ gewesen zu sein. Spezialität des Hauses ist – neben guten Ales natürlich – eine nach Geheimrezept hergestellte Bloody Mary. Dazu gibt es solides Bar Food wie Burger oder Fish & Chips (Tel. 020 72 35 30 74, tgl. 12–23, Küche bis 22 Uhr).

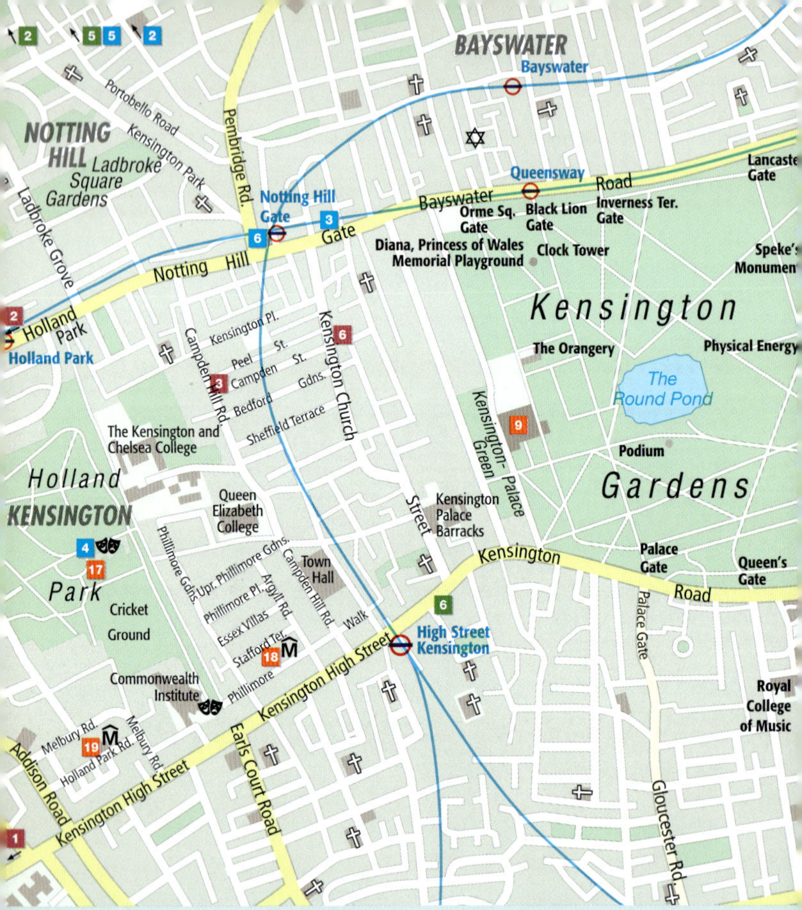

Knightsbridge, Kensington und Notting Hill

Sehenswert

1 – 6 s. Karte S. 207
7 Serpentine Gallery
8 Household Cavalry
9 Kensington Palace
10 Marble Arch
11 Tyburn Convent
12 Royal Albert Hall
13 Albert Memorial
14 Science Museum
15 Natural History Museum
16 Victoria & Albert Museum
17 Holland House
18 Linley Sambourne House
19 Lord Leighton House

Essen & Trinken

1 The Gate
2 Patio
3 Windsor Castle
4 Nag's Head
5 Grenadier
6 Sally Clarke
7 Haandi

Einkaufen

1 s. Karte S. 207
2 Books for Cooks
3 Harrods
4 Harvey Nichols
5 Portobello Road Market
6 Whole Foods Market

Aktiv

1 Citiskate
2 Serpentine Lido

Abends & Nachts

1 s. Karte S. 207
2 Lonsdale
3 Notting Hill Arts Club
4 Opera Holland Park
5 Electric Cinema
6 Gate Cinema

gezeigt. Weitere Ausstellungsfläche bietet künftig die Serpentine Sackler Gallery in dem denkmalgeschützen Gebäude The Magazine in Kensington Gardens (www.serpentinegallery.org, Di–So u. BH 10–18 Uhr, Eintritt frei).

Household Cavalry 8

Moderne Backsteingebäude beherbergen die Pferde der Household Cavalry. An Werktagen morgens um 10.30 Uhr und sonntags um 9.30 Uhr reitet die berittene königliche Garde von hier aus durch den Park zur Horse Guards Road, um im Horse Guards Building den Wachwechsel vorzunehmen. Die rund 1,4 km lange Strecke verläuft entlang Rotten Row, einem Sandweg, den William III. anlegen und mit 300 Lampen säumen ließ. Dies war der erste beleuchtete Weg im Vereinigten Königreich.

Kensington Palace 9

www.hrp.org.uk, tgl. 10–17, März–Okt. bis 18 Uhr, Eintritt ab 17,50 £, im Winter 16,50 £ (online günstiger)

Kensington Palace war zwischen 1689 und 1760 königliche Residenz und danach Wohnhaus für verschiedene Mitglieder der königlichen Familie. Queen Victoria wurde im Kensington Palace geboren (1818) und lebte dort bis zu ihrer Thronbesteigung 1837.

Spazierweg: Diana Memorial Walk

Gesamtlänge: 12 km, Infos und Plan zum Downloaden: www.royalparks.org.uk, Stichwort ›Memorial Walk‹

Prinzessin Diana lebte nach ihrer Trennung von Prinz Charles im Kensington Palace. Nach ihrem Tod 1997 wurde der Palast als Gedenkort eingerichtet, und auch heute noch legen Passanten am Gitter Blumen zu ihren Ehren nieder. Der Diana Memorial Walk zieht sich, eine Acht beschreibend, vom Kensington Palace

durch die Kensington Gardens, den Hyde Park und Green Park bis hin zum St James's Park und St James's Palace. Der **Diana, Princess of Wales Fountain** in der Nähe der Serpentine Gallery ist ein Werk von Kathryn Gustafson (Achtung: Hände und Füße ins Wasser halten ist erlaubt, ins Wasser gehen jedoch untersagt). Der **Diana Memorial Garden** ist ein grandioser Abenteuerspielplatz für Kinder (Mai–Aug. 10–19.45, April, Sept. 10–18.45 Uhr, im Winter kürzer. Neben dem Spielplatz befindet sich ein Café-Restaurant).

Einst königliches Jagdgebiet, heute erholsame Oase mitten in London: der Hyde Park

Marble Arch 10

Marble Arch wurde 1827 nach Plänen von John Nash errichtet und stand zunächst vor Buckingham Palace. 1851 wurde der Torbogen in die nordöstliche Ecke des Hyde Park verlegt. Als Eingang zum königlichen Palast war er nicht pompös und vor allem für die königliche Staatskarosse nicht breit genug.

Tyburn Convent und Speakers' Corner

www.tyburnconvent.org.uk, Führungen möglich, tgl. 10.30, 15.30, 17.30 Uhr und 1. So/Monat nachmittags

Jahrhundertelang stand an dieser Stelle der Galgen von Tyburn. Wie man auf einer Gedenkplatte auf der Verkehrsinsel Ecke Bayswater/Edgware Road nachlesen kann, war der Tyburn Tree die wichtigste Hinrichtungsstätte in London. Sie bestand von 1196 bis 1783 und war stets eine beliebte Zuschauerattraktion. Nicht weit entfernt, 8 Hyde Park Place, ruhen im **Tyburn Convent** 11 die sterblichen Überreste von 105 katholischen Märtyrern, die während der Reformation hingerichtet wurden. Das Benediktinerinnenkloster wurde 1903 hier eingerichtet und ist das Mutterhaus von mehreren Tyburn Convents weltweit. Im Konvent leben heute 20 Schwestern.

An der **Speakers' Corner** darf sich seit 1872 (!) ein jeder hinstellen, wann immer er oder sie mag, und alles sagen, was er oder sie möchte – egal, ob vernünftig oder ein bisschen verrückt. Am besten am So zwischen 13 und 17 Uhr hingehen. Ein kleines Café gibt's auch.

South Kensington – das ›Museumsviertel‹

South Kensington ist das Museumsviertel Londons. Die zahlreichen kulturellen Einrichtungen gehen auf Prinz Albert, den Gemahl Königin Victorias, zurück: Prinz Albert von Sachsen-Coburg-Gotha (1819–61), von einer starken Neigung zu Wissenschaft, Bildung und Kunst geprägt, organisierte eine Ausstellung, die den technischen und wissenschaftlichen Errungenschaften der Zeit gewidmet war. Zwischen Mai und Oktober 1851 fand als erste Weltausstellung überhaupt »The Great Exhibition of the Works and Industry of All Nations« statt. Über 6 Mio. Besucher kamen in den Hyde Park, um den Palast aus Gusseisen und Glas zu bestaunen. Albert nutzte die Gewinne der Ausstellung, um ein groß angelegtes Bildungszentrum einzurichten. Nach und nach entstanden das Imperial College of Science and Technology, die Royal Geographical Society, das Royal College of Art, das Royal College of Organists, das Royal College of Music sowie die berühmten Museen Science, Natural History und Victoria & Albert. Bereits 1859 konnten die ersten Abteilungen des Victoria & Albert Museum eingeweiht werden.

Das Museumsviertel erstreckt sich beiderseits der Exhibition Road bis hin zur Cromwell Road. Entlang der Exhibition Road wurde das städteplanerische Experiment »Shared Space« angelegt – Autos und Fußgänger sollen sich den vorhandenen Platz in gegenseitiger Rücksichtnahme teilen. Das auf der westlichen Seite gelegene renommierte Imperial College ist den Naturwissenschaften gewidmet, gegenüber befindet sich das Goethe-Institut.

Royal Albert Hall 12

Die Royal Albert Hall ist ein riesiger roter Ziegelbau, der 1867–71 nach Plänen Henry Scotts entstand. Auf dem umlaufenden Terrakotta-Fries werden die Künste und Wissenschaften gewürdigt. Die Royal Albert Hall ist eine der wichtigsten Konzerthallen Londons und besitzt die größte Orgel im Vereinigten Königreich (von 1868). Da die Halle zunächst als Ausstellungs- und nicht als Musikhalle geplant war, ist die Akustik nicht sehr gut, insbesondere, weil die ovale Struktur eine Echo-Wirkung hervorruft. Dies scheint der Liebe zur Royal Albert Hall allerdings keinen Abbruch zu tun, denn die Konzerte, ob Klassik, Rock oder Pop, sind in der Regel ausgebucht.

Am bekanntesten sind die **Proms** (Henry Wood Promenade Concerts), eine bunte Mischung an klassisch-populären Konzerten. Sie werden von Mitte Juli bis Anfang/Mitte September allabendlich von der BBC live übertragen (www.bbc.co.uk/proms). Karten für den letzten Abend, den Last Evening of the Proms, sind nur per Auslosverfahren zu ergattern.

Albert Memorial 13

Das 1872 erbaute Albert Memorial liegt gegenüber der Royal Albert Hall bereits im Hyde Park. Albert, 41-jährig an Typhus verstorben, galt als bescheidener Mann – fraglich, ob ihm diese pompöse Angelegenheit gefallen hätte. Das Denkmal ist 55 m hoch und wird von den Allegorien des Glaubens, der Hoffnung und der Liebe sowie einer goldenen Spitze gekrönt. Die Statuen an den vier Ecken zeigen die Kontinente Europa, Afrika, Amerika und Asien. Nach einer umfassenden Renovierung erstrahlt das Denkmal wieder, vor allem abends, wenn es beleuchtet wird, in güldenem Glanz.

Science Museum 14

www.sciencemuseum.org.uk, tgl. 10–18 Uhr, Eintritt frei

Das Wissenschaftsmuseum ist riesengroß und mit 3,3 Mio. Besuchern im Jahr immer voll. Alle Aspekte der Wissenschaften werden erläutert und in einen historischen Zusammenhang gestellt. Dabei ist das Museum nicht nur lehrreich, sondern macht auch Spaß, denn mittels interaktiver Modelle und Apparaturen wird Technik selbst dem Laien nähergebracht. Auch wenn Sie von morgens bis abends hier sind, werden Sie kaum alles gesehen haben. Beschränken Sie sich daher am besten auf bestimmte Themen, zu den Highlights gehören:

Making the Modern World präsentiert die Errungenschaften der Neuzeit und stellt eine Verbindung zwischen den Anfängen der industriellen Revolution und dem Computerzeitalter her. Das beliebteste Exponat ist die Raumkapsel von Apollo 10, die 1969 den Mond umkreiste und die erste Mondlandung des Menschen vorbereitete.

Das **IMAX-Kino** (Eintritt) zeigt beispielsweise 3D-Filme über die Tiefsee oder das Weltall, aber auch über Dinosaurier. In **Secret Life of the Home** wird die Entwicklung von Gegenständen des täglichen Lebens dokumentiert. In der Abteilung **Flight** wird die Geschichte der Luftfahrt vom Heißluftballon bis zu Überschallflugzeugen dargestellt. Ausgestellt ist z. B. die Gipsy Moth, mit der Amy Johnson 1930 von England nach Australien flog. Spannend ist die Abteilung **Who am I?,** in der verschiedene Aspekte des Daseins erläutert werden, wie z. B. Phänomene des Körpers. Ganz aktuell ist die Abteilung **Atmosphere,** die sich mit Klimawandel und Erderwärmung beschäftigt.

Die interaktiven Abteilungen für Kinder mit Geräten und Modellen zum Anfassen und Bedienen sind besonders beliebt, weshalb an den Wochenenden und in den Ferien Tickets mit Zeit-Slots ausgegeben werden. **The Garden** ist z. B. für Kinder zwischen drei und sechs Jahren geeignet. Einfache physikalische Prinzipien, wie Licht und Schatten, können spielerisch entdeckt werden. Ab Sommer 2015 findet das **Clockmaker's Company Museum** hier eine neue Heimat: 1814 gegründet und somit die älteste Uhrensammlung der Welt. Die meisten Uhren stammen aus der Zeit von 1600 bis 1850.

Natural History Museum 15

www.nhm.ac.uk, tgl. 10–17.50 Uhr, letzter Fr im Monat bis 22.30 Uhr, 30-min. Spirit Collection Tours im Darwin Centre (Kinder ab 8 Jahre), Eintritt frei (oft Schlangen am Eingang und insbes. bei den Dinosauriern!)

Das Museum für Naturgeschichte ist in einem wunderschönen neogotischen Gebäude (1873–80) untergebracht. Mit den blau- und sandfarbenen Ziegeln und Terrakottafliesen sieht der Eingang wie ein Kirchenportal aus. Im Inneren informieren rund 70 Mio. Exponate über die Erde und ihre Bewohner von den Anfängen bis heute. Das, insbesondere am Sonntag und in den Schulferien, immer volle Museum ist in vier Farbzonen unterteilt. Um einen guten Überblick über die Museumsschätze zu bekommen, sollte

Lieblingsort

Grandioses Museum des Kunstgewerbes
Viel geruhsamer als das Science und Natural History Museum gegenüber, bietet das **Victoria & Albert Museum** 16 eine überwältigende Fülle an Kunstgegenständen aus der ganzen Welt. Besonders beeindruckend ist die Sammlung italienischer Renaissance-Skulpturen. Toll ist auch die spektakuläre Glasskulptur von Dale Chihuly, die den Besucher in der Rotunda im Eingangsbereich begrüßt.

man mindestens zwei bis drei Stunden einplanen. Übersichtliche Pläne helfen dabei, gezielt zu den gewünschten Abteilungen zu gelangen. Das Museum ist besonders für seine paläontologische Abteilung bekannt – absolutes Highlight und ein Muss für Kinder ist die Dinosaurier-Abteilung mit dem 26 m langen Skelett eines Diplodocus-Dinosauriers. Die **Grüne Zone** widmet sich Fossilien, Vögeln, Ökologie und *Creepy Crawlies* (Insekten, Spinnen etc.). Besonders beeindruckend ist ein Stück eines riesigen Sequoia-Baumstamms, in dessen Jahresringe die weltgeschichtlich wichtigsten Ereignisse eingetragen sind. 1300 Jahre war der Baum alt, als er gefällt wurde. In der **Blauen Zone** stehen Säugetiere (u. a. ein 28 m langer Blauwal), Dinosaurier, Fische, Reptilien und Humanbiologie im Mittelpunkt, in der **Roten Zone** u. a. Evolution, Earth's Treasures (u. a. Edelsteine, Mineralien) und Vulkane. Zur **Orangen Zone** gehören ein wunderschöner Wildgarten sowie das Darwin Centre (s. u.).

Im beeindruckenden Eingangsbereich führt eine sagenhafte Rolltreppe nach oben und durchquert dabei das Modell einer riesigen rotierenden Erdkugel. Die winzigen, in die Wände eingelassenen ›Bullaugen‹ enthalten u. a. Gesteinsstücke vom Mond und antike Versteinerungen. Das spektakuläre **Darwin Centre** (Schwerpunkt Taxonomie) ist ein riesiger Anbau. Eine Tour durch den ›Cocoon‹ ist lehrreich und faszinierend zugleich. Zu sehen sind rund 450 000 Objekte in der Feuchtsammlung (eingelegte Exponate). In der Trockensammlung sind mehr als 22 Mio. Tier- und Pflanzenarten zu bestaunen. Besucher haben auch die Möglichkeit, einen Blick hinter die Kulissen zu werfen und mit einem der 350 Wissenschaftler zu sprechen.

Victoria & Albert Museum 16

www.vam.ac.uk, tgl. 10–17.45, Fr bis 22 Uhr, tgl. kostenlose Führungen zu verschiedenen Themen, z. B. 1 Std. Highlight-Touren tgl. 10.30, 12.30, 13.30, 15.30 Uhr, Mittelalter u. Renaissance 11.30 Uhr, Britische Kunst 14.30 Uhr, Eintritt frei (s. auch Lieblingsort S. 218)

Das wunderbare V & A beherbergt die weltweit größte Kunstgewerbesammlung aus aller Welt und allen Jahrhunderten: Keramik, Porzellan, Glas, Fotografien, Musikinstrumente, Skulpturen, Möbel, Schmuck, Textilien, Teppiche, Kleidung und die beste Sammlung italienischer Renaissance-Skulpturen außerhalb Italiens. Das Museum wurde 1852 nach dem Erfolg der Weltausstellung mit einem klaren Bildungsauftrag gegründet: Ziel war, Kunst allen Bevölkerungsschichten, also auch den Arbeitern, zugänglich zu machen. Im friedlichen Pirelli Garden kann man sich nach den ›Strapazen‹ des Museumsbesuchs erholen. Unbedingt sehenswert sind folgende Abteilungen:

Medieval Treasury: Das Becket-Kästchen aus Limoges von 1180 enthielt angeblich ein Stück des blutgetränkten Gewands des hl. Thomas Beckett, die Bilder stellen seinen Tod dar. **Asia Collection:** Wichtige Sammlung asiatischer Skulpturen und Gemälde. **Raphael Cartoons:** Raphael fertigte die großen farbigen Werke im Jahr 1515 im Auftrag von Papst Leo X. an. Sie dienten als Vorlagen für Wandteppiche. **Dress Collection:** Chronologisch angeordnete Entwicklungsgeschichte der europäischen Damen-, Herren- und Kinderkleidung über 400 Jahre.

Photographs Gallery: Hier wird die Geschichte der Fotografie erläutert. 1858 war das V&A das erste Museum, das Fotografien ausstellte. **Morris, Gamble und Poynter Rooms:** Sie sind die ursprünglichen Erfrischungsräume (weltweit die ersten in einem Museum) und dienen auch heute noch diesem Zweck. Von William Morris stammen die Möbel und Textilien, von James Gamble die bunten Glasfenster. **Cast Rooms:** Sie bewahren Reproduktionen europäischer Skulpturen, so Teile der Trajan-Säule aus Rom und der großen Portica de la Gloria aus dem spanischen Santiago de Compostela. Anhand dieser Vorlagen sollten Studenten Meisterwerke studieren und zeichnen können.

Glass Gallery: Von 2500 v. Chr. bis heute ist hier die Geschichte des Glases dargestellt. **Silver Gallery:** Zu sehen sind Silberwaren ab dem 14. Jh. bis heute. **John Constable Collection (Henry Cole Wing):** Große Sammlung von Werken des englischen Landschaftsmalers. **British Galleries:** Britisches Design von 1500 bis 1900.

High Street Kensington und Holland Park

Die beliebte Einkaufsstraße High Street Kensington bietet neben den üblichen Ladenketten nette kleinere Geschäfte und in der Kensington Church Street gibt es zahlreiche Antiquitätenläden. Im ehemaligen **Barkers Department Store,** einem imposanten Gebäude im Art-déco-Stil, befindet sich heute ein großer **Whole Foods Market** 6.

In Kensington generell und insbesondere rund um **Holland Park** leben mehr Millionäre als in jedem anderen Teil Europas. Die stattlichen viktorianischen Häuser, die überwiegend als Familienhäuser genutzt werden, legen Zeugnis davon ab.

Holland Park ist eine der romantischsten Grünanlagen in London. Hier kann man sich auf gepflegten Pfaden ergehen und den Eichhörnchen zuschauen. Am öst- ▷ S. 224

Mein Tipp

Erholsamer Spaziergang von den Museen zu den Mews

Nur einen Katzensprung von den großen Museen und den vielen Menschen entfernt führen östlich der Exhibition Road kleine Gassen mit hübschen *Mews Houses* (ehemaligen Stallungen) nach **Knightsbridge**.

Das **Goethe-Institut** rechts liegen lassend, biegt man in die ruhigen **Princes Gardens** ein. Diese und die **Ennismore Gardens Mews** entlangschlendernd, kann man die Museumseindrücke noch einmal Revue passieren lassen. Sie würden gern eine kleine Pause auf einer Bank in den **Ennismore Gardens** einlegen? Leider geht das nicht, nur die Anwohner dürfen hier sitzen. Wer in dieser Gegend wohl wohnen mag? Die Porsche und MGs vor den gepflegten Häusern verraten einiges. Falls Sie hungrig sind: Am Cheval Place lockt das ausgezeichnete Restaurant **Haandi** 7, wo man nordindische Küche in schönem Ambiente genießen kann. Wer dann noch Kräfte hat: auf zu **Harrods** 3 schräg gegenüber in der Brompton Road!

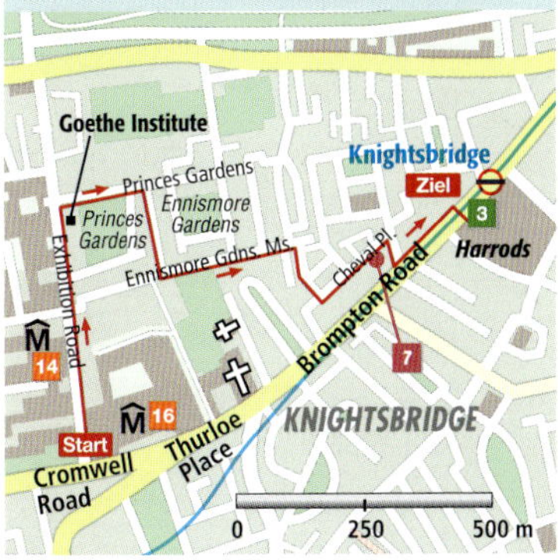

Auf Entdeckungstour: Wohnen in Viktorianischer Zeit – zwei Künstlerhäuser

In Holland Park lebten im 19. Jh. der Karikaturist Linley Sambourne und der Maler Lord Leighton. Ihre Wohnhäuser bieten dem Besucher Einblick in das Leben der Künstler und ihre Zeit. Sambournes Haus ist typisch für einen gut situierten Zeitgenossen, Leightons Haus verkörpert viktorianische Extravaganz.

Planung: www.rbkc.gov.uk;
Linley Sambourne House: Stafford Terrace Nr. 18, Tel. 020 76 02 33 16, 90-min. Führungen März–Dez. Mi 11.15 und 14.15, Sa/So 11.15 sowie in historischen Kostümen So 13, 14.15, 15.30 Uhr, Eintritt 8 £.;
Lord Leighton House: 12 Holland Park Road, Tel. 020 76 02 33 16, Mi–Mo 10–17.30 Uhr, Eintritt 10 £ ; Mi, So 15 Uhr kostenlose 50-min. Führung.
Start: U: High Street Kensington

Das noble Viertel Holland Park rund um den gleichnamigen Park wurde ab der zweiten Hälfte des 19. Jh. eine bevorzugte Wohngegend für viktorianische Künstler. Zahlreiche blaue Plaketten erinnern an einstige Bewohner, so z. B. die Maler George Frederic Watts und William Holman Hunt. Zu Zeiten Queen Victorias entstanden in ganz England solche herrschaftlichen Stadtvillen, Heimstätte einer neuen wohlhabenden Mittelschicht.

Zeugnis viktorianischen Bürgertums: das Sambourne House 18

Hier wohnte von 1874 bis 1910 der politische Kartoonist und Fotograf Linley Sambourne mit seiner Frau, zwei Kindern und den Dienstboten. Als Einstimmung zur Führung wird Besuchern zunächst ein 10-minütiges Video über Leben und Schaffen Sambournes gezeigt, der u. a. für das bekannte satirische Magazin Punch arbeitete.

Danach geht es auf eine Entdeckungstour durchs Haus: Vom Eingangsflur und Treppenhaus über die Ess-, Morgen-, Wohn- und Schlafzimmer bis hin zu den Arbeits- und Badezimmern blieb die Inneneinrichtung nahezu unverändert erhalten. Stafford Terrace Nr. 18 ist damit ein wertvolles Zeugnis der Viktorianischen Epoche und absolut typisch für diese Zeit und soziale Schicht. Bunte Glasfenster, Tapeten von William Morris, Nippes, ein Sammelsurium an Kunstgegenständen – im Wohnzimmer allein befinden sich rund 600 – sowie unzählige Fotodrucke von Sambourne zieren die Wände (s. Abb. links). Der vorherrschende Geschmack des letzten Drittels des 19. Jh. war der Ästhetizismus, der im Gegensatz zum schweren und düsteren Stil der Jahrhundertmitte die Leichtigkeit betonte. Stilprägend war dabei inbesondere die Kunst Japans – alles Japanische war in.

Die Sambournes waren äußerst bemüht, in puncto Einrichtung alles richtig zu machen. Besonders typisch ist beispielsweise die horizontale Unterteilung der Wände in drei Teile, wobei im obersten Teil auf einer Konsole blau-weißes Porzellan präsentiert wird, das in den 1870er- und 1880er-Jahren sehr beliebt war.

Viktorianische Extravaganz: das Lord Leighton House 19

Leighton House war das Wohnhaus und Studio von Lord Leighton. Der Orientalist, Künstler und Präsident der Royal Academy ließ das Haus zwischen 1864 und 1879 errichten und nannte es sein »House Beautiful«. Parallel zu Leightons wachsendem Ruf und sozialem Stand wurde das Haus über Jahre hinweg ausgebaut und verschönert. Elegant, kosmopolitisch und gebildet, bewegte sich Leighton in den obersten Kreisen der Gesellschaft und konnte sich daher eine gewisse Extravaganz leisten. Im Gegensatz zu der typisch viktorianischen Einrichtung des Linley Sambourne House steht das Leighton House beispielhaft für einen viktorianischen Exzentriker.

Besonders schön ist die Arabische Halle, die mit blauen und grünen Kacheln aus Rhodos, Kairo, Damaskus und der Türkei, schönen Fußbodenmosaiken, Fayencen mit arabischer Kalligrafie und Blumenmustern geschmückt ist. Ein Springbrunnen aus schwarzem Marmor in der Mitte sowie Alkoven und Sitzbänke erinnern an die Erzählungen aus 1001 Nacht. Ein Teil der Halle wird von einer goldenen Kuppel bekrönt. Leighton war ein Zeitgenosse der Präraffaeliten, und das Haus zieren schöne Gemälde von Burne-Jones, George Frederic Watts, John Everett Millais, Alma Tadema und von Leighton.

lichen Rand des Parks liegt **Holland House** 17, im 18. Jh. beliebter Treffpunkt von Künstlern und Schriftstellern, das bei Luftangriffen im Zweiten Weltkrieg stark zerstört wurde. In den ehemaligen Stallungen befindet sich das noble Belvedere Restaurant (Tel. 020 76 02 12 38) und die **Orangerie** wird für Kunstausstellungen genutzt. Für Kinder gibt es einen Abenteuerspielplatz, Erwachsene bevorzugen den meditativen Kyoto Japanese Garden. Ein besonderes Erlebnis sind die **Konzerte, Theater- und Opernabende der Opera Holland Park** 4, die in den Sommermonaten im Park veranstaltet werden (Informationen: Tel. 030 09 99 10 00).

Zwei interessante Künstlerhäuser aus der Viktorianischen Zeit liegen an der Südseite von Holland Park: das Haus des Karikaturisten **Linley Sambourne** 18 und das des Malers **Lord Leighton** 19 (s. auch Entdeckungstour S. 222).

Notting Hill

Notting Hill ist wegen seines alljährlich stattfindenden Karnevals, des riesigen Freiluftmarkts in der Portobello Road sowie durch den Kinohit »Notting Hill« mit Hugh Grant und Julia Roberts bekannt. Bis zum 19. Jh. war es ein Dorf mit Schweinefarmen und einigen Ziegeleien. In Viktorianischer Zeit kam es zu einer enormen Bautätigkeit, vor allem, um durch neue Wohnungen das übervölkerte Westend zu entlasten. Rund um Notting Hill entstanden halbkreisförmige Straßenzüge *(crescents)* mit hohen, weiß verputzten Häusern, die mit eleganten Fassaden versehen waren. Zu den Häuserreihen gehörten großzügig gestaltete Gärten, die aber nur den jeweiligen Bewohnern zustanden. Auch heute noch haben nur die Anwohner Schlüssel zu den Grünanlagen, z. B. zu den Kensington Park Gardens und den Ladbroke Square Gardens.

Dies ist aber nur die eine Seite von Notting Hill. Die östliche Seite entwickelte sich zu einem Wohngebiet für die Ärmsten der Armen. In den 1950er-Jahren siedelten sich hier, ebenso wie im südlichen Brixton, vor allem die Immigranten aus der Karibik an. Rassenunruhen ließen nicht lange auf sich warten, und im Jahr 1958 kam es zu den ersten schlimmen Krawallen. Diese unruhigen Zeiten gehören mittlerweile der Vergangenheit an, und inzwischen hat sich Notting Hill zur

Typisch für Notting Hill: Farbenfroh präsentieren sich viele Häuserzeilen des Viertels

Wohngegend für Yuppies – jung, reich, trendy – entwickelt, ein Prozess, den etliche andere Stadtteile auch erleben.

Portobello Road Market 5

Berühmt geworden ist Notting Hill auch durch die Portobello Road, auf der ein gigantischer Freiluftmarkt mit unzähligen Antiquitätenständen, Spezialgeschäften und Kuriositätenläden stattfindet. Der samstags stattfindende Antiquitätenmarkt ist mit 1500 Händlern wohl der größte der Welt. Hier kann man nach Herzenslust stöbern und, wenn man sich Zeit nimmt, vielleicht ein Schnäppchen machen.

Essen & Trinken

Chelsea und Belgravia

Klassisch-modern – **Bibendum:** im **Michelin House** 6, s. S. 36.

Knightsbridge, Kensington und Notting Hill

Nicht nur für Vegetarier – **The Gate** 1: s. S. 40.
Polnisch – **Patio** 2: s. S. 38.
Rustikal – **Windsor Castle** 3: 114 Campden Hill, Tel. 020 72 43 87 97, www.windsorcastlekensington.co.uk, U: Notting Hill Gate, tgl. 12–23, So bis 22.30 Uhr. Im gemütlichen Pub mit Restaurant (Pub-Klassiker wie *sausage*

ALICE'S
IN THE BRITISH ISLES
Antique
COLLECTABLE
BOTTLES
POT LIDS
& Other Curiosities
GIN
R. CALUMB
AMM CHLOR

and mash, aber mit modernem Twist) brennt im Winter ein offener Kamin.
Charmant – **Nag's Head** 4: s. Mein Tipp S. 211.
Winzig – **Grenadier** 5: s. Mein Tipp S. 211.
Aus Liebe zum Kochen – **Sally Clarke:** 6: s. S. 37.
Indisch – **Haandi** 7: 7 Cheval Place, Tel. 020 78 23 73 73, s. S. 221.

Einkaufen

Chelsea und Belgravia

Design – **Conran Shop:** im **Michelin House** 6, 81 Fulham Road, www.conranshop.co.uk, U: South Kensington, Mo, Di, Fr 10–18, Mi, Do 10–19, Sa 10–18.30, So 12–18 Uhr. Die erste Adresse für Haushaltswaren und Interieur.
Buchhandlung mit Tradition – **John Sandoe** 1: 10 Blacklands Terrace, Tel. 020 75 89 94 73, www.johnsandoe.com, U: Sloane Square, Mo–Sa 9.30–18.30, So 11–17 Uhr (BH u. So vor BH geschl.). Seit über 50 Jahren begeistert diese kleine Buchhandlung mit ihrer grandiosen Auswahl und sachkundigen Beratung; tolles Ambiente.

Knightsbridge, Kensington und Notting Hill

Kochbücher und mehr – **Books for Cooks** 2: s. S. 44.
Weltbekannt – **Harrods** 3: s. S. 46.
Exklusiv – **Harvey Nichols** 4: s. S. 47.
Riesiger Freiluftmarkt – **Portobello Road Market** 5: s. S. 45, 225.
Bioladen – **Whole Foods Market** 6: Barkers Buildings, 63 High Street Kensington, U: High Street Kensington, http://wholefoodsmarket.com, Mo–Sa 8–22, So 12–18 Uhr. Auf drei Stockwerken bietet der Bioladen ein breites Sortiment an.

Stöbern auf dem Portobello Road Market

Mein Tipp

Shoppen und Essen gehen in Notting Hill
Die Gegend rund um die **Westbourne Grove**, nur wenige Gehminuten von Portobello Road, ist total hip: noble Street Fashion, ausgefallenes Kunsthandwerk, Plattenläden, schicke Lokale und Gastro-Pubs sind hier zu finden. Viele Restaurants liegen auch entlang der **Ledbury Road** und den aufgehübschten Seitenstraßen (www.westbourne-grove.com).

Aktiv

Knightsbridge, Kensington und Notting Hill

Inlinern rund um den Hyde Park – **Londonskate** 1: www.londonskate.com.
Abkühlung gefällig? – **Serpentine Lido** 2: Badeanstalt im Hyde Park, s. S. 58.

Abends & Nachts

Chelsea und Belgravia

Zeitgenössisch, oft provokativ – **Royal Court Theatre** 1: s. S. 52.

Knightsbridge, Kensington und Notting Hill

Traditionelle Cocktails – **Lonsdale** 2: s. S. 48.
Vielfältig – **Notting Hill Arts Club** 3: s. S. 49.
Freilufttheater – **Opera Holland Park** 4: s. S. 52.
Riesig – **Royal Albert Hall** 12: s. S. 54.
Sehr komfortabel – **Electric Cinema** 5: s. S. 55.
Ausgefallene Filme – **Gate Cinema** 6: s. S. 55.

Das Beste auf einen Blick

Nordlondon

Auf Entdeckungstour

Auf Treidelpfaden den Regent's Canal entlang: Ein wunderschöner Spaziergang führt am Londoner Regent's Canal entlang; diese schmale Wasserstraße wurde 1820 gebaut, um eine Verbindung zwischen Ost- und Westlondon zu schaffen. Beginnend in Little Venice im Westen kann man den gesamten Kanal bis zur Themsemündung in rund drei Stunden ablaufen. S. 236

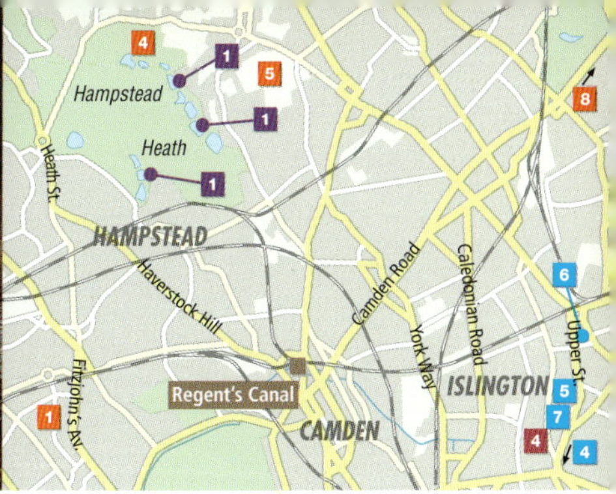

Kultur & Sehenswertes

Freud Museum: In diesem Haus verbrachte der Wiener Psychoanalytiker sein letztes Lebensjahr. 1 S. 230

Kenwood House: Das neoklassizistische Haus beeindruckt mit einer erlesenen Gemäldegalerie und einem wunderbaren Park. 4 S. 234

Highgate Cemetry: Im westlichen Teil des alten Friedhofs findet man die schönsten, reich dekorierten Grabsteine. 5 S. 234

William Morris Gallery: In seinem Wohnhaus in Walthamstow schuf der viktorianische Designer seine bekanntesten Entwürfe. 8 S. 240

Zu Fuß unterwegs

Kleiner Spaziergang durch die Islington Squares: Es gibt rund 20 dieser Grünanlagen, von denen die meisten für die Öffentlichkeit zugänglich sind. S. 239

Genießen & Atmosphäre

Hampstead Heath: In dem ausgedehnten Park kann man den Müßiggang pflegen, spazieren gehen, die Enten füttern oder in drei kleinen, romantisch gelegenen Badeseen herrlich schwimmen gehen. 1 S. 233

Alpino's: Dieses charaktervolle Café in Islington bietet eine wohltuende Alternative zu den üblichen Caféketten – unbedingt besuchen! 4 S. 40, 241

Abends & Nachts

Der Stadtteil **Islington** bietet Kulturinteressierten ein vielfältiges Abendprogramm, besonders empfehlenswert: das Programmkino **Screen on the Green** 7, das **Almeida Theatre** 5, das renommierte Balletthaus **Sadler's Wells** 4 und die **Union Chapel** 6, eine Konzerthalle für Musikveranstaltungen aller Art. S. 50–55, 241

Das gediegene St John's Wood im Westen, das Touristenmekka Camden, das seit jeher wohlhabende Hampstead – in den nördlichen Stadtteilen werden erneut die großen Unterschiede, die in London herrschen, deutlich: Der Reiz von **Hampstead** beruht nach wie vor auf seinem Dorfcharakter, und ein Besuch auf dem Heath wie ein Ausflug aufs Land. Rund um **Little Venice** im Viertel Maida Vale (westlich von St John's) liegen gepflegte Hausboote im Wasser. Von hier kann man wunderbar am Kanal entlang bis nach **Camden** spazieren (s. Entdeckungstour S. 236).

Islington ist eine äußerst begehrte Wohngegend. Die topsanierten georgianischen Plätze und Straßenzüge sind fest in den Händen der oberen Mittelschicht. Rund 1,4 Mio. £ zahlt man am Arlington Square für ein Haus mit 3 Schlafzimmern. Entlang der belebten Upper Street reihen sich Boutiquen, Cafés und Restaurants aneinander.

Walthamstow am Ende der U-Bahn-Linie Victoria Line gelegen ist die Heimat der William Morris Gallery, ein Muss für Arts-and-Crafts-Fans und alle, die mehr über den berühmten Kunsthandwerker, Schriftsteller und politischen Aktivisten erfahren möchten.

Infobox

Reisekarte: ▶ H–Z 2–4, Karte 5, C 2

Anfahrt
Die Stadtteile im Norden Londons sind gut mit U-Bahn oder Bus zu erreichen. Nach Hampstead und Highgate (s. Karte S. 231) sowie Islington (U: Angel), Camden und Kentish Town (s. Karte S. 240) führt z. B. die Northern Line; ins weit außerhalb liegende Walthamstow gelangt man mit der Victoria Line.

Hampstead

Seit jeher ist Hampstead eine Wohngegend für die Besserbetuchten, und fast jedes zweite Haus kann mit ehemaligen berühmten Bewohnern aufwarten: Hier lebten John Keats, Katherine Mansfield, D. H. Lawrence, John Constable, Anna Pavlova, Sigmund Freud, um nur einige zu nennen. Hauptsächlich Künstler und Intellektuelle zog (und zieht) es hierher. Bei Spaziergängen auf dem ›Heath‹, dem weitläufigen Park von Hampstead, träumten sie vom Landleben.

Freud Museum 1

20 Maresfield Gardens, www.freud.org.uk, Mi–So 12–17 Uhr, Eintritt 7 £
In diesem Haus verbrachte Sigmund Freud 1938/39 sein 83. und letztes Lebensjahr, 1986 wurde es der Öffentlichkeit als Museum zugänglich gemacht. Der berühmte Analytiker hatte 47 Jahre lang in Wien gelebt und gearbeitet, bevor er 1938 vor den Nationalsozialisten fliehen musste. Die Einrichtung seines Londoner Hauses war der ehemaligen Wohnstätte in der Berggasse 19 sehr ähnlich. Bei einer Besichtigung kann man auch Freuds berühmte Couch sehen.

Fenton House 2

3 Hampstead Grove, Tel. 020 74 35 34 71, www.nationaltrust.org.uk, U: Hampstead, März–Okt. u. Weihn. Mi–So 11–17 Uhr, Eintritt 6,50 £
Fenton House stammt aus dem späten 17. Jh. und ist von einem großen Garten umgeben. Das Kaufmannshaus ist mit originalgetreuen Möbeln aus der georgianischen Zeit eingerichtet und beherbergt eine kostbare Sammlung alter Tasteninstrumente. Außerdem besitzt das Museum eine wertvolle Porzellansammlung, u. a. Figuren aus Meißen (1731–75), altes chinesisches Porzellan sowie Stücke aus der Rockingham-Ma-

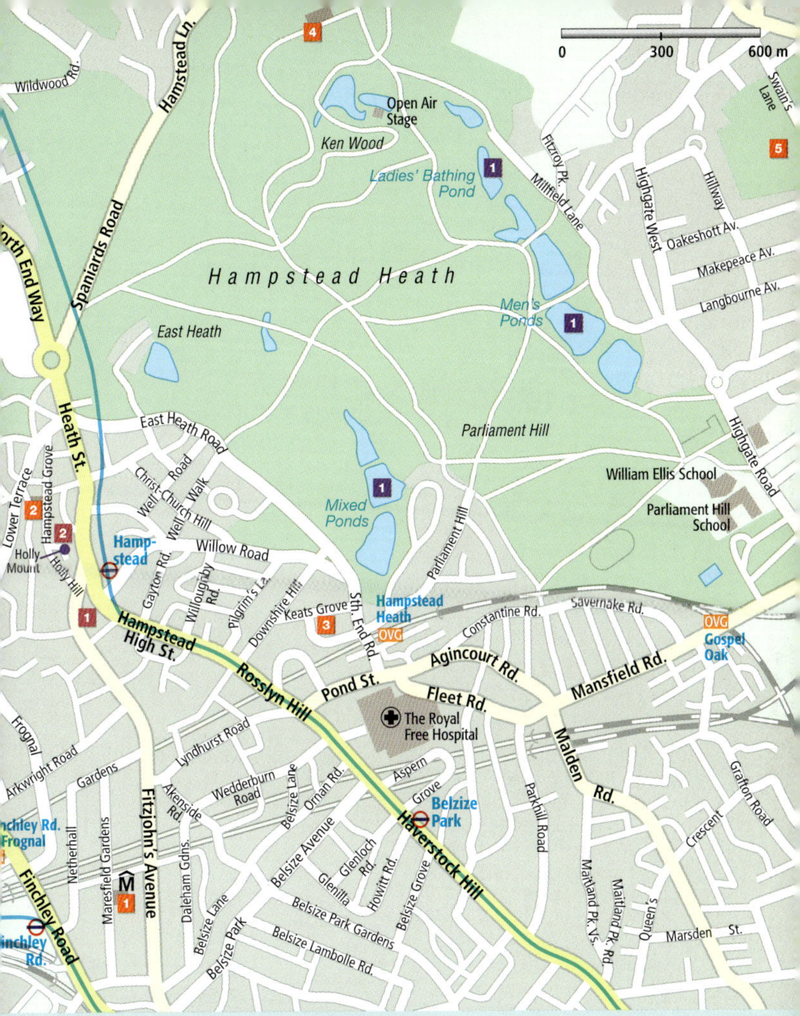

Hampstead und Highgate

Sehenswert

- 1 Freud Museum
- 2 Fenton House
- 3 Keats House
- 4 Kenwood House
- 5 Highgate Cemetery
- 6 – 8 s. Karte S. 240

Essen & Trinken

- 1 Louis Patisserie
- 2 The Holly Bush
- 3 – 6 s. Karte S. 240

Aktiv

- 1 Bathing Ponds Parliament Hill

Lieblingsort

Ein Ausflug aufs Land – Hampstead Heat ▸ Karte 5, C 2

Spazieren gehen, Enten füttern, den Vögeln lauschen, picknicken, in einem der Badeseen schwimmen, auf dem Parliament Hill Drachen steigen lassen, die herrliche Aussicht von dort oder vom North Wood Hill genießen oder das historische Kenwood House besichtigen – ein Besuch des Hampstead Heath ist wie ein Ausflug aufs Land. Dabei liegt dieser bezaubernde Park mit 320 ha Wald, Hügeln und Wiesen nur 6 km von der City of London entfernt und ist mit Bus und Bahn erreichbar. Hier kann man problemlos und ohne Eintritt zahlen zu müssen einen ganzen Tag verbringen.

nufaktur. Ungewöhnlich sind die gestickten Bilder aus dem 17. Jh. sowie die Vögel- und Blumenaquarelle auf leicht bossiertem Papier (18. Jh.). Im schönen Garten findet alljährlich im September ein Apple Day statt; im Sommer gibt es alle vierzehn Tage Konzerte.

Keats House 3

Keats Grove, Tel. 020 73 32 38 68, www.cityoflondon.gov.uk, März–Okt. Di–So 13–17, Nov.–Febr. Fr–So 13–17 Uhr, Eintritt 5,50 £

John Keats lebte von 1818–20 in diesem eleganten Haus, bevor er sich nach Rom aufmachte, wo er 1821 starb. Inspiriert von der friedvollen Umgebung sowie von Fanny Brawne, einem hübschen Mädchen aus dem Nachbarhaus (das Gebäude ist heute Teil des Museums), schrieb er hier viele seiner schönsten Gedichte.

Hampstead Heath

s. Lieblingsort S. 233

Mein Tipp

Idyllische Badeseen

An der Ostseite des ›Heath‹ gibt es drei Badeseen, die **Bathing Ponds Parliament Hill** 1: Der Mixed Bathing Pond ist der kleinste, der Men's Bathing Pond, wie der Name schon sagt, für Männer, der **Ladies' Pond** für Frauen. Dieser ist der schönste von allen und heiß geliebt, obwohl es keinerlei Komfort wie z. B. heiße Duschen gibt. Schon seit gut 80 Jahren bietet er den Damen an 365 Tagen im Jahr Entspannung und Erfrischung – eine Oase, die wohl einzigartig in der Welt ist (Tel. 020 74 85 57 57, www.cityoflondon.gov.uk/openspaces, tgl. ab ca. 7 Uhr, Eintritt 1–2 £).

Kenwood House 4

Hampstead Lane, www.english-heritage.org.uk, tgl. 10–17 Uhr, Eintritt frei

Das großartige neoklassizistische Anwesen (1764–73 von Robert Adam verändert) im Norden von Hampstead Heath ist in einen zauberhaften Landschaftsgarten eingebettet. In der Gemäldegalerie sind erlesene und kostbare Werke berühmter Meister ausgestellt, u. a. von Rembrandt, Vermeer, Van Dyck, Turner, Gainsborough, Reynolds, Constable, sowie zwei Gemälde Angelika Kauffmanns. Das **Brew House Café** mit schöner Gartenterrasse bietet ausgezeichnetes Frühstück und Brunch (tgl. 9–18 Uhr). Ob die stimmungsvollen Picnic Concerts wieder aufgenommen werden, steht noch in den Sternen.

Highgate

Der Stadtteil Highgate liegt nordöstlich und nördlich von Hampstead Heath. Anziehungspunkt ist hier der Friedhof, der berühmte Highgate Cemetery.

Highgate Cemetery 5

Swains Lane, www.highgate-cemetery.org, Ostfriedhof: Mo–Fr 10–17 (Winter 16), Sa/So 11–16 Uhr, Eintritt 4 £, 1-std.-Führungen Sa 14 Uhr, Tickets ab 11 Uhr, 8 £ (inkl. Eintritt); Westfriedhof: Führung 12 £ (berechtigt auch zum Besuch des Ostfriedhofs), Mo–Fr 13.45 Uhr nach Anmeldung (Tel. 020 83 40 18 34 bzw. online), Sa/So Führungen ohne Anmeldung stdl. 11–16 (Winter 15) Uhr

Der 20 ha große Friedhof wurde zwischen 1832 und 1840 angelegt. Kennzeichen dieser friedlichen Oase sind die großen viktorianischen Monumente und Grabstellen. Im Ostteil liegen die Gräber von Karl Marx und Friedrich Engels. Im westlichen

Camden Lock Place ist beliebtes Shopping-Ziel vor allem junger Touristen

Teil, versteckt zwischen gewundenen Wegen, trifft man auf die schönsten, überschwänglich mit Engeln und Blüten dekorierten Grabsteine und Familiengräber. Dieser Teil ist nur im Zuge von Führungen zugänglich, wobei die meist älteren Damen ausführlich die interessantesten Gräber und die Bedeutung der einzelnen Grabsymbole erklären. Wenn Begräbnisse stattfinden, gibt es keine Führungen (am besten vorher erkundigen!).

Camden und Kentish Town

Als im 19. Jh. der Regent's Canal (s. Entdeckungstour S. 236) und später die Eisenbahn gebaut wurden, füllte sich Camden mit billigen Gästehäusern. Noch bis in die 1960er-Jahre hinein galt Camden für viele als No-go-Area. Heute wohnen hier die Besserverdienenden.

An den Wochenenden, wenn der **Camden Market** 2 stattfindet, verwandelt sich der Stadtteil in ein einziges Touristenmekka. Rund 10 Mio. Besucher schieben sich pro Jahr an den Marktständen entlang, die sich von der Schleuse Camden Lock bis zur Chalk Farm Road und Camden High Street ausbreiten. Das Angebot ist nicht unbedingt neu oder besonders ausgefallen, und das Gedränge ist nicht everyone's cup of tea, doch erfreut sich dieser Markt vor allem bei Teenagern allergrößter Beliebtheit.

Jewish Museum 6

www.jewishmuseum.org.uk, Mo–Do 10–17, Fr 10–14 Uhr, Eintritt 7,50 £

Das Jewish Museum vermittelt einen umfassenden Einblick in eine der ältesten Immigrantengemeinden Londons und dokumentiert deren Geschichte und religiöses Leben. Anhand kostbarer Kunstgegenstände werden die religiösen Praktiken illustriert und mit Hilfe von Fotos und Objekten die Geschichte der jüdischen Gemeinde in Großbritannien erzählt. ▷ S. 239

Auf Entdeckungstour: Auf Treidelpfaden den Regent's Canal entlang

Die Wasserstraße Regent's Canal wurde 1820 als Verbindung zwischen Ost- und Westlondon gebaut; am schönsten und daher auch am beliebtesten ist der idyllische Treidelpfad zwischen Little Venice und Camden Lock.

Reisekarte: ▶ H–Z 2–8

Start: Little Venice, U: Warwick Avenue oder Paddington; von Victoria Bus 16 nach Maida Vale.
Zeit: Little Venice–Camden 1 Std., Little Venice–Limehouse 3,5 Std. Zwischen Little Venice und Camden Lock fahren auch Ausflugsboote (s. S. 27).

Bevor die Eisenbahn erfunden wurde, durchzogen Kanäle das ganze Land. Der Wasserweg war eine billige Möglichkeit, Waren über längere Strecken zu transportieren. Der Grand Junction Canal war der erste Kanal Englands und führte von Birmingham nach Paddington in Westlondon. Der Regent's Canal wurde 1820 eröffnet, um eine Verbindung zwischen Paddington und den Docks an der Themse zu schaffen. Zwölf Schleusen und drei Tunnel waren nötig, um den Wasserspiegel bis hinunter an die Themse zu senken. Bis in die 1960er-Jahre wurde der Kanal kommerziell genutzt, erst 1968 entschloss man sich, ihn in ein Naherholungsgebiet umzuwandeln.

Wie eine grüne Ader zieht sich der Regent's Canal heute durch einige der am engsten bebauten Gegenden Londons. In gut drei Stunden kann man die gesamte Strecke von Little Venice nahe Paddington Station bis zu den Limehouse-Docks östlich der Tower Bridge ablaufen (12 km), doch die schönste Strecke ist der erste Abschnitt bis Camden. Hier gibt es am Ufer Bänke zum Ausruhen und zahlreiche Einkehrmöglichkeiten – oder machen Sie zwischendurch ein Picknick im Regent's Park oder auf dem Primrose Hill (s. S. 159).

Idyllisch: ›Klein-Venedig‹

Little Venice – so lautet verheißungsvoll die Gegend rund um das kleine Hafenbecken nördlich von Paddington Station, in dem Grand Union Canal und Regent's Canal zusammenfließen. Das noble und ruhige Viertel im Süden des Stadtteils **Maida Vale** ist von weißen, mit Stuck verzierten Stadthäusern geprägt. An beiden Seiten des Regent's Canal liegen gepflegte Hausboote im Wasser. Einige Besitzer haben sich an ihrem jeweiligen Ankerplatz am Ufer sogar einen kleinen Garten eingerichtet.

Ein Boot wird als Café, ein anderes als Bühne genutzt: Die **Puppet Theatre Barge** 2 (gegenüber 35 Blomfield Road, Tel. 020 72 49 68 76, www.puppetbarge.com) fungiert als schwimmendes Marionettentheater, wo seit 1982 z. B. Aesops Fabeln aufgeführt werden. Im Sommer zieht die Truppe nach Richmond um. Am Bank Holiday Anfang Mai findet die dreitägige Canal Cavalcade statt, ein buntes Fest, zu dem sich rund hundert Narrowboats von nah und fern in Little Venice einfinden. Mit Morris Dancing und Punch & Judy Shows geht es dort sehr ›englisch‹ zu. **Warwick Castle** 7 (6 Warwick Place, Tel. 020 72 66 09 21, ›Bar Food‹ tgl. 12–21 Uhr), nur ein paar Schritte vom Wasser entfernt, ist ein alter Pub mit gutem Ale und leckerem Essen – bei schönem Wetter kann man auch draußen sitzen.

Shoppingmekka Camden Lock

Der Treidelpfad entlang des Kanals beginnt unweit der **U-Bahn-Station Warwick Avenue.** Bald muss man das Kanalufer kurzzeitig verlassen und den **Maida Hill Tunnel** (mit 248 m der zweitlängste Kanaltunnel Londons) überqueren. Man passiert das Café Laville am Tunneleingang, geht über die Edgware Road und den Aberdeen Place hinweg. Von dort führt eine Treppe (kein Lift) wieder zum Kanalweg hinunter.

Entlang der liebevoll hergerichteten Hausboote, die hier eng an eng liegen und alternative Wohnkultur

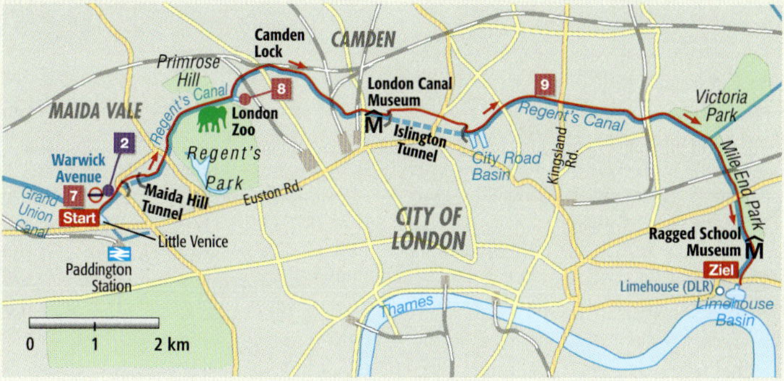

bieten, geht es in Richtung **Regent's Park** und **London Zoo.** Die bombastischen Villen rechter Hand sind nicht alt, sondern neue Bauten nach neoklassizistischen Entwürfen des Stararchitekten John Nash. Reiche, sehr reiche Leute wohnen hier.

Am Fuße des **Primrose Hill** (schöne Aussicht über London) führt der Kanal durch das Zoogelände; vom Weg aus sieht man das beeindruckende Snowdon Aviary, ein riesiges Vogelgehege. Nach einer scharfen Linksbiegung gleitet Regent's Canal aus der Parkanlage heraus. Am Kanalufer liegt das chinesische **Feng Shang Princess Restaurant** 8 (www.fengshang.co.uk, Tel. 020 74 85 81 37). Elegante viktorianische Häuser mit romantischen Gärten bis ans Ufer geben hübsche Fotomotive ab.

Kurz darauf erreicht man **Camden** mit seinen verschiedenen Märkten, eine der beliebtesten Touristenattraktionen Londons (s. S. 235). Wer nicht mehr weiterlaufen möchte, kann von Camden Lock aus mit einem der Ausflugsschiffe in etwa 50 Minuten zum Ausgangspunkt zurückfahren und diesen schönsten Abschnitt des Kanals entspannt vom Wasser aus genießen. Doch die Fortsetzung des Weges lohnt.

Spannende Kanalgeschichte

Der weitere Weg führt zunächst mitten durch das belebte Viertel Camden, doch schon bald lässt der Trubel nach. Der **Islington Tunnel** im gleichnamigen Stadtteil muss wieder oberhalb überquert werden, denn es gibt keinen Fußweg im Tunnel. Kurz zuvor lohnt ein Abstecher zum liebevoll eingerichteten **London Canal Museum** (www.canalmuseum.org.uk, tgl. 10–16.30 Uhr, Eintritt 4 £) am Battlebridge Basin: Das altmodische Museum ist in einem ehemaligen Eishaus eingerichtet. Anhand von Fotos, einem Videofilm, der Kabine eines originalen *narrowboats* und zahlreichen Objekten wird hier die Geschichte des Regent's Canal dokumentiert. Um 1870 lebten rund 40 000 Londoner auf Booten. Ein weiterer Schwerpunkt ist die Geschichte des Eishandels, der vor allem in Spätviktorianischer Zeit wichtig wurde. 1899 wurden immerhin 35 000 t Eis aus Norwegen herbeigeschafft, die dann in tiefen Eisbrunnen gelagert und an einzelne Haushalte verkauft wurden. Nach 1900 ließen die Importe aus Norwegen nach, weil Eis zu diesem Zeitpunkt bereits künstlich hergestellt werden konnte.

Zu den alten Docks an der Themsemündung

Hinter dem **City Road Basin,** dem größten Seitenarm des Kanals, führt der Weg weiter in Richtung des Viertels Hackney. Im schmalen **Towpath Restaurant Café** 9 (März–Nov., Tel. 020 72 54 76 06) kann man sich mit Snacks stärken. Der hübsche **Victoria Park,** in den 1840er-Jahren als Geschenk für die Bevölkerung des East End angelegt, ist heute für viele der schönste Park Londons, mit Attraktionen wie Konzerten, Zirkus oder Festivals. Am Ende des **Mile End Park** liegt das **Ragged School Museum** (1. So im Monat 14–17 sowie Mi/Do 10–17 Uhr, Tel. 020 89 80 64 05, www.raggedschoolmuseum.org.uk) mit einer Dokumentation über die in den 1870er-Jahren für die ärmsten Kinder gegründete Schule. Nach einem weiteren Kilometer ist das **Limehouse Basin** erreicht. Es war eines der ersten Docks, das den Schiffsverkehr der Themse mit dem Wasserwegesystem des Inlands verband. Heute befindet sich hier ein kleiner Jachthafen und eine luxussanierte Wohngegend (s. S. 285).

Von hier aus kann man mit der Docklands Light Railway bequem wieder in die Innenstadt zurückfahren.

Westlich von Camden liegt **Primrose Hill** (▶ J/K 2/3), eine noble und attraktive Wohngegend für Schauspieler und andere Stars. Schön ist es, an einem klaren Tag auf den Primrose Hill zu steigen (U: Camden Town/St John's Wood).

Kentish Town

Nordöstlich von Camden liegt Kentish Town mit einigen netten Restaurants, Kneipen und Musikclubs wie dem alteingesessenen **Forum** 3, einer mittelgroßen Halle für Rockkonzerte. Das **Vine** 2, ein schmucker Gastro-Pub, bietet im Sommer draußen vor der Tür Holztische und Bänke.

Spaziergang durch die Islington Squares

Islington

Entlang der lebhaften Upper Street locken zahlreiche Kneipen und Bars, ›aufgehübschte‹ Restaurants, Galerien und kunsthandwerkliche Läden, das Programmkino **Screen on the Green** 7 sowie das **Almeida Theatre** 5. Am oberen Ende der Upper Street liegt rechter Hand in der Compton Terrace die viktorianische **Union Chapel** 6: Kirche, Konzerthalle (Blues, Jazz, Folk) und Obdachlosenunterkunft.

Spaziergang durch die Islington Squares

Schön ist ein Spaziergang zu den gepflegten Islington Squares. Es gibt rund 20 dieser Grünanlagen, von denen die meisten – im Gegensatz zu vielen Squares in Kensington und Chelsea – für die Öffentlichkeit zugänglich sind. Die noblen Wohngegenden, beispielsweise rechts und links von Liverpool Road, wurden nach Vollendung des Regent's Canal im ersten Drittel des 19. Jh. gebaut und sind wegen der hübschen georgianischen und frühviktorianischen Mini-Parks recht attraktiv. Hier kann man gemütlich schlendern und lernt dabei vielleicht eine neue Ecke Londons kennen. **Milner Square** etwa ist von dreigeschossigen gelben Backsteinhäusern mit weiß verputztem Erdgeschoss umgeben. **Gibson Square** hat herrliche Rosenbeete und viele Bänke, die zum Ausruhen und Träumen einladen. Auch der mit vielen schönen Rosen versehene **Lonsdale Square** ist von einem makellosen Architekturensemble dreigeschossiger Gebäude mit kleinen Spitzgiebeln umrundet. Zum Abschluss der Tour lädt der nette **Albion Pub** 6 in der Thornhill Road zu Stärkung und Erfrischung ein.

Estorick Collection of Modern Italian Art 7

www.estorickcollection.com, Mi–Sa 11–18, So 12–17 Uhr, Eintritt 5 £

Für Kunstliebhaber lohnt ein Abstecher zu dieser netten Galerie am Canonbury Square, die in einem schönen georgianischen Stadthaus eingerichtet wurde und in gut ein bis zwei Stunden zu besichtigen ist. Der Amerikaner Eric Estorick war Politologe, Schriftsteller und, gemeinsam mit seiner Frau Salome, leidenschaftlicher Kunstsammler italienischer Futuris-

Camden, Kentish Town, Islington, Walthamstow

Sehenswert
1 – 5 s. Karte S. 231
6 Jewish Museum
7 Estorick Collection of Modern Italian Art
8 William Morris Gallery

Essen & Trinken
1 – 2 s. Karte S. 231
3 Marine Ices
4 Alpino's
5 Charles Lamb
6 Albion Pub

Einkaufen
1 Camden Passage Antiques Market
2 Camden Market

Aktiv
1 s. Karte S. 231
2 s. S. 236

Abends & Nachts
1 Hope & Anchor
2 Vine
3 Forum
4 Sadler's Wells
5 Almeida Theatre
6 Union Chapel
7 Screen on the Green
8 Roundhouse

ten. Futurismo war eine Bewegung des frühen 20. Jh. in Italien. Bekannte Vertreter sind Giacomo Balla, Umberto Boccioni und Gino Severini.

Walthamstow

Der Name kommt vom altenglischen *Wilcumestowe* und bedeutet ›ein Platz, wo Gäste willkommen sind‹ – eine freundliche Einladung, den langen Weg bis zur Endstation der Victoria Line auf sich zu nehmen. Die Gegend war bereits in der Bronzezeit besiedelt und einst von dichtem Wald umgeben. Seit jeher ist Walthamstow eine Arbeitergegend, und in der High Street findet täglich ein großer, bunter Markt statt. Die meisten Besucher kommen in dieses abgelegene Viertel, um sich die William Morris Gallery anzuschauen.

William Morris Gallery 8

Water House, Forest Road, U: Walthamstow Central, www.wmgallery.org.uk, Mi–So 10–17 Uhr, Eintritt frei
Die Galerie ist in dem georgianischen Haus untergebracht, in dem die Morris-Familie von 1848 bis 1856 lebte. William Morris (1834–96) war Designer und Kunsthandwerker. Seine Entwürfe für Tapeten, Möbel und Kacheln sind in der ganzen Welt bekannt. Das Museum dokumentiert Morris' Leben und Werk und seine Zusammenarbeit mit den Präraffaeliten. Zu sehen sind u. a. Teppiche, Kacheln, Möbel, Buntglas sowie der ursprüngliche Entwurf für »Trellis«, Morris' früheste und wohl beliebteste Tapete (1862). Im Obergeschoss kann man Gemälde der Präraffaeliten bestaunen. Auch Möbel, Textilien und Keramik von anderen Arts-&-Crafts-Künstlern werden gewürdigt.

Essen & Trinken

Hampstead und Highgate

Ungarische Köstlichkeiten – **Louis Patisserie** 1: s. S. 41.
Mit Gartenterrasse – **Brew House Café:** im **Kenwood House** 4, Hampstead Lane, Tel. 020 83 41 53 84, www.companyofcooks.com, tgl. 9–18, Herbst/Winter bis 16 Uhr. Super für Frühstück und Brunch (4–8 £), s. S. 234.
Exzellente Küche – **The Holly Bush** 2: 22 Holly Mount, Tel. 020 74 35 28 92, www.hollybushhampstead.co.uk, U: Hampstead, Mo–Sa 12–23, So 12–22.30 Uhr (Küche mittags ab 12, abends ab 18 Uhr), Hauptgerichte 9–18 £. Einer der ältesten und nettesten Pubs in Nordlondon. Im behaglichen Speiseraum genießt man z. B. Bio-Rumpsteak.

Camden/Islington/Walthamstow

Kaltes & Warmes – **Marine Ices** 3: 61 Chalk Farm Road, Tel. 020 74 28

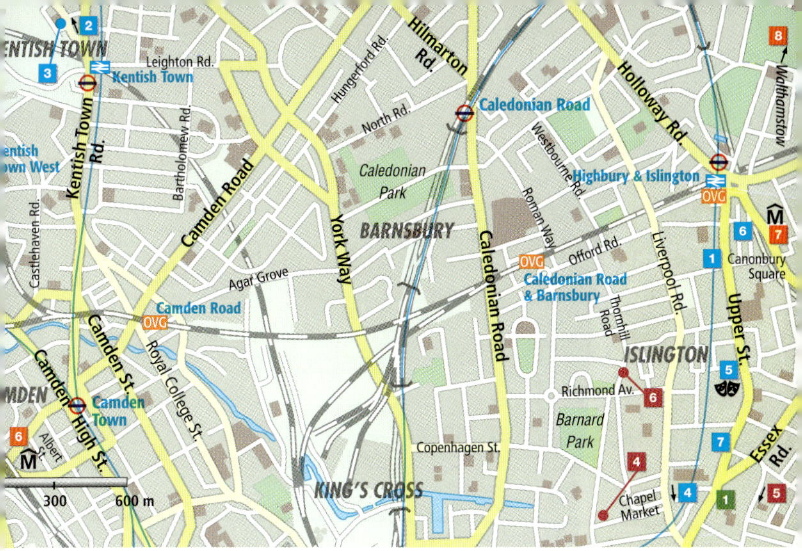

99 90, www.marineices.co.uk, U: Chalk Farm, tgl. 11–22 Uhr. Zwar kostet eine Kugel Eis 2,50 £ – dafür gilt es als das beste in der Stadt! Seit 1931 eine ›Institution‹ – seit 2013 mit neuem Besitzer: einem anderen alteingesessenen italienischen Familienclan.
Altmodisch – **Alpino's** 4 : s. S. 40.
Bodenständig – **Charles Lamb** 5 : s. S. 41.
Gepflegt – **Albion Pub** 6 : s. S. 41.
7 – 9 : s. Entdeckungstour S. 236.

Einkaufen

Camden/Islington/Walthamstow

Sammlerstücke – **Camden Passage Antiques Market** 1 : s. S. 43.
Beliebt – **Camden Market** 2 : s. S. 45.

Aktiv

Hampstead und Highgate

Unbeheizt, aber sehr romantisch – **Bathing Ponds Parliament Hill** 1 : s. S. 234.
2 : s. Entdeckungstour S. 236.

Abends & Nachts

Camden/Islington/Walthamstow

Bodenständig – **Hope & Anchor** 1 : s. S. 50.
›Aufgehübscht‹ – **Vine** 2 : 86 Highgate Road, Tel. 020 72 09 00 38, www.metropolitanpubcompany.com, U: Kentish Town, Mo–Mi 12–23, Do–Fr 12–24, Sa 11–24, So 12–22.30 Uhr. Beliebter Gastro-Pub, im Sommer Holztische im Freien.
Rock, Folk etc. – **Forum** 3 : s. S. 50.
Balletthaus – **Sadler's Wells** 4 : s. S. 52.
Interessante Stücke – **Almeida Theatre** 5 : s. S. 51.
Konzerthalle – **Union Chapel** 6 : Compton Terrace, Tel. 020 72 26 16 86, www.unionchapel.org.uk, U: Angel. Die gotische Kirche dient nicht nur als Kirche und Anlaufstelle für Obdachlose, sondern auch als beliebter Konzertraum für alle Musikrichtungen.
Altes Programmkino – **Screen on the Green** 7 : s. S. 55.
Wieder auferstanden – **Roundhouse** 8 : s. S. 51.

Das Beste auf einen Blick

Ostlondon

Auf Entdeckungstour

Zu Gast im Dennis Severs House: Betritt man ein Zimmer dieses Hauses, scheinen seine Bewohner, eine hugenottische Familie aus dem 18. Jh., just den Raum verlassen zu haben: Noch flackert die Kerze und Essensgeruch hängt in der Luft ... Ein Haus als ›Still-Life-Drama‹! 1 S. 250

Bell Foundry – Englands älteste Glockengießerei: Die 1570 gegründete Whitechapel Bell Foundry ist der älteste Handwerksbetrieb Großbritanniens. Neben großen und kleinen Glocken, freischwingend oder mit einem Schlegel, werden hier Glockenspiele, Carillons und Handglocken hergestellt. 8 S. 254

Kultur & Sehenswertes

Geffrye Museum: Das Museum in Shoreditch dokumentiert englische Wohnkultur vom 17. Jh. bis heute. 5 S. 249

Whitechapel Art Gallery: In dieser hervorragenden Galerie für zeitgenössische Kunst sind wechselnde Ausstellungen zu Fotografie, Videokunst, Skulptur, Malerei und Installationen zu sehen. 6 S. 249

Aktiv unterwegs

Shopping-Tour: Jeden Sonntag findet in Shoreditch der herrliche Columbia Flower Market statt; anschließend kann man zum angehübschten Spitalfields Market laufen und weiter zum eher bodenständigen Petticoat Lane Market. 4 5 6 S. 244

Genießen & Atmosphäre

Beigel Bake: Bei dieser Ostlondoner Institution bekommt man die besten Bagels der Stadt! Der kleine Laden ist rund um die Uhr geöffnet – ideal für Nachtschwärmer. 1 S. 252

Abends & Nachts

Für Nachteulen ist das East End genau das Richtige, die meisten Clubs sind bis zum Morgengrauen geöffnet. Insbesondere in Shoreditch befinden sich die angesagtesten Nachtclubs ganz Londons – zum Beispiel die **Queen of Hoxton.** 1 S. 49, 253

Ostlondon ist eine merkwürdige Mischung aus Alt und Modern, Verfallen und Hip und lohnt unbedingt eine Besichtigungstour. Shoreditch, Spitalfields, Whitechapel und Bethnal Green sind traditionelle Arbeitergegenden. Bis in die 1980er-Jahre stark vernachlässigt, sind mittlerweile manche Viertel richtig in und dementsprechend teuer.

Einst bedeutete East End Armut, Elend, Krankheit und Kriminalität. So schlimm war sein Ruf, dass es zu Beginn des 20. Jh. auf einigen Stadtkarten gar nicht verzeichnet wurde. Hier siedelten vorwiegend Immigranten: Hugenotten im 18. Jh., im 19. Jh. folgten Iren und Deutsche, zwischen 1880 und 1914 jüdische Emigranten aus Osteuropa. Die nächste Einwandererwelle kam aus Indien und Bangladesch. Tausende von Immigranten arbeiteten in den Textilbetrieben in Commercial Street und Commercial Road, und auch heute noch gibt es solche ›sweat shops‹, in denen für einen Hungerlohn geschuftet wird.

Obwohl nach wie vor Arbeitergegend und vor allem durch multikulturelles Leben geprägt, hat sich das East End immens gewandelt. Es ist ›hip‹, hier zu wohnen, und die zahlreichen Kunstgalerien und ebenso zahlreichen Nachtclubs prägen das Bild. Modebewusste Leute finden im East End den letzten Schrei in puncto Design, Möbel und Kleidung, Künstler die wichtigsten Galerien für zeitgenössische Kunst. Von Shoreditch, Spitalsfield und Whitechapel dringt die Szene langsam nach Norden vor. Dalston und vor allem Stoke Newington sind total ›in‹.

Infobox

Reisekarte: ▶ T–V 4–7

Ausgangspunkt
Durch die Stationen **Hoxton** und **Shoreditch High Street** ist das East End heute gut an das Verkehrsnetz angebunden. Der beste Ausgangspunkt für einen Spaziergang durch die Viertel des East End ist jedoch die **Liverpool Street Station.** Von hier aus lassen sich Spitalfields, Shoreditch und Whitechapel bequem zu Fuß erkunden.

Freiluft-Shoppen am Sonntag
Für Liebhaber von bunten Märkten ist das East End sonntags ein wahres Paradies. Hier locken: **Columbia Flower Market** (s. S. 247), **Spitalfields Market** (s. rechts und S. 248) und **Petticoat Lane Market** (s. S. 45).

Spitalfields

Von Liverpool Street gelangt man am besten entlang der Brushfield Street nach Spitalfields. Dieses Viertel ist vor allem für seine alte, inzwischen topsanierte Markthalle bekannt.

Sehenswert

Außerordentlich beliebt ist **Spitalfields Market** 6, der täglich stattfindet, jedoch am Wochenende am größten ist. Sicherlich findet man dort ein tolles Souvenir (s. Mein Tipp S. 248) oder aber gegenüber bei **A. Gold** 2 in der Brushfield Street, der mit »traditional foods of Britain« lockt.

Schön ist die **Fournier Street** (wegen des großen Anteils an Bengalen sind die Straßennamen auch in Bengali gegeben), die die Commercial Street mit der Brick Lane verbindet. Hier und in den Nebenstraßen ließen sich im 18. Jh. die Hugenotten nieder, deren traditionelles Gewerbe die Seidenspinnerei war. Wie die französischen Einwanderer in die-

Ostlondon

Sehenswert

1 Dennis Severs House
2 Christ Church
3 Jamme Masjid Moschee
4 Rivington Place
5 Geffrye Museum
6 Whitechapel Art Gallery
7 St George German Lutheran Church
8 Whitechapel Bell Foundry

Essen & Trinken

1 Beigel Bake
2 Polo Bar
3 Pride of Spitalfields
4 Fifteen
5 Pizza East
6 Tayyabs

Einkaufen

1 Rough Trade East
2 A. Gold
3 Truman's Old Brewery
4 Petticoat Lane
5 Columbia Flower Market
6 Spitalfields Market
7 Luna & Curious
8 Beyond Retro

Abends & Nachts

1 Queen of Hoxton
2 93 Feet East Club
3 Wilton's
4 Charlie Wright's International Bar

Lieblingsort

Spaziergang durch eine bunte Blumenoase

Was für eine Pracht! Jeden Sonntag zwischen 8 und 14 Uhr verwandelt sich in Shoreditch die sonst eher bescheidene Columbia Road in eine bunte Oase mit Blumen und Pflanzen aus aller Welt und bietet eine wahre Augenweide. Auch wenn man keine Blumen kaufen möchte, macht ein Bummel über den **Columbia Flower Market** 5 einfach Spaß. Rechts und links locken nette kleine Lädchen mit Kunstgewerbe, ungewöhnlichen Möbeln und Kulinarischem (www.columbiaroad.info).

sem Viertel gelebt haben könnten, das zeigt nördlich des Spitalfields Market ein Besuch im **Dennis Severs House** 1, in dem die damalige Wohnkultur auf wahrhaft lebendige Weise präsentiert wird (s. Entdeckungstour S. 250).

An der Ecke Commercial Street/ Fournier Street beeindruckt **Christ Church** 2, die 1714–29 nach Entwürfen von Nicholas Hawksmoor erbaut wurde und als seine schönste Kirche gilt. Nach Abschluss umfangreicher Renovierungsarbeiten dient das Gotteshaus nun auch als Veranstaltungsforum für **Konzerte** aller Art (Tel. 020 73 77 67 93, www.ccspitalsfield.org, Mo–Sa 10–16, So 13–16 Uhr, wenn keine Veranstaltung).

Brick Lane ist fest in bengalischer Hand. Sie wird beidseitig von meist enttäuschenden Curry-Restaurants sowie unzähligen Geschäften, wo man farbenfrohe Stoffe kaufen kann, gesäumt. Sonntagvormittags findet hier ein sehr beliebter Markt statt, wo man günstig Lederwaren, Kleidung und Secondhand-Möbel sowie Obst und Gemüse bekommt. An der Straße liegt auch das Gelände der ehemaligen **Truman's Old Brewery** 3 (www.trumanbrewery.com). Bereits in der zweiten Hälfte des 17. Jh. gegründet, war Truman's im 18. Jh. die größte Brauerei in London. 1989 wurde sie geschlossen und zu einem *happening place* umgebaut. Viele kleine Betriebe und Künstlerateliers haben sich in dem alten Gebäudekomplex angesiedelt. Am So (10–17 Uhr) findet im Ely's Yard der **UpMarket** statt (Kleidung, Kulinarisches, Kleinkunst, www.sundayupmarket.co.uk). In der **Vibe Bar** kann man nett draußen sitzen, und gegenüber befindet sich der beliebte **93 Feet East Club** 2. Gelüstet es einen nach einem ruhigen Bier, ist der altmodische Pub **Pride of Spitalfields** 3 in der Heneage Street vielleicht eher geeignet.

Zwischen Fournier Street und Princelet Street verdeutlicht die **Jamme Masjid Moschee** 3 die Wandelbarkeit des East End. Zunächst eine Kapelle der Hugenotten, dann eine Synagoge, wurde das Gebäude 1976 zur Moschee umgebaut. Die jüngste Gesellschaftsgruppe, die dem Gebiet ihren Stempel aufdrückt, besteht aus all jenen, die die Gentrifikation hierher gespült hat.

Shoreditch

Obwohl die Künstler, die sich hier in den 1980er-Jahren angesiedelt hatten, in östlicher Richtung weiterge-

Mein Tipp

Hier macht das Stöbern Spaß: Spitalfields Market 6
Schon mehrfach als bester Markt in London ausgezeichnet, bietet Spitalsfield Market eine Fülle an kleinen Läden, Boutiquen und Marktständen, Cafés und Restaurants. Besonders lebhaft geht es am Sonntag zu. Die Auswahl ist riesig: ungewöhnlicher Schmuck, edle Seidenwaren, Kunstgewerbe aller Art, witziges Spielzeug, Hüte, Taschen, verführerische Köstlichkeiten und vieles mehr (65 Brushfield Street, www.spitalfields.co.uk, U: Liverpool Street, So–Do 10–17 (So u. Do ab 9), Fr 10–16, Sa 11–17 Uhr; Haupttag ist Sonntag).

zogen sind, hält das Dreieck zwischen Old Street, Shoreditch High Street und Great Eastern Street sowie rund um den **Hoxton Square** seinen Ruf als angesagtes Galerien- und bestes Clubbing-Szeneviertel. Hier ist immer etwas los und mit den vielen trendigen Shops und vor allem den pop-up stores BOXPARK (www.boxpark.co.uk) ist Shoreditch so cool, dass bereits von ›*shoreditchification*‹ gesprochen wird.

Rivington Place 4 (Tel. 020 77 49 12 40, www.rivingtonplace.org, Di, Mi, Fr 11–18, Do 11–21, Sa 12–18 Uhr). am gleichnamigen Platz ist eine interessante Kunstgalerie mit riesigen Fenstern im Erdgeschoss. Auf zwei Ausstellungsflächen wird moderne Kunst gezeigt.

Geffrye Museum 5

www.geffrye-museum.org.uk, Di–So u. Bank Holidays 10–17 Uhr, Eintritt frei, außer für Sonderausstellungen, Almshouse viermal im Monat (variabel) geöffnet, Eintritt 3 £

Wenn man sich für die Geschichte der Wohnkultur in Großbritannien interessiert, lohnt in der nördlich gelegenen Kingsland Road ein Besuch im Geffrye Museum. Geffrye, durch Sklavenhandel zu Wohlstand gekommen, ließ das lang gestreckte Gebäude im Jahr 1715 als Armenhaus errichten. Man geht durch zahlreiche Zimmerfluchten und erfährt, wie sich der Stil von der Zeit Elizabeths I. bis ins 20. Jh. hinein verändert hat. Die Zimmer sind so eingerichtet, wie eine Familie der Mittelklasse jeweils gewohnt haben könnte.

In dem modernen Anbau von 1998 sind Einrichtungen aus dem 20. Jh. zu sehen: eine Wohnung aus den 1930er-Jahren, ein Zimmer, das im Stil der 1950er-Jahre gehalten ist, und ein Apartment in einem umgebauten Warenhaus aus den 1990er-Jahren. Hier finden auch Wechselausstellungen, z. B. zum Tapetendesign oder zur Küchengestaltung, statt. Hinter dem Gebäudetrakt erstrecken sich verschiedene Gärten, ebenfalls den einzelnen Epochen entsprechend angelegt.

Whitechapel

Der Name des Viertels, das nicht gerade zu den schönsten der Stadt zählt, stammt von den weißen Steinen, die für eine (heute nicht mehr existierende) Kirche entlang der belebten Whitechapel Road verwendet wurden. Ein Highlight für Kunstinteressierte ist die Whitechapel Art Gallery.

Whitechapel Art Gallery 6

77–82 Whitechapel High Street, Tel. 020 75 22 78 88, www.whitechapelgallery.org, Di–So 11–18, Do bis 21 Uhr, Eintritt variabel

Die Whitechapel Art Gallery ist eine der international bekanntesten Galerien für moderne und zeitgenössische Kunst. Das Museum wurde 1901 gegründet, um den Bewohnern des East End das Thema Kunst näherzubringen. Seitdem haben hier schon Größen wie Pablo Picasso, Jackson Pollock, Mark Rothko, Gary Hume, Liam Gillick, Frida Kahlo und Nan Goldin ausgestellt, daneben aber auch zahlreiche junge, (noch) unbekannte Künstler. Neben Wechselausstellungen (Fotografie, Videokunst, Skulpturen, Malerei, Installationen) werden Lesungen, Vorträge und Workshops geboten. Angeschlossen ist ein nettes **Café.**

St George German Lutheran Church 7

55 Alie Street, Tel. 020 74 81 05 33, www.stgeorgesgermanchurch.org.uk, 1. Do/Monat 13 Uhr Mittagskonzert

▷ S. 252

Auf Entdeckungstour:
Zu Gast im Dennis Severs House

Betritt man ein Zimmer des Dennis Severs House 1, scheinen seine Bewohner, eine hugenottische Familie aus dem 18. Jh., just den Raum verlassen zu haben: Noch flackert die Kerze und Essensgeruch hängt in der Luft ... Ein Haus als ›Still-Life-Drama‹!

Für wen: Für alle – nur für kleinere Kinder ist der Besuch ungeeignet.

Zeit: 60–90 Min.

Infos: Dennis Severs House, 18 Folgate Street, Tel. 020 72 47 40 13, www.dennisseversshouse.co.uk, U: Liverpool Street; So 12–16 Uhr 10 £, Mo 12–14 Uhr 10 £, Mo u. Mi 18–21 Uhr 15 £ (nur mit Reservierung).

Einst lebten in 18 Folgate Street Hugenotten, französische Protestanten, die Ende des 17. Jh. aufgrund religiöser Verfolgung aus Frankreich gekommen waren. Am Ende des 18. Jh. betrieben sie schätzungsweise 12 000 Seidenwebereien. In den späten 1970er-Jahren erwarb der Amerikaner Dennis Severs dieses Haus, renovierte es und richtete es vom Keller bis unter das Dach mit originalen Objekten und Möbeln ein.

Ein zum Leben erwecktes Bild

Dennis Severs House präsentiert seinen heutigen Besuchern jedoch nicht allein georgianische Wohnkultur, vielmehr verstand der 1999 verstorbene Künstler sein Haus als ›Still-Life-Drama‹. Seine Absicht war es, einen wahrhaft lebendigen Einblick in das Leben in Spitalsfield zwischen 1724 und 1914 zu vermitteln. Zu diesem Zweck studierte Severs die Gemälde alter Meister, um das Licht und die Stimmung der vergangenen Zeit einzufangen.

Mit dem Eintreten in das Haus soll den ›Gästen‹ ein dramatisches Erlebnis geboten werden: Wie durch einen Bilderrahmen steigt der Besucher in ein ›Bild‹ und durchläuft insgesamt zehn Zimmer, angefangen beim Keller über die Küche, das Ess- und Wohnzimmer, das Rauchzimmer bis zu den Schlafzimmern im Obergeschoss. Severs, der hier selbst lebte, richtete nicht nur das Haus ein, sondern erfand auch die dazugehörigen Bewohner: die hugenottische Familie Jervis, Seidenweber, die 1688 aus Frankreich gekommen war und das Haus 1724 erwarb.

Über knarzende Dielen durch das Haus

Warum müssen die Dielen nur so knarren? Bloß keinen Krach machen, bloß nicht zu viel bewegen und um Himmels willen nichts umstoßen – vielleicht am besten nur auf Zehenspitzen gehen? Sobald man in der Eingangshalle steht und die Haustür ins Schloss gefallen ist, überfällt einen das merkwürdige Gefühl, in eine andere Welt eingetaucht zu sein, in der jedes überflüssige Geräusch stört. Ganz leise, fast andächtig, geht es die polierte Holztreppe hinauf. Im Wohnzimmer steht ein halb leeres Glas auf dem Tisch, ein anderes ist zerbrochen, das Kartenhäuschen liegt zusammengefallen auf dem Boden, eine Kerze flackert. Noch hängt der Geruch von Essen im Zimmer. Vielleicht ließ Mr. Jervis sein Essen stehen, als er uns kommen hörte?

Im Herrenzimmer trifft man auf ein gerade beendetes Trinkgelage und die entsprechende Unordnung, genauso wie in William Hogarths Gemälde über dem Kamin dargestellt. Im Kamin knistert noch das Feuer. Eine altersmüde Treppe führt nach oben, und dort unter dem Dach, wo die Untermieter lebten, pfeift der Wind – auch uns Besuchern wird es auf einmal recht kühl –, der Wasserkessel zischt, man hört ein Baby schreien und das Bett ist ungemacht – was ist wohl geschehen? Eine Katze miaut, und von draußen hört man das Geklapper der Pferde auf dem Kopfsteinpflaster.

Fantasie gefragt

Das Haus als Körper, den Geist der Zeit umfassend ... der Besuch des Dennis Severs House ist ein höchst poetisches Erlebnis – doch nur wenn man sich darauf einlässt, funktioniert es: Nach dem Motto »you either see it or you don't« benutzte Severs die Vorstellungskraft seiner Gäste wie ein Maler eine Leinwand. Gesprochen werden darf nicht, und sollte einem doch einmal ein Laut entweichen, folgen strafende Blicke seitens des Wachpersonals!

Die 1762/63 erbaute, nunmehr über 250 Jahre alte St George German Lutheran Church ist fast unverändert erhalten. Bis zum Ersten Weltkrieg diente sie deutschen Immigranten, die z. B. in den Zuckerraffinerien im East End arbeiteten, als Gotteshaus.

Weiter östlich an der Whitechapel Road liegt **Whitechapel Bell Foundry** 8, die älteste Glockengießerei in Großbritannien (s. Entdeckungstour S. 254).

Essen & Trinken

Lust auf Bagels? – **Beigel Bake** 1: 159 Brick Lane, Tel. 020 77 29 06 16, U: Shoreditch, rund um die Uhr geöffnet. Diese Ostlondoner Institution bietet die besten und frischesten Bagels der Stadt. Der kleine, bescheidene Laden ist immer voll, besonders wenn die Clubs schließen. Spezialität: Bagel mit Hot Salt Beef, aber auch die Bagels mit Hering oder Ei schmecken lecker. (2–6 £). Außerdem köstliche Kuchen in großen Portionen.

24 Stunden geöffnet – **Polo Bar** 2: 176 Bishopsgate, Tel. 020 72 83 48 89, www.polo24hourbar.co.uk, U: Liverpool Street. In Liverpool Street Station gestrandet? Die Rettung ist die altmodische, stets gut besuchte Polo Bar gegenüber vom Bahnhof, die Tag und Nacht geöffnet ist und sogar eine 24-stündige Alkohollizenz hat. Man kann sich hier z.B. mit traditionellem *English breakfast* stärken (9,50 £).

In Shoreditch arbeiten viele Künstler – offenbar nicht nur in ihren Ateliers

Mein Tipp

Doppeldecker-Tour von der London Bridge durch den Nordosten
In weniger als einer Stunde lernen Sie bei dieser Fahrt mit **Bus Nr. 149** die vielen Gesichter Londons kennen, von nobel bis schäbig, brandneu bis uralt. Durch die **City,** entlang der ultramodernen Bauriesen in Bishopsgate, geht es an der Liverpool Street Station vorbei durch das hippe **Shoreditch** in Richtung **Hoxton.** Pause gefällig? Die **Bäckerei Fabrique** serviert köstliche Zimtkuchen (www.fabrique.co.uk, Arch 385, Geffrye Street, Tel. 020 70 33 02 68, Di–Fr 8–18, Sa/So 10–18 Uhr). Die Kingsland Road führt am **Geffrye Museum** (s. S. 249) vorbei und überquert bald den **Regent's Canal** (s. S. 236). **Dalston** und vor allem **Stoke Newington** sind auf dem Weg der ›Gentrifizierung‹: Besserverdienende Leute ziehen in die Häuser, gefolgt von hübschen Läden, und bald schnellen die Mietpreise in die Höhe. Wenn Sie sich die Beine vertreten möchten, der skurrile **Abney Park Cemetery** (www.abney-park.org.uk) lädt dazu ein. Am **Stamford Hill** wohnen ultraorthodoxe Juden, und zwar in der größten Dichte ganz Europas. Dann geht es nach **Tottenham,** berühmt-berüchtigt als Ausgangspunkt für die London Riots im Sommer 2012. Mit der Victoria Line gelangen Sie von hier wieder ins Zentrum.

Kunst inklusive – **Café** der **Whitechapel Art Gallery** 6: 80–82 Whitechapel High Street, Tel. 020 75 22 78 96, U: Aldgate East, Di–Mi 10–18, Do–Fr 10–21.30, Sa 10.30–21.30, So 10.30–18 Uhr. Gute Auswahl an vegetarischen Gerichten.
Für Fußballfans – **Pride of Spitalfields** 3: s. S. 42.
Berühmt – **Fifteen** 4: s. S. 37.
Hier kann der Abend beginnen – **Pizza East** 5: s. S. 39.
Original Punjabi – **Tayyabs** 6: 83–89 Fieldgate Street, Tel. 020 72 47 64 00, www.tayyabs.co.uk, U: Whitechapel, tgl. 12–23.30 Uhr (letzte Bestellung). Seit 1972 Familienbetrieb, zuverlässige und unkomplizierte Anlaufstelle für gute Punjabi-Küche. Viele Stammkunden.

Einkaufen

Musikalische Raritäten – **Rough Trade East** 1: s. S. 44.
Typisch britisch – **A. Gold** 2: s. S. 44.
Bunte Mischung – **Truman's Old Brewery** 3: s. S. 248.
Enorme Auswahl – **Petticoat Lane** 4: s. S. 45.
Eine Augenweide – **Columbia Flower Market** 5: s. S. 247.
Viktorianische Halle – **Spitalfields Market** 6: s. S. 45.
Lustige Geschenkideen – **Luna & Curious** 7: s. S. 46.
Vintage – **Beyond Retro** 8: s. S. 47.

Abends & Nachts

Auf ehemaligem Brauereigelände – **Vibe Bar:** in der früheren **Truman's Old Brewery** 3, s. S. 48.
Happening Place – **Queen of Hoxton:** 1: s. S. 49.
Immer etwas los – **93 Feet East Club** 2: s. S. 49.
Versteckt – **Wilton's** 3: s. S. 53.
Ungezwungen, gemischtes Publikum – **Charlie Wright's International Bar** 4: s. S. 50.

Auf Entdeckungstour: Bell Foundry – Englands älteste Glockengießerei

Die 1570 gegründete Whitechapel Bell Foundry 8 ist nicht nur die älteste Glockengießerei, sondern auch der älteste Handwerksbetrieb ganz Großbritanniens. Neben großen und kleinen Glocken, freischwingend oder mit einem Schlegel, werden hier auch Glockenspiele und Handglocken hergestellt.

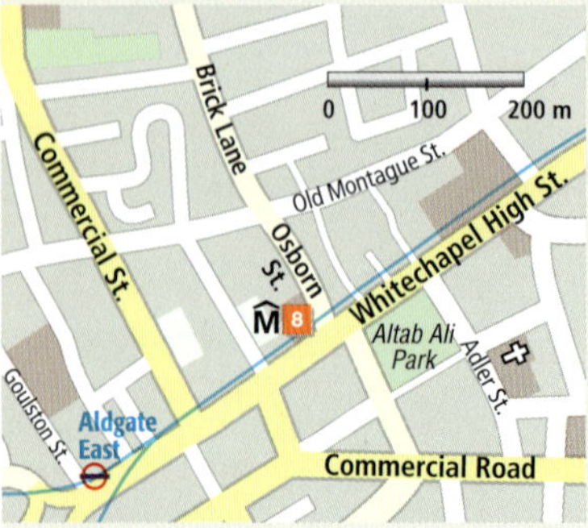

Planung: 90-min. Führung an ausgewählten Samstagen jeweils 10, 13.30 u. 16 Uhr nach vorheriger Anmeldung, Tel. 020 72 47 25 99, www.whitechapelbellfoundry.co.uk, 13,50 £. Kinder unter 14 Jahren dürfen leider nicht hinein. Im kleinen Laden gibt es hübsche Souvenirs, wie z. B. Handglocken in verschiedenen Größen.

Start: 32/34 Whitechapel Road, U: Aldgate East

Whitechapel Bell Foundry gilt als ältester Handwerksbetrieb Großbritanniens. Seit 1570, gegründet während der Regierungszeit Elizabeth I., ist die Gießerei kontinuierlich in Betrieb und hat damit die Regierungszeit von immerhin 27 englischen Monarchen begleitet. Mitte des 18. Jh. begann der weltweite Export: 1747 wurde ein Satz an Glocken nach Sankt Petersburg geliefert, 1752 die berühmte »Liberty Bell« nach Philadelphia.

Wie viele andere Handwerksbetriebe, galten auch Gießereien als laut und schmutzig und mussten sich daher außerhalb der City of London ansiedeln. Heute steht das Gebäude unter Denkmalschutz: eine Zeitkapsel umgeben von modernen Bauten an einer lauten und verkehrsreichen Straße.

Schmelzen, Gießen, Trocknen

Alan Hughes, Direktor der Foundry in der dritten Generation, lässt es sich nicht nehmen und begleitet die Besucher selbst durch die pikobello saubere Gießerei. Mit unübersehbarem Stolz führt er durch seinen Betrieb, den er in- und auswendig kennt. Keine Frage bleibt unbeantwortet. Wie das Geschäft denn so laufe? Knochentrocken – typisch englisch – erklärt Alan, das einzige Problem sei die Langlebigkeit seiner Produkte. Gab es im 18. Jh. einen riesigen Bedarf an Glocken, war der Markt hundert Jahre später so gesättigt, dass die meisten Betriebe schließen mussten. Zu dieser Zeit kaufte Whitechapel Bell Foundry fast alle anderen Gießereien in London auf und konnte sich so über Wasser halten.

Die Führung durch die Gießerei beginnt im zum Mini-Museum gestalteten Eingangsraum mit einem Überblick über die Geschichte des Glockengießens, im Mittelalter eine Domäne der Mönche. Anhand eines Modells in einem Glaskabinett erläutert Alan Hughes anschließend die verschiedenen Arbeitsschritte, die zur Herstellung einer Glocke nötig sind: das Vorbereiten der Formen, das Schmelzen des Metalls, das Gießen, das Trocknen, die Arbeit am Metall und das Stimmen der fertigen Glocke. Nach dieser Einführung geht es in die Gießerei mit den beiden Schmelzöfen. Insgesamt können hier bis zu 7,75 t Metall geschmolzen werden. Anhand Alans Schilderungen kann man sich lebhaft vorstellen, wie die geschmolzene, glühende Bronze funkenspritzend in die Form gegossen wird. Aber bei einem *pour* zuzuschauen, geht leider nur, wenn Sie selbst eine große Glocke in Auftrag gegeben haben sollten ...

Der Weg zum perfekten Klang

Die wichtigste Kunstfertigkeit einer Glockengießerei stellt das Stimmen der fertigen Glocke dar. Heute können das allerdings nur noch sieben Betriebe weltweit. Seit den 1960er-Jahren werden die Glocken übrigens nicht mehr mit einer Stimmgabel, sondern elektronisch gestimmt. Mr Hughes erläutert, wie in einem höchst komplizierten System, das großes Können, Geschick und Erfahrung erfordert, das Metall von außen und innen geschliffen wird.

Die berühmteste Glocke der Welt

Am 10. April 2008 feierte »Big Ben«, die berühmte Glocke im gleichnamigen Glockenturm, ihren 150. Geburtstag: Mit über 13 t Gewicht ist sie nicht nur die berühmteste, sondern auch größte Glocke, die je in Whitechapel Bell Foundry gegossen wurde. Jeder Londoner kennt Big Ben, die stündlich schlägt – weltweit von der BBC übertragen. »A lousy bell«, sagt Alan ungerührt, »not even tuned!«

Das Beste auf einen Blick

Südlich der Themse

Highlight!

Tate Modern: Die Tate Modern ist eine der beliebtesten Besucherattraktionen in ganz Großbritannien. Seit 2000 beherbergt das ehemalige Kraftwerk moderne Kunst, und das mit überwältigendem Erfolg. Gezeigt wird internationale Kunst ab 1900, wobei die Exponate nach Kunstströmungen geordnet sind. Die imposante originale Turbinenhalle des Kraftwerks wird für wechselnde großformatige Installationen genutzt. 9 S. 265

Auf Entdeckungstour

Globe Theatre – ein Bühnenhaus wie zu Shakespeares Zeit: Das heutige Globe Theatre am Südufer der Themse, unweit des ursprünglichen Standorts, wurde unter Verwendung originalgetreuer Materialien nachgebaut – fast 350 Jahre, nachdem Shakespeares Theater während einer Aufführung abbrannte. Unterhaltsame Führungen durch das Theater und eine informative Ausstellung machen neugierig auf eine der hochkarätigen Aufführungen. 10 S. 266

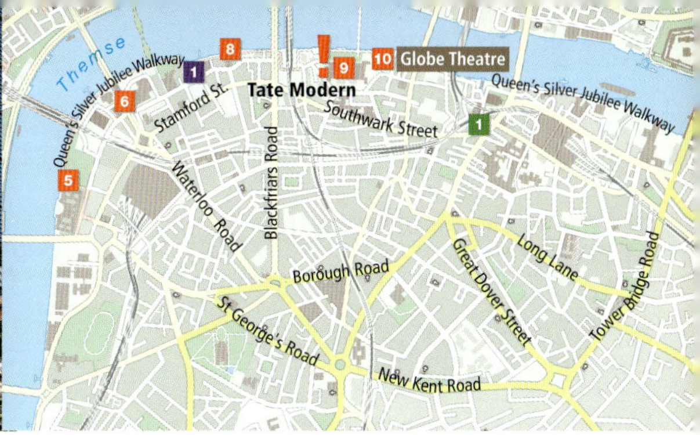

Kultur & Sehenswertes

London Eye: Ursprünglich sollte das enorme Riesenrad nur fünf Jahre bleiben, doch ist es so beliebt, dass es sich sicherlich noch viele, viele Jahre drehen wird. Während der 30-minütigen Fahrt eröffnen sich wunderbare Ausblicke über die Stadt. 5 S. 260

Aktiv unterwegs

Mit dem Fahrrad die Themse entlang: Die London Bicycle Tour Company verleiht in Gabriel's Wharf Räder – stunden- oder auch tageweise. 1 S. 273

Queen's Silver Jubilee Walkway: Ein Spaziergang am Südufer der Themse ist immer wieder schön. Zu den Besucherattraktionen entlang der Strecke gehören London Eye, South Bank Centre und Tate Modern. Auf der anderen Flussseite liegen Somerset House, St Paul's und der Tower of London. S. 273

Genießen & Atmosphäre

Oxo Tower Restaurant Bar & Brasserie: Das schicke Restaurant im 8. Stock des Oxo Tower Wharf bietet internationale Küche vom Feinsten – genial ist die Aussicht auf die gegenüberliegende City. 8 S. 265

Borough Market: In den viktorianischen Markthallen findet donnerstags bis samstags der beste kulinarische Markt der gesamten Stadt statt. 1 S. 269

Abends & Nachts

South Bank Centre: Wonach ist Ihnen? Konzert, Theater, Film? Zum South Bank Centre, einem der größten Kunstzentren der Welt, gehören die Royal Festival Hall, der Purcell Room und die Queen Elizabeth Hall, die Hayward Gallery; das National Theatre sowie das National Film Theatre sind gleich nebenan. Und ringsum jede Menge Cafés. 6 S. 261

Der nördliche Teil von **Lambeth,** landläufig schlicht Waterloo genannt, und der nördliche Teil von **Southwark,** Bankside, sind interessante Gegenden, die gleichermaßen Unterhaltung und Entspannung bieten. Zwischen Lambeth Bridge im Westen und Tower Bridge im Osten gibt es zahlreiche Sehenswürdigkeiten, darunter das hervorragend rekonstruierte Shakespeare's Globe Theatre, das man nicht nur zu Vorstellungen besuchen, sondern auch tagsüber besichtigen kann (s. Entdeckungstour S. 266).

Lambeth

Der Stadtteil Lambeth erstreckt sich südlich der Westminster Bridge. **Lambeth Palace** 1, seit dem 12. Jh. offizieller Sitz des Erzbischofs von Canterbury, ist für die Öffentlichkeit nicht zugänglich. Von **Lambeth Bridge,** die 1932 einen Vorgängerbau von 1862 ersetzte, hat man einen schönen Blick auf die Houses of Parliament. Am gleichnamigen Pier gibt es ein kleines Café.

Infobox

Reisekarte: ▶ P–U 8–11

Ausgangspunkt

Startpunkt der hier vorgeschlagenen Route sind die Lambeth Palace Gardens auf der Südseite der Themse (Lambeth North). Alle beschriebenen Sehenswürdigkeiten lassen sich problemlos zu Fuß erreichen. Der Spaziergang bis zur Tower Bridge dauert etwa eine Stunde, mit Besichtigungen und Pausen sollte man aber mindestens einen halben Tag einplanen.

Infos

Im Sommer bieten ›Info Bikes‹, die entlang SouthBank und Bankside plaziert sind, Mini-Touristeninformationen.

Florence Nightingale Museum 2

www.florence-nightingale.co.uk, tgl. 10–17 Uhr, Eintritt 7 £

Im St Thomas Hospital ist das Florence Nightingale Museum untergebracht. Gezeigt werden zahlreiche Erinnerungsstücke an die berühmte Krankenschwester (1820–1910), wie Kleidung, Möbel, Bücher, Briefe und Fotos. 1859 gründete sie im St Thomas Hospital die erste Schwesternschule.

Imperial War Museum 3

www.iwm.org.uk, tgl. 10–18 Uhr, Eintritt frei

Das Imperial War Museum, zu Fuß gut zehn Minuten vom Flussufer entfernt, ist in einem imposanten Kuppelbau von 1815, einem ehemaligen Krankenhaus, untergebracht. Es beschäftigt sich mit den kriegerischen Auseinandersetzungen des 20. Jh., ohne kriegsverherrlichend zu wirken. Hauptattraktionen sind die Ausstellungen über die beiden Weltkriege. 2014, als sich der Ausbruch des Ersten Weltkriegs zum 100. Mal jährte, wurde eine völlig neu konzipierte Ausstellung zu diesem Thema präsentiert. Es gibt auch eine Abteilung, die sich mit den Konflikten nach 1945 beschäftigt. Die Abteilung Spionage dokumentiert die Arbeit des Geheimdienstes von 1909 bis heute, in der Abteilung Kunst sind Werke von Henry Moore und Stanley Spencer zu sehen. Im dritten Stock befasst sich eine Ausstellung mit dem Holocaust. Im netten Restaurant kann man gut und relativ günstig zu Mittag essen.

County Hall 4

Die riesige County Hall war zwischen 1922 und 1965 Sitz der Londoner Re-

Einen Stadtblick aus der Vogelperspektive ermöglicht das London Eye

gierung, des London County Council, der 1965 durch den Greater London Council (GLC) ersetzt wurde. Nachdem der GLC 1986 von Premierministerin Margaret Thatcher abgeschafft worden war, stand das Gebäude zunächst leer. Heute befinden sich hier Hotels und das Aquarium.

Der **London Dungeon** (www.thedungeons.com, i. d. R. Mo–Fr 10–17, Do ab 11, Sa, So 10–18, in den Ferien bis 19 Uhr, Eintritt online ab 20,50 £) ist hier ebenfalls zu finden. Falls Sie sich gerne gruseln, sind Sie hier richtig. Nachdem die Wärter eine »horrible time« gewünscht haben, geht es zunächst alleine, danach als Gruppe und von Schauspielern begleitet durch verschiedene Abteilungen, in denen Krankheiten, Tod und Grausamkeiten thematisiert sowie visuell und akustisch realisiert werden. Besonders gruselig ist die »Bootsfahrt zur Hölle«. Die Hinweise werden auch auf Deutsch gegeben, die dramatischen Vorstellungen finden allerdings nur auf Englisch statt. Doch auch, wer der Sprache nicht ganz mächtig ist, begreift, worum es geht.

Das **London Aquarium** ist vor allem bei Kindern sehr beliebt, denn man darf manche Fische sogar anfassen. Highlights sind das Schildkrötenbecken, der Seepferdchentempel und natürlich die Haifische. Lustig geht es bei der Fütterung zu (tgl. 11, 11.30, 12, 15, 15.30, 16, 16.30 sowie Mo, Mi, Fr 12.30, Di, Do, Sa 14.30 Uhr). Das Aquarium ist übersichtlich nach geografischen Gebieten geordnet; zahlreiche Tafeln informieren anschaulich über das Leben in den Ozeanen. Zum Aquarium gehört auch eine Zuchtstation (Tel. 087 16 63 16 78, www.visitsealife.com, tgl. 10–19 Uhr, letzter Einlass 18 Uhr, Eintritt online ab 20 £).

Südlich der Themse

Sehenswert

1 Lambeth Palace
2 Florence Nightingale Museum
3 Imperial War Museum
4 County Hall mit London Dungeon und London Aquarium
5 London Eye
6 South Bank Centre
7 Gabriel's Wharf
8 Oxo Tower Wharf
9 Tate Modern
10 Globe Theatre
11 Clink Prison
12 Winchester Palace
13 Golden Hinde
14 Southwark Cathedral
15 The Shard
16 Old Operation Theatre & Herb Garret
17 London Bridge Experience
18 Fashion & Textile Museum
19 Hay's Galleria
20 HMS Belfast
21 Design Museum

Essen & Trinken

1 Mayflower
2 The George Inn
3 Anchor & Hope
4 Tas
5 Giraffe
6 M Manze
7 Konditor & Cook
8 Royal Oak
9 Market Porter
10 Maltby Street Market

London Eye 5

www.londoneye.com, Sept.–März 10–20.30, April–Juni 10–21, Juli–Aug. 10–21.30 Uhr, , z.T. bis 23.30 Uhr! Fahrpreis ab 20 £ online

London Eye ist für die Londoner zu einem festen Punkt in der Stadtlandschaft geworden. Mit 135 m zwar nicht das größte Riesenrad seiner Art in der Welt, ist das ›Millennium Wheel‹ dennoch eine beliebte Attraktion für Einheimische und Besucher zugleich. Der Ausblick von oben ist unvergleichlich, und an einem klaren Tag kann man bis zu 40 km weit sehen, wobei die 30-minütige Fahrt dann schnell vergeht. Es gibt 32 Gondeln für jeweils 25 Personen. Um lange Wartezeiten zu vermeiden, die Karten im Voraus für eine bestimmte Zeit buchen, besonders am Wochenende und in den Schulferien! Für ei-

Einkaufen

1 Borough Market
2 Riverside Walk Market
3 Bermondsey Market

Aktiv

1 The London Bicycle Tour Company

Abends & Nachts

1 Old Vic
2 Young Vic
3 Unicorn
4 BFI IMAX

lige Besucher gibt es allerdings auch einen ›Fast Track‹-Schalter.

Southbank

South Bank Centre 6

www.southbankcentre.co.uk
Das South Bank Centre umfasst die Royal Festival Hall, die Queen Elizabeth Hall und den Purcell-Saal. Außerdem befinden sich auf dem Gelände das National Theatre, das **National Film Theatre** und die Hayward Gallery (s. S. 264).

In der **Royal Festival Hall** – einem Betonklotz aus dem Jahr 1951 von Sir Leslie Martin – finden oft auch kostenlose Konzerte und Ausstellungen statt – beispielsweise alljährlich die World Press Photographic Exhibition. Vor und neben der Royal Festival Hall

Lieblingsort

Chillen am Southbank Centre 6

Ob Strandlandschaft im Sommer oder Glühweinstände im Winter, rund um das Southbank Centre ist immer etwas los. In mehreren Cafés und Bars oder im tollen **Roof Garden** der **Queen Elizabeth Hall** (s. S. 53, 261) kann man bei warmem Wetter herrlich entspannen und das wuselige Geschehen entlang der Themse beobachten. Das Gelände zwischen der Royal Festival Hall und dem National Theatre ist ein beliebter Treffpunkt für Londoner und Urlauber gleichermaßen.

Gigantisch: die Turbinenhalle der Tate Modern

locken kleine Ladenzeilen, wo man vor oder nach dem Konzertbesuch im Buch- und Musikgeschäft stöbern oder sich im Café erholen kann. Auch die vielen Holzbänke auf dem Vorplatz laden zum Verweilen ein. Von dort aus lässt sich das bunte Treiben entlang des Thames Walk prima beobachten. Beeindruckend an der rechten Seite der Konzerthalle ist die große Büste von Nelson Mandela (2007, Ian Walters).

Die **Hayward Gallery,** ein grauer, festungsähnlicher Kasten von 1968, ist eine der besten Galerien für alte und zeitgenössische Kunst in London (Mo 12–18, Di, Mi, Sa, So 11–19, Do, Fr 11–20 Uhr, Preise je nach Ausstellung variabel).

Das **National Theatre** hat drei verschiedene Bühnen und eine tolle, entspannte Atmosphäre. Oft sind die hier gezeigten Stücke so erfolgreich, dass sie in Theater im Westend abwandern.

Gabriel's Wharf und Oxo Tower Wharf

Jenseits der Waterloo Bridge laden in **Gabriel's Wharf** 7 kleine Kunsthandwerksgeschäfte zum Stöbern ein, es gibt einen Fahrradverleih, **The London Bicycle Tour Company** 1 (Verleih auch stundenweise), und ein paar Restaurants, die sich rund um den zum Fluss hin offenen Platz verteilen.

Southwark

Die Gegend zwischen Blackfriars Bridge und London Bridge gehört zu Southwark (ausgesprochen: ›sass-ark‹), die dem Fluss zugewandte Seite ist als Bankside bekannt. Jahrhundertelang befand sich hier das Vergnügungsviertel der Stadt. Der Bischof von Winchester, unter dessen Obhut das Gebiet stand, machte ein Vermögen, insbesondere mit Steuereinnahmen von den *stews* (Badehaus plus Bordell). Die Mädchen und Frauen, die hier arbeiteten, waren die ›Winchester Geese‹, und es gab sogar eine ›Maiden Lane‹. Da in der City of London keine Theater erlaubt waren – sie galten als Teufelsnester –, baute man sie in Bankside. Im Zweiten Weltkrieg stark zerstört und danach lange Jahre dem Verfall preisgegeben, ist Southwark heute ein sehr interessantes Gebiet, in dem es sich lohnt, mindestens einen halben Tag zu verbringen.

Die **Oxo Tower Wharf** 8, einst das Kraftwerk des Postamts, wurde von dem Brühwürfelhersteller OXO gekauft. Die Fenster des Turms sind so angeordnet, dass sie das Wort OXO bilden – so wurde das Verbot großer Werbeflächen umgangen. In dem Bau befinden sich Wohnungen, Designerläden, eine Galerie mit interessanten, oft sozialkritischen Ausstellungen (Di–So 11–18 Uhr) und im achten Stock das **Oxo Restaurant** samt Bar und Brasserie.

Auf dem Thames Path befindet sich der südliche Eingang zur Blackfriars Station, die – um Platz für längere Züge zu schaffen – mitten auf der Brücke liegt.

Tate Modern ! 9

Bankside, www.tate.org.uk, Tel. 020 78 87 88 88, So–Do 10–18, Fr/Sa 10–22 Uhr, 45-min. Führungen tgl. 11, 12, 14, 15 Uhr, Eintritt frei, Sonderausstellungen kostenpflichtig. Der ›Tate to Tate‹-Bootsservice führt vom Anleger zur Tate Britain

Die Schweizer Architekten Herzog und de Meuron gestalteten die Bankside Power Station, ein altes Kraftwerk, auf großartige Weise in die Tate Modern um. Im Mai 2000 eröffnet, zählte die Kunstgalerie am Ende des ersten Jahres bereits 5,2 Mio. Besucher. Gezeigt werden Werke vom ausgehenden 19. Jh. bis hin zu zeitgenössischer Kunst.

Ob man moderne Kunst mag oder nicht, die große Turbinenhalle sorgt bei fast jedem Besucher für einen ›Wow‹-Effekt. 160 m lang ▷ S. 268

Auf Entdeckungstour: Globe Theatre – ein Bühnenhaus wie zu Shakespeares Zeit

Das heutige Globe Theatre 10 wurde Mitte der 1990er-Jahre weitgehend originalgetreu rekonstruiert – fast 350 Jahre nachdem Shakespeares berühmtes Theater abbrannte. Eine informative Ausstellung und unterhaltsame Führungen durch das Gebäude machen Lust, sich eine der Aufführungen anzuschauen.

Zeit: inkl. Führung ca. 90 Min.

Planung: Box Office Tel. 020 74 01 99 19, Führungen Tel. 020 79 02 15 00, www.shakespearesglobe.com, U: London Bridge. Ausstellung tgl. 9–17.30 Uhr, Globe Tour tgl. 9.30–17 Uhr alle 30 Min. (außer 24./25.12. und während der Spielzeit im Sommer, bei Matineen Führungen bis mittags); Eintritt 13,50 £.

Start: Shakespeare's Globe Theatre, 21 New Globe Walk

Wer hat sich in der Schule nicht durch »Macbeth« oder »Hamlet«, im besten Fall durch den »Sommernachtstraum« quälen müssen? Und nun freiwillig einen ganzen Abend Shakespeare? Und dann auch noch im Stehen? Dass Shakespeare auch Spaß machen kann, beweisen die in der Regel ausgezeichneten Aufführungen im Shakespeare's Globe. Dargeboten werden natürlich Stücke von Shakespeare selbst, aber auch von seinen Zeitgenossen sowie moderne Werke. Die Aufführungen sind unterhaltsam, historisch authentisch und die Stücke meist ungekürzt.

Theatergeschichte – interaktiv

Wer sich das Theater außerhalb einer Aufführung anschauen möchte, wird zunächst in das hauseigene **Museum** geführt. Die interaktive Ausstellung informiert über das elisabethanische Theater, zeigt Erinnerungsstücke an berühmte Inszenierungen und dokumentiert den Kampf um die Rekonstruktion des Hauses. Besucher können u. a. die eigene Stimme beim Rezitieren von Shakespeare-Passagen aufnehmen. Dann geht es ins eigentliche Theater.

Wie Phönix aus der Asche

Das heutige Globe ist eine gelungene Rekonstruktion des alten Globe Theatre von 1599, in dem die meisten Shakespeare-Stücke ihre Premiere feierten. Rund 50 Jahre später fiel das Gebäude während einer Aufführung des Stückes »Henry VIII.« einem Feuer zum Opfer. Auf Initiative des amerikanischen Schauspielers Sam Wanamaker (1919–93) entstand 350 Jahre später, nicht weit vom ursprünglichen Standort, das neue Globe.

Die sachkundige Führerin erläutert, dass man sich bei der Rekonstruktion des 20-seitigen Theaterbaus so eng wie möglich an das Original hielt. Nur natürliches Licht und ein Minimum an Bühnenbild werden verwendet. Die Bühne ist aus Eichenholz gefertigt und mit allegorischen Bildern bemalt. Die Akustik ist so gut, dass die Schauspieler ohne Mikrofone auskommen. Ein Strohdach bedeckt nur Teile des Theaters, wie zu Shakespeares Zeiten gibt es vor der Bühne einen nicht überdachten Platz. Heute stehen den Gästen 600 Steh- und 900 Sitzplätze zur Verfügung – zu Shakespeares Zeiten drängten sich hier doppelt so viele Zuschauer.

Es geht auch zum wunderschönen **Groundling Gate,** dem Eingang für die Stehplätze von der Flussseite aus. Das Tor, von Kunstschmieden aus der ganzen Welt nach Plänen von Richard Quinnell angefertigt, zeigt Symbole aus den Dramen Shakespeares. Raten Sie mit: In welchem Stück kommt eine Maus vor, in welchem eine Schlange und in welchem sogar ein Stück Käse?

Eine großartige Bereicherung ist seit 2014 das **Sam Wanamaker Playhouse** neben dem Globe, die Rekonstruktion eines Theaters aus dem 17. Jh. Als Vorlage diente ein Renaissance-Theater in Blackfriars, das 1633 zerstört wurde.

Wiederentdeckt: das Theater des Schriftstellerkollegen Marlowe

Das benachbarte **Rose Theatre** (56 Park Street, Tel. 020 72 61 95 65, www.rosetheatre.org.uk, Open Day Sa 10–17 Uhr, Eintritt frei) war das Theater des Schriftstellers Christopher Marlowe (1564–93). Es war das erste Theater in Bankside und 1587 bis 1606 in Betrieb. Obwohl im Inneren einer Ausgrabungsstätte gleichend (zwei Drittel des ursprünglichen Baus sind schon ausgegraben), finden regelmäßig Vorführungen statt, allerdings ohne jegliche *mod-cons.*

und 35 m hoch, bietet sie ein fantastisches Forum für große Installationen (Wechselausstellungen). Die permanente Ausstellung zeigt internationale Kunst ab 1900 u. a. mit Werken von Matisse, Rothko, Giacometti und Pollock. Die Arbeiten sind verschiedenen Themenbereichen zugeordnet, z. B. »Poetry & Dream«, »Structure & Clarity«, »Tranformed Visions« etc.

Der Anbau hinter der Tate Modern mit einem elfstöckigen Turm soll 2016 fertig sein und wird mehr Ausstellungsfläche bieten. Ein bereits fertiggestellter Teil des Erweiterungsprojektes ist der Umbau von drei runden unterirdischen Öltanks. Im Juli 2012, rechtzeitig zur Olympiade, eröffnet, bieten sie Raum fur Live Performance Art, Video-Kunst und Installationen.

Millennium Bridge

www.londonmillenniumbridge.com

Gegenüber von Tate Modern führt die schöne, fast durchsichtig wirkende Millennium Bridge über die Themse. Die Brücke, ein Werk von Ove Arup, Sir Norman Foster und Bildhauer Sir Anthony Caro, ist seit 1900 die erste Fußgängerbrücke über die Themse. Sie verbindet St Paul's Cathedral mit der Tate Modern und dem wieder aufgebauten Globe Theatre. Der Start des markanten Flussübergangs war allerdings holprig – oder besser gesagt ›schwankend‹. Als am Einweihungstag, dem 10. Juni 2000, mehr als 80 000 Menschen die Millennium Bridge überquerten, bewegte sich die Brücke stärker als erwartet. Eine Schwankung von 70 mm reichte aus, um zu einer Schließung der Brücke – fortan Wobbly Bridge, ›Wackelbrücke‹, genannt – zu führen. Eineinhalb Jahre später, im Februar 2002, erfolgte die feierliche Wiedereröffnung und mittlerweile ist die Brücke ein fester Bestandteil des Londoner Stadtpanoramas.

Clink Prison Museum und Winchester Palace

1 Clink Street, www.clink.co.uk, Juli–Sept. 10–21, Okt.–Juni Mo–Fr 10–18, Sa, So 10–19.30 Uhr, Eintritt 7,50 £

Clink Prison 11 war vom 12. bis 16. Jh. das private Gefängnis der Bischöfe von Winchester. Prostituierte, Schauspieler und Betrunkene wurden hier eingesperrt und mussten für ihren ›Aufenthalt‹ und die ›Verpflegung‹ auch noch selber zahlen. Heute ist hier ein Museum untergebracht, das die Geschichte dieses Gefängnisses erzählt.

Vom ehemaligen **Winchester Palace** 12 (1109) sind bis auf eine Fensterrosette nur wenige Fragmente erhalten.

Golden Hinde 13

www.goldenhinde.com, tgl. 10–17.30 Uhr, Eintritt 6 £

Die Golden Hinde im St Mary Overie Dock ist die Rekonstruktion des Seglers, mit dem Sir Francis Drake zwischen 1577 und 1580 die Meere befuhr. Das Schiff wurde detailgetreu rekonstruiert, und selbst die ›Besatzung‹ ist der elisabethanischen Zeit entsprechend gekleidet.

Southwark Cathedral 14

London Bridge, http://cathedral.southwark.anglican.org, Mo–Fr 8–18, Sa u. So ab 8.30 Uhr, Eintritt frei

Eine erste Kirche stand hier wohl bereits im 7. Jh., erstmalig belegt wurde das Gotteshaus jedoch erst für 1086. Im Mittelalter Klosterkirche der Augustiner, wurde sie ab 1539 Gemeindekirche. Zunehmend vernachlässigt, musste im 19. Jh. viel erneuert werden, sodass die überwiegende Bausubstanz heute aus Viktorianischer Zeit stammt. Der Hochchor (1215–60) ist der älteste, vollständig erhaltene Teil der Kathedrale, das südliche Querschiff stammt aus dem

15. Jh. 1905 wurde die Kirche in den Rang einer Kathedrale erhoben. In einem modernen, von Nelson Mandela eingeweihten Anbau informiert eine **Ausstellung** über Southwarks Vergangenheit und Gegenwart. Im kleinen Kirchhof kann man ruhig sitzen und ein Päuschen einlegen.

Zwischen London Bridge und Tower Bridge

Eine imposante Bereicherung der Londoner Skyline ist Renzo Pianos 309 m hoher Bau **The Shard** 15 (www.theviewfromtheshard.com, April–Okt. 10–22, Nov–März So–Mi 10–19, Do–Sa 10–22 Uhr, Fahrt zur Aussichtsplattform 24,95 £) direkt neben dem Bahnhof London Bridge. Von oben bietet sich ein spektakulärer Rundumblick über London.

London Bridge war bis 1729 die einzige Verbindung auf die nördliche Flussseite, im Stadtteil **Borough** befanden sich Kutschenstationen und die entsprechenden Etablissements, um für das leibliche Wohl der Reisenden zu sorgen. An Cafés, Kneipen und Restaurants gibt es entlang der lebhaften High Street auch heute noch keinen Mangel. Der beliebte und immer volle **Borough Market** 1 besteht schon seit dem 13. Jh. (s. Mein Tipp, S. 269).

Charles-Dickens-Fans werden in dieser Gegend auf viele Schauplätze seiner Romane stoßen, so auf **The George Inn** 2 im St George Inn Yard, den einzigen erhaltenen Pub mit einer Galerie (und deshalb unter Denkmalschutz), sowie auf das St Saviour's Dock, Schauplatz Oliver Twists.

Old Operation Theatre & Herb Garret 16

9A St Thomas Street, www.thegarret.org.uk, tgl. 10.30–17 Uhr, 15. Dez.–5. Jan. geschl., Eintritt 6,40 £

Das Old Operation Theatre & Herb Garret ist ein liebenswertes und nicht nur für Fachleute interessantes Museum. Eingerichtet im Dachstuhl der St Thomas Church (1703), gelangt

Mein Tipp

Borough Market – ein Muss für Gourmets

Was für ein Geschiebe und Gedränge! Aber **Borough Market** 1 bietet solche Köstlichkeiten, dass man gerne die Menschenmassen hinnimmt. Schon seit geraumer Zeit gibt es Gerüchte, dass der seit dem 13. Jh. dokumentierte Markt geschlossen werden soll. Gar nicht auszudenken! Denn wo sonst gibt es gutes Brot, leckere Kuchen, Wurst- und Käsespezialitäten aus verschiedenen Ländern Europas, britisches Fleisch, Obst und Gemüse in Hülle und Fülle, Blumen und vieles andere so frisch? Die Markthallen sind von Donnerstag bis Samstag geöffnet, wobei es donnerstags ruhiger als an den übrigen Tagen zugeht. Auch die umliegenden Cafés und Kneipen laden zur Einkehr ein, so etwa der Pub **Market Porter** 9 (dort gibt es gutes Ale) oder das Café **Konditor & Cook** 7 (Borough Market: Borough High Street/Stoney Street, www.boroughmarket.org.uk, U: London Bridge, Mo–Di (nur Lunch) 10–17 Uhr, kompletter Markt Mi–Do 10–17, Fr 10–18, Sa 8–17 Uhr).

BAGEL STREET
CAKES & PASTRIES
SALADS
FRESH & HEALTHY
BAGEL STREET
BAGEL STREET
SALADS
BAGELS
COLD DRINKS
CAPPUCCINO
FRESH & HEALTHY

man über eine hölzerne Wendeltreppe zunächst in einen vollgestopften kleinen Souvenirladen. Von dort geht es auf den Dachboden, wo seit dem frühen 18. Jh. Heilkräuter aufbewahrt wurden, z. B. für »Heartease, used in love charms and for diseases of the heart« oder bei »mental vacancy«.

Im Operationssaal bekommt man eine lebendige Vorstellung davon, wie in früherer Zeit operiert wurde. Von den Zuschauerrängen aus konnten Medizinstudenten das blutige Geschehen beobachten. In Schaukästen sind diverse gruselige Gerätschaften aus der Frauenheilkunde und Geburtsmedizin zu sehen.

London Bridge Experience 17

2–4 Tooley Street, Tel. 020 74 03 63 33, http://thelondonbridgeexperience.com, U: London Bridge, Mo–Fr 10–17, Sa–So 9.30–18 Uhr, Eintritt ab 17 £ online

Untergebracht in den Gewölben der 1831 errichteten London Bridge, wird auf unterhaltsame Weise und mit viel Animation, Interaktion und Spezialeffekten die 2000-jährige Geschichte der Brücke dargestellt. Bei der zweigeteilten Tour trifft man zunächst Römer, Wikinger und ein Blumenmädchen, das auf der ursprünglichen Holzbrücke Lavendelsträußchen verkauft. Der zweite Teil führt in das gruseligste aller gruseligen Horrorkabinette, wo man in den stockfinsteren Katakomben allen möglichen Kreaturen begegnet. Bei Schulklassen besonders beliebt!

Abstecher in die Bermondsey Street

Die südlich gelegene Bermondsey Street hat sich in den letzten Jahren zu einer begehrten Wohnadresse entwickelt. Überhaupt wird die Gegend immer mehr zum Szeneviertel mit netten Läden, Bars und Gastro-Pubs. An der Kreuzung Tanner Street befindet sich das Fashion and Textile Museum.

Urbanes Leben unterhalb des ›Shard‹

Fashion and Textile Museum 18

83 Bermondsey Street, www.ftmlondon.org, Di–Sa 11–18 Uhr, Do i. d. R. bis 20, So 11–17 Uhr, Eintritt 8 £

Schon die Fassade in grellem Orange und Pink – den Farben der Designerin Zandra Rhodes – deutet darauf hin, dass es in diesem Gebäude um Mode geht. Das Museum organisiert jedoch nicht nur Ausstellungen aus den Bereichen Mode, Schmuck und Textildesign, sondern dient auch als Inspirationsquelle und Lernstätte für angehende Designer und Modeschöpfer.

Hay's Galleria 19

1 Battle Bridge Lane

Die Hay's Galleria, eine der vielen Dockland-Sanierungen der 1980er-Jahre, wurde mit einem riesigen Tunnelglasdach versehen und verbindet Tooley Street mit dem Flussufer. Die Hay's-Werft war einst ein wichtiger Umschlagplatz für Teeklipper und andere Frachtschiffe. In den schön restaurierten Werftgebäuden laden Geschäfte und Cafés zum Bummeln ein, im Innenhof steht die skurrile kinetische Skulptur »The Navigator«.

HMS Belfast 20

www.iwm.org.uk, tgl. März–Okt. 10–18, Nov.–Febr. 10–17 Uhr, Eintritt 16 £, Kinder unter 16 J. frei

Kurz vor der Tower Bridge liegt die HMS Belfast (1938) im Wasser. Das Kriegsschiff war 1943 beim Battle of the North Cape beteiligt. Ein Jahr später spielte der Kreuzer bei der Landung in der Normandie eine wichtige Rolle. Heute dient die mit großer Liebe zum Detail eingerichtete HMS Belfast als Museumsschiff. An Bord erhält man einen guten Eindruck von seinen gewaltigen Ausmaßen und vom Leben auf dem Schiff.

Etwas weiter Richtung Tower Bridge liegt die ›windschiefe‹ von Norman Foster entworfene **City Hall,** der Amtssitz des Bürgermeisters. **The Scoop,** ein multifunktionales Amphitheater mit eintrittfreien Veranstaltungen, und Grünanlagen laden zum Pausieren ein.

Design Museum 21

28 Shad Thames, http://designmuseum.org, tgl. 10–17.45 Uhr, Eintritt 11,85 £

Hinter Tower Bridge erstreckt sich **Butler's Wharf,** tadellos saniert und mit teuren Restaurants und Geschäften versehen. Nur wenige Schritte sind es von hier zum Design Museum. Wechselausstellungen widmen sich dem Industriedesign, sei es die Entwicklung des Turnschuhs oder der Zahnbürste. Im Obergeschoss darf man mit verschiedenen Computerprogrammen selbst kreativ tätig werden. Mit neuen Ideen für die eigene Wohnung im Kopf (oder im Museumsladen erstandenem Inspirationsmaterial) kann man sich im **Blue Print Café** stärken.

Folgt man dem Themseweg weiter Richtung Osten, kommt man nach **Rotherhithe,** wo einst die besten Schiffsbauer des Landes angesiedelt waren. Von hier aus setzten 1620 die Pilgrim Fathers die Segel ihrer Mayflower für die Fahrt in die neue Welt. Zur Einkehr lädt der alte und bei Touristen sehr beliebte Pub **Mayflower** 1 ein.

Essen & Trinken

Typisch Conran – **Blue Print Café:** im **Design Museum** 21, Shad Thames, Tel. 020 73 78 70 31, www.blueprintcafe.co.uk, U: London Bridge, Tower Hill, Mo–Sa 12–14.45, So 12–16, Mo–Sa 18–22.45 Uhr. Mit wunderbarem Blick auf die Themse kann man hier moderne europäische Küche genießen.

Stylish – **Oxo Tower Restaurant Bar & Brasserie** 8: s. S. 37.

Uralter Pub – **Mayflower** 1: 117 Rotherhithe Street, Tel. 020 72 37 40 88, http://themayflowerrotherhithe.com, U: Rotherhithe, Mo–Sa 11–23, So 12–22.30 Uhr. Im Sommer kann man herrlich draußen sitzen, im Winter gibt es offene Kaminfeuer, im Obergeschoss ein Restaurant.

Romanschauplatz – **The George Inn** 2: St George Inn Yard, Tel. 020 74 07 20 56, www.nationaltrust.org.uk, U: Borough, Mo–Sa 11–22, So 12–22.30 Uhr, Küche Mo–Sa 12–21, So bis 21 Uhr. In London der einzige erhaltene Pub mit einer Galerie und deshalb unter Denkmalschutz.

Rustikaler Gastro-Pub – **Anchor & Hope** 3: 36 The Cut, Tel. 020 79 28 98 98 (keine Reservierungen), nur für So-Lunch, www.anchorandhopepub.co.uk, U: Waterloo, Southwark, Mo 17–23, Di–Sa 12–23, So 12.30–17 Uhr, 2-Gänge-Lunch 15 £. Besonders vor und nach dem Theaterbesuch beliebter Gastro-Pub, stets gut besucht. Rustikale Einrichtung, gute Biere und Wein und leckere, moderne britische Küche (12–14.30, 18–22.30, So 12.30–15.15 Uhr).

Anatolisch – **Tas** 4: s. S. 40.

Familienfreundlich – **Giraffe** 5: Riverside, Royal Festival Hall, Belvedere Road, Tel. 020 70 42 69 00, www.giraffe.net, U: Embankment/Waterloo, Mo–Do 8–23, Fr 8–23.30, Sa 9–23.30 Uhr. Vor allem bei Familien beliebte, lizenzierte Brasserie, die nach dem Motto »global food and world music« sehr erfolgreich zahlreiche Zweigstellen betreibt.

Pie-Shop – **M Manze** 6: 87 Tower Bridge Road, Tel. 020 74 07 29 85, www.manze.co.uk, Bus: Nr. 1, 42 oder 188, Mo 11–14, Di–Do 10.30–14, Fr 10–14.30, Sa 10–14.45 Uhr, Gerichte ab 3 £. Manze ist der wahrscheinlich älteste Pie-Shop der Stadt (gegr. 1902) und mit Kacheln, Marmorflächen auf den Tischen und alten Holzbänken auch der schönste. Absoluter Renner ist *Pie and Mash,* ein traditionelles Arbeiteressen, das in London kaum noch angeboten wird: Hackfleisch in Blätterteig mit Kartoffelbrei und Petersiliensauce *(liquor)*; man bekommt aber auch, wie es sich hier gehört, eingelegten Aal.

Café unter deutscher Leitung – **Konditor & Cook** 7: s. S. 41.

Biere der Brauerei Harvey – **Royal Oak** 8: s. S. 42.

Gutes Ale – **Market Porter** 9: 9 Stoney Street, Tel. 020 74 07 24 95, www.markettaverns.co.uk, U: London Bridge, Mo–Fr 6–8.30, 11–23, Sa 12–23, So 12–22.30 Uhr. Traditioneller Pub, in den die Leute vom Borough-Markt und Touristen einkehren. Gute Bitter- und Ale-Sorten. Unten Lounge und Bar, oben Restaurant (Mo–Do 12–15, Fr–So 12–17 Uhr), Spezialität: Steak Ale & Mushroom Pie with Mash & Veg (12,70 £).

Kulinarischer Hochgenuss – **Maltby Street Market** 10: Straßenmarkt unter der Eisenbahnbrücke östlich von London Bridge, Sa 9–16, So 11–16 Uhr. Ob spanische *tapas,* jüdische Hühnersuppe oder auch frische Austern – alles ist mit viel Liebe präsentiert und macht einfach Spaß!

Einkaufen

Kulinarisches – **Borough Market** 1: s. Mein Tipp s. S. 269.

Bücher und Drucke – **Riverside Walk Market** 2: s. S. 44.

Kuriositäten und Antiquitäten – **Bermondsey Market** 3: s. S. 45.

Mein Tipp

Königlich spazieren gehen

Der baumbestandene Queen's Silver Jubilee Walk wurde, wie der Name schon sagt, anlässlich des silbernen Thronjubiläums der Königin angelegt. Der offizielle Wanderweg verbindet die Hauptattraktionen in Londons Zentrum und zeigt so die Vielfältigkeit der britischen Hauptstadt. Ein Abschnitt verläuft am Südufer der Themse. Der Weg lädt zu jeder Jahres- und Tageszeit zu einem Spaziergang ein. Es gibt interessante Skulpturen, oft Straßenmusik und einige Pubs. Bei Sonnenschein erstrahlt die Silhouette des nördlichen Flussufers in warmem Licht. Auch für Besucher, die London schon gut kennen, ist dieser Weg immer wieder schön, vor allem, weil kein Autoverkehr stört. Besondere Anziehungspunkte bilden das South Bank Centre mit seinen Kultureinrichtungen und die Tate Modern (Infos und Karten s. www.walklondon.com).

Aktiv

Radfahren – **The London Bicycle Tour Company** 1: s. S. 58.

Abends & Nachts

Kulturzentrum – **South Bank Centre** 6: s. S. 53.

Nicht nur Shakespeare – **Old Vic** 1: s. S. 52.

Wie zu Shakespeares Zeiten – **Globe Theatre** 10: s. S. 266.

Zeitgenössisch – **Young Vic** 2: s. S. 54.

Kinder- und Jugendtheater – **Unicorn** 3: s. S. 53.

IMAX – **BFI London** 4: s. S. 54.

Das Beste auf einen Blick

Stadtausflüge

Highlight!

Greenwich: Ob im fantastischen Maritime Museum oder im Royal Observatory – Geschichtsfanatiker kommen hier auf ihre Kosten. Aber nicht nur die: Greenwich ist ein beliebter Stadtteil mit eleganter Architektur, vielen kleinen Läden und Cafés sowie dem herrlichen Greenwich Park. S. 276

Auf Entdeckungstour

Ein Ausflug in die Docklands: Heute noch nichts vor? Dann nehmen Sie doch das Pendlerboot von Embankment zur Canary Wharf, erkunden die Isle of Dogs, besuchen das Museum of London Docklands 17 und spazieren dann in gut einer Stunde am Flussufer entlang zurück zur Tower Bridge. Unterwegs laden einige alte Pubs sowie ein ehemaliges Turbinenkraftwerk zur Einkehr ein. S. 282

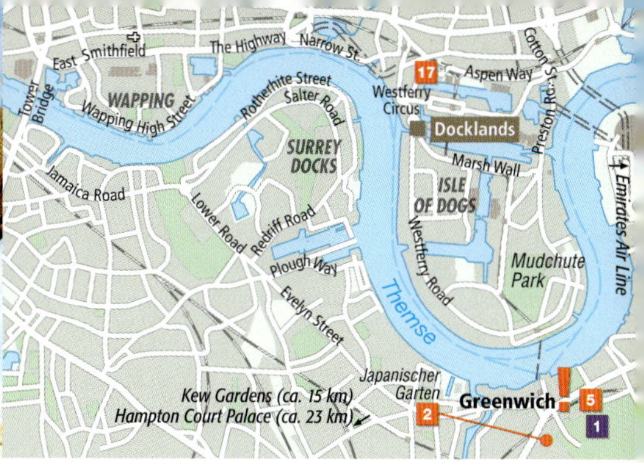

Kultur & Sehenswertes

Queen's House in Greenwich: Die 1616 nach Plänen von Inigo Jones erbaute palladianische Villa war ein Geschenk Charles I. an seine Gemahlin. 5 S. 278

Kew Gardens: Der botanische Garten gehört zu den schönsten und größten Gärten der Welt. Beeindruckend sind die beiden Gewächshäuser. S. 281

Hampton Court Palace: Der größte Palast aus der Tudorzeit in Großbritannien birgt eine überwältigende Fülle an Kunstschätzen. S. 287

Aktiv unterwegs

Spaziergang durch den Greenwich Park: Ein hübscher Weg führt auf einen Hügel, von dem sich ein herrlicher Blick über die Stadt bietet. 1 S. 280

Gondelfahrt über die Themse: Fly across the Thames! Die *cable cars* von Emirates Air Line machen es möglich. S. 281

Genießen & Atmosphäre

Tea-Time: In der Orangerie des Fan Museums in Greenwich wird Tee serviert. 2 S. 276

Fußmüde im Botanischen Garten? Nehmen Sie in Kew Gardens einfach den Explorer Train, der Sie bequem zu den verschiedenen Highlights fährt – während der Fahrt können Sie die herrliche Parkanlage entspannt genießen. S. 286

Abends & Nachts

Greenwich wie Kew bieten sich in erster Linie für einen gemütlichen Tagesausflug an – abendliche Unterhaltung findet man weitaus besser in anderen Stadtteilen Londons.

Greenwich (ausgesprochen: ›gränitsch‹) steht für maritime Geschichte, die Berechnung der Zeit und wunderbare georgianische Architektur. Teile des historischen Bauensembles wurden zum Welterbe erklärt. Der angrenzende **Greenwich Park** wurde von André Le Nôtre, der auch Teile des Versailler Palastgartens für Louis XIV. gestaltete, angelegt. Er ist einer der schönsten Parks in London mit einem Café, einem Rosengarten und großen Rasenflächen, die zum Picknicken einladen. Gegenüber von Greenwich liegt die **Isle of Dogs** mit ihrem ultramodernen Finanzzentrum in **Canary Wharf** (s. Entdeckungstour S. 282).

Ein weiteres stadtnahes Ausflugsziel sind die **Kew Gardens,** die einen herrlichen Tag im Grünen ermöglichen – am schönsten ist es hier im Frühling. Einziger Wermutstropfen: Kew liegt an der Einflugschneise von Heathrow Airport. Noch weiter stadtauswärts liegt inmitten wunderschöner Parkanlagen die großartige Tudor-Residenz **Hampton Court Palace.**

Infobox

Reisekarte: ▶ Karte 5

Anfahrt

Greenwich erreicht man am schnellsten mit der Bahn von London Bridge (Haltestelle: Greenwich; alle 15–30 Min.) oder mit der DLR (Stopp: Cutty Sark). Alternativen: Fahren Sie mit der DLR nach Island Garden (Isle of Dogs) und laufen dann durch den Fußgängertunnel unter der Themse hindurch nach Greenwich. Nach **Kew Gardens** gelangt man mit der U-Bahn (U: Kew Gardens), zu den **Docklands** kommt man mit der DLR oder U-Bahn (Haltestelle: Canary Wharf). **Hampton Court Palace** erreicht man per Zug.

Mit dem Boot zum Ziel

Greenwich und Docklands erreichen Sie auch mit **Wasserbussen** (s. S. 24), nach Kew Gardens und Hampton Court fahren im Sommer **Ausflugsschiffe** (s. S. 27).

Touristeninformation Greenwich

Greenwich TIC, Pepys House, 2 Cutty Sark Gardens, www.greenwich.gov.uk, tgl. 10–17 Uhr. Direkt nebenan informiert ›Discover Greenwich‹ anschaulich über die Geschichte des Ortes.

Greenwich ! ▶ Karte 5, D 3

Cutty Sark 1

Tel. 020 83 12 66 08, www.rmg.co.uk, tgl. 10–17 Uhr, Eintritt 12 £

Der letzte erhaltene Tee- und Wollklipper – erbaut im Jahr 1869 – war auch eines der schnellsten Schiffe der Welt. Je eher der Tee aus China nach England kam, umso frischer war er und umso teurer konnte er verkauft werden. Nach Abschluss umfassender Restaurierungsarbeiten mit Kosten in zweistelliger Millionenhöhe können die Besucher den Dreimaster seit 2012 auch von unten bestaunen.

Fan Museum 2

www.thefanmuseum.org.uk, Di–Sa 11–17, So 12–17 Uhr, Eintritt 4 £

Das Fan Museum ist überraschend interessant. Es ist das einzige Museum der Welt, das sich der Herstellung, Bewahrung und Präsentation von Handfächern widmet. Die Sammlung verfügt über 4000 Fächer aus der ganzen Welt, die bis ins 11. Jh. zurückgehen. In der **Orangerie** wird Tee serviert: Di u. So (13.45–15.45 Reserv. empfohlen) sowie Fr u. Sa 12.30–16.30 Uhr (ohne Reserv.).

National Maritime Museum 3

www.rmg.co.uk, tgl. 10–17, Sammy Ofer Wing Do bis 20 Uhr, Eintritt frei

Selbst wenn man sich nicht unbedingt für maritime Geschichte interessiert, sollte man dem größten maritimen Museum der Welt unbedingt einen Besuch abstatten! Es zeigt sowohl traditionelle Ausstellungen als auch zahlreiche interaktive Präsentationen. Über zwei Stockwerke verteilen sich zwanzig thematisch gegliederte Abteilungen, u. a. zu den Themen Pioniere der Seefahrt, Luxusliner, Uniformen, die Ozeane der Welt, Großbritannien als Seemacht, das maritime London. Außerdem gibt es hier die weltweit größte Sammlung maritimer Malerei zu bewundern. Kinder können lernen, wie man Morsezeichen schickt oder ein Langboot der Wikinger navigiert. Ein Prachtstück des Museums ist die Goldene Barkasse, die 1732 für Frederik, Prinz von Wales, gebaut wurde.

Old Royal Naval College 4

www.ornc.org, tgl. 10–17 Uhr, Eintritt frei

Das Old Royal Naval College wurde ab 1696 nach Plänen Christopher Wrens ursprünglich als königliches Krankenhaus für Seefahrer gebaut. Es besteht aus zwei Gebäuden, zwischen denen sich von Queen's House ein schöner Blick auf die Themse auftut. 1873 zog das Naval College in die Gebäude, seit 1998 beherbergen sie die University of Greenwich und die Musikabteilung des Trinity Laban Conservatoire of Music and Contemporary Dance. Die Kapelle

(1742) und die Painted Hall mit einem ausgezeichneten Deckengemälde können besichtigt werden.

Die prachtvolle **Painted Hall** im King William Building ist fast vollständig bemalt und wurde zwischen 1708 und 1725 fertiggestellt. Der Künstler war James Thornhill, der auch die Kuppel der St Paul's Cathedral ausmalte. Das Deckengemälde in der Haupthalle hat den Triumph des Friedens und der Freiheit über die Tyrannei als Thema. Ein großer Spiegel erleichtert die Betrachtung der Decke.

In der oberen Halle ist George I. mit seiner Familie an der Westwand dargestellt. In der rechten Ecke unten steht Thornhill selbst und weist mit offener Hand auf sein Gemälde, oft dahin gehend interpretiert, dass Thornhill sich über ein bisschen Geld freuen würde, denn angeblich war der Lohn für seine Gemälde äußerst mager. Die **Kapelle** im Queen Mary Building wurde 1752 nach Plänen von Christopher Wren gestaltet, doch nach einem Feuer in den 1780er-Jahren verändert. Der schöne helle Raum hat eine ausgezeichnete Akustik – wenn man Glück hat, üben vielleicht gerade die Musikstudenten des Trinity College hier. Wertvoll ist die Orgel des berühmten Orgelbauers Samuel Green von 1787.

Tipps für den Greenwich-Besuch
Für die Besichtigung von Greenwich sollte man einen ganzen Tag einplanen, insbesondere dann, wenn man sich noch die **Thames Flood Barriers** anschauen möchte. Schön ist es, mit dem Boot zum **Greenwich Pier** zu fahren. Wer kein Freund von Menschenmassen ist, begibt sich am besten sofort in den **Greenwich Park** oder kommt unter der Woche hierher.

Queen's House 5

www.rmg.co.uk, tgl. 10–17 Uhr, Eintritt frei

Das Queen's House an der Ostseite des National Maritime Museum und mit diesem durch eine Kolonnadenreihe verbunden wurde 1616 nach Plänen von Inigo Jones gebaut. Der Baumeister war gerade aus Italien zurückgekehrt und baute das Queen's House als attraktive palladianische Villa. Fertiggestellt wurde das Gebäude allerdings erst 1638, nachdem Charles I. es seiner Frau Henrietta Maria geschenkt hatte. Sie nannten es ihr »House of Delight« und füllten es mit zahlreichen Kunstgegenständen.

Innen beeindruckt die mit einer Galerie im ersten Stock versehene große Halle, von der die übrigen Räume abgehen. Wunderschön ist der Fußboden mit einem raffinierten Muster aus schwarzem und weißem Marmor, ebenso wie die Tulip Stair mit Tulpenmotiven am Geländer. Als Teil des National Maritime Museum beherbergt Queen's House kostbare Gemälde.

Royal Observatory und Flamsteed House 6

ww.rmg.co.uk, tgl. 10–17 Uhr, Eintritt: Royal Observatory 7 £, Planetarium 6,50£, Big Ticket (mit Cutty Sark 16,80 £)

Ein schöner Weg führt durch den Park nach oben auf den Hügel, wo man mit einem herrlichen Blick über die Stadt belohnt wird. Hier steht das Flamsteed House, in dem sich bis 1948 das Royal Observatory befand. Ein beliebtes Fotomotiv ist der sogenannte Zeitball auf dem Dach des Gebäudes, der hier seit 1833 jeweils um 12.58 Uhr einen Mast ›hinaufklettert‹ und präzise um 13 Uhr runterfällt. Schiffe auf der Themse konnten mit Hilfe des leuchtend roten Balles ihre Uhren stellen.

Flaschenschiff vor dem National Maritime Museum

Das Royal Observatory ist die älteste wissenschaftliche Institution Großbritanniens. Charles II. war es leid, dass viele Schiffe verloren gingen, weil sie ihre Ost-West-Koordinaten nicht bestimmen konnten. 1675 ließ er das Observatorium bauen, um durch die Beobachtung der Sterne eine Methode der akkuraten Navigation zu finden. Als erster königlicher Astronom machte John Flamsteed (1646–1719) hier seine Beobachtungen und Berechnungen.

Es war schließlich jedoch der Uhrmacher John Harrison aus Yorkshire, der das Problem der Längengrade klärte, indem er eine Uhr baute, die allen Temperaturschwankungen und sonstigen Strapazen standhielt. Seefahrer konnten die Uhr auf ihren Fahrten mitnehmen und fortan akkurat ihre Position berechnen. Heute ist im Observatorium ein interessantes **Museum** untergebracht. Es dokumentiert die Ursprünge der Astronomie und die Geschichte der Zeitberechnung von Sonnenuhren bis hin zur atomaren Uhr, erklärt die bemerkenswerte Suche nach Längengraden und zeigt John Harrisons erste Uhr. Das »Time and Space Project« bietet zusätzliche Ausstellungshallen und ein ultramodernes Planetarium, in dem man den Nachthimmel entdecken kann.

Greenwich ist natürlich vor allem bekannt als ›Heimstatt‹ der Greenwich Mean Time und des Nullmeridians. Bereits in der Mitte des 19. Jh. beschloss man, ein international einheitliches Zeitsystem einzuführen, doch erst 1884 wurde die »Greenwich Mean Time« weltweit anerkannt: Der hier durchlaufende Meridian wurde zum Nullmeridian bestimmt, gekennzeichnet durch einen roten Streifen vor dem Haus, und bestimmte bis 1928 die Weltzeit. Ein ebenfalls beliebtes Fotomotiv besteht darin, sich direkt über die rote Linie zu stellen – mit einem Fuß in der einen Hemisphäre, mit dem zweiten Fuß in der anderen Hemisphäre.

Wernher Collection – Ranger's House 7

www.english-heritage.org.uk, April–Sept. und Bank Holidays So–Mi mit 90-minütiger Führung 11 u. 14 Uhr, Eintritt 6,90 £

Vorbei an der schönen Skulptur von Henry Moore, »Knife Edge«, gelangt man zum Ranger's House. 1700 errichtet, diente es später den Park Rangern. Heute beherbergt es die kostbare Wernher Collection mit Ausstellungsobjekten vom 3. Jh. v. Chr. bis ins 18. Jh.: französische Möbel, Silber, Gemälde, Porzellan, vor allem aber die größte private Schmucksammlung aus der Renaissance in Großbritannien. Vor dem Haus kann man im Rosengarten 131 verschiedene Rosenarten bewundern.

Mein Tipp

Stadtnah Erholung finden

Spazieren gehen, joggen, Drachen steigen lassen? Der weitläufige **Greenwich Park** 1 – einst königlicher Jagdgrund – lädt dazu ein. Ein hübscher Weg führt auf einen Hügel, wo man mit herrlichen Blicken über die Stadt belohnt wird. Nähere Infos und einen Plan zum Downloaden findet man auf www.royalparks.org.uk/parks/greenwich-park.

O2 Arena 8

www.theo2.co.uk

Die O2 Arena, den meisten eher als »Millennium Dome« bekannt, ist so groß, dass – wie ein schlauer Mensch berechnet hat – die Säule Nelsons darin stehen und der Eiffelturm hineingelegt werden könnte. Die Geschichte des ›Doms‹ in North Greenwich ist von Streitigkeiten und Schuldzuweisungen geprägt. Als Millennium-Projekt geplant, sollte der Dome, nach Plänen von Stararchitekt Richard Rogers an einer der vernachlässigsten Ecken Londons erbaut, zur größten Attraktion des dritten Jahrtausends werden. 758 Mio. £ kostete das Unternehmen – und war genau ein Jahr lang in Betrieb, denn nur die Hälfte der erwarteten Besucher kam. Auch als die Veranstaltungshalle leer stand, kostete sie Unsummen an Unterhalt, die zu einem großen Teil aus Steuergeldern stammten. Doch nach einem Besitzer- und Namenswechsel scheint die O2 Arena ein voller Erfolg zu sein.

Die große Arena fasst 20 000 Zuschauer, daneben gibt es kleinere Hallen und zahlreiche Bars, Restaurants und elf Kinoleinwände! Verkehrstechnisch ist Europas größter Unterhaltungskomplex bestens angebunden. Die U-Bahn-Station North Greenwich ist direkt vor der Tür, es gibt zahlreiche Busse dorthin, aber am schönsten ist die Anfahrt mit dem Thames Clipper (20 Min. von London Bridge Pier).

Thames Barrier Information Centre 9

Tel. 020 83 05 41 88, Do–So 10.30–16.30 Uhr (letzter Einlass), Eintritt 3,75 £

Der Damm zwischen Greenwich und Woolwich wurde 1982 fertiggestellt und besteht aus elf beweglichen Toren. Als ›achtes Weltwunder‹ bezeichnet, schützt er London vor den verheerenden Fluten, die die Stadt immer wieder heimgesucht haben. In römischer Zeit war die Themse rund 800 m breit, heute sind es 250 m – der Wasserspiegel steigt jedoch alle 100 Jahre um 75 cm. 1953 starben 300 Menschen, als die Themse über die Ufer trat.

Die riesengroßen beweglichen Tore sind durch neun Betonpfähle miteinander verbunden. Die silbernen, an das Opernhaus in Sydney erinnernden ›Dächer‹ beherbergen die Mechanik, um die Tore zu heben oder zu senken. Im Thames Barrier Information Centre informiert eine Ausstellung über Geschichte, Arbeitsweise und Bedeutung der Thames Barrier.

Den besten Blick hat man von der Nordseite der Themse im **Thames Barrier Park** 10 (www.thamesbarrierpark.org.uk, DLR: Pontoon Dock).

Essen & Trinken

Meantime Brewing Company – **The Greenwich Union** 1: 56 Royal Hill, Tel. 020 86 92 62 58, www.greenwichunion.com, DLR: Greenwich. Hier gibt es die interessanten Biere der Meantime Brewing Company: Ale, Porter, aber auch helles deutsches Bier sowie aromatisierte Biere (z. B. Kaffeebier). Gutes Bar Food (z. B. Sunday Roast um 15 £) und gemütlicher Biergarten.

Nelson's Bitter – **Trafalgar Tavern** 2: 6 Park Row, Tel. 020 88 58 29 09, www.trafalgartavern.co.uk, DLR: Greenwich. Großer historischer Pub mit Restaurant direkt neben dem Old Royal Naval College (heute Universität) an der Themse. Ein offenes Feuer im Winter, im Sommer die Terrasse am Fluss locken vor allem studentisches Publikum und Urlauber an.

Mein Tipp

Fly across the Thames!

Emirates Air Line macht es mit seinen *cable cars* (Gondeln) möglich. Bei einer Gondelfahrt über die Themse breitet sich die ganze Stadt unter einem aus. Ein tolles Vergnügen! Von der O2 Arena gelangt man in nur 5 Min. zum Emirates Terminal. Der Weg ist gut ausgeschildert (Mo–Fr 7–20, Sa 8–20, So 9–20, April–Sept. jeweils bis 21 Uhr, Fahrtdauer 10 Min., einfache Fahrt 4,50, Kinder 2,30, mit Oyster 3,40/1,70 £. Infos: www.emiratesairline.co.uk).

Einkaufen

Antiquitäten – **Greenwich Market** 1: College Approach, www.greenwichmarket.net, DLR: Cutty Sark, Do–Sa 10–17.30 Uhr. Viele Geschäfte u. Lokale sind tgl. geöffnet.

Kew Gardens ▶ Karte 5, C 3

www.kew.org, tgl. 9.30–17.30, April–Aug. 10–18.30, Sa/So bis 19.30, im Winter bis 15.45 Uhr (letzter Einlass jew. 30 Min. vorher), Eintritt 15 £

The Royal Botanic Gardens in Kew beherbergen eine der umfangreichsten botanischen Sammlungen der Welt und ist seit Beginn ein wichtiges hortikulturelles Forschungszentrum. Auf 121 ha sind rund 40 000 Pflanzenarten zu sehen, von denen einige in freier Natur bereits ausgestorben sind. Das sind etwa ein Zehntel aller in der Natur vorkommenden Pflanzen. ▷ S. 286

Auf Entdeckungstour:
Ein Ausflug in die Docklands

Heute noch nichts vor? Dann nehmen Sie doch das Pendlerboot von Embankment zur Canary Wharf, erkunden die Isle of Dogs, besuchen das lohnenswerte Dockland Museum und spazieren dann in gut 60 Minuten am Flussufer entlang zurück zur Tower Bridge. Unterwegs laden einige alte Pubs zur Einkehr ein.

Reisekarte: Karte 5, D 2/3

Für wen: Für alle, die sich für die maritime Geschichte Londons und für moderne Architektur interessieren oder nur ›off the beaten track‹ dem Stadtzentrum entfliehen möchten.

Zeit: Ein halber bis ganzer Tag

Planung: Die Pendlerboote von Thames Clippers fahren ca. alle 30 Min. ab der Innenstadt Richtung Docklands (www.thamesclippers.com), alternativ kann man die Docklands Light Railway (DLR) bis Canary Wharf nehmen.

Start: Bootshaltestelle Embankment (weitere Stopps gibt es in Blackfriars, London Bridge und St Katherine's Docks)

Die Docklands – eine Geschichte des Ab- und Aufschwungs

Die Docklands erstrecken sich östlich der Tower Bridge bis über die Isle of Dogs hinaus und umfassen rund 12 km². Einst war London der größte Hafen der Welt und Handelsschiffe aller Herren Länder löschten hier ihre Waren, beispielsweise Rum, Holz, Elfenbein, Kaffee, Kakao, Wolle, Zucker und Gummi. Parallel zur Ausdehnung des British Empire wurde der Schiffsverkehr auf der Themse intensiviert und zwischen 1802 und 1921 entstanden zehn neue Docks.

Nach den heftigen Bombardements während des Zweiten Weltkriegs – London wurde 57 Nächte lang bombardiert – erlebten die Werften nach ihrem Wiederaufbau in den 1950er-Jahren einen erneuten wirtschaftlichen Aufschwung. Doch der Zerfall des Empire, Arbeiterunruhen sowie die Einführung von tief im Wasser liegenden Containerschiffen brachten das Ende der Londoner Docks; 1984 musste die letzte Werft ihre Tore schließen.

1981 wurde die Docklands Development Corporation (LDDC) gegründet: Sie erhielt den Auftrag, das Gebiet durch Büros, Wohnraum und attraktive Wirtschaftszentren zu neuem Leben zu erwecken. In den 1990er-Jahren waren viele Gebäude fertiggestellt, doch sie wurden viel zu teuer angeboten und standen daher zunächst leer. Die Planung hatte an reiche Investoren gedacht, nicht aber an die im Osten Londons lebende Bevölkerung. Das enorme städtebauliche Dockland-Projekt drohte zu scheitern.

Doch mittlerweile hat sich das Blatt offenbar gewendet, denn heute kommen immerhin täglich 90 000 Pendler hierher zur Arbeit. Die Docklands Light Railway (DLR), die U-Bahn-Linie Jubilee sowie die regelmäßig verkehrenden Pendlerboote zur Canary Wharf machen diesen Teil Londons leicht zugänglich.

Auf die ›Hunde-Insel‹

Die **Isle of Dogs** – möglicherweise hielt Heinrich VIII. hier seine Jagdhunde, daher der Name – steht für das ultramoderne Finanzzentrum in **Canary Wharf**, dessen Wolkenkratzer schon von Weitem sichtbar sind. Das von Cesar Pelli entworfene, 235 m hohe **Canary-Wharf-Gebäude** 11, 1991 eingeweiht, war bis zur Fertigstellung von The Shard (s. S. 269) das höchste Gebäude in Großbritannien. Weitere ›Riesen‹ sind die Citigroup- und die HSBC-Türme. Die Bautätigkeit ist aber bei Weitem noch nicht abgeschlossen.

Am Wochenende vollkommen ausgestorben, herrscht unter der Woche ein eiliges Gewusel der ›Nadelstreifen‹, vor allem rund um die von Sir Norman Foster entworfene **Canary-Wharf-U-Bahn-Station** 12 aus Glas und Stahl.

Nur ein paar Stationen weiter mit der DLR gelangt man nach **Island Gardens** 13 ganz am südlichen Zipfel der Isle of Dogs. Von dort hat man einen schönen Blick über die Themse hinüber nach Greenwich. Der über hundert Jahre alte Fußgängertunnel führt unter dem Fluss auf die Südseite. Die Unterführung wurde 1902 erbaut und ist rund um die Uhr geöffnet. Etwa hundert Stufen müssen an beiden Enden bewältigt werden – oder man nimmt den bequemen Fahrstuhl (i. d. R. Mo–Sa 7–19, So 10–17.30 Uhr).

Moderne Architektur braucht moderne Kunst

Nicht zu übersehen sind die erfolgreichen Bemühungen, das Gebiet der Docklands ansprechend zu gestalten. So sind z. B. die Brücken zwischen den einzelnen Kais sehr kunstvoll ausgeführt, es gibt hübsche Grünflächen und Blumenarrangements, und allerorten sieht man interessante Skulpturen.

Das schöne schmiedeeiserne **Tor am Westferry Circus** 14 stammt von Giuseppe Lund, der auch das Queen Mother Gate in Hyde Park Corner gefertigt hat. **»Windwand«** 15, eine 50 m hohe rote Skulptur, die sich leicht im Wind hin- und herbewegt, und **»Big Blue«** 16 am Canada Park Square – eine riesige blaue Wasserfläche, die wie ein glänzender Saphir aussieht – sind Arbeiten des bekannten Möbeldesigners Ron Arad.

Ein Erlebnis ganz anderer Art bietet – für Frühaufsteher – ein Besuch im **Billingsgate Fishmarket** 17 (www.billingsgatefishmarket.org, Di–Sa 4–9.30 Uhr), einst der größte Fischmarkt der Welt und seit den 1980er-Jahren auf der Isle of Dogs: beeindruckend die Vielfalt an Fischen und Meeresgetier aus aller Welt ebenso wie die schrulligen Fischhändler.

Fluss- und Hafengeschichte

Unbedingt einen Besuch wert ist das geschickt aufbereitete **Museum of London Docklands** 18. Untergebracht in einem schön restaurierten Lagerhaus am West India Quay, dokumentiert es die Geschichte von Fluss, Hafen und den Bewohnern von der römischen Zeit bis heute. Anhand von Schautafeln, unzähligen Exponaten, Gemälden, Fotos, lebensgroßen Modellen, z. B. der Nachbildung einer kleinen Gasse am Fluss, sowie zahlreichen ›Hands-on‹-Aktivitäten werden die Themen Entwicklung des Handels auf der Themse, London als Welthafen und als Warenhaus der Welt, die Arbeit auf den Werften, die Zeit der Weltkriege sowie die neueste Entwicklung der Docklands lebendig gemacht. Besonders interessant sind die Berichte von Zeitzeugen während des »Blitz«. Eine weitere Abteilung beschäftigt sich mit dem Sklavenhandel

und dem Zuckerimport (Tel. 020 70 01 98 44, www.museumoflondon.org.uk, tgl. 10–18 Uhr, Eintritt frei).

Vom berüchtigten Hafengebiet zum Nobelquartier

Vom Museum geht es weitgehend am Fluss entlang in westliche Richtung zurück zur Stadt. Zuerst erreicht man **Limehouse,** einst ein wichtiges Zentrum für den Schiffbau; im gleichnamigen Basin endet der Regent's Canal (s. auch Entdeckungstour S. 236). Im späten 19. Jh. ließen sich hier einige hundert Chinesen nieder, woran Straßennamen wie Mandarin Street oder Canton Street erinnern. Auch war Limehouse für seine Spiel- und Opiumhöhlen berüchtigt. Aus dem einst verfallenen Hafenbecken ist ein Jachthafen entstanden mit luxuriösen Apartmentblocks ringsherum.

In Limehouse bieten sich mehrere Einkehrmöglichkeiten an, so etwa **The Grapes** 3 (www.thegrapes.co.uk) in 76 Narrow Street, eine Kombination aus gemütlichem Pub und Fischrestaurant. Vor allem im Winter ist es schön, sich dort nach einem langen Spaziergang am Kaminfeuer aufzuwärmen (Tel. 020 79 87 43 96, Mo–Mi 12–15, 17.30–23, Do–Sa 12–23, So 12–22.30 Uhr, Hauptgerichte um 18 £). Nur wenige Häuser weiter liegt der Gastro-Pub **The Narrow** 4 des Starkochs Gordon Ramsay. Besonders schön sitzt man auf der Terrasse direkt an der Themse (44 Narrow Street, Tel. 020 75 92 79 50, www.gordonramsay.com, Bar Mo–Sa 12–23, So 12–22.30 Uhr.

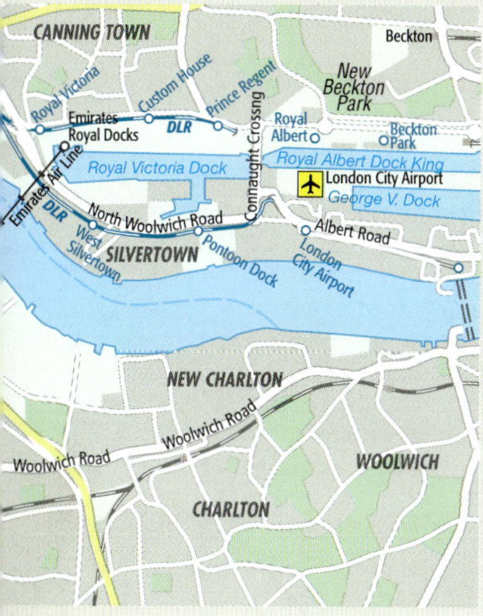

Pubs und Musikhallen

Am Themse Path entlang geht es weiter nach **Wapping,** wo ebenfalls mehrere Pubs zu einem Päuschen einladen. **Prospect of Whitby** 5 ist ein uralter Pub mit hübscher Terrasse am Fluss (57 Wapping Wall, Tel. 020 74 81 10 95). Beliebt ist auch der Pub **Town of Ramsgate** 6 (62 Wapping High Street, Tel. 020 74 81 80 00). Das schmale, lang gezogene Lokal liegt neben den **Wapping Old Stairs.** Die Treppen führen ans Themseufer, wo Fischer aus Ramsgate in Kent einst ihre Waren feilboten. Auch der berüchtigte **Execution Dock,** wo die Verurteilten ertränkt wurden, befand sich hier.

Im nun bald erreichten **St Katherine's Dock** fand bereits in den frühen 1970er-Jahren die erste städteplanerische Verwandlung statt. Es gibt einen noblen Jachthafen, Restaurants und ein Hotel. Von St. Katherine's Dock aus sind es nur noch wenige Gehminuten zum Tower of London.

Ein Abstecher führt zu **Wilton's** 1 (1 Graces Alley, Cable Street, Tel. 020 77 02 27 89, www.wiltons.org.uk), wo man den Nachmittag in der gemütlichen **Mahogany Bar** (Mo–Fr 12–23, Sa 17–23 Uhr) ausklingen lassen oder in der ältesten erhaltenen Musikhalle der Welt ein tolles Kabaret, Tanz oder Theater genießen kann.

Meisterwerk viktorianischer Bautechnik: das Palmenhaus in Kew Gardens

Princess Augusta legte 1759 den ersten botanischen Garten in Kew an. Einige der frühesten Pflanzen brachte Captain Cook von seinen Seefahrten mit. Später kamen Arten aus der ganzen Welt hinzu, denn Kew Gardens diente vor allem britischen Kolonialideen: Alle bekannten Pflanzen der Erde sollten dort wachsen und von hier aus an den jeweils besten Ort in der Welt geschafft werden, und zwar dort, wo sie am meisten Nutzen abwerfen würden, z. B. Tabaksamen nach Afrika, Korkeichen nach Indien. Nutzpflanzen sollten alle ›nutzlosen‹ Pflanzen ersetzen. Heute hingegen geht es nicht mehr um Machtentfaltung, sondern darum, die Pflanzen zu wahren und schützen. Im Herbarium werden rund 7 Mio. getrocknete Pflanzen verwahrt, und Kew Gardens kann sich zudem der weltweit größten Orchideensammlung rühmen.

Kew war jedoch nicht nur Forschungsstätte, sondern diente auch als Erholungs- und Lustgarten. Der berühmte Landschaftsgärtner Capability Brown verwirklichte hier seine Ideen eines englischen Landschaftsgartens. 1840 machte Queen Victoria Kew Gardens als Staatspark der Öffentlichkeit zugänglich.

Rundgang

Der Kew Explorer Mini-Train (Erw. 4,50 £, erm. 1,50 £, Abfahrt vom Victoria Gate) fährt zu den Highlights des Gartens, Ein- u. Ausstieg nach Bedarf

Das berühmte **Palmenhaus** von 1848 wird mit seinen 16 000 Glasscheiben als Meisterwerk viktorianischer Bautechnik bezeichnet. Es gilt als das wichtigste Eisen- und Glasgebäude der Viktorianischen Zeit. Zu sehen sind tropische Pflanzen, Palmen, Mango- und Feigenbäume und duftende Hibisken. Im **Evolution House** wird die Entwicklung der ältesten Pflanzen dokumentiert: blubbernder Schlamm, Bakterien, Algen, Moose, Farne bis hin zu Nadelbäumen und blühenden

Pflanzen. Das **Princess of Wales Conservatory** zeigt Pflanzen aus zehn Zeitzonen, z. B. die ›lebendigen Steine‹ (Lithops) aus Namibia.

Unbedingt lohnt sich ein Besuch der **Marianne North Gallery.** 1871–85 bereiste die bemerkenswerte Dame die Länder dieser Welt und hielt in bunten Farben deren Pflanzenwelt fest. Diese Bilder schmücken nun dicht an dicht die Wände. Interessant ist auch die **Shirley Sherwood Gallery of Botanical Art**, weltweit die erste Galerie, die sich botanischer Kunst widmet.

Publikumshit ist der **Xstrata Treetop Walkway:** Auf einem 18 m hohen Laufgang kann man die Bäume von oben betrachten.

Auch der Stadtteil Kew selbst ist sehr grün, mit viel altem Baumbestand und dörflichem Charakter. Ein paar Teestuben und alte Pubs laden zum Verweilen und kleine Buch- und Souvenirlädchen zum Stöbern ein.

Hampton Court Palace

▶ Karte 5, C 3

East Molesey, Tel. 020 31 66 60 00, www.hrp.org.uk, per Bahn von London Waterloo (35 Min.) nach Hampton Court, dann zu Fuß 200 m über die Themsebrücke; tgl. 10–18, Nov.–März 10–16.30 Uhr (letzter Einlass 17 bzw. 15.30 Uhr), Eintritt 18,20 £, online günstiger (inkl. Labyrinth)

Hampton Court Palace ist der größte Palast aus der Tudorzeit in Großbritannien. Über Jahrhunderte hinweg haben die verschiedenen Besitzer den Palast entsprechend dem Geschmack ihrer Zeit verändert. Eine überwältigende Fülle an Kunstschätzen, Gemälden und unzählige prachtvoll gestaltete Räume erwarten den Besucher. Umgeben ist der mit 241 Kaminen versehene Palast von einem riesigen Anwesen mit verschiedenen Gartenanlagen und dem berühmten **Irrgarten** *(maze),* den man auch ohne Palastbesuch begehen kann (Eintritt 4,40 £).

Kardinal Thomas Wolsey, Berater von Henry VIII., ließ ein relativ bescheidenes Landhaus (die ältesten erhaltenen Gebäudeteile stammen aus dem späten 15. Jh.) zu einem riesigen Palast umbauen, der um 1525 rund 280 Räume und 500 Angestellte zählte. Als Wolsey in Ungnade fiel, wurde er aller Ämter enthoben und Henry VIII. (Regierungszeit 1509–47) machte sich den Palast zu eigen. Vieles, was man heute sieht, stammt aus seiner Zeit, z. B. das Deckengewölbe in der Königlichen Kapelle. Noch heute finden dort täglich Gottesdienste statt. Die grandiose Küche geht ebenfalls auf Henry VIII. zurück. Historiker haben errechnet, dass von hier aus zweimal täglich 600 Personen beköstigt wurden – pro Jahr machte das allein 1200 Ochsen und über 8000 Schafe. Die Great Hall mit ihrer spektakulären Stichbalkendecke ist Englands letzte und größte mittelalterliche Halle. Hier führte William Shakespeares Truppe, die King's Men, über Weihnachten und Neujahr 1603/04 für James I. Theaterstücke auf.

Unter William III. und Queen Mary wurde Hampton Court im Stil des Frühbarock umgestaltet und später von Christopher Wren weiter verändert. Der letzte Herrscher, der in Hampton Court lebte, war George II. Doch nach dem Tod seiner Gemahlin Queen Caroline im Jahr 1737 blieb der Palast weitgehend unbewohnt.

Hampton Court lohnt zu jeder Jahreszeit einen Besuch. Es gibt unterhaltsame Führungen von Schauspielern in historischen Kostümen und Veranstaltungen, z. B. mit Gauklern und Feuerschluckern.

Sprachführer

Allgemeines

Guten Morgen	good morning
Guten Tag	good afternoon (nach 12 Uhr)
Guten Abend	good evening
Auf Wiedersehen	good bye
Entschuldigung	excuse me, sorry
hallo/grüß dich	hello
bitte	you're welcome/ please
danke	thank you
ja/nein	yes/no
Wie bitte?	Pardon?
Wann?	When?
Wie?	How?

Unterwegs

Haltestelle	stop
Bus	bus
Auto	car
U-Bahn	tube
Ausfahrt/-gang	exit
Tankstelle	petrol station
Benzin	petrol
rechts	right
links	left
geradeaus	straight ahead/on
Auskunft	information
Telefon	telephone
Postamt	post office
Bahnhof	railway station
Flughafen	airport
Stadtplan	city map
alle Richtungen	all directions
Einbahnstraße	one-way street
Eingang	entrance
geöffnet	open
geschlossen	closed
Kirche	church
Museum	museum
Brücke	bridge
Platz	place/square
Schnellstraße	dual carriageway
Autobahn	motorway
einspurige Straße	single lane track

Zeit

3 Uhr (morgens)	3 a. m.
15 Uhr (nachmittags)	3 p. m.
Stunde	hour
Tag/Woche	day/week
Monat	month
Jahr	year
heute	today
gestern	yesterday
morgen	tomorrow
morgens	in the morning
mittags	midday, at noon
abends	in the evening
früh	early
spät	late
Montag	Monday
Dienstag	Tuesday
Mittwoch	Wednesday
Donnerstag	Thursday
Freitag	Friday
Samstag	Saturday
Sonntag	Sunday
Feiertag	public holiday
Winter	winter
Frühling	spring
Sommer	summer
Herbst	autumn

Notfall

Hilfe!	Help!
Polizei	police
Arzt	doctor
Zahnarzt	dentist
Apotheke	pharmacy
Krankenhaus	hospital
Unfall	accident
Schmerzen	pain
Panne	breakdown
Rettungswagen	ambulance
Notfall	emergency

Übernachten

Hotel	hotel
Pension	guesthouse
Einzelzimmer	single room

Doppelzimmer	double room	teuer	expensive
mit zwei Betten	with twin beds	billig	cheap
mit/ohne Bad	with/without bathroom	Größe	size
mit WC	en suite	bezahlen	to pay
Toilette	toilet		
Dusche	shower		
mit Frühstück	with breakfast		
Halbpension	half board		
Gepäck	luggage		
Rechnung	bill		

Zahlen

1	one	17	seventeen
2	two	18	eighteen
3	three	19	nineteen
4	four	20	twenty
5	five	21	twenty-one
6	six	30	thirty
7	seven	40	fourty
8	eight	50	fifty
9	nine	60	sixty
10	ten	70	seventy
11	eleven	80	eighty
12	twelve	90	ninety
13	thirteen	100	one hundred
14	fourteen	150	one hundred and fifty
15	fifteen	1000	a thousand
16	sixteen		

Einkaufen

Geschäft	shop
Markt	market
Kreditkarte	credit card
Geld	money
Geldautomat	cash machine
Bäckerei	bakery
Metzgerei	butcher's shop
Lebensmittel	food shop
Drogerie	chemist's

Die wichtigsten Sätze

Allgemeines

Sprechen Sie Deutsch?	Do you speak German?
Ich verstehe nicht.	I don't understand.
Ich spreche kein Englisch.	I don't speak English.
Ich heiße …	My name is …
Wie heißt du/heißen Sie?	What's your name?
Wie geht's?	How are you?
Danke, gut.	Thanks, fine.
Wie viel Uhr ist es?	What's the time?
Bis bald (später).	See you soon (later).

Unterwegs

Wie komme ich zu/nach …?	How do I get to …?
Wo ist bitte …	Sorry, where is …?
Könnten Sie mir bitte … zeigen?	Could you please show me …?

Notfall

Können Sie mir bitte helfen?	Could you please help me?
Ich brauche einen Arzt.	I need a doctor.
Hier tut es weh.	Here I feel pain.

Übernachten

Haben Sie ein freies Zimmer?	Do you have any vacancies?
Wie viel kostet das Zimmer pro Nacht?	How much is a room per night?
Ich habe ein Zimmer bestellt.	I have booked a room.

Einkaufen

Wie viel kostet …?	How much does … cost?
Ich brauche …	I need …
Wann öffnet/schließt …?	When does … open/close?

Kulinarisches Lexikon

Zubereitung

boiled	gekocht
deep fried	frittiert
fried	in Fett gebacken, oft paniert
garnished	garniert
grilled	gegrillt
hot	heiß; oder: scharf
pickled	sauer eingelegt
rare/medium rare	blutig/rosa
roasted	im Ofen gebraten
smoked	geräuchert
stuffed	gefüllt
well done	durch

Frühstück

baked beans	weiße Bohnen in Tomatensauce
bacon and eggs	Eier mit Speck
boiled egg	hart gekochtes Ei
cereals	Cornflakes u. Ä.
fried eggs	Spiegeleier
jam	Marmelade
marmalade	Orangenmarmelade
poached eggs	pochierte Eier
porridge	warmer Haferbrei
rolls	Brötchen
sausage	Würstchen
scrambled eggs	Rühreier

Fisch und Meeresfrüchte

bass	Barsch
cod	Kabeljau
crab	Krebs
eel	Aal
flounder	Flunder
haddock	Schellfisch
halibut	Heilbutt
herring	Hering
lobster	Hummer
mussels	Miesmuscheln
oyster	Auster
plaice	Scholle
prawn	Riesengarnele
salmon	Lachs
scallops	Jakobsmuscheln
shellfish	Schalentiere
shrimp	Krabbe
sole	Seezunge
swordfish	Schwertfisch
trout	Forelle
tuna	Thunfisch

Fleisch und Geflügel

bacon	Frühstücksspeck
beef	Rindfleisch
chicken	Hähnchen
chop/cutlet	Kotelett
duck	Ente
lamb with mint sauce	Lamm mit Minzsauce
meatloaf	Hackbraten
minced meat	Hackfleisch
pie	Teigtasche, Pastete, gefüllt mit Fleisch und/oder Gemüse
prime cut	saftige Rinderbraten-scheibe
rabbit	Kaninchen
goose	Gans
spare ribs	Rippchen
stew	Ragout
turkey	Truthahn
veal	Kalbfleisch
venison	Reh bzw. Hirsch
wild boar	Wildschwein

Gemüse und Beilagen

bean	Bohne
cabbage	Kohl
carrot	Karotte
cauliflower	Blumenkohl
cucumber	Gurke
french fries	Pommes frites
garlic	Knoblauch
gherkin	eingelegte Gurken
hash browns	Bratkartoffeln
lentil	Linse
lettuce	Kopfsalat
mash(ed potatoes)	Kartoffelpüree

mushroom	Pilz		
pepper	Paprikaschote		
peas	Erbsen		
onion	Zwiebel		
pickle	Essiggurke		

Obst

apple	Apfel
apricot	Aprikose
blackberry	Brombeere
cantaloup	Zuckermelone
cherry	Kirsche
fig	Feige
grape	Weintraube
lemon	Zitrone
melon	Honigmelone
orange	Orange
peach	Pfirsich
pear	Birne
pineapple	Ananas
plum	Pflaume
raspberry	Himbeere
rhubarb	Rhabarber
strawberry	Erdbeere

Käse

cheddar	kräftiger Käse
cottage cheese	Hüttenkäse
goat's cheese	Ziegenkäse
curd	Quark

Nachspeisen und Gebäck

apple pie	gedeckter Apfelkuchen
brownie	Schokoplätzchen
cream	Sahne
muffin	Rührteiggebäck
pancake	Pfannkuchen
pastries	Gebäck
scone	eine Art süßes Brötchen zum Tee
waffle	Waffel

Getränke

ale	Bier
cider	Apfelwein
coffee (decaffeinated/decaf)	Kaffee (entkoffeiniert)
lemonade	Limonade
ice cube	Eiswürfel
iced tea	gekühlter Tee
juice	Saft
lager	Pils
light beer	alkoholarmes Bier
liquor	Spirituosen
mineral water	Mineralwasser
red/white wine	Rot-/Weißwein
sparkling wine	Sekt
spirits	Spirituosen
stout	dunkles Bier
tea	Tee

Im Restaurant

Ich möchte einen Tisch reservieren.	I would like to book a table.
Bitte warten Sie, bis Ihnen ein Tisch zugewiesen wird.	Please wait to be seated.
Essen nach Belieben zum Einheitspreis	All you can eat.
Die Speisekarte, bitte.	The menu, please.
Weinkarte	wine list
Die Rechnung, bitte.	The bill, please.
Vorspeise	starter
Suppe	soup
Hauptgericht	main course
Nachspeise	dessert
Beilagen	trimmings, side dish
Tagesgericht	meal of the day
Messer	knife
Gabel	fork
Löffel	spoon
Glas	glass
Flasche	bottle
Salz/Pfeffer	salt/pepper
Zucker/Süßstoff	sugar/sweetener
Kellner/Kellnerin	waiter/waitress

Die Autorin: Von frühester Jugend an vom Fernweh geplagt, bereiste die gebürtige Schleswig-Holsteinerin Annette Kossow seit ihrem Studium alle Teile der Welt. Seit über 20 Jahren lebt sie in London. Durch verschiedenste Jobs hat sie die Stadt und ihre Menschen kennen und schätzen gelernt. Heute lebt die Mutter von zwei Mädchen im Süden Londons und arbeitet als Lehrerin, Übersetzerin und Reisebuchautorin.

Abbildungsnachweis
Corbis, Berlin: S. 110/111, 257 li., 270 (Atlantide Phototravel/Borchi)
f1 online, Frankfurt a.M.: S. 115 (Bowman); 229 li., 236 (Tips Images)
Fotolia, New York: S. 286 (kmiragaya)
Getty Images, München: S.103 (Copping); 13 o. re., 188/189 (Copson); 12 u. re., 228 re., 232/233 (Hughes)
Glow Images, München: Titelbild (Harding)
Huber-Images, Garmisch-Partenkirchen: S. 80/81 (Macki); Umschlagklappe vorn (Panayiotou); 7 (Ripani)
laif, Köln: S. 82 (Enker); 13 o. li., 168 li., 172/173 (González); 26, 30/31, 38/39, 85, 92, 106, 112 li., 120/121, 150/151, 159, 205 li., 210, 214/215, 228 li., 235, 242 li., 252, 274 re. (Heeb); 177 (hemis.fr); 186 re., 202 (Le Figaro Magazine); 164/165 (Loop/Cheetham); 105, 168 re., 183, 266 (The New York Times/Redux); 108 (REA/Financial Times); 186 li., 199 (REA/laif); 16/17, 264/265 (Sasse); 140 re., 162, 256 re., 259 (Westrich); 204 re., 226 (Zielske); 9 (Zinn)
Look, München: S. 169 li., 171 (age fotostock); 62 (Johaentges); 12 u. li., 204 li., 218/219, (Travel Library); 96 (travelstock44); 42, 70/71 (Zielske)
Mauritius Images, Mittenwald: S. 8 (age); 13 u. re., 35, 46, 50, 119, 125, 141 li., 143, 160, 187 li., 195, 256 li., 262/263, 275 li., 279 (Alamy); 53 (United Archives); 224/225, 261 (Vidler); 11, 76 (Warburton-Lee)
One Aldwych, London: S. 29
picture alliance, Frankfurt a.M.: S. 99 (dpaweb); 87, 90 (United Archives); 113 li., 134/135
Matthew Tugwell, London: S. 6, 12 o. li., 12 o. re., 13 u. li., 112 re., 126, 132/133, 140 li., 146, 166/167, 180, 222, 242 re., 243 li., 246/247, 250, 254, 274 li., 282, 296
Michael Zegers, Frankfurt a.M.: S. 95

Kartografie
DuMont Reisekartografie, Fürstenfeldbruck
© DuMont Reiseverlag, Ostfildern

Umschlagfotos
Titelbild: Blick vom Victoria Tower auf Themse, Houses of Parliament und Big Ben
Umschlagklappe vorn: Ballerina-Statue vor dem Royal Opera House in Covent Garden

Hinweis: Autorin und Verlag haben alle Informationen mit größtmöglicher Sorgfalt geprüft. Gleichwohl erfolgen alle Angaben ohne Gewähr. Bitte schreiben Sie uns! Über Ihre Rückmeldung und Ihre Verbesserungsvorschläge freuen wir uns: **DuMont Reiseverlag,** Postfach 3151, 73751 Ostfildern, info@dumontreise.de, www.dumontreise.de

6., aktualisierte Auflage 2015

Redaktion/Lektorat: Susanne Pütz, Hans E. Latzke
Grafisches Konzept: Groschwitz/Blachnierek, Hamburg
Printed in China

FSC
www.fsc.org
MIX
Papier aus verantwortungsvollen Quellen
FSC® C020056